U0058026

第四版

教育測驗與評量

成就測驗與教學評量

余民寧 著

∞ 余民寧

學歷：國立政治大學教育學士
　　　國立政治大學教育碩士
　　　美國伊利諾大學（香檳校區）哲學博士（主修心理計量學）

現職：國立政治大學教育學系特聘教授

著作：《心理與教育統計學》（臺北市：三民）（1995）
　　　《有意義的學習：概念構圖之研究》（臺北市：商鼎）（1997）
　　　《教育測驗與評量：成就測驗與教學評量》（臺北市：心理）
　　　（1997）
　　　《教育測驗與評量：成就測驗與教學評量》（第二版）（臺北市：
　　　心理）（2002）
　　　《心理與教育統計學》（增訂二版）（臺北市：三民）（2005）
　　　《潛在變項模式：SIMPLIS 的應用》（臺北市：高等教育）（2006）
　　　《試題反應理論（IRT）及其應用》（臺北市：心理）（2009）
　　　《教育測驗與評量：成就測驗與教學評量》（第三版）（臺北市：
　　　心理）（2011）
　　　《心理與教育統計學》（增訂三版）（臺北市：三民）（2012）
　　　《縱貫性資料分析：LGM 的應用》（臺北市：心理）（2013）
　　　《幸福心理學：從幽谷邁向巔峰之路》（新北市：心理）（2015）
　　　《量表編製與發展：Rasch 測量模型的應用》（新北市：心理）

（2020）

《巔峰型教師：快樂教師效應的實踐》（臺北市：元照）（2021）

《教育測驗與評量：成就測驗與教學評量》（第四版）（新北市：心理）（2022）

相關學術論文百餘篇

個人網頁：http://www3.nccu.edu.tw/~mnyu/

*P*reface 四版序

　　近年來，國內教育測驗與評量的學術發展情況，已有很大的變革與更新。原先列為必修的師資培育課程「教育測驗與評量」，早已改名為「學習評量」，並列為六選四的選備課程之一，學分數也統一列為兩學分。筆者認為此舉不僅弱化師資生成為一位優秀教師的本職學能訓練，同時也不利於未來在「教師資格檢定考試」上的表現。由於考選部每年舉行「教育行政類」的公務人員三級考試（高考）、四級考試（普考）與不定期舉行的地方特考（三級與四級考試都有）專業科目中，「教育測驗與統計」或「教育測驗與統計概要」仍然列為必考的科目之一，甚至是決定考試結果錄取與否的關鍵性考科之一。因此，原本的師培課程「教育測驗與評量」，無論是被改稱為「教學評量」或「學習評量」等相關課程名稱、也不論開設成三學分或兩學分的課程，都是身為一位教師所必備的專業知能之一。該課程的核心知識係屬「測驗與評量」領域，也正是心理計量學所研究涵蓋的範疇之一。

　　這些年來，承蒙讀者給予筆者許多鼓勵、建議、回饋和指正，再加上筆者持續不斷對此領域的鑽研心得結果，自覺本書又到了需要增減新章節並分享學術研究成果的改版時刻了。筆者考量到，本課程是每位教師必備的專業知能之一，且是各級公務人員考試必考的科目之一，特別有需要站在培育一位未來準教師或準公務人員應該具備的核心本職學能角度，去思考、設計與規劃本課程的改版內容，除與時俱進新增部分專業知識內容外，並維持使用原書名稱——「教育測驗與評量」，除了能滿足此間想自學本課程知識以應付未來考試的讀者外，亦能符合培育師資生習獲「學習評量」本職學能的專業訓練要求。

　　本次的修訂版本，除了保留第三版的重要內容並予以縮減編修外，並新增許多小節資訊及第七章的部分內容，以期能夠讓本書成為「教育測驗

與評量」課程的標準教科書或參考書，讓讀者學會聯結「教學」與「評量」，增進教師的診斷學習以及改進評量技巧，以落實培育優秀師資之理想，並為學習高深的心理計量學做準備。同時，本次改版亦增強隨書附贈之電腦程式 Tester for Windows 的一些功能，使其更適用於當前學校教學評量及大規模考試的測驗分析需求。本次改版的程式，除擴大前版的一些指標計算功能和分析容量外，仍舊是以發展成為執行古典測驗理論下試題分析功能的電腦程式為主，並企盼能成為國內傳統測驗理論下發展題庫專用的重要工具之一。

　　本書能夠再次修訂，筆者除了要感謝心理出版社林敬堯總編輯的支持與鼓勵，以及全體工作同仁的幕後辛勞外，同時還要感謝國立屏東大學教育學系陳新豐教授協助修改電腦程式；更要感謝在冗長的修稿過程中，內子沈恂如與小兒余昌儒的精神鼓舞與支持，使得筆者有動力繼續完成本書的修訂工作。

　　筆者才疏學淺，著述立論經驗未豐，本書雖經校對再三，如有疏漏之處，尚懇請各方先進，予以筆者不吝指正。

余民寧　謹識
2022 年 2 月於政大教育系

「教育測驗與評量」是各級教師及教育研究學者所必備的教育專業素養之一，也是教育部所訂定之師範院校、教育系所和選修教育輔系或教育學程學生所必修的課程之一。它是一門探討教育測驗與教學評量之理論與應用的科目，也是專攻心理計量學或教育測量學的導論性課程之一。

筆者因為在政大教育系所及進修班教授此一課程，為適合選課學生的專業訓練需要，特根據授課綱要修改本書前身《成就測驗的編製原理》之內容，而編撰成這本教科書。本書內容著重在「教師自編成就測驗」的理論與實務部分，並補充說明教學評量的方法與應用。以簡明扼要的範例說明，介紹教師應該如何自編一份成就測驗、分析自編測驗並將它應用到所任教的班級上，以聯結「教學」與「評量」間的落差；同時，亦參考使用其他新式的教學評量方法，以補充傳統紙筆測驗之不足。其目的在作為改進教學與命題技巧的參考，同時，亦幫助診斷學生的學習類型、增進教學評量效能、瞭解學生在學習上的概念結構及其變化，以便作為是否實施補救教學措施的依據。

本書為增進讀者學習如何分析及應用一份成就測驗的試題及整份測驗起見，特設計有 Tester 電腦程式，隨書一起使用。透過這份電腦程式的輔助計算，可以縮短並節省讀者在進行試題及測驗分析的時間和成本，並且增進應用分析結果的使用效率。根據筆者過去幾年的教學經驗顯示，學習者頗能從本教材中受惠，今有電腦程式的輔助計算，將使本書更形增色不少，相信讀者在閱讀本書及使用電腦程式後，亦有同感。

本書的完成，筆者要感謝心理出版社許麗玉女士的規畫魄力，以及全體心理出版社幕後工作同仁的辛勞；同時，亦要感謝政大資訊管理系李易霖先生的協助設計電腦程式，政大教育系陳嘉成、潘雅芳、林偉文等諸君

的團隊合作與協助校稿；更要感激內子沈恂如在筆者撰稿期間的鼓勵與支持，才能使本書如期出版。

　　筆者才疏學淺，著述立論經驗欠豐，雖經校對再三，疏漏之處，尚懇請各方先進，不吝指正。

余民寧　謹識
1996 年 8 月於政大教育系

Contents 目次

CHAPTER 1 導論 **001**

第一節 測驗與評量發展簡史 ……………………… 001

第二節 古典測驗理論 ……………………………… 015

第三節 教育測驗類型與特徵 ……………………… 024

第四節 本書的導讀 ………………………………… 036

CHAPTER 2 教學評量概論 **039**

第一節 教學評量基本概念 ………………………… 039

第二節 教學評量目標分類 ………………………… 053

第三節 常模參照測驗與效標參照測驗之比較 …… 057

第四節 教學評量計畫 ……………………………… 061

CHAPTER 3 教師自編成就測驗 **070**

第一節 教師自編成就測驗的步驟 ………………… 070

第二節 教師自編成就測驗的使用 ………………… 089

第三節 影響教師自編成就測驗使用的因素 ……… 099

CHAPTER
4　選擇型試題命題技巧　107

第一節　選擇題的命題技巧 …………………………………… 107
第二節　是非題的命題技巧 …………………………………… 128
第三節　配合題的命題技巧 …………………………………… 134
第四節　填充題的命題技巧 …………………………………… 138
第五節　題組題的命題技巧 …………………………………… 143

CHAPTER
5　補充型試題命題技巧　150

第一節　論文題的命題技巧 …………………………………… 151
第二節　論文寫作的命題技巧 ………………………………… 160

CHAPTER
6　實作評量導論　167

第一節　實作評量的內涵與型態 ……………………………… 168
第二節　實作評量的實施與改進 ……………………………… 180

CHAPTER
7　認知能力的實作評量類型　198

第一節　口試評量 ……………………………………………… 198
第二節　概念圖評量 …………………………………………… 204
第三節　動態評量 ……………………………………………… 213
第四節　精熟學習評量 ………………………………………… 224
第五節　素養導向評量 ………………………………………… 235

CHAPTER 8 檔案評量 247

第一節 檔案評量的內涵與類型 …………………… 247
第二節 檔案評量的特色 …………………… 256
第三節 檔案評量的實施 …………………… 263
第四節 數位化檔案評量在升學上的應用 ………… 278

CHAPTER 9 試題分析 283

第一節 試題分析的重要性與內涵 ………… 283
第二節 常模參照測驗的試題分析 ………… 286
第三節 效標參照測驗的試題分析 ………… 301
第四節 試題評鑑與篩選 …………………… 307

CHAPTER 10 信度 321

第一節 信度的理論 …………………… 321
第二節 常模參照測驗的信度分析 ………… 325
第三節 效標參照測驗的信度分析 ………… 340
第四節 影響信度的因素及其補救措施 ……… 343

CHAPTER 11 效度 351

第一節 效度的理論 …………………… 351
第二節 效度的分類 …………………… 355
第三節 影響效度的因素及其補救措施 ……… 369

CHAPTER 12 學生問題表分析 375

第一節	S-P 表分析概論	375
第二節	S-P 表的編製與涵義	382
第三節	差異係數的計算	389
第四節	注意係數的計算	395
第五節	S-P 表的應用與未來發展	401

CHAPTER 13 教育測驗與評量的相關議題 412

第一節	題庫建置	413
第二節	電腦化（適性）測驗	422
第三節	測驗偏差	426
第四節	測驗倫理	431
第五節	標準設定	434

參考書目 443
附錄：Tester for Windows 程式 4.0 版使用範例說明 469

導論

身為一位教師，無論其任教的對象是幼兒園的小朋友或研究所博士班的成年學生，教師的任務絕離不開兩件事：一是「教學」（teaching or instruction），另一是「評量」（assessment or evaluation）。因此，「教學」和「評量」是各級教師必備的專業知識之一。其中，無論是從教師的教學觀點來看評量——稱作「教學評量」（teaching evaluation or instructional assessment），或是從學生的學習觀點來看評量——稱作「學習評量」（learning assessment），都是當今師資培育課程中重要的必（選）修科目之一。任何想從事教職工作者，無論是從中小學教師到大學教授，皆應該具有此等必備的教育專業知識，才能善盡一位適任教師應負的基本職責。

無論是「教學評量」或「學習評量」，都離不開測驗與評量的核心領域概念。因此，本章的目的，即是先從測驗與評量的歷史發展觀點談起，簡單介紹傳統的古典測驗理論與當代的試題反應理論之後，企圖從傳統與當代對測驗與評量所持的理論和假設觀點，及其延伸出對測驗與評量的涵義、分類和用途等看法，闡述一份優良教育測驗所應具備的特徵，並扼要介紹本書的結構，以作為讀者閱讀本書其他章節的指引。

第一節　測驗與評量發展簡史

根據歷史學家（DuBois, 1970）的描述，早在中國的隋唐時代，即有論能力取才為官（無論是文官或武官）的考試方式誕生，此即科舉考試制度之濫觴。但是，針對「測驗」這門學問進行科學化、系統化及數量化研究

者，卻始於歐美各國，直至西風東漸之後，才傳入中國。

西元 1905 年，Binet-Simon 在法國所發展的智力測驗，可以說是評量人類的第一份客觀的心理測驗，也是測驗理論的真正濫觴。自此開始，這門專研心理測驗與評量（psychological testing and assessment）的學科正式確立，其研究範圍包含：量化心理學（quantitative psychology）、個別差異（individual differences）和心理測驗理論（mental test theory）等領域，這門學科後來即被稱作「心理計量學」（psychometrics）（Browne, 2000; Cohen, Montague, Nathanson, & Swerdlik, 1988）。心理計量學的誕生，乃心理學者企圖將心理學發展成為一門「量化的理性科學」（quantitative rational science）的結果（Horst & Stalnaker, 1986）。到目前為止，它雖然已邁入不同的新紀元，但成長與茁壯的腳步，卻未曾停止過。本節僅從歷史文獻記載，扼要地介紹近百餘年來測驗與評量的發展史，以期讓讀者在研習此一課程時，先有個概括的輪廓。

壹　測驗與評量的演進史

談起測驗與評量的發展，我們不可避免地要評閱及介紹兩套記載著有關測驗與評量近一百多年來發展史的重要著作。一套是由美國教育委員會（American Council on Education）所發行出版的彙編著作《教育測量》（*Educational measurement*）；另一套則是由美國加州地區的 Annual Review 公司所出版的《心理學年度評論》（*Annual review of psychology*）。

《教育測量》一書，被心理計量學界喻為談論測驗與評量領域的「食譜」或「百科全書」，發展至今已歷經四個不同的階段，藉由回顧此書發展內容，可以幫助讀者明瞭測驗與評量在各階段的發展重點與概況，同時能夠鑑古知今，展望發展方向和掌握未來脈動。茲分別就理論、測驗編製和應用三方面，來剖析這段測驗與評量的發展史（Brennan, 2006; Linn, 1989; Lindquist, 1951; Thorndike, 1971）。茲扼要說明如下：

一、開創期（1850年至1950年）

　　第一版《教育測量》是由 E. F. Lindquist（1951）負責主編，主要針對 1850年至1950年間的心理與教育測驗文獻，做個重要的回顧與整理。

　　在這段期間內，由於受到十九世紀末葉以來德國的實驗心理學、英國個別差異研究與法國變態心理學研究發展的影響，再加上美國心理學者 J. M. Cattell 發表〈心理測驗與測量〉（Mental tests and measurements）一文，「心理測驗」（mental test）一詞，便一直持續沿用至今，更使得心理學研究從哲學的玄想，開始轉向實證的科學研究之路。

　　到了1905年，法國學者 A. Binet 與 T. Simon 發展第一份適用於評量人類智力的測驗：「比西量表」（Binet-Simon Intelligence Scale），可說是客觀化心理測驗的濫觴，一些有名的心理測驗也隨之相繼發表，並為「心理計量學」拉開發展的序幕（Cohen et al., 1988）。此外，這段期間內，人類歷史遭逢兩次不理性的世界大戰，致使測驗在軍事人員甄選、分類和安置方面的應用大受重視；再加上心理學家 B. F. Skinner 的行為學派學說大行其道，測驗與評量的發展也充分反映出此時期重視評量外顯行為的時代要求。

　　在理論方面，本階段有幾項重點提出：(1)強調再測信度的重要性：其目的在藉由再測方法（test-retest method），取得兩次測驗分數之間的一致性；(2)重視內容效度和效標關聯效度：其目的即在根據雙向細目表（two-way specification table）做理性判斷，以及使用實證方法來取得測驗分數與外在效標之間具有關聯性的證據；(3)提倡常模參照測驗：即以個人的測驗得分係位於團體中得分的哪一個相對位置，來比較與解釋個別測驗分數的涵義。

　　在測驗編製方面，本階段也有幾項重點提出：(1)強調標準化測驗：其內涵即以標準化程序來編製一份測驗，並要求其通過信度與效度的檢定；(2)提倡行為目標：其目的即在運用行為目標的敘寫方式來引導教學及評量；(3)實施試題分析：其用意即是以統計方法來進行試題分析，以提升試

題及測驗的品質；(4)運用電腦統計：其作法即是利用電腦輔助閱卷和計分，並借助統計方法來分析測驗的其他影響因素和特性。

在應用方面，本階段亦有幾項重點提出：(1)促進學習與教學的達成：測驗的應用目的旨在幫助教師達成教學目標，協助學生的學習達成效果；(2)提供諮商輔導的參考：測驗的應用目的旨在為學校的諮商輔導工作提供必要與參考的支援；(3)發揮選擇與安置的功能：測驗的應用目的旨在提供人員篩選、甄試、安置與鑑別的作用，以達人盡其才、適得其所的功能。

二、盛行期（1951 年至 1970 年）

相隔二十年，第二版《教育測量》改由 R. L. Thorndike（1971）負責主編，主要針對 1951 年至 1970 年間的心理與教育測驗文獻，做個重要的回顧與整理。

在這段期間內，由於電腦科技在軟硬體方面均有顯著進步，各式測驗與評量工具蓬勃發展，在技術上更是大量借助電腦的輔助計分與分析，使得測驗在編製、使用與應用方面均有長足的進展，同時，也由於測驗應用範圍不斷擴大，致使誤用與濫用測驗的情形亦不斷增加。因此，學術界亦開始有若干反省與檢討的聲浪提出，於是美國心理學會（American Psychological Association, APA）制訂「心理學家的倫理標準」，即為此時期的產物和特色代表。

在理論方面，本階段有幾項重點提出：(1)古典測驗理論（classical test theory, CTT）的提出：古典測驗理論的提出是本時期的重大發展，它是以受試者在整份測驗上得分的分析觀點，來估計整份測驗的心理計量特質與受試者的能力特質，並用以幫助詮釋個別差異現象與說明測驗品質好壞的相關問題；(2)教育目標評量的明確化：主要是因為認知領域目標分類法的提出，相繼帶動情意與動作技能目標分類接踵發表，以作為教育評量的重要依據；(3)建構效度概念的建立：補充前期所提兩種效度（即內容效度與效標關聯效度）概念的不足，讓測驗發展以能夠解釋理論上的建構或特質的程度，作為考慮測驗使用的整體價值與意義；(4)重視複本信度概念：亦

即複本信度概念的提出，增進測驗分數能夠推論的範圍，以擴張測驗的應用層面；(5)提倡效標參照測驗：亦即配合精熟學習理念的提出，解釋測驗分數的方式轉變為與事先既定的精熟標準做比較，以促進學生的學習成就。

在測驗編製方面，本階段也有幾項重點提出：(1)使用大樣本的客觀測驗：夾著電腦的快速運算與分析能力，使用大規模施測樣本及能夠進行電腦輔助客觀計分的客觀測驗方式大受歡迎；(2)因應個別化趨勢的適性測驗誕生：編序教學（programming teaching）法概念的提出，促使教學與評量逐漸走向重視個別差異，於是誕生能夠兼顧命題彈性與施測效率的量身訂做測驗（tailored testing）方式，以做到因材施測的理想境界；(3)建立題庫（item bank）：為因應上述個別化的適性測驗編製的需求，透過有計畫地命題、試題分析與歸類而建立起大規模的題庫，以便適合各種測驗情境編製複本測驗之需求；(4)提升測驗品質：此時期持續重視標準化測驗的編製，並且有各種學術期刊陸續刊載有關探討測驗編製的問題，有助於標準化測驗編製品質的提升。

在應用方面，本階段亦有幾項重點提出：(1)釐清教育與測驗的關係：本時期反省測驗在教育上的用途，認為測驗應扮演協助教育發展的角色，而不是在代替教育；(2)避免侵犯隱私權：本時期對受試者隱私權特予審慎保護，避免讓敏感隱私的測驗資料外漏，而遭致教育的反效果；(3)避免測驗偏差（test bias）：本時期逐漸重視少數族群的測驗公平性問題，避免讓測驗的應用對其造成不利的影響；(4)重視分類與安置，而非僅是篩選：本時期開始強調測驗不僅是具有篩選的功能，更應發揮分類與安置的功能，讓受試者皆能被妥善加以分類，再施以不同的介入活動（treatment or intervention），使個人潛能都能獲得最大的發展。

三、擴展期（1971 年至 1988 年）

十八年後，第三版《教育測量》則由 R. L. Linn（1989）負責主編，主要針對 1971 年至 1988 年間的心理與教育測驗文獻，做個重要的回顧與整理。

　　在這段期間內，電腦科技發展突飛猛進，大量測驗與評量工具重新修訂與編製，加上測驗理論的發展日趨成熟、測驗編製技術更為進步，電腦科技應用所衍生問題的反省與檢討，在在顯示出本時期測驗發展的多樣性。

　　在理論方面，本階段有幾項重點提出：(1)認知心理學理論的影響：本時期認知心理學逐漸成為心理學的發展主流，以訊息處理模式觀點來探索人類的學習、問題解決與認知過程等問題，對測驗編製與評量觀點具有巨大深遠的影響；(2)試題反應理論（item response theory, IRT）的誕生：本時期在測驗理論上有重大發展，即是試題反應理論正式誕生。它是為改進古典測驗理論的缺失而來，藉著電腦快速精準的估算，試圖以單一試題分析的觀點來估計試題與受試者的潛在特質，以幫助解決過去古典測驗理論所遭遇的難解問題；(3)貝氏統計的思考模式提出：本時期借助貝氏統計（Bayesian statistics）的思考觀點，參考先前已知資訊的客觀性和影響權重，來分析和詮釋測驗資料或測驗結果；(4)統合分析（meta-analysis）概念的重視：本時期有鑑於過去測驗分析或解釋過度流於零碎、片斷和不完整，因此，有統合分析概念的觀點提出，亦即是「分析後的分析」，以期降低測量的變異量，讓個別研究結果之綜合平均數，更能接近事實的結果。

　　在測驗編製方面，本階段也有幾項重點提出：(1)電腦科技的應用突飛猛進：本時期不論在測驗實施、作答計分、陳報結果、測驗分析、命題與測驗編製以及題庫建置上，均大量依賴電腦來完成；(2)電腦化適性測驗（computerized adaptive testing, CAT）之發展逐漸完善：本時期更為強調針對受試者個別差異之需求，發展適合其特性之試題、施測、計分與估計潛在特質的量身訂做測驗方式，無論在理論建構與技術發展方面，均逐漸趨向完善；(3)適用少數族群之測驗編製：為避免測驗偏差而造成測驗不公平起見，針對少數族群編製適合其特性之測驗便成為本時期的一大特色，企圖降低測驗偏差之影響，以維護社會的公平正義。

　　在應用方面，本階段亦有幾項重點提出：(1)建立正確測驗使用觀念：本時期首重測驗使用的正確觀念，強調測驗使用者必須清楚明瞭測驗的適切性與限制性，避免誤用與濫用測驗而造成重大危害；(2)重視測驗倫理規範：本時期強調測驗使用者資格、測驗使用、資料保密、結果詮釋等，皆

應符合測驗倫理與道德的規範和約束，以期立法保障受試者的隱私權和人權，以及測驗的公平、妥善運用；(3)法律規章影響：本時期因為社會公平正義問題日益受到重視，所以有許多學者強調透過立法來解決因少數族群或文化不利而造成的差別待遇及測驗偏差問題，以保障測驗使用之公平性，並間接促進評量技術的進步；(4)測驗與教學的聯結：本時期逐漸強調測驗與教學間的緊密結合，認為教育測驗與評量並非獨立於教學過程之外，而是屬於教學過程中的一部分。

四、轉型期（1989 年至 2005 年）

再隔十七年之後，第四版《教育測量》則由 R. L. Brennan（2006）負責主編，主要針對 1989 年至 2005 年間的心理與教育測驗文獻，做個重要的回顧與整理。

在這段期間內，由於哈佛大學教授 Howard Gardner（1983, 1993）提出「多元智力理論」（multiple intelligence theory, MIT）新論點，後繼知名學者 Goleman（1995）及 Sternberg（1985, 1988, 1990, 1995, 1996, 1997a, 1997b; Sternberg & Wagner, 1986）亦陸續提出各種智力理論的新主張，一時之間，多元智力評量的思潮與主張，充斥整個教育界和學術界，間接帶動學界審慎思考測驗與評量的發展應該以「全人」（whole person）及「終身學習」（lifetime learning）為出發點，將智力視為是適應、選擇及塑造任何環境背景所必備的各種心智能力。因此，發展測驗去評量人類在各種環境下所具有的各種心智能力，才是未來在終身學習環境下探討生涯發展的重要課題（Sternberg, 1997b）。

此外，於此期間內，效標參照測驗的評量觀念已逐漸被大眾接受（Hambleton, 1994），且電腦科技及網路技術在測驗商業化發展的大量應用（Sternberg, 1992），再加上美國學生的平均學業成就逐年下降、標準化測驗的濫用與誤用引起弊端（Linn, 1991），引起教育界全面反彈，於是教育改革的呼籲聲四起。美國布希總統提出《帶好每一位兒童法案》（No Child Left Behind Act, NCLB）即時因應而起，致使本時期測驗與評量的發

展逐漸走向強調重視實作評量（performance assessment）或真實評量（authentic assessment）的趨勢（Aschbacher, 1991; Linn, 1994）。甚至，新式評量觀念「檔案評量」（portfolio assessment）（Arter & Spandel, 1992; LeMahieu, Gitomer, & Eresh, 1995），亦被提出作為評量人類多元心智能力的主要架構。

在理論方面，本階段有幾項重點提出：(1)試題反應理論成為測驗理論的主流：試題反應理論在上一時期誕生，在本時期已經取得全面主導的地位，成為教育測驗（尤其是成就測驗）編製的主要理論依據，許多國際間大型成就測驗之評比，如：PISA、TIMSS、PIRLS 等，都是以試題反應理論作為發展測驗、試題分析、題庫建置及標準設定等理論依據；(2)Rasch 測量模型（Rasch measurement model）在測驗發展與應用的興起：由於國際客觀測量學會（Association of Objective Measurement）的推廣，本時期的 Rasch 測量模型已從試題反應理論中獨立出來，並在心理測驗發展、量表編製或測量問題的應用與發展上，取得領先與主導地位，成為客觀測量理論的主流方法學之一；(3)結構方程式模型（structural equation modeling, SEM）方法學的興起：在本時期中，結構方程式模型已從傳統的多變量統計學領域裡獨立出來，並且迅速取得領導地位，發展成為新式測驗編製與測量理論不可或缺的一種統計理論與方法學的依據。

在測驗編製方面，本階段也有幾項重點提出：(1)網路科技的興起與茁壯：上一個時期的測驗實施、作答計分、陳報結果、測驗分析、命題與測驗編製以及題庫建置等工作，均已大量依賴電腦來完成，而在這個時期，由於受到網際網路興起與茁壯的影響，測驗編製與應用甚至已經全面走向「網路化」（web-based）、「線上化」（on-line）與「及時化」（on-time）的趨勢；(2)數位化評量興起：本時期除了做到因材施測的電腦化適性測驗理想外，更進一步強調針對受試者個別差異之需求，教學評量與測驗編製已經到了數位化發展的地步，全面性的無紙化施測環境與措施，即將取代紙筆測驗的全面使用；(3)差異試題功能（differential item functioning, DIF）分析技術大行其道：上一時期為避免測驗偏差而針對少數族群編製其適合的測驗，已成為一大特色，而自本時期起，試題反應理論中檢定試題

是否有偏誤的 DIF 分析技術大行其道，已經成為標準化測驗發展過程中必須使用的一項檢核技術與過程。

在應用方面，本階段亦有幾項重點提出：(1)多元評量成為教學評量的主流觀念：由於多元智力理論受到重視，本時期所強調多元評量的重要性，已成為學校教學評量的主流方法與哲學理念之一；(2)檔案評量逐漸受到重視：由於《帶好每一位兒童法案》的關係，本時期興起的檔案評量觀念與作法大受重視，並且逐漸成為美國各州政府用來評量各級學校辦學績效與學生成就評量的基本策略之一；(3)標準設定議題被提出重新檢討：一些新興的標準設定方法與策略〔例如：書籤法（bookmark）、試題標記法（item mapping methods）〕，在結合試題反應理論的模型與技術後，重新被提出作為設定各級檢定測驗通過分數的策略之一。

五、未來期（2006 年以後）

自 R. L. Brennan（2006）負責主編第四版《教育測量》起，教育測驗與評量的發展趨勢，有愈來愈趨向整合的道路行走之勢。

自 Roderick P. McDonald（1999）出版其著作《測驗理論：一個統整的方法》（*Test theory: A unified treatment*）起，即高舉整合的旗幟，大聲呼籲未來的心理計量學應該走向整合之路。後來，其門生及同僚 Maydeu-Olivares 和 McArdle（2005）等人彙編一本《當代心理計量學》（*Contemporary psychometrics*）專書，以用來表彰及宣揚 McDonald 教授對心理計量學理論建構的貢獻與理念，並且主張「測驗理論」（test theory）、「因素分析模式」（factor analysis model）、「結構方程式模型及其相關方法」（structural equation models and related methods）及「多變量分析」（multivariate analysis）等四個領域的知識學說，應該融合成為一門當代心理計量學的學說內涵。近年一些研究文獻，亦逐漸出現試圖結合試題反應理論與結構方程式模型的新型混和模型和理論，在在顯示心理計量學趨向整合的道路，似乎已經看見曙光。

在理論方面，本階段已有幾項趨勢可以看出未來可能的發展端倪：(1)

多向度、多因素或多層次試題反應理論（multidimensional item response theory, MIRT）（Reckase, 2009; Bonifay, 2020）開始嶄露成為測驗理論的新主角——拜電腦軟硬體科技、人工智能（artificial intelligence, AI）及大數據（big data）新式演算技術的進步，開始有多向度、多因素或多層次試題反應理論模型的誕生，並且逐漸應用到教育測驗的發展、試題分析、大型考試評量及標準設定等議題研究上；(2)認知診斷模型（cognitive diagnosis modeling, CDM）（de la Torre, 2009）概念與方法學誕生：從多向度試題反應測量模型概念中，演化發展出一系列用來探究認知能力結構的診斷模型系統，運用在教育測驗與心理測驗發展上，已成為此間用來評估認知能力發展的測量與診斷工具之理論依據，並取得與跨域知識（如：數位學習、類神經網路與人工智能）結合的發展優勢，很可能主導未來客觀測量理論發展的新趨勢之一；(3)探索成長改變中的因果關係與跨層次因素影響力的多層次結構方程式模型（multilevel structural equation modeling, MSEM）（Rabe-Hesketh, Skrondal, & Pickles, 2004; Silva, Bosancianu, & Littvay, 2020）逐漸成為方法學潮流：在本時期的計量方法學發展中，結構方程式模型方法學從陽春型的驗證性因素分析與結構關係的因果探究，在介入測量時間因素與跨層次變項資料收集後，已經延伸發展到探索長期縱貫性與跨層次的測量資料分析上，確認被觀察個體在成長與改變過程中的因果假設關係，以及釐清跨層次間不同因素的影響力，包括成長改變量效果（changing score effect）、中介效果（mediation effect）、調節效果（moderation effect）及混和效果（mixed effect）等，已逐漸成為驗證因素影響力與理論構念間適配度（goodness-of-fit）不可或缺的一種新興統計分析技術。

　　在測驗編製方面，本階段也有幾項重要發展趨勢出現：(1)自動組卷（automated test assembly, ATA）方法逐漸受到青睞（Drasgow, 2015; Proietti, Matteucci, & Mignani, 2020）：拜上一個時期測驗編製與應用已走向網路化、線上化與及時化的趨勢，造就測驗機構有大量編製測驗與組卷的需求，因此，透過電腦程式設計及演算法最佳化的安排，讓電腦能夠從電腦化題庫中自動挑選適當的單一試題或題組以組成一份試卷，便已成為電腦化適性測驗時代的新式組卷作法；(2)數位化評量逐漸成為學校的主流評量方

法：為兼顧個別化教學與施測的需求，以及因應新冠病毒（COVID-19）疫情而改採線上教學或網路學習的發展趨勢，使得學校內的教學評量或學習評量方法，將逐漸全面改採數位化方式來進行，以全面取代紙筆測驗的使用。

在應用方面，本階段亦有幾個發展現象出現：(1)電腦化多階段適性測驗（computerized multistage testing, CMT）（Yan, von Davier, & Lewis, 2016）施測系統誕生：這是一套結合自動組卷系統、多階段施測策略與電腦化適性測驗而成的新興應用技術，不僅符合個別化施測需求，並能提升受測者能力估計的精準度，同時也可減少優良試題高度曝光的問題，以增加測驗應用的效能；(2)免費取用與擴展的 R 語言程式興起與茁壯：隨著心理計量學的發展，相關的電腦應用軟體市場呈現百家爭鳴狀態也已歷時一段期間，慣用的統計軟體程式（如：SPSS、SAS、BILOG-MG、PARSCALE、CONQUEST、WINSTEPS、FACETS、LISREL、MPLUS、AMOS、EQS 等）常常為了新增特定功能而改版，或者為了符合新版電腦作業系統而不斷更新，各種統計應用軟體程式不斷更新改版的結果，不僅造成使用者所費不貲，且各程式之間也一直無法相容，因此，渴望軟體功能整合的呼籲聲不斷四起，終於促使一群有志之士經多年努力，致力於開發免費取用的開放程式碼軟體架構——R 語言的誕生。憑藉眾人的努力與貢獻，R 語言可說是功能包山包海的免費統計應用軟體，無論是過去慣用的統計運算功能（如：單變量與多變量統計學、陽春型的 SEM 等），還是新興的複雜模型運算（如：前述的 MIRT、CDM、MSEM 等），R 語言均有熱心的專家學者提供最新的模組套件供使用者免費下載，使用者只要熟悉其語法規則即可。近年來，從國內坊間介紹有關 R 語言使用的書籍（如：邱皓政，2019；陳正昌、賈俊平，2019；陳正昌、林曉芳，2020；陳旭昇，2019；陳新豐，2021）有逐年增多的趨勢來看，筆者預見未來使用 R 語言者會蔚為風氣。

展望未來，教育測驗與評量的發展，確實有必要走向整合之路。一方面讓心理計量學的理論論述能夠更堅強、更嚴謹，實務應用領域能夠更廣泛、更普及，同時也讓對此領域感興趣的學習者，有個可資依循的學習方

向，使學習範圍更集中、學習方法更紮實、學習成果更豐碩。

貳　心理計量學的發展史

近百年來，一談到心理計量學的發展，很多學者專家及教科書（如：Allen & Yen, 2001; Crocker & Algina, 1986; Nunnally, 1978; Nunnally & Bernstein, 1994; McDonald, 1999; Suen, 1990）都喜歡以某某學派來作為區隔或分類的依據，雖然這種分法不見得完全正確，但為了討論方便起見，本書也蕭規曹隨，不做例外的分類。如果我們硬是用一本著作或一篇論文來作為某個學派理論的開始，那麼，筆者會將整個「測驗理論」（test theory）的理論派別，大致上分成兩大一小的派別：

1. Gulliksen（1987）的專著是「古典測驗理論」（classical test theory, CTT）之始。
2. Cronbach、Gleser、Nanda 和 Rajaratnam（1972）的專著是「推論力理論」（generalizability theory, GT）之起源。
3. Lord（1980）的專著則是「試題反應理論」（item response theory, IRT）的濫觴。

其實，上述兩大（係指 CTT 和 IRT）一小（係指 GT）的派別之分，是根據文獻上引述各家學派理論的論文數量多寡而定的，並不是斷然的區隔且都沒有交集。傳統上，測驗理論以「古典測驗理論」為主，但後來隨著電腦科技與統計科學的快速發展，現代的測驗理論已經移轉到以「試題反應理論」為主，許多國際性大型成就測驗評比資料庫（如：PISA、TIMSS、PIRLS 等），都是以「試題反應理論」的理論與技術為依據來建置的；雖然如此，從實用性的歷史脈絡來看，「古典測驗理論」至今也還在使用，但「推論力理論」的應用與推廣數量，卻一直都是偏少的。故，筆者才會稱呼它們是「兩大一小」的測驗理論。其實，發展至今，這些不同派別仍然是彼此和平共存，並且持續發展著。

有關心理計量學或測驗理論的發展與變遷演進情形，也可以從美國加

州 Annual Review 公司所出版的《心理學年度評論》期刊中，每隔幾年即出版有關心理計量學領域的相關評論文獻看出（Lewis, 1986）。該期刊從1961 年開始至 2021 年止，六十年來已針對測驗理論及心理計量學相關領域的主題進行系統性文獻評閱，先後計有下列評論性文獻發表出來：

1. Torgerson (1961)：Scaling and test theory.

2. Tucker (1963)：Scaling and test theory.

3. Keats (1967)：Test theory.

4. Bock & Wood (1971)：Test theory.

5. Lumsden (1976)：Test theory.

6. Weiss & Davison (1981)：Test theory and methods.

7. Traub & Lam (1985)：Latent structure and item sampling models for testing.

8. Jones & Appelbaum (1989)：Psychometric methods.

9. Judd, McClelland, & Culhane (1995)：Data analysis: Continuing issues in the everyday analysis of psychological data.

10. Shaffer (1995)：Multiple hypothesis testing.

11. Bentler & Dudgeon (1996)：Covariance structure analysis: Statistical practice, theory, and directions.

12. Krosnick (1999)：Survey research.

13. MacCallum & Austin (2000)：Applications of structural equation modeling in psychological research.

14. Rosenthal & DiMatteo (2001)：Meta-analysis: Recent developments in quantitative methods for literature reviews.

15. Wainer & Velleman (2001)：Statistical graphics: Mapping the pathways of science.

16. Bollen (2002)：Latent variables in psychology and the social sciences.

17. Simonton (2003)：Qualitative and quantitative analyses of historical data.

18. Collins (2006)：Analysis of longitudinal data: The integration of theoretical model, temporal design, and statistical model.

19. MacKinnon, Fairchild, & Fritz (2007)：Mediation analysis.
20. Cudeck & Harring (2007)：Analysis of nonlinear patterns of change with random coefficient models.
21. Maxwell, Kelley, & Rausch (2008)：Sample size planning for statistical power and accuracy in parameter estimation.
22. Graham (2009)：Missing data analysis: Making it work in the real world.
23. McArdle (2009)：Latent variable modeling of differences and changes with longitudinal data.
24. Podsakoff, MacKenzie, & Podsakoff (2012)：Sources of method bias in social science research and recommendations on how to control it.
25. McIntosh & Mišić (2013)：Multivariate statistical analyses for neuroimaging data.
26. Burt, Kilduff, & Tasselli (2013)：Social network analysis: Foundations and frontiers on advantage.
27. Preacher (2015)：Advances in mediation analysis: A survey and synthesis of new developments.
28. Gosling & Mason (2015)：Internet research in psychology.
29. Judd, Westfall, & Kenny (2017)：Experiments with more than one random factor: Designs, analytic models, and statistical power.
30. Siddaway, Wood, & Hedges (2019)：How to do a systematic review: A best practice guide for conducting and reporting narrative reviews, meta-analyses, and meta-syntheses.
31. Hoffman & Walters (2022)：Catching up on multilevel modeling.

　　從上述《心理學年度評論》期刊所列舉的這些文獻評閱來看，它們不僅可作為攻讀心理計量學專長領域的研究生與學者專家作為自行研讀的論文，更可以從中看出測驗理論的演進是從古典測驗理論到試題反應理論的發展脈絡，甚至，自 2000 年後，愈來愈趨向整合新興的統計學方法論。故，綜觀近八十多年來〔自 1935 年美國「心理計量學學社」（psychometric

society）創立開始〕的發展趨勢，我們可以簡單地說，心理計量學的發展不僅很明顯地呈現「理論的發展愈趨向數學化，理論的應用愈趨向電腦化」（余民寧，1993c）的發展趨勢，甚至，愈來愈趨向 McDonald（1999）所主張的整合之路。

參 測驗與評量的發展趨勢摘要

根據上述有關測驗與評量發展史的文獻評閱，可知近百年來有關測驗與評量的發展趨勢，筆者擬簡單歸納如下幾個重點：

1. **能力或成就的評量觀點**：由傳統重視單一心智能力或成就評量的紙筆測驗，逐漸走向強調多元心智能力或成就評量重要性的實作評量。
2. **命題、測驗編製及施測方式**：由原本盛行的人工化複本測驗，逐漸走向題庫式的電腦化適性測驗。
3. **測驗與評量結果的解釋與做成決策**：由原先強調常模參照測驗或評量的用途，逐漸趨向重視效標參照測驗或評量的應用。
4. **測驗與評量的未來發展與應用**：未來愈發趨向數學化和電腦化的整合之路。

第二節　古典測驗理論

由於心理計量學的發展已有百年歷史，測驗理論亦歷經幾個重大時期的演變，每種理論皆有其適用的對象和限制，無法以一種理論來詮釋各種測驗問題。因此，囿於篇幅所限，本書僅能站在實務應用的角度介紹古典測驗理論的重點概念，對於其他測驗理論則不擬介紹，有興趣的讀者可以參閱筆者拙著（余民寧，2009）的說明。以下僅就古典測驗理論的重點概念進行評述，以作為研讀本書的學理基礎。

古典測驗理論（Gulliksen, 1987）是最早的測驗理論，至今，它仍然是最實用的測驗理論——即使在國內外許多常見的考試（如：升學考試、公

務人員高普考試、職業證照考試等）或大型測驗評量（如：TOEFL、GRE、
TOEIC、TIMSS、PISA 等），仍有局部作業是根據傳統方法來編製和分析
資料，並且建立起測驗資料間的實證數據。古典測驗理論也叫「古典信度
理論」（classical reliability theory），因為它的主要目的是在估計某個測驗
實得分數（observed score）的信度；亦即，它企圖估計實得分數與真實分
數（true score）之間的關聯程度。因此，有時候它又稱作「真實分數理論」
（true score theory），因為它的理論來源都是建立在以真實分數模式（true
score model）為名的數學模型基礎上（Suen, 1990）。

　　當某位受試者接受一份測驗的施測後，他／她在該測驗上的得分（即
實得分數），即代表在某些特定情境下，他／她在這些試題樣本上的表現
能力。當然，有許多因素會影響受試者在測驗上的表現；即使在內容範圍
相同但試題樣本不同的條件下，或在不同的時間、主測者與施測情境條件
下，受試者的表現可能都會不一樣。因此，如果我們在所有可能的施測情
境下、所有可能的不同時間範圍內盡可能使用不同試題，來針對同一位受
試者進行同樣的測驗多次（理論上是無窮多次），則我們可以獲得許多有
關該受試者表現能力的實得分數。這些實得分數的平均數〔又稱為期望值
（expected value）〕即代表該受試者表現能力的不偏估計值（unbiased esti-
mate），該估計值即被定義為「真實分數」。

　　因此，所謂的真實分數模式，即是指一種直線關係的數學模型（linear
model），用來表示任何可以觀察到、測量到的實得分數（又可簡稱為觀察
值或測量值）皆由下列兩個部分所構成的一種數學函數關係：一為觀察不
到、但代表研究者真正想要去測量的潛在特質（latent trait）部分，稱作「真
實分數」；另一為觀察不到、且不代表潛在特質，卻是研究者想要極力去
避免或設法降低的部分，稱作「誤差分數」（error score）。這兩個部分合
併構成任何一個實際的測量值（即實得分數），且彼此之間具有並延伸出
多種基本假設，能符合這些基本假設的測量問題，即為真實分數模式所欲
探討的範疇（Gulliksen, 1987; Lord & Novick, 1968）。

　　根據古典測驗理論的假設，每位受試者都具有某種潛在特質〔在教育
上，通稱為「能力」（ability）〕，該潛在特質無法單由一次測驗的實得分

數來表示，必須由受試者在無數次測驗上所得的實得分數，算出其平均數來表示。該數值即為受試者的潛在特質之不偏估計值，即是前述的「真實分數」；真實分數並不受測量次數的影響，它代表長期測量結果永恆「不變」的部分。實際上，單獨一次測量所得的實得分數，總會與真實分數間產生一段差距，此差距即稱作「隨機誤差分數」（random error score），或簡稱為「誤差」（error）；誤差分數則深受測量工具之精確度的影響，它代表某次測量結果「可變」的部分。若以數學公式來表示，這兩種分數與實得分數之間的關係可以表示如下：

$$\chi = t + e \qquad\qquad\qquad （公式 1-1）$$

其中，χ 代表實得分數，t 代表真實分數，e 代表誤差分數。古典測驗理論即是建立在上述這種真實分數模式及其假設的基礎上，針對測驗資料間的實證關係，進行有系統解釋的一門學問。

真實分數理論的基本假設及其結論

真實分數模式的成立，必須滿足一些基本假設，這些基本假設就是真實分數理論所賴以建立的基礎。

真實分數理論的基本假設，可以歸納成下列七項（Allen & Yen, 2001; Crocker & Algina, 1986; Gulliksen, 1987; Lord & Novick, 1968; Nunnally, 1978; Nunnally & Bernstein, 1994）：

1. $\chi = t + e$（即實得分數等於真實分數與誤差分數之和）。
2. $E(x) = t$（即實得分數的期望值等於真實分數）。
3. $P_{te} = 0$（即真實分數與誤差分數之間呈現零相關）。
4. $P_{e_1 e_2} = 0$（即不同測驗的誤差分數之間呈現零相關）。
5. $P_{e_1 t_2} = 0$（即不同測驗的誤差分數與真實分數之間呈現零相關）。
6. 假設有兩次測驗，其實得分數分別為 χ 和 χ'，並且滿足上述第一到五個假設，且對每一群體考生而言，亦滿足 $t = t'$ 和 $\sigma^2_e = \sigma^2_{e'}$ 等條件，則

這兩次測驗便稱作「複本測驗」或「平行測驗」（parallel tests）。

7. 假設有兩次測驗，其實得分數分別為 χ 和 χ'，並且滿足上述第一到五個假設，且對每一群體考生而言，亦滿足 $t_1 = t_2 + c_{12}$，其中 c_{12} 為一常數，則這兩次測驗便稱作「相當於複本測驗」（essentially τ-equivalent tests）。

根據上述七個基本假設的數學公式可知，古典測驗理論對測量問題所持的觀點，可以進一步詮釋如下：

1. **假設具有潛在特質存在**。從第一個假設可知，測量必須要有對象，此對象即是我們所假定的潛在特質（亦即是 t 所代表者），它是看不見的東西，但我們必須先假設它的存在，如此才值得我們去測量它，若不先假設它是存在的，則我們的任何測量行為都將失卻目標，變得盲目無效。

2. **多次測量的推論結果**。既然上述所假設的潛在特質是看不見的，因此我們就無法直接測量它。我們僅能從數學觀點去假設它與我們從外觀測量得到的數據之間，具有某種數學關係（通常都假設成直線關係），為了釐清這種關係，通常需要使用多次的測量數據，再透過統計學的估算（如：求期望值），才能估計出這種潛在特質的量到底是多少，並且推論出它與外觀測量得到的數據之間具有什麼關係。

3. **單獨一次的測量必含誤差**。既然潛在特質是經由多次測量才推論得到，因此，單獨一次的測量結果，除了測量到所要測量的潛在特質外，也必定同時測量到誤差成分。但是，在經過多次的測量後，我們由上述說明所推論出來的結果將愈來愈接近真正的潛在特質，因此，這麼多次測量值所含的誤差分數也就可以彼此正負抵銷。這項結論，也就是根據上述第一和第二個假設，合併起來的推理結果。

4. **假設潛在特質與誤差之間是獨立的**。第四個假設則把測量問題單純化，僅假設潛在特質與誤差之間是獨立的。由於有這項假設存在，在測量時，我們不必考慮其他可能干擾測量結果的來源，僅將潛在特質以外的干擾，統統歸類到所謂的測量誤差（measurement errors），不再進

一步細部分析,如此,可以把測量結果的推論問題單純化。附帶的,這項假設亦延伸出第四和第五個假設;但是,這種把測量問題單純化的假設,卻是造成古典測驗理論飽受批評的地方。

5. **複本測驗的嚴格假設。** 古典測驗理論對測量結果的解釋和比較,是建立在複本測驗的嚴格假設上。換句話說,從第六和第七個假設可知,唯有滿足複本測驗之嚴格假設的兩次測量結果間,才可以直接進行比較大小和解釋優劣;若非滿足此假設,則任何兩次測量結果間的解釋和比較,均是無意義的。

根據上述的詮釋,真實分數理論的基本假設可以推導出下列十八項結論,這些結論正是古典測驗理論的研究主題所賴以推理及演繹的依據。每項結論的公式證明均可以參見 Allen 和 Yen(2001)的補充說明:

1. $E(e) = 0$(即誤差分數的期望值為零)。

2. $E(e, t) = \rho_{et} = 0$(即誤差分數與真實分數之期望值或相關係數均為零)。

3. $\sigma^2_x = \sigma^2_t + \sigma^2_e$(即實得分數的變異數等於真實分數的變異數與誤差分數的變異數之和)。

4. $\rho^2_{xt} = \sigma^2_t / \sigma^2_x$(即實得分數與真實分數間之相關係數的平方等於真實分數之變異數和實得分數之變異數的比值)。

5. $\rho^2_{xt} = 1 - (\sigma^2_e / \sigma^2_x)$(即實得分數與真實分數間之相關係數的平方等於 1 減去誤差分數之變異數和實得分數之變異數的比值)。

6. $\sigma^2_x = \sigma^2_{x'}$(即複本測驗的實得分數之變異數相同)。

7. $\rho_{xy} = \rho_{x'y}$(即複本測驗分數與另一變項分數之間的相關係數相同)。

8. $\rho_{xx'} = \sigma^2_t / \sigma^2_x = \sigma^2_{t'} / \sigma^2_{x'}$(即複本測驗分數之間的相關係數等於其中任一測驗之真實分數變異數和實得分數變異數的比值)。

9. $\rho_{xx'} = 1 - (\sigma^2_e / \sigma^2_x)$(即複本測驗分數之間的相關係數等於 1 減去誤差分數之變異數和實得分數之變異數的比值)。

10. $\rho_{xx'} = 1 - \rho^2_{xe}$(即複本測驗分數之間的相關係數等於 1 減去實得分數與誤差分數間之相關係數的平方)。

11. $\rho^2_{xt}=\rho_{xx'}$（即實得分數與真實分數間之相關係數的平方等於複本測驗分數間的相關係數）。

12. $\sigma^2_t=\sigma_{xx'}$（即真實分數的變異數等於複本測驗的實得分數間之共變數）。

13. $\sigma^2_e=\sigma^2_x\,(1-\rho_{xx'})$（即誤差分數的變異數等於實得分數的變異數乘以 1 減去複本測驗間之相關係數）。

14. $\rho_{t_xt_y}=\dfrac{\rho_{xy}}{\sqrt{\rho_{xx'}\rho_{yy'}}}$（即任兩個測驗的真實分數間之相關係數等於該二測驗的實得分數間之相關係數除以該二測驗之複本測驗相關係數的相乘積之開根號）。

15. $\sigma^2_{t_x}=N^2\sigma^2_{t_r}$（即如果 X 為 N 個複本測驗分數 Y 之和，則 X 的真實分數之變異數等於 N 平方倍之 Y 的真實分數之變異數）。

16. $\sigma^2_{e_x}=N^2\sigma^2_{e_r}$（即如果 X 為 N 個複本測驗分數 Y 之和，則 X 的誤差分數之變異數等於 N 平方倍之 Y 的誤差分數之變異數）。

17. $\rho_{xx'}=\dfrac{N\rho_{YY'}}{1+(N-1)\rho_{YY'}}$〔即如果 X 為 N 個複本測驗分數 Y 之和，則 X 複本測驗間之相關係數等於 Y 複本測驗間之相關係數的 N 倍，再除以分母項的校正公式；此公式即為 Spearman（1910）和 Brown（1910）兩人所提出的折半信度校正公式〕。

18. 如果 $\rho_{YY'}\neq0$，則 $\lim\limits_{n\to\infty}\rho_{xx'}=1$（即 X 和 Y 的定義同結論 15，如果 $\rho_{YY'}$ 不等於 0，則 $\rho_{xx'}$ 的極限為 1）。

　　整個古典測驗理論便是以前述七項基本假設和推導出的十八項結論為基礎，企圖去估計測驗內（或測驗間）實得分數與真實分數間的關聯強度，這些關聯強度亦即是該理論所要估計的各種可能信度係數，故古典測驗理論又有「古典信度理論」之稱。

　　除了信度估計之外，古典測驗理論也還探討其他相關聯的測驗學門議題，如：效度（validity）、測驗編製（test construction）、常模（norm）、測驗等化（test equating）、測驗偏差（test bias）、試題分析（item analy-sis）、精熟測驗（mastery testing）、適性測驗（adaptive testing）、題庫建

置（item banking）及其在社會科學研究上的應用課題等；這些課題都是根據它的基本假設和推論延伸而來，並且散見於專書、會議論文和下列各種重要學術期刊，同時，這些期刊亦是心理計量學領域的重要研究資訊來源：

1. *Annual Review of Psychology*

2. *Applied Psychological Measurement*

3. *Applied Measurement in Education*

4. *The British Journal of Mathematical and Statistical Psychology*（早期刊名：*The British Journal of Statistical Psychology*）

5. *Educational Measurement: Issues and Practice*

6. *Educational and Psychological Measurement*

7. *Journal of Educational Measurement*

8. *Journal of Educational Statistics*

9. *Psychometrika*

10. *Structural Equation Modeling: A Multidisciplinary Journal*

11. 《中華心理學刊》

12. 《測驗學刊》

13. 國內各大學相關學報及學術期刊（如：國立政治大學出版的《教育與心理研究》期刊、臺灣師範大學出版的《教育心理學報》、國家教育研究院出版的《教育研究與發展期刊》、香港中文大學出版的《教育學報》等 TSSCI 等級的期刊）

　　圖 1-1 所示，即為古典測驗理論估計信度的整個過程，以及各種用來建立複本測驗的策略（Suen, 1990, p. 36）。

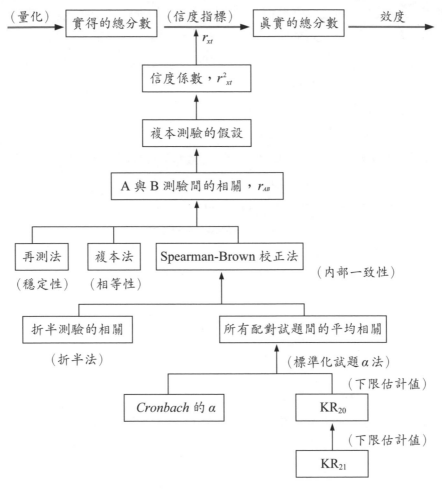

● 圖 1-1　古典信度理論的過程

貳　古典測驗理論的優缺點

　　古典測驗理論的假設內涵，主要是以真實分數模式為其理論架構，依據弱勢假設（weak assumption）（Crocker & Algina, 1986）而來，其理論模式的發展已為時甚久，且頗具規模，所採用的計算公式簡單明瞭、淺顯易

懂，適用於大多數的教育與心理測驗情境，以及社會科學研究資料的分析，為目前心理計量學界應用與流通最廣的測驗理論。

然而，除了上述各項優點外，古典測驗理論卻有下列諸項缺失（Guion & Ironson, 1983; Hambleton & Swaminathan, 1985; Wright, 1977）：

1. 古典測驗理論所採用的各種指標，諸如：難度（difficulty）、鑑別度（discrimination）、信度和效度等，都是一種樣本依賴（sample dependent）的指標；也就是說，這些指標的獲得，會因為接受測驗的受試者樣本不同而不同，因此，針對不同潛在特質的樣本，同一份測驗很難獲得一致的難度、鑑別度、信度或效度等指標。

2. 古典測驗理論以一個共同的測量標準誤（standard error of measurement），作為每位受試者潛在特質估計值的測量誤差指標；這種作法完全沒有考慮受試者反應的個別差異，對於具有高、低兩極端潛在特質的受試者而言，這種指標極為不合理且不精確，致使古典測驗理論模式的適當性受到懷疑。

3. 古典測驗理論對於非複本（nonparallel forms）、但功能相同的測驗所獲得之量數間，無法提供有意義的比較；有意義的比較僅局限在相同測驗的前後測之量數或複本測驗分數之間而已。

4. 古典測驗理論對信度的假設，是建立在複本（parallel forms）測量概念的假設上；但是這種假設在實際的測驗情境裡，往往是不合理或不存在的。因為在實際的測驗情境下，施測者不可能要求每位受試者在接受同一份測驗無數次後，仍然保持每次反應結果都彼此獨立、互相不影響；況且，每一種測驗並不一定在編製測驗之時就同時製作複本。因此，複本測量的理論假設是行不通的，不論是從實際層面或方法學邏輯的觀點來看，它的假設既不切實際、又不合理，並且也是矛盾的。

5. 古典測驗理論忽視受試者作答的試題反應組型（item response pattern）所代表的意義，對於在原始得分上相同的受試者或正確反應總和相同的試題，即看成是潛在特質（如：能力）或試題參數（如：難度）的估計值相同。其實，這種觀點是一種不正確的看法，因為總分相同的受試者或總和相同的試題，其反應組型不見得會完全一致，因此反應

組型所顯示的意義也不會相同,所以,所求出的潛在特質和試題參數的估計值,應該也會不一樣才對。

由於古典測驗理論有上述諸項缺失,學者們乃轉向尋求理論與方法均較嚴謹的當代測驗理論,於是才會有日後的「試題反應理論」誕生。對於這個新測驗理論感興趣的讀者,可以參見筆者拙著(余民寧,2009)的說明。不過,由於古典測驗理論所採用的方法較為簡單易行,且廣受中小學教師及一般大眾所接受,所以在當今測驗學界裡,古典測驗理論的使用仍然持續廣受歡迎,實用性較高。因此,本書仍以古典測驗理論作為全書的立論基礎。

第三節　教育測驗類型與特徵

為了簡便說明起見,本書僅根據測驗用途及其特性的差異,將測驗簡單分成教育測驗(educational test)和心理測驗(psychological test)兩大類──前者最常見其使用在教育及訓練上,而後者最常見其使用在心理諮商及輔導上──其間又有許多不同的細類分法。由於本書的探討重點是放在教育測驗上,僅針對各種常見的教育測驗加以探討和說明,因此,不擬探討心理測驗的任何相關課題。對心理測驗相關課題感興趣的讀者,可以自行參閱市面上已出版的專書,如:王文中、陳承德譯(2008);朱錦鳳(2013,2014);周文欽等(1995);郭生玉(1990);陳英豪、吳益裕(1991);陸雅青、劉同雪譯(2008);張本聖等譯(2019);黃政昌(2008)及葉重新(2010)等。

壹　測驗的常見名詞

測驗、測量、評量及評鑑四個名詞,常被許多教師及教育心理學者視為同義詞,不加分別地交替使用。筆者站在心理計量學的立場來看,這四

者所強調者仍然有些不同之處，因此，值得在此先加以定義、解釋和釐清，以便作為閱讀本書其他章節的基礎概念。

一、測驗

測驗（test）是什麼？簡單地說，測驗是一種收集資料的工具（Mehrens & Lehmann, 1991）。測驗是指一組以有系統程序提供給受試者回答的問題（questions）、工作（tasks）、作業（exercises）或刺激物（stimuli），以用來喚出研究者感興趣之屬性或特徵的受試者行為樣本（Worthen, Borg, & White, 1993）。為了辨別起見，筆者嘗試做下列的區分：凡是將測驗視為一種工具者，所指的意思是英文「test」一詞（當作名詞使用，譯成「測驗」），其他可以作為蒐集研究資料的工具者，尚包括：評定量表（rating scale）、檢核表（checklist）、觀察（observation）、晤談（interview）、問卷（questionnaire）及投射工具（projective technique）等；而將測驗視為一種有系統程序者，所指的意思是英文「testing」一詞（當作動名詞使用，宜譯成「施測」）。這兩者的意思雖然稍有不同，但中文譯名都可以是指「測驗」這件事。

二、測量

測量（measurement）又是什麼？簡單地說，測量是指根據某種明確的程序或規則，用數字來量化（quantifying）或分配數字（assigning numbers）給研究者所感興趣之（包含人、事或物）屬性、特徵、現象或表現多寡的一種歷程。本書的重點比較強調在對人的特質（尤其是學生的學習成就或能力）的量化過程，因此，它是個動詞，所指的是一種歷程。習慣上，測量所指的多半是使用量化的數字來描述特質，而不是使用品質化的文字來描述；但是以文字或品質描述等非計量方式的測量，亦屬可能。如果我們應用計量方法，將這些品質的描述轉化成量化數字的描述（例如：數一數該特質出現的次數等），這也是測量。近年來，測量一詞的意義和用法，已逐漸被測驗、評量和評鑑所取代，這也是造成此四個名詞會相互混淆使

用的原因。

三、評量

　　評量（assessment）又是什麼？評量是一個通用的名詞，泛指教師收集訊息所使用的各種方法。簡單地說，評量是指收集、統整和解釋訊息，以幫助教師做成決定的一種歷程（Airasian & Russell, 2008; Hart, 1994）。它是一個較廣義的名詞，包括測驗和測量兩者。評量的資料可以是計量的（quantitative）或計質的（qualitative），而評量的目的是在收集訊息以幫助教師做成下列決定：(1)診斷學生的問題；(2)評斷學生的表現；(3)提供回饋給學生；(4)安置學生；(5)計劃和執行教學；(6)建立並維持教室的社會平衡。評量一詞的涵義，與後述的「evaluation」一詞相近。

四、評鑑

　　評鑑（evaluation）又是什麼？簡單地說，評鑑是一種主觀的價值判斷（value judgment），係指根據某項標準來針對測量所得的量化數字進行解釋和做成價值判斷而言（Hart, 1994）。評鑑包含兩項不同的涵義：一為針對所要測量的特質，決定其品質、效益或價值；它特別強調確認判斷品質價值的標準、收集相關的訊息（通常由測量而來），以及應用標準來決定品質的價值。另一為針對個人的表現品質或課程活動進行價值判斷，以作為後續教育決策的參考。評鑑最關心的話題，即是針對「學生是否已經學會我們期望他們學習的材料？」而做成的價值判斷。在教育行政學門中，通常「評鑑」一詞的涵義，背後會附帶有獎懲的意味在裡頭；但在教學評量或心理計量學領域裡，則與前述的「assessment」一詞較為相近，具有改進行為以達成目標的涵義。

　　根據上述對測驗、測量、評量與評鑑定義的解釋，可以將這四者之間的關係以圖示法表示如圖 1-2：

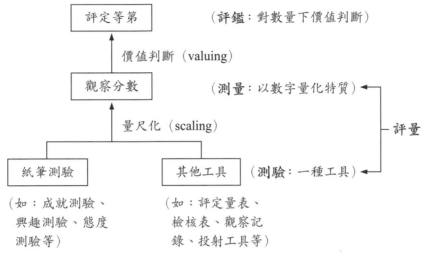

● 圖 1-2　測驗、測量、評量與評鑑的關係

貳 教育測驗的分類

一、根據教育目標類型來分

　　根據不同的教育目標類型來分，教育測驗可以分成：(1)認知測驗（cognitive test）；(2)情意測驗（affective test）；(3)動作技能測驗（psychomotor test）三種。

　　認知測驗是指測量有關個人思考、知識、問題解決等心理能力的測驗。在教學上，使用最多的認知測驗是成就測驗（achievement test），它是一種專門用來測量經由學校教育或訓練後所習得的實際能力或表現行為的測驗，根據不同學科領域知識，又可分成諸如：數學測驗、國語文測驗、英語文測驗、物理測驗、化學測驗、生物測驗等學科測驗。各種學科測驗均在測量學生在該學科領域內的學習成就。

　　一般而言，成就測驗多半是以紙和筆（paper-and-pencil）的方式來實

施，因此，又有「紙筆測驗」之稱。根據不同的教學用途，可以分成：(1)用來測量各學科綜合成就水準的綜合成就測驗；(2)用來測量某單一學科成就水準的特殊成就測驗；以及(3)用來測量學生學習困難所在，以作為實施補救教學或學習輔導依據的診斷測驗。

情意測驗是指測量有關個人的態度、價值觀、興趣、鑑賞、動機、情緒、人格等特質的測驗。常見的情意測驗有二類：(1)專門用來測量個人對人、事、物等的看法、動機、興趣、價值觀、情緒等的態度測驗（attitude test）；民意調查（opinion survey）即屬態度測驗的一種典型例子。(2)專門用來測量個人的人格特質、個性、風格等的人格測驗（personality test）；知名的明尼蘇達多項人格量表（Minnesota Multiphasic Personality Inventory, MMPI）即屬人格測驗的一種典型例子。

一般而言，態度與人格測驗比較是屬於人的情意行為之測量，較難以客觀化、標準化和公正化的方法單獨進行測量，因此，常需要其他測量方法的輔助，如：觀察、投射技術（project）、評定量表、檢核表和社會計量法（sociometric method）；本書第六章將針對這方面的評量有進一步的補充說明。

動作技能測驗是指測量有關個人的手、腳及腦等協調反應的測驗。這類測驗比較少見，多半是使用實作測驗（performance test）的方式來進行，並且輔以觀察法、檢核表法或評定量表法等方式來進行評量；本書第六章將針對這方面的評量有進一步的補充說明。

二、根據試題的類型來分

根據不同的試題類型來分，教育測驗可以分成：(1)選擇型試題測驗（selection-type items test）〔又稱為客觀測驗（objective test）〕；諸如：選擇題測驗（multiple-choice test）、是非題測驗（true-false test）、配合題測驗（matching test）、填充題測驗（completion test）、解釋性習題（interpretive exercise）或題組題測驗（testlet test）等；(2)補充型試題測驗（supply-type items test）〔又稱為論文測驗（essay test）〕；諸如：簡答題測驗

（short-answer test）、限制反應題測驗（restricted-response test）及論文式測驗（essay-question test）等。各種不同題型的教育測驗，將於本書第四章和第五章再進一步討論。

三、根據編製過程的標準化程度來分

根據不同編製過程的標準化程度來分，教育測驗可以分成：(1)標準化測驗（standardized test）；(2)教師自編測驗（teacher-made test）；以及(3)實驗性測量（experimental measures）三種。

標準化測驗是指由測驗專家根據測驗編製程序而編成的一種測驗。通常，標準化測驗都具有一定的編製程序，包括試題適當取樣、明確的施測指導語和施測程序、計分標準、解釋分數的常模，以及信度和效度等指標資料。大多數的標準化測驗都有公開出版發行。

教師自編測驗是指由教師依自己的教學需要和教學目標而自行編製的測驗，是屬於一種非標準化測驗（nonstandardized test）或非正式測驗（informal test）。教師自編測驗未必遵守嚴格的測驗編製程序，也就是說，它的編製程序（如：試題編擬、取樣、實施、計分和解釋）比較沒有經過標準化的步驟，缺乏嚴謹一致的信度和效度指標，更沒有提供解釋分數用的常模，所以屬於比較不嚴謹的一種測驗。但是，它的特色卻能滿足教師在教室情境內使用，以符合教學目標和適應班級個別差異的需求。

實驗性測量是指根據教育研究目的和需求，特別針對某個班級或個別受試者而編製，以收集研究所需的實驗資料之測驗。這類測驗的編製並非經過標準化的程序，因此在其他情境或不同研究目標需求下，是不能類推適用的。一般因應教育研究需要而特別編製的測驗、在研究結束後即銷毀的測驗，都屬於此類。

四、根據分數的解釋方式來分

根據測驗分數的解釋方式來分，教育測驗可以分成：(1)常模參照測驗（norm-referenced test, NRT）和(2)效標參照測驗（criterion-referenced test,

CRT）兩種。

　　常模參照測驗是指參考團體測驗分數之平均數（即常模），來解釋個別測驗分數在團體中所處相對位置的一種測驗。這種測驗的目的旨在區別學生間的不同成就水準，並給予學生的學習成就評定等第。一般說來，專為學校月考、期末考、模擬考、學科成就競試而編製的教師自編測驗，以及多數和就業與升學有關的標準化成就測驗（如：大學學測／指考、國中會考、公務人員高普考）等，都屬於常模參照測驗。

　　效標參照測驗是指參考學校或教師在教學前所訂定的標準，來解釋個別測驗分數是否達成這項既定標準的一種測驗。這種測驗的目的旨在瞭解學生已學會的是什麼、是否達到學校或教師所期望的成就水準，而不是在與他人的成就做比較。一般說來，專為學校平時考、隨堂測驗、小考、專為某種診斷用途而編製的教師自編測驗，以及與資格檢定有關的標準化成就測驗（如：自修學力鑑定考試、證照考試、全民英文能力檢定考試）等，都屬於效標參照測驗。本書第二章將進一步比較這兩類測驗方式與內容的不同。

參　教育測驗的用途

　　廣泛地說，測驗有許多種不同的功能，諸如：可以提供教學決定、行政決定及諮商與輔導決定方面的用途（郭生玉，1990；陳英豪、吳益裕，1991；Gronlund, 1993）。然而，教育測驗的用途通常只適用在教育上，可以作為教學評量、診斷學習及幫助學習等三方面的用途，茲扼要陳述如下。

一、教學評量的用途

　　教育測驗在教學評量上的用途，主要是當成一種評量的工具。教學評量結果可以提供回饋訊息給教師，以幫助教師在教學過程中，達成下列四項目標：

　　1. 瞭解學生的起點行為。在教學前，教師可以先針對學生實施一份教育

測驗（通常都是學科成就測驗），用來評估學生在學習之前就已具有的背景知識，以作為決定有效教學的起點。

2. **作為改進教學的參考**。根據教學評量的結果，可以提供教師明瞭自己在教學上的缺失（例如：在教學過程中，有哪些教學方法或教材的選擇、組織或連結欠當？是否需要調整進度或改變教學策略？），以作為改進教學的參考。

3. **確保教學目標的達成**。教學評量的最終目的在於確保教學目標的達成。根據評量結果，教師可以知道目前的教學情況離目標尚有多遠？是否需要修正目標或改變教學策略？是否需要變換不同的評量方法和工具？教材及教法是否需要改變？這些訊息的用意，都是在確保教學目標是否已達成。

4. **評定學生的學習成果**。教學評量除了提供上述回饋訊息外，其原本用途即在針對學生的學習成果進行評定等第，以作為其學習成就的代表，同時又可以提供作為其他教育研究用途的指標。

二、診斷學習的用途

教育測驗在經過試題分析與測驗分析之後，可以提供教師作為診斷學生學習、改進命題技巧及實施補救教學之參考，茲分述如下：

1. **診斷學生的學習**。測驗分析後的訊息，可以提供教師明瞭學生的學習類型；如果該測驗是經過特殊設計，含有診斷不尋常反應、錯誤概念和反應心向等不正確選項的話，在經過測驗分析之後，更能進一步提供教師診斷出學生在認知結構上哪些地方有缺陷的訊息，這些訊息可以作為教師實施補救教學的參考。

2. **改進命題的技巧**。試題分析後的訊息，可以提供教師明瞭所編製之測驗試題的客觀統計特徵（如：難度、鑑別度、誘答力等），如果再配合測驗分析一起考量，則能夠進一步找出不良試題所在，或修改它們、或刪除它們，以確保教師所編製之試題均為優良試題，並且可以被保留在題庫內，供日後編製新測驗或複本測驗之用。

3. 作為補救教學之依據。經由診斷學習所獲得的訊息，可以作為教師實施補救教學之依據。教師可以針對不同學習類型學生的學習行為特性，以及不同認知結構缺陷的所在，適時、適地對症下藥，提出符合個別需求的補救教學策略，以達到因材施教的目的。

三、幫助學習的用途

教育測驗除了可以幫助教師達成上述兩種用途外，還可以在許多方面幫助個別學生的學習成長，茲分述如下：

1. 激勵學生的學習動機。一份詳實的成就測驗計畫，可以藉由下列活動直接影響學生的學習：(1)提供學生短期的學習目標；(2)澄清所要學習的工作型態；(3)提供有關學習進步的回饋訊息。因此，一份編製良好的教育測驗，不僅可以激起學生更大的學習活動、導引學習目標、提供學習成果的回饋，更可以激勵學生的學習動機，使其邁向並達成教學目標。

2. 幫助學生的記憶和學習遷移。因為教育測驗可以導引學生朝向教學目標做努力，因此，可以被用來增進學生的學習記憶和學習遷移；尤其是較高層次的學習目標，教育測驗更可以導引學生的注意力在這些較複雜、較深奧的學習上，以增進教學期望的效果。

3. 促進學生的自我評量。教育測驗可以提供回饋訊息，讓學生洞悉自己在學習上的優缺點、有哪些錯誤概念需要更正，以及有哪些技能已達熟練程度等自我評量效果，以促進自我瞭解、自我認可，達成自主學習的目的。

肆　優良教育測驗的特徵

誠如上述，教育測驗具有達成教學評量、診斷學習及幫助學習等三方面的功能，在幫助教師教學及學生學習的作用上，貢獻良多。然而，一份優良的教育測驗應該具備哪些特徵？如果我們能夠確保所編製出的教育測

驗都具有該項特徵,則它必定能夠發揮預期的功能。

　　一般說來,在談到一份優良測驗應具有的特徵時,多數學者會認為下列幾項是必備的,如信度、效度、常模(Airasian & Russell, 2008; Anastasi, 1988; Cohen et al., 1988; Cronbach, 1990; Dick & Hagerty, 1971; Kaplan & Saccuzzo, 1993)及實用性(郭生玉,1990;陳英豪、吳益裕,1991)等,茲說明如下。

一、信度

　　信度(reliability)是指衡量測驗之測量結果的穩定性或一致性的統計指標。通常,信度係數(reliability coefficient)愈高,即表示不同時間內多次測量結果間的一致性愈高,測驗分數的變異情形不嚴重;反之,信度係數愈低,即表示多次測量結果間的一致性愈低,測驗分數的變異情形較嚴重。因此,它是衡量測驗分數是否穩定或一致的指標,也是測驗編製中最需要考量的重要特徵之一。

　　一般而言,我們在挑選適當的標準化教育測驗或教師自編成就測驗時,信度也是我們需要考量的因素之一。通常,具有較高信度係數的教育測驗,才值得教師或研究者使用。信度係數的值域,介於 0 到 1 之間;且,數值愈接近 1,即表示信度愈好、多次測驗分數間的一致性愈高、測驗分數愈值得信賴;反之,若數值愈接近 0,則表示信度愈差、多次測驗分數間的一致性愈低、測驗分數愈不值得信賴。至於挑選教育測驗的標準,當然是信度係數值愈高者愈好,最好是大於 .80 以上,才比較具有實用價值(Carmines & Zeller, 1979)。

　　有關信度的詳細說明,讀者除了可以參閱本書第十章的補充說明外,亦可以參閱 Carmines 和 Zeller(1979)、Dick 和 Hagerty(1971)等導論性專書的說明,以及 Feldt 和 Brennan(1989)、Haertel(2006)的文獻評閱專論。

二、效度

效度（validity）是指衡量測驗能否測量到它所要測量之潛在特質程度的統計指標。通常，效度係數（validity coefficient）愈高，即表示該測驗愈能達到它的編製目的，亦即愈能夠測量到它想要測量之潛在特質；反之，效度係數愈低，則表示它愈不能夠測量到所要測量的潛在特質。因此，它是衡量測驗分數是否正確或可靠的指標，也是測驗編製中最需要考量的重要特徵之一。

一般而言，我們在挑選適當的標準化教育測驗或教師自編成就測驗時，通常都會先考量該工具的效度是否良好。具有良好效度係數的教育測驗，才值得教師或研究者使用。效度係數的值域，介於 0 到 1 之間；且，數值愈接近 1，即表示效度愈高、測驗愈能夠測量到它所要測量的潛在特質；反之，若數值愈接近 0，則表示效度愈低、測驗愈不能夠測量到它所要測量的潛在特質。至於挑選教育測驗的標準，當然是效度係數值愈高者愈好，理想上，若能挑選係數值大於 .80 以上者會更好。

關於效度的詳細說明，讀者除了可以參閱本書第十一章的補充說明外，亦可以參閱 Carmines 和 Zeller（1979）、Dick 和 Hagerty（1971）等導論性專書的說明，以及 Messick（1989）、Kane（2006）的文獻評閱專論與 Wainer 和 Braun（1988）所編輯專書的深入討論。

三、參照性

參照性（referencing）是指教育測驗分數可以參考什麼樣的效標（criteria）來進行解釋的特性。一般說來，最常當作解釋教育測驗分數意義的效標有兩種：(1)團體測驗分數的平均數，即所謂的常模；(2)教師自訂的標準，即所謂的精熟標準（standard of mastery）。

當我們想要解釋某位學生在某教育測驗上的得分意義時，參考常模（即團體測驗分數的平均數）可以幫助我們：(1)解釋個別學生得分在團體樣本中所在的相對位置；(2)直接比較個別學生在不同測驗上的得分意義。根據

這項標準來解釋教育測驗分數意義的方式，即為前述的常模參照測驗。

如果我們使用教育測驗的目的不是在比較個別分數與團體平均數間的差異，而是與教師事先預訂的標準做比較，則根據這項標準來解釋教育測驗分數意義的方式，即為前述的效標參照測驗。在效標參照測驗情境下，教師往往是比較關心個別學生的測驗分數是否達到教師的期望分數（即事先預訂的標準），若達到的話，則表示該學生已達精熟或熟練的程度；反之則否。通常，已達熟練程度的學生，教師會讓他們從事先前準備好的充實活動，以便加深或加廣他們的學習經驗和成效；而針對尚未達到熟練程度的學生，教師則會讓他們從事先前設計好的校正活動，以補救他們在學習上的落差。

有關參照性的詳細說明，讀者除了可以參閱本書第二章的補充說明外，亦可以參閱 Petersen、Kolen 和 Hoover（1989），以及 Kolen（2006）的文獻評閱專論。

四、客觀性

客觀性（objectivity）是指教育測驗的實施、評分與作答方式，對任何一位學生而言，都應該保持公平對待的意思。當學生接受教育測驗的評量時，他們有權要求被公平處理，不能因學生的性別、族群、社經地位、宗教信仰或意識型態的不同，而受到扭曲、不平等、不客觀的對待。能滿足如此要求的教育測驗，才算是具有客觀性。

通常，選擇一份優良的教育測驗首應考慮的條件是它的效度和信度，其次才是參照性及客觀性。因此，使用者若想瞭解所挑選的教育測驗是否具有優良的特徵，則可以使用專為評鑑優良測驗品質而設計的表格進行評鑑，例如：Mason 和 Bramble（1978, p. 303）的測驗品質評鑑表；而專家們的評鑑建議事項，則可以參考 Anastasi（1988）的附錄 B。

第四節　本書的導讀

　　本書的目的，旨在闡述教育測驗的編製、分析及其在教學評量上應用的原理原則，並且著重在指導全國中小學教師、師範院校系所的師範生、各大學選修教育學程的師培生，以及從事教育研究的學者們，該如何編製一份教學用或研究用的成就測驗（例如：隨堂測驗、期中考測驗、期末考測驗、模擬學測測驗，或特殊實驗用途的成就測驗等），並且在古典測驗理論的依據下，運用試題與測驗分析技術，協助教師改進自己的命題技巧和診斷學生的學習類型，同時配合新式的教學評量技術（例如：口試評量、概念圖評量、檔案評量等各種實作評量），以幫助教師推展有意義的學習活動，並作為實施補救教學的參考。

　　本書討論的重點，僅放在教師自編成就測驗、測驗分析、測驗應用和教學評量技術的理論與實務上。比較偏重強調的資料分析技術，是目前在教學和評量上常用的各種客觀測驗類型，如：選擇題、是非題、填充題和配合題等可以進行二元化計分（dichotomous scoring）（即計分方式分成「對與錯」或「是與非」兩者）的資料，或是可以電腦軟體程式輔助分析的試題反應資料（item response data）（如：Likert 式的評定量尺資料）等為主。

　　為了達到本書著作的目的，本書擬依據一系列的教學歷程，探討教師如何自編成就測驗、如何運用測驗分析與診斷技術，以及如何進行實作評量和應用新的評量趨勢等策略，來幫助教師改進命題技巧、診斷學生的學習類型，和進行補救教學等措施。同時，為增進並配合本書的學習成效，以及考量實際教育情境的使用方便起見，本書修改前一版的試題分析電腦程式（即 Tester for Windows 程式）為 4.0 版，增強其運算功能和簡化輸出報表，以作為輔助學習與應用分析的工具。筆者深切期盼讀者能夠善加使用該程式，並配合本書所討論的編製、分析與應用測驗的知識以及其他教學評量策略，共同達成教與學能夠配合的目標；同時，讀者若能持續運用

該程式來分析自己編製的試題，並且在每次進行試題分析後，都能保留具有優良特徵的試題，假以時日，便可累積大量且有效的試題題庫，供作日後改進教學與實施診斷評量的有力工具。

為了增進學習效果，筆者建議讀者在研讀本書之前，具備「普通心理學」及初等「教育統計學」或「心理與教育統計學」等相關背景知識，是相當有必要的，至少會是有幫助的。

本書編排共分成十三章及一篇附錄，茲分別說明各章節概要如下：

第一章：導論。旨在討論測驗與評量的發展簡史、古典測驗理論的概要，及教育測驗的分類、用途和特徵，以作為全書的導引。

第二章：教學評量概論。旨在討論教學評量應有的基本概念、分類和原理原則，並且比較不同參照評量間的異同，以作為幫助教師規劃教學評量的參考。

第三章：教師自編成就測驗。旨在討論教師如何自編一份成就測驗的計畫、過程、步驟、計分、其他類型和使用問題。

第四章：選擇型試題命題技巧。旨在討論數種常見的選擇型教育測驗試題之命題原則、評論其優缺點和舉例示範。

第五章：補充型試題命題技巧。旨在討論數種常見的補充型教育測驗試題之命題原則、評論其優缺點和舉例示範。

第六章：實作評量導論。旨在討論專門用來評量教學目標中情意及動作技能方面表現好壞的實作評量，說明其基本內涵、類型、實施策略與改進方法，以補充紙筆測驗的不足。

第七章：認知能力的實作評量類型。旨在討論將各種實作評量策略延伸應用到認知能力的評估上，例如：口試評量、概念圖評量、動態評量、精熟學習評量與素養導向評量。

第八章：檔案評量。旨在討論綜合評量各種教學目標的新式評量策略，以延伸紙筆測驗和實作評量策略後續在升學上的應用。

第九章：試題分析。旨在討論如何分析一份教育測驗的個別試題之特徵指標，例如：難度、鑑別度和選項誘答力等。

第十章：信度。旨在討論如何分析和建立整份教育測驗的穩定性與一

致性客觀指標，例如：信度。

　　第十一章：效度。旨在討論如何分析和建立整份教育測驗的正確性與可靠性客觀指標，例如：效度。

　　第十二章：學生問題表分析。旨在討論如何進一步分析整份測驗、個別試題，以及個別學生作答反應組型的診斷性指標，例如：差異係數指標、注意係數指標的計算與應用等。

　　第十三章：教育測驗與評量的相關議題。旨在討論幾個與測驗應用和發展有關的議題，例如：題庫建置、電腦化（適性）測驗、測驗偏差、測驗倫理、標準設定等，以作為後續延伸學習測驗進階議題之基礎。

　　附錄。旨在介紹 Tester for Windows 程式 4.0 版的功能與操作方式，並且舉出一個實例說明它在教學評量上的應用情形。

教學評量概論

　　在學校情境內的所有學習活動，包括認知（如：學科成就、知識、問題解決等）、情意（如：態度、興趣、人際關係、鑑賞、適應等）及動作技能（如：演講、儀器操作、表演、運動技能等行為）等領域的學習成果，都需要仰賴教師進行教學評量，才能得知學習成果的優劣、進步或退步，以及是否達成教學目標。因此，教學評量是教學歷程中相當重要的一環，學習如何妥善規劃一份適當的教學評量計畫，便成為教師在進行教學前的一項重要工作。本章的重點，即在介紹有關教學評量的基本概念，以便教師對擬定一份適當的教學評量計畫有個粗淺的認識，並作為進行教學、評量和後續應用之準備。

第一節　教學評量基本概念

　　教學（instruction）是教師和學生共同參與的一種活動歷程。教師在預定的教學目標指引下，運用各種方法，循序漸進地進行教學，以期學生的學習行為能夠隨著教學的進展而有所改變，進而達成既定的教學目標。而想要知道教學結果是否達成預期的目標，就必須仰賴針對教學效果實施客觀而又正確的評量才能得知；因此，教學評量便成為教學歷程中的一項重要工作。

　　談到教學，教師必須先要瞭解什麼叫作「教學模式」（teaching models）。所謂的教學模式，係指把教學的整個歷程做系統性的處理，包括所有會影響教學成果的因素在內（張春興、林清山，1984）。Joyce 和 Weil

（1996）曾將二十二種教學模式歸納成四大類：(1)訊息處理模式（information-processing model）；(2)個別化模式（personal model）；(3)社會互動模式（social interaction model），以及(4)行為模式（behavioral model）。雖然教學模式有那麼多種類，但最簡單、最基本的教學模式，卻離不開圖 2-1 所示的教學模式雛形（Glaser, 1962）。

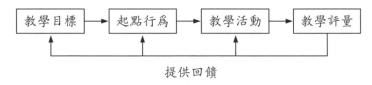

● 圖 2-1　教學模式雛形

　　從圖 2-1 所示的教學模式雛形來看，整個教學歷程包括四大部分：教學目標、起點行為、教學活動和教學評量。每一個部分均與教學評量有密切關係。第一個部分是「教學目標」，即預期教學結束時學生必須達成的終點行為；第二個部分是「起點行為」，即教師在未進入單元教學之前，學生已經具有學習本單元所需的基本起點行為；第三個部分是「教學活動」，即教師為了進行教學所採用的各種教學方法，和學生為了學習所參與的各項學習活動等；第四個部分是「教學評量」，即針對學習結果是否達成預期的終點行為所實施的評量活動。經由教學評量活動，教師才能得知預期的教學目標是否達成、學生是否具備學習的起點行為或基本能力，以及教學活動的進展是否適當等訊息。由此可見，教學評量不僅可以提供回饋訊息給教師，更能使整個教學歷程統整在一起，發揮最大的教學與學習效果。

　　透過對教學模式的理解，教師可以得知教學評量在整個教學過程中扮演相當重要的角色。因此，進一步瞭解教學評量的基本概念，將有助於教師擬定一份良好的教學評量計畫，以發揮「評量引導教學」的實質效果。以下分別從目的、種類和原則等三大觀點，探討教學評量的基本概念。

壹　教學評量的目的

　　一般而言，教學評量的基本目的有下列幾項（Airasian & Russell, 2008），茲分別敘述如下。

一、瞭解起點行為及適當安置學生

　　教學評量是以教學目標為導向。在教學前先進行評量，有助於教師瞭解學生的起點行為，便利規劃教學活動的進行。在開始進行教學之前，教師可以先實施一份以上學期學習為範圍的教師自編成就測驗（如：上學期的期末考試卷），先分析學生在還未開始新學習之前的起點行為或已具備的背景知識為何，以便決定教學該由什麼地方開始。在教學之後，教師也可以根據評量結果，瞭解學生是否具備學習下一個新單元的起點行為，以便安置學生在適當程度的班級裡學習。

二、規劃教學活動及調整教學步調

　　根據教學目標規劃課程進度與步驟，以及選擇適當的教材教法後，教師便可以開始進行教學。在執行教學一段時間之後，教師可以透過教學評量所獲得的回饋訊息，得知預期的教學目標是否達成、教學方法或教學策略是否有所缺失，以便進一步檢討教學過程中的每項活動（包括：教學目標、教學方法、教學材料、教材組織與呈現方式等）是否適當。教師也可以利用教學評量的回饋訊息，隨時調整教學的步調，以決定是否必須實施複習、重新教學、更換教材、變更作業分量、調整教材教法或修改教學目標等措施，並求其適切可行。

三、診斷學習困難及提供學習回饋

　　教學評量所提供的回饋訊息，可以幫助教師明瞭學生的學習類型及學

習困難所在，進而採取適當的補救措施。尤其是，當教師拿教學評量結果和學生一起討論時，教師除了可以獲得診斷學習困難的線索、決定採行何種補救措施，甚至轉介至更專業的輔導協助等訊息外，學生也可以藉此進行自我評量，來瞭解自己的學習狀況。如果學生獲知自己進步了，其努力的學習行為便獲得增強；如果獲知自己退步了，也可以趁此機會反省檢討，以調整學習方法或改進學習缺失。因此，教學評量得以藉由提供回饋訊息，間接提高並激勵學生的學習動機。

四、評定學習成就及報告學業成績

　　教師除了利用教學評量結果來瞭解學生的學習起點行為、診斷學習困難，並適時調整教學步調外，亦可以將學生的學習表現予以評定等第，並將評定的結果視為學生學習成就的指標，向家長及學生提出學業成績報告單，同時作為學校獎勵學習表現優良的依據。除此之外，所評定的學習成就或學業成績，亦可以提供教育研究學者當作教育研究的素材資料，甚至作為升學輔導的參考依據。

貳　教學評量的種類

　　教學評量的種類很多，若依據教學歷程及評量目的來分，教學評量可以分成：安置性評量、形成性評量、診斷性評量和總結性評量；若依據解釋評量結果的方式來分，教學評量可以分成：常模參照評量和效標參照評量；若依據評量所使用的工具和評量目標來分，教學評量可以分成：紙筆測驗和實作評量（邱淵等，1989；Bloom, Madaus, & Hastings, 1981; Gronlund, 1993; Stiggins, 1994; Stiggins & Conklin, 1992）。茲根據這三種分法，扼要敘述八種不同的教學評量類型於後，以作為實施教學評量的參考依據。

一、依據教學歷程及評量目的來分

（一）教學前的評量——安置性評量

通常，教師在未開始進行教學之前，往往會想瞭解學生在未學習本單元之前已經具有的背景知識或起點行為為何，以便作為確定教學起點的依據。此時所進行的教學評量，即稱作「安置性評量」（placement assessment）。

安置性評量的目的即是在單元教學開始之前實施，用來決定班級教學的起點、是否先行複習舊教材內容、選擇何種適當的教材和教法，以及在確定學生的精熟程度後，再調整教學計畫、進行分組教學，或安排某些學生在特殊班級中學習。

教學之前不一定都需要實施安置性評量。唯有在教師對新接任班級學生的能力不熟悉時，或預期的教學效果相當明確且具有連貫性意義時，實施這種安置性評量才有它的價值。

（二）教學中的評量——形成性評量和診斷性評量

教師在教學進行中，往往會想瞭解學生的學習是否有進步、有無學習困難或障礙之處，以便作為進行補救措施的依據。因此，在這個階段所進行的教學評量，可以再細分成「形成性評量」（formative assessment）和「診斷性評量」（diagnostic assessment）來說明。

形成性評量的目的即是在教學進行過程中每告一段落時實施，以收集學生學習進展的記錄資料，提供教師和學生雙方有用的訊息，以作為改進教學和學習之用，並確保學習方向朝教學目標穩定邁進。

形成性評量比較重視測量所教過特定內容的學習結果，以及使用結果來改進學習；因此，評量重點宜放在隨時掌握學習是否已達「精熟」（mastery）或「非精熟」（nonmastery）的訊息判斷上，以免累積太多學習困難，增加實施補救措施的負擔和障礙。

形成性評量應被視為教學歷程中針對教學活動進行「品質管制」的一項重要活動，它不可以和專門以判斷學生能力表現為主的總結性評量混為一談，更不可以把它當成是以評定成績等第為主的一種評量方式。

診斷性評量的目的即是在針對形成性評量結果所無法矯正的嚴重障礙處，提出更精密的診斷訊息，以供作採行必要治療措施之參考。一般而言，診斷學生的學習是否進步，是屬於一種程度的問題（matter of degree）；亦即，形成性評量是屬於急救性的處理，對簡單的困難問題可以立即找出並加以解決，而針對嚴重的困難問題則留待診斷性評量的分析和處理。所以，診斷性評量可以針對學生在某一特定學習內容或知能上的障礙，提出更進一步的診斷訊息，以作為實施治療性補救措施的依據。因此，它是一種更綜合性和更精密性的評量，通常需要專業的輔導教師或心理諮商專家的協助，才能進行一場更專業的診斷性評量。

（三）教學後的評量——總結性評量

教師在教學（通常是整個課程）結束後，會想瞭解學生的學習成果是否達到預期的教學目標，以便作為評定成績等第或學習成就的依據。此時所進行的教學評量，即稱作「總結性評量」（summative assessment）。

總結性評量的目的即是在教學結束後，針對教學目標達成的程度及學生的學習成果進行總檢討，並評定成績等第。總結性評量的重點與形成性評量的重點不同，後者的目的在發現學習困難和改進教學，而前者則是評定學生的學習成就。因此，在試題取材方面，前者是抽取學習內容的代表性樣本試題，所涵蓋的教材範圍較廣；後者僅抽取較特定的學習內容為樣本試題，所涵蓋的教材範圍較窄。兩者的實施，除了均可使用標準化成就測驗外，亦可使用教師自編測驗或其他評定成績的方式來進行，如：口頭報告、論文寫作、學期報告、專案作業、作圖等。除了評定成績外，總結性評量結果亦可作為一種評鑑課程目標和教學效果是否適當的參考資料。

綜合上述，這四種評量的目的和適用時機都不盡相同。一般而言，教師在進行單元教學前所實施的基本能力評量，即為安置性評量，也可以說是「教學前評量」；在教學中進行的形成性評量和診斷性評量，主要是在

控制教學品質,所以可以說是「教學中評量」;而在教學結束後進行的總結性評量,可以明瞭學生學習成果是否達成預期的教學目標,因此可以說是「教學後評量」。有關這四種評量在教學歷程中的位置,可以從圖 2-2 所示中獲得清楚的釐清。

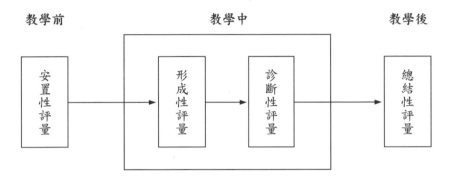

● 圖 2-2　教學評量的基本類型

二、依據解釋評量結果的方式來分

如果根據解釋評量結果的參考標準不同來分,教學評量可以分成常模參照評量(norm-referenced assessment, NRA)和效標參照評量(criterion-referenced assessment, CRA)兩種。這兩種評量間最大的不同點,即在於解釋評量結果時所參考的標準不同。

(一)常模參照評量

如果在解釋個別評量結果時,所參考的依據是以該樣本團體的平均數為標準,依其在團體中所占的相對位置來解釋個別評量結果的教學評量方式,即稱作「常模參照評量」。這種評量的目的,即是在比較個人得分和他人得分之間的高低;因此,會根據未來所欲推論的範圍不同,決定所需參考標準的依據團體(可以是以班級、學校、學區、縣市或全國為單位)就不同,而其推論範圍也就可及於全班、全校、全學區、全縣(全市)或全國。

　　常模參照評量的目的，旨在區分學生彼此間的成就水準高低，以作為教育決策之用（如：分班晉級、擇優錄取和評定等級等）。因此，作為常模參照評量用的教育測驗，多半會挑選造成得分分配範圍較廣的試題來組成，而能滿足這項要求的試題難度值平均大約在 .50（亦即是難易適中）左右，如此的測驗比較能夠達到區別分數等第的目的，以產生最大的成就差異。一般而言，在學校所舉行的定期評量裡，多數教師自編的期中、期末測驗或考試卷，以及已出版的標準化成就測驗，都是屬於常模參照評量所慣用的測驗工具，因為它們的目的主要是在評定學生學習成就的高低。

（二）效標參照評量

　　如果在解釋個別評量結果時，所參考的對象是以教師在教學前即已事先設定好的效標（criterion）為依據，依其是否達到這項標準（達成者即為學習「精熟」，未達成者即為學習「非精熟」）來解釋個別評量結果的教學評量方式，即稱作「效標參照評量」。其中，效標的選取，可以由教師根據自身的教學經驗（如：設定某份測驗的精熟標準為 80% 以上的試題答對率）、學校政策（如：以基本學力測驗分數的 PR 值高於 80 以上者，作為獎勵的標準）、政府的法令〔如：成績考察辦法中規定，大學（含）以下各級學校的學科成績以 60 分為及格分數，研究所以上的學科成績及格分數為 70 分〕來決定。這種評量的目的，即是在比較個人得分和預定效標之間的高低；因此，它的目的比較關注於學生已經學會的有哪些、還未學會的有哪些，而比較不關注於學生學習成就（或測驗分數）的高低。

　　效標參照評量的目的，旨在找出學生已經學會和尚未學會的原因或困難所在，以幫助教師改進教學和幫助學生改進學習。因此，作為效標參照評量用的教育測驗，通常只會挑選具有學習內容領域的代表性試題來組成，而比較不會考量試題的難度值和鑑別度值為何，全由試題特性來決定整份測驗的難易程度和鑑別程度。一般而言，課室內多數教師自編的隨堂測驗與形成性測驗，都是屬於效標參照評量所慣用的測驗工具，因為它們的目的主要是在確定學生的學習是否已達精熟，以作為改進教學及學習的參考，而不是以評定學生學習成就的高低為目的。

綜合上述，這兩種教學評量的差異，僅差別在其解釋評量結果的參考標準不同而已，兩者都可以使用相同測驗來進行施測；不過，常模參照評量較常用來瞭解學生對範圍較大學習內容的成就水準，而效標參照評量則較常用來瞭解學生達成學習內容的精熟程度。這兩者間的差異比較，可以參閱表 2-1（Gronlund, 1993）所示。

■ 表 2-1　常模參照評量與效標參照評量之比較

比較項目	常模參照評量	效標參照評量
主要的用途	調查性的測驗	精熟性的測驗
強調的重點	測量成就的個別差異	描述學生能做的工作
結果的解釋	和別人的成就表現做比較	和具體明確的效標做比較
涵蓋的內容	涵蓋較大的成就領域	集中在有限的學習工作
測驗計畫性質	通常使用雙向細目表	偏好使用詳細的教材領域明細表
試題選擇程序	選擇最能區分個別差異的試題（分數的變異性最大），刪除容易的試題	包含所有能適當描述表現的試題，不企圖改變試題的難度或刪除容易的試題以提高分數的變異性
表現標準	依據在團體中的相對位置來決定成就水準（如：在 100 人中排列第 5 名或 PR ＝ 95）	依據絕對的標準來決定成就的水準（如：能界定 90%的專有名詞，即表示已達精熟程度）

三、依據評量所使用的工具和評量目標來分

一般而言，常用的教學評量工具有許多種，包括：傳統的考試、教師自編測驗、標準化成就測驗、平時觀察、學期報告、評定量表、個人自陳表和檢核表等。因此，若根據實施評量時所使用的工具和評量目標來分，

可以歸納分成兩種：紙筆測驗（paper-and-pencil test）和實作評量。這兩種評量方式的最大不同點，即是其所使用的評量工具和評量目標的不同。

（一）紙筆測驗

這是指以書面形式的測驗工具，作為評定學生在學科知識方面學習成就高低或在認知能力方面發展強弱的一種評量方式。這類評量工具包括：傳統的考試、教師自編測驗、標準化成就測驗，或其他作為教學評量輔助工具用的各種心理測驗等；這類工具的共同特徵，就是都使用紙張印刷來呈現要求學生回答的試題或問題（即測驗卷），並且要求學生在該測驗卷上以各種書寫工具（通常為鉛筆、原子筆、鋼筆或毛筆等）填答適當的答案，因此才有「紙筆測驗」之稱。

雖然，目前教育測驗的實施方式已有逐漸發展使用電腦來輔助施測和解釋的趨勢（即電腦化測驗或電腦化適性測驗），但是其形式只是改以螢幕呈現來代替「紙張印刷」，以鍵盤或滑鼠輸入來代替「筆的書寫功能」，所以，這種類型的評量方式仍然稱為紙筆測驗。

（二）實作評量

這是指使用其他工具（通常都不是紙筆測驗）或形式，作為評定學生在學科的情意與動作技能領域方面學習成就的一種評量方式。這類評量工具或形式包括：口試、觀察與軼事記錄、肢體表演、操作示範、作品展示、評定量表、檢核表、檔案記錄、社交測量或投射測驗等，多半是用來評量學生在情意與動作技能領域方面的教學目標。由於這類評量方式需要實際觀察與記錄學生在真實或模擬施測情境中的實際表現，或根據學生實際表現行為的過程或最後的成果作品來加以評定成就等第，因此才有實作評量之稱。

當今歐美國家教育界已逐漸重視學生的實作評量，以矯正過去過度重視認知能力方面評量所造成的缺失。本書的第六章和第七章，即專門討論實作評量的各種類型與檔案評量，便是要提醒教師及讀者，學校教育應該重視學生「全人」或「全方位」的教育評量，尤其是要特別強調聯考制度

下所忽略的情意及動作技能領域方面的實作評量，如此才能補充紙筆測驗的不足，真正做到符合教育目標與理想的教學評量。

參 教學評量的基本原則

綜合前面說明，要進行一次公平客觀的教學評量，教師必須切實遵守下列幾項評量的共通基本原則，才能發揮教學評量的功能，提高教學與學習的效果（李坤崇，1999，2006；邱淵等，1989；高雄市政府公教人力資源發展中心，1998；Bloom et al., 1981; Miller, Linn, & Gronlund, 2009）。

一、依據教學目標

教學評量的實施，可以針對不同的學科特性和評量目的，兼採各種不同的技術和方法，但無論使用什麼技術和方法，都必須是根據教學目標來進行。為了使教學目標能夠更具體化，較抽象性的單元教學目標可以再用幾個更具體的「行為目標」或甚至是「學力指標」分別加以表示，據此，教師才可以根據行為目標來決定適當的評量工具和方式。例如，認知方面的行為目標若為：「能利用桿槓原理移動物體」，則使用選擇題測量就可以達到評量目標；情意方面的行為目標若為：「能描寫對一件美術作品的感受」，則採用簡答題或申論題型測驗便可達到評量目標；動作技能方面的行為目標若為：「能夠正確操作顯微鏡」，則需要使用觀察法或檢核表法，而非紙筆測驗，才能達到評量目標。

二、兼顧多重目標

教學目標可以分成認知、情意和動作技能三方面，因此，教學評量也至少必須兼顧這三方面，不能只著重認知目標而忽略情意和動作技能目標的評量。例如，在國民小學自然與生活科技領域的「可愛的動物」這個單元教學目標中：

〔**科學概念**〕：1. 能指明動物身體的兩側是對稱的（對稱）。

　　　　　　　　2. 能說出動物都居住在有食物的地方（棲息地）。

〔**科學方法**〕：能在觀察動物之後，描述動物身體兩側相同的地方（表達）。

〔**科學態度**〕：飼養動物後，能自動收拾好飼料及其他用品（負責合作）。

　　科學概念是偏向認知方面的學習，科學方法是偏向動作技能方面的學習，而科學態度則是屬於情意方面的學習；三方面均需兼顧。評量時，教師可以給兒童一些圖片，讓兒童把鏡子直立在動物中央，以證明動物身體的兩側是對稱的（對稱的概念）；兒童一方面做，一方面利用口語、動作清楚地表達出來（表達的方法）；至於在情意態度方面的評量，教師可以採用五點評定量尺或檢核表的方法，按學生的行為表現是否達成預訂的參考標準，再予以評定適當等第或記錄。

　　此外，教學目標不但有不同的種類，亦有不同的層次，每一層次的目標均應有機會被抽樣來加以評量。評量時，絕不可以只偏重低層次或高層次目標的評量，能同時兼顧其他層次目標和其他類型目標的評量，才是一種理想的評量。

三、採用多元方法

　　誠如上述，在教學前、中、後的不同歷程中，各應使用不同的評量方法，才能達成不同的評量目的。但是，一般教師都過分重視教學後的總結性評量，甚至以一次考試就幾乎完全代替評量結果，而忽略教學過程中的形成性評量，因此，等到發現學生有學習困難或學習落後時，往往造成難以補救的局面。其實，在整個教學過程中，應該妥善運用上述四種教學評量方法，才能發揮最大的教學和學習效果。教師尤應把教學評量的重心放在能夠改進教學品質和幫助學生提高學習興趣的形成性評量上；若有必要時，可以再進一步實施診斷性評量，並根據評量結果立刻採取補救措施，以發揮即時矯正偏差和控制教學品質的品管功能。

　　當然，教學評量是需要依據並兼顧多重教學目標來進行的，因此，在

評量方法的運用上，就必須做到多元化。沒有一種評量方法可以用來評量學生所有的重要學習結果，任何評量方法都有其特殊功能和限制，尤其是國內在推行十二年國民基本教育課程綱要時，使用多元方法來進行教學評量更是評量的趨勢。理想上，教學評量不應只限於教師常用的紙筆測驗（雖然它比較方便可行），而是應該依據評量目的，兼採多種有效的評量方法。一般而言，除了教師常用的紙筆測驗的評量方法外，尚可採用實作評量的各種方法，包括：口試、作業練習、實作測驗、表演、欣賞、撰寫報告、實地調查、參觀訪問記錄、晤談、觀察法、檢核表法、評定量表法或檔案評量等。教師應視實際評量需要，彈性使用上述各種方法或同時兼採多種方法進行評量，才能適時達成評量目的。

四、進行多次評量

　　教學評量的最終目的，是在確保教學目標的達成，以及改善教學和學習效果。因此，獲得一個正確的評量結果或提供正確的評量回饋訊息，對達成最終目的而言，具有決定性的影響力。而要確保所獲得的評量結果是正確的，則唯有針對同一評量對象的樣本行為進行多次的評量，才能估計出比較接近正確的評量結果。根據古典測驗理論的基本假設看法，單獨一次的評量結果必定含有相當成分的誤差。這單獨一次的評量結果與真正想要評量到的潛在特質之間所具有的差值（即測量誤差），可能會有正值或負值出現；但是，在進行多次評量之後，這些測量誤差終會正負抵銷，使得多次評量結果的平均數（或期望值）更接近真正的潛在特質，最終獲得一個接近正確的評量結果，這也是符合古典測驗理論基本假設的一項作法。因此，針對同一評量對象的樣本行為進行多次的評量，在確保評量結果的正確性方面，具有實質的必要性。

五、重視反應歷程

　　教師常用成就測驗當作評量的工具，因此，學生在該測驗上的反應組型（response pattern）即代表他個人的思考及作答結果。評量的結果若以總

分來表示，則總分相同的兩位學生，其反應組型未必一樣，這表示其思考歷程的有效性不同。如果評量時能重視學生獲得答案的反應歷程，不但可以瞭解學生的思考品質，也可以診斷其學習困難所在（尤其是針對錯誤的反應組型進行分析），並針對被診斷出的困難和錯誤之處進行補救措施。

　　此外，在某些自然學科的實驗學習裡，評量更應注重實驗程序和操作方法，而非只注重實驗結果。同樣地，一些藝能科的學習，也不能只評量其任務結束後的作品，而應該注重獲得這些作品背後的製作過程和方法。本書第六章有關實作評量的說明，將有助於教師重視反應歷程評量重要性的理解。

六、善用評量結果

　　教學評量並不等於考試，考試只是教學評量的方式之一，教學評量的最終目的應該是在達成教學目標，改善教學和學習效果。事實上，教學評量應被視為一個歷程，它不但是在評定學生的學習成果，也在評定教師的教學成效，以作為改進教學和學習的參考。把教學評量看成只是考試的教師，很容易因為教學評量一結束，教學和學習活動也就跟著結束；如此一來，他們無法利用教學評量結果，來改進自己的教學缺失和診斷學生的學習困難。為了能夠妥善運用教學評量結果以改進教學效果，教師應在教學評量之後，根據教學目標或學習內容，詳加分析學生的能力組型，確定學生學習的優缺點，以便提供學習輔導的策略。同時，在教學過程中，教師必須注重形成性評量，並且配合新的教學評量技術，分析評量結果背後所具有的意義，以確保學習成果均朝向預期的教學目標邁進。

　　除了善加利用課室內教學評量結果來改進教學和學習成效外，政府單位或學術研究機構亦可利用評量結果（尤其是總結性評量）作為政策決策或研發改進教育品質的依據。各級縣市政府教育局，亦可以根據總結性評量結果（如：會考測驗成績），作為規劃改進學校教學品質或擬定教育優先補助區的政策參考；各個教育學術研究單位，亦可以根據評量結果（如：診斷性評量和總結性評量），作為編擬與設計各種補充教材、教具或教學

媒體的參考，甚至規劃建置長期的教育資料庫，收集並充分掌握各級教育人力資源數據，以作為政府規劃教育政策的參考。

■ 第二節　教學評量目標分類

根據教育學者（李坤崇，2006；黃光雄，1982；Anderson et al., 2001; Bloom et al., 1956; Miller et al., 2009）的分法，教學目標一般可以分成三大領域：認知領域（cognitive domain）、情意領域（affective domain）和動作技能領域（psychomotor domain）。在還沒有進行編製測驗之前，教師應該事先明白所要達成的教學目標屬於何種領域，才能據以編製可以達成該類目標的測驗。因此，一份測驗若要能夠測量出學生的學習結果，教師就必須先確立所要測量的教學目標是哪些。茲分別扼要敘述這些教學目標於後。

壹　認知領域的教學目標

認知領域的教學目標，是指有關知識或認知能力方面的學習結果。依據認知能力的發展程序和學習複雜程度來分，認知領域的目標依序可以分成六個階層（Bloom et al., 1956），雖然後經 Anderson 等人（2001）的修訂，改稱之為六個認知歷程（cognitive process），但這些階層仍呈現一種階梯狀的排列次序（參見圖 2-3），並且其高階的目標是建立（並且包含）在低階的目標之上。茲依序說明認知目標修訂前／後之內容如下：

1. **知識（knowledge）／記憶（remember）**：指最低層次的認知能力，包括針對各種名詞、事實、定理和原理原則等的記憶能力，或指從長期記憶中提取相關知識，這些相關知識包括事實知識（factual knowledge）、概念知識（conceptual knowledge）、程序知識（procedural knowledge）、後設認知知識（meta-cognitive knowledge），或這四者的組合。

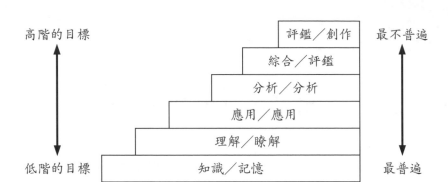

● 圖 2-3　教育目標的分類：認知領域

2. **理解（comprehension）／瞭解（understand）**：指能夠掌握所學過的知識或概念意義的能力，或指從口述、書寫和圖表溝通的教學資訊中建構意義。

3. **應用（application）／應用（apply）**：指能夠將所學到的方法、原理原則、概念等應用到新情境以解決新問題的能力，或指善用程序（步驟）來執行作業或進行問題解決。

4. **分析（analysis）／分析（analyze）**：指能夠將所學到的概念或原則分析成各個構造部分，或找出各部分之間相互關係的能力，或指能將材料分解成局部，並分辨出局部之間與對整體結構或目的之關聯。

5. **綜合（synthesis）／評鑑（evaluate）**：指能夠將所學到的片斷概念或知識、原理原則、事實等，統合、歸納或合併成一個新整體的能力，或指根據規準（criteria）與標準（standards）做判斷（judge）。

6. **評鑑（evaluation）／創作（create）**：指最高層次的認知能力，為能夠依據某項標準做成價值判斷的能力，或指將各個元素組裝起來，形成一個完整且具功能的整體。

　　上述這些認知目標，相當於我國傳統五育均衡發展教育目標中的「智育」所要達成的學習結果，亦是比較受社會大眾所重視的教育目標之一。認知目標亦是當今學校教育最常測量的教學目標之一，一般學校常使用的

紙筆測驗（不論是隨堂測驗、期中或期末測驗等），多半是以測量學生的認知能力為主；甚至，各種升學考試（如：國中會考測驗、高中學科能力測驗）、就業考試（如：公務人員高普考試）、證照考試（如：乙丙級技術士技能檢定考試）或資格檢定考試（如：教師資格檢定考試、全民英檢測驗）等，也都是以測量認知能力為主。

貳 情意領域的教學目標

情意領域方面的教學目標，是指有關態度、興趣、理想、欣賞和適應方式等情意能力的學習結果。情意領域的教學目標由簡單的、具體的、普遍性較小的行為開始，逐漸發展到較複雜、較抽象且較高普遍性的行為，依序可分成下列五個階層（Krathwohl, Bloom, & Masia, 1964），這些階層亦像認知領域的階層一樣，呈現一種階梯狀的排列次序：

1. **接受（receiving）**：為最低層次的情意能力，指能夠針對某些現象和刺激去進行接觸、傾聽、知覺、感受、體會和選擇性注意的能力。
2. **反應（responding）**：指能夠主動地注意、積極地參與活動、有作反應的意願，和從參與活動中獲得滿足的能力。
3. **評價（valuing）**：指能夠對所接觸到的事情、現象或行為感到有價值存在，進而表現出接納、偏好、承諾和認同等積極的態度和追求其價值的能力。
4. **重組（organization）**：指能夠分析有價值的活動內涵、歸納出推論的價值概念、建立起個人的內在化價值觀念、發展個人的價值體系，並維持價值體系間的一致性和次序性等能力。
5. **內化（characterization by a value or value complex）**：指能夠將價值體系內在化，使其成為個性的一部分，個人並依據其內在化價值體系行事，做到表裡一致的能力。

上述這些情意目標，相當於我國傳統五育目標中的德、群、美育所要達成的學習結果，近年來，由於受到美國哈佛大學 Howard Gardner 教授（1983, 1993）提出「多元智力理論」（multiple intelligences theory, MIT）

的影響，已逐漸受到社會大眾的重視。情意目標通常很少由紙筆測驗測量出，多半需要仰賴心理測驗或實作評量的實施；通常，教師必須透過平時的觀察、軼事記錄、晤談、檢核表、評定量表、社交測量和心理測驗等方法的使用，方能達到這方面的測量目的。

動作技能領域的教學目標

　　動作技能領域方面的教學目標，是指屬於動作和技能方面的學習行為，包括：書寫、打字、游泳、演說、舞蹈、演奏、體操、開車、跑步和操作儀器等需要用到四肢與大腦協調的動作和技能性的學習結果。依據動作技能的發展層面來看，由簡單的到複雜的行為，依序可以分成下列七個層次（Harrow, 1972; Simpson, 1972）：

1. **感知（perception）**：指能夠利用感覺器官去注意外在現象、刺激來源或各種關係等過程的能力。
2. **準備（set）**：指能夠針對上述感知到的動作或經驗，在心理上、身體上和情緒上作預備適應的能力。
3. **模仿（imitation）**：指能夠在有系統的教導下，開始學習、模仿或進行嘗試新的動作技能的能力。
4. **自動化（mechanism）**：指能夠將所學習到的動作技能經過模仿階段後，在已經達到非常熟練和正確的程度之下，不假思索即能做出即席反應的能力。
5. **複雜反應（complex overt response）**：指能夠操作或表現高難度和複雜度的反應行為，且其操作反應行為已達高度效率和熟練程度的能力。
6. **適應（adaption）**：指能修正其動作組型，以適合特殊需求或符合問題情境變化的應變能力。
7. **創作（origination）**：指能夠依據所習得的動作和技能，開始創造出新動作和處理新技能的能力。

　　上述這些動作技能目標，相當於我國傳統五育目標中的「體育」所要達成的學習結果，目前，由於受到政府推行並建立多元價值社會觀念的影

響，亦逐漸受到社會大眾的重視。動作技能目標亦如情意目標一樣，通常很少由紙筆測驗測量出，必須仰賴教師平時就對學生的實作表現進行觀察、記錄學生反應行為的精確性與純熟度，和使用評定量表或檢核表等考核創作能力，方能達到這方面的測量目的。

第三節 常模參照測驗與效標參照測驗之比較

誠如第一節所述，教學評量如果根據解釋評量結果的參考標準不同來分，可以分成「常模參照評量」和「效標參照評量」兩種；這兩種評量之間的最大差異，僅在於解釋評量結果時所參考的標準不同而已。但若從狹義的測驗觀點來看，如果根據解釋測驗分數意義的參考標準不同來分，教育測驗可以分成「常模參照測驗」和「效標參照測驗」兩種。其實，這兩種分類方法指的都是同一件事，因為「測驗」與「評量」二詞常被學者專家們交互使用的緣故，所以才有此譯名區別的情形產生。本節即進一步補充說明後者測驗分類方法之特性，並將其分類的異同點摘要如下。

壹 常模參照測驗與效標參照測驗的意義

這兩種測驗之間的差別，原先所指的是針對測驗分數的解釋方式不同，而不是整個測驗型態的不同（Glaser, 1963）。根據 Glaser 原先的看法，如果我們解釋個別學生的測驗分數時，是拿他的分數和全體（可能是全班、全校或某個特定的參考團體）學生的分數做比較，亦即採用「相對比較」（relative comparison）的觀點來看個別學生的測驗結果，則這種解釋測驗分數的方式便稱作「常模參照測驗」或「常模參照測量」（norm-referenced measurement, NRM）；例如，「某學生在 50 題數學科成就測驗成績勝過 90%的學生」，即是以相對比較的常模參照方式解釋個別的測驗分數。

另一方面，如果我們解釋個別學生的測驗分數，是以描述他在某種界

定清楚領域（well-defined domain）上的重要工作表現得有多好，或他的表現已到達什麼樣的優良程度等術語來表示，亦即採用「絕對比較」（absolute comparison）的觀點來看個別學生的測驗結果，則這種解釋測驗分數的方式便稱作「效標參照測驗」或「效標參照測量」（criterion-referenced measurement, CRM）；例如，「某學生在 50 題數學科成就測驗中答對 45 題」，即是以絕對比較的效標參照方式解釋個別的測驗分數。

由此可見，這兩種方法都可以應用在同一份測驗上；其間的基本差異，僅在於測驗分數的解釋方式，而不是所使用的測驗工具型態。傳統上，測驗的使用多半偏向常模參照測驗的解釋方式，但這種用法常被批評具有下列的缺失：(1)無法提示精確的教學目標；(2)常常導致「所教」（what was taught）和「所測」（what was tested）之間無法配合的情事發生；(3)常常有意省略大多數學生都可能會答對的試題，所以，無法提供教師認為最重要且最有用的基礎訊息（Popham, 1978, 1990, 1999）。因此，為了改進這種缺失，自 1970 年代中期以後，教育學者逐漸將目光移到比較能夠與教學配合的效標參照測驗。

隨著效標參照測驗逐漸受到重視，許多學者（Berk, 1980, 1984; Haladyna & Roid, 1981; Hambleton, 1980; Roid & Haladyna, 1982）致力於效標參照測驗的編製研究，致使這種原先差別僅在解釋測驗分數方式的不同，逐漸演變成兩種不同類型的測驗編製方式，甚至在測驗使用目的、內容和解釋上，亦逐漸有明顯的不同呈現。例如，採用常模參照的解釋時，測驗編製所包含的領域範圍界定較不清楚、分散較廣，以便能夠可靠地區分學生成就之高低，所以一般均需刪除太困難或太容易作答的試題，僅保留難度較為適中之試題；另一方面，採用效標參照的解釋時，測驗編製所包含之學習領域界定較清楚、範圍較窄，因此，每個學習單元目標都可被許多試題測量得到，這些試題也多半比較簡單、容易作答，並且都是來自行為目標領域抽樣而得、具代表性的樣本試題，以用來描述學生達到精熟程度所需之學習表現。

但是，若精確地分，解釋一份成就測驗分數的方法至少有三種：(1)以常模為根據；(2)以效標為根據；以及(3)以領域（domain）為根據（Roid &

Haladyna, 1982）。第一種方法即是以某學生的得分和其他學生的得分做比較後，以其在參考團體中所占的相對地位指標（如：百分等級、標準分數）來解釋，其主要目的是在瞭解學生的相對等第，以判定其測驗分數之優劣或高低，像這種解釋方式即是「常模參照的解釋」（norm-referenced interpretation）；使用這種解釋方式的測驗，便是「常模參照測驗」。第二種方法則僅以學生所學習到的知識或技能來做解釋，係依據事先預訂的精熟標準來做比較，以判定學生「通過或不通過」、「及格或不及格」及「精熟或非精熟」，而不需要參考他人的表現來做比較，像這種解釋方式即是「效標參照的解釋」（criterion-referenced interpretation）；使用這種解釋方式的測驗，便是「效標參照測驗」。第三種方法則僅以界定清楚之某個學習領域上抽樣試題的得分來解釋或推估學生完成目標的成就水準，以作為判定是否達到滿意的教學或學習目標之參考，像這種解釋方式即是「領域參照的解釋」（domain-referenced interpretation）；使用這種解釋方式的測驗，便是「領域參照測驗」（domain-referenced test），或又稱為「目標參照測驗」（objectives-referenced test）。

　　嚴格說來，「領域參照」或「目標參照」一詞，都是屬於「效標參照」一詞的同義詞或是同範疇，所指的多半是效標參照測驗的不同版本而已；因此，筆者不擬再加以細分，僅以效標參照測驗一詞作為共同的代表。習慣上，教育學者們也多半僅以「效標參照」一詞來與「常模參照」一詞做對照，並且逐步深入研究和推廣應用到教學情境裡（Baker, Linn, & Quellmalz, 1980; Berk, 1980, 1984; Hambleton, Swaminathan, Algina, & Coulson, 1978; Millman, 1974; Popham, 1978）。

　　表面上看起來，常模參照測驗與效標參照測驗非常雷同，許多試題亦可以共用，但由於測驗編製程序不同及使用目的差異，其解釋測驗方式當然也會有所不同，這些差異就是造成這兩種測驗的最大區別所在。茲將常模參照測驗與效標參照測驗之比較結果，摘要於表 2-2（Kubiszyn & Borich, 2016）。

■ 表 2-2　常模參照測驗與效標參照測驗之比較

比較項目	常模參照測驗	效標參照測驗
答對每道試題的平均學生人數	約 50%	約 80%
與什麼做比較	與其他學生的表現	預訂的精熟標準
測驗內容涵蓋層面	較廣，含許多目標	較窄，含較少目標
測驗內容完整性	較淺，每個目標僅包含一至二個試題	較完整，每個目標至少包含多個試題
分數變異性	分數的變異較大	分數的變異較小
試題編擬	太容易或太困難作答的試題被刪除，僅保留難易適中和誘答選項良好的試題	只挑選能代表標準行為的試題，確認能產生相關聯的反應
成績報告和解釋	百分等級和標準分數	二分類數字（如：通過－不通過，及格－不及格）

貳　常模參照測驗及效標參照測驗編製方法之異同

　　常模參照測驗及效標參照測驗之相同處多於相異處，而其差異主要在於著重點不同而已。這些著重點包括：教學目標、試題代表性、試題類型、編擬試題重點、信度估計和測驗用途等。表 2-3 即在扼要說明編製常模參照測驗與效標參照測驗時，其主要的異同點之比較（陳英豪、吳益裕，1991；黃德祥、洪福源、張高賓譯，2011；Gronlund, 1993）。

■ 表 2-3　常模參照測驗與效標參照測驗編製方法之比較

一、相同點：
　　1.清楚說明與學習工作有關的成就領域範圍。
　　2.利用測驗編製計畫來測量具有代表性的學習工作樣本。
　　3.使用多種試題類型。
　　4.參考應用同一套常見的編擬試題原則。
　　5.盡力控制可能影響測驗結果誤差的各種因素。
　　6.留意可以提供有利於測驗結果解釋的各種因素。
二、相異點：

比較項目	常模參照測驗	效標參照測驗
教學目標	可採用一般目標或具體目標陳述	陳述必須非常具體且詳細
試題代表性	學習範圍較廣，每一範圍所出試題較少	學習範圍較窄，每一範圍所出試題較多
試題類型	常採用選擇題型測驗	少依賴選擇題型測驗
編擬試題重點	強調試題之鑑別力	強調試題能否說明學生在特定學習上的表現
信度估計	適合傳統的統計方法	不適合傳統的統計方法
測驗用途	用作安置性和總結性評量（如：編班、升學考試）	用作形成性和診斷性評量（如：隨堂考試）

第四節　教學評量計畫

　　根據本章第一節有關教學評量目的、種類和基本原則的說明，簡單地說，教室內教學評量的主要理想目標，不外乎在獲取一個有效、可靠且有用的回饋訊息，以幫助教師和學生確認教學目標達成的程度，並作為後續行政決策、教學輔導、評定等第與改進教學和學習之用。因此，要如何才能規劃出一份有效、可靠且有用的教學評量計畫，教師可以參考如圖 2-4

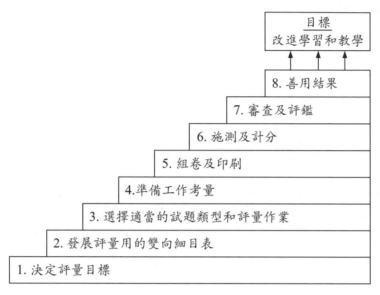

●圖2-4　一份有效、可靠且有用的教學評量之設計步驟

（Miller, Linn, & Gronlund, 2009）所示的建議步驟，便可落實達成理想中的教學評量工作。茲分別敘述如下。

壹　決定評量目標

　　由於教學評量的目標有許多種類，教師宜事先確定本次評量是要在教學進行之前、之中、還是之後實施，以便確立是安置性評量、形成性評量或診斷性評量，還是總結性評量。由於在教學前、中、後所進行的評量目標不同、強調重點不同、試題取材不同、試題難度不同、實施方式不同，連帶所要運用評量的結果亦不相同，因此，教師應該事先確立這一點，才能設計出一份理想的教學評量計畫。表2-4所示（Airasian & Madaus, 1972），是不同階段的教學評量異同點之比較，可供教師們設計教學評量方案之參考。

■ 表 2-4　不同階段的教學評量功能類型

功能	教學前		教學中		教學後
	預備性	安置性	形成性	診斷性	總結性
測量重點	背景知識或技能	課程或單元目標	事先決定的教學段落	常見的學習錯誤之處	課程或單元目標
取材性質	有限的特定技能	涵蓋所有目標	有限的學習內涵	有限的特定錯誤	涵蓋所有目標
試題難度	難度較低	難度涵蓋較廣	視教材段落而定	難度較低	難度涵蓋較廣
實施時刻	課程或單元開始前舉行	課程或單元開始前舉行	定期舉行	視教學需要而舉行	課程或單元結束後舉行
結果運用	補救缺陷或分派學習組別	教學規畫和進階安置	經由回饋而改進和引導學習	補救錯誤以矯正學習	評定成績、證明成就、評鑑教學

貳　發展評量用的雙向細目表

　　為了確保教室內的教學評量都能夠測量到一組具有教學目標的代表性樣本，發展一份專為評量使用的雙向細目表，以作為編製測驗試題和規劃評量作業的指引，是相當有用的；該雙向細目表即為測驗編製的藍圖（test blueprint）。

　　要規劃一份完整的雙向細目表，通常需要設計者事先明確條列教學目標和課程內容綱要，以便建構一個具有兩個向度的列聯表。教學目標可以是認知的、情意的或動作技能的，也可以是基本能力或行為目標，但必須要具體明確陳述；課程內容可以是紙筆測驗或實作表現所欲測量的內容，也可以是大範圍的或小單元的，但必須是教學過的內容。設計者只要規劃好一場評量時間內所需的試題數，再根據教學內容綱要及所擬評量的教學目標種類，在雙向細目表中適當安排題數即可。典型的範例，可參考表 2-5 所示；其他變例，則可參考表 2-6 至表 2-8 所示。

■ 表2-5　有關國中地球科學課程的雙向細目表典型範例

課程內容	教學目標					總題數	百分比
	辨認			瞭解	詮釋		
	基本名詞	天氣符號	特殊事實	影響天氣形成的因素	天氣圖		
氣壓	1	1	1	3	3	9	15%
風	1	1	1	10	2	15	25%
溫度	1	1	1	4	2	9	15%
濕度和雨量	1	1	1	7	5	15	25%
雲	2	2	2	6	0	12	20%
總題數	6	6	6	30	12	60	
百分比	10%	10%	10%	50%	20%		100%

■ 表2-6　一份50題分數加法測驗的雙向細目表範例

內容範圍	教學目標			總題數
	分數相加	分數與混和數相加	混和數相加	
分母相同	5	5	5	15
分母不同（具公因數）	5	5	5	15
分母不同（不具公因數）	6	7	7	20
總題數	16	17	17	50

■ 表 2-7　混和型評量作業的雙向細目表範例

內容範圍	教學目標			得分比重
	程序性技能	理解	應用	
簡單分數	5	10	5	20
混和數	5	15	10	30
小數	5	10	5	20
小數與分數的關係	10	10	10	30
得分比重	25	45	30	100

■ 表 2-8　閱讀理解能力的單向細目表範例

閱讀技能	題數
辨識一段文章中的細節	10
辨識一段文章中的主旨	10
辨識行動或事件的先後順序	10
確認一段文章中所描述的關係	10
確認一段文章所做的推論	10
總題數	50

參　選擇適當的試題類型和評量作業

　　接著，設計者宜根據上述的雙向細目表，決定使用何種試題類型和評量作業。若是評量認知能力，則可以選用選擇型或補充型試題的紙筆測驗，也可以使用圖形評量法（如：概念構圖法或知識結構評量法）；若是評量情意和動作技能等能力，則可以選用實作評量法（如：口試、實作演練和評定量尺法）；若是評量上述三類綜合能力，則可以選用檔案評量法（如：

作品檔案、過程檔案）。這些試題類型及評量作業，分別在本書第四章至第八章裡，都有詳細的說明和舉例介紹，讀者可以直接參考各章節所述。

肆　準備工作考量

為了使評量用的試題和作業，都能符合雙向細目表的設計內涵，設計者宜遵守下列的考量原則，來發展評量用的試題和作業：

1. 評量試題和作業必須根據明確定義的學習目標或結果來編製。
2. 挑選具代表性的試題和作業樣本作為評量的基礎。
3. 排除任何會干擾學生表現的障礙。
4. 避免在試題和作業上出現助答的線索。
5. 遵守各類型試題的命題原則。
6. 著重能夠改進學習和教學的試題和作業。

伍　組卷及印刷

當評量用的試題和作業都準備好之後，便可進行組卷的工作。組卷工作包括下列幾項重點：

1. 登錄每道試題和作業於卡片或電腦上，以方便後續建置試題檔案及發展評量題庫之用。
2. 審查每道試題和作業，及早更正命題錯誤及缺失之處。
3. 適當排列試題或作業的順序：需要簡單作答的類型在前，需要比較複雜作答的類型，則依序排列在後。
4. 詳列施測指導語。
5. 排版、校稿、清楚印刷評量試題與作業，使其能夠一目了然。

陸　施測及計分

上述設計良好的試題和作業，唯有在嚴謹的施測和計分程序作業下，才能確保學生具有最佳的行為表現和得到最公平、客觀的評分結果。

在實施評量的過程中，宜考量各種干擾因素存在的可能性，並設法降低它們的干擾程度。例如：減少噪音、保持通風順暢、照明良好、作答桌面平坦、考試中不回答無關的問題、盡量遵守施測指導語的規範，並設法防止作弊行為產生。

在評量後的計分程序上，除事先在施測指導語及試卷上說明各題計分比重和標準外，答錯有無倒扣分數、猜題是否使用校正計分公式、實作表現的計分原則和標準為何、有無運用儀器或數學公式協助計分，以及爭議性題目的解決方式等，也都應該在評量後公布或說明，以昭公信。

柒 審查及評鑑

當試題和作業被編製發展完成，且進行評量的配套準備工作亦安排妥當之後，為了讓教學評量能夠更順利地進行，表 2-9 所示的檢核表項目，可提供設計者再一次審查的機會，以確保評量試題和作業確實都已妥善準備好，並且即將能有效地發揮評量功能。如果設計者在該檢核表上回答「是」的項目愈多，即表示評量工作的準備已愈完備，可以開始進行評量了；若回答「否」的項目愈多，則表示尚有許多工作要努力改善，等到都改善好之後，才能開始進行評量。

設計者若考量到這些評量試題和作業的未來使用價值，則應該進行比較嚴謹、客觀的實證性試題分析工作，才能獲取一種較公正、公平和公信力的證據，以便建置一個有效的評量庫（assessment bank）。有關試題分析的工作，浩瀚無邊，無法在有限篇幅裡鉅細靡遺地陳述清楚，對此課題感興趣的讀者，可以直接參考本書第九章的詳細介紹。

■ 表 2-9　評鑑教室內教學評量實施計畫的檢核表

	是	否
一、評量計畫的適當性		
1. 此評量計畫是否能適當表達教學目標和所欲測量的內容？	☐	☐
2. 此評量計畫是否明確指出每項目標和內容範圍的相對重點？	☐	☐
二、評量試題和作業的適當性	是	否
3. 每一試題和作業的格式是否符合所欲測量的結果？（適當性）	☐	☐
4. 每一試題或作業是否要求學生表現所欲測量結果的行為？（相關性）	☐	☐
5. 每一試題或作業是否把要求表現的問題陳述清楚？（清楚性）	☐	☐
6. 每一試題或作業是否以簡明易懂的語言陳述？（簡潔性）	☐	☐
7. 每一試題或作業是否具有適當的挑戰性？（理想難度）	☐	☐
8. 每一試題或作業是否具有專家同意的正確答案？（正確性）	☐	☐
9. 每一試題或作業的作答是否有部分給分的機會？（計分規準）	☐	☐
10. 每一試題或作業是否免除技術誤差和無關線索？（技術信賴）	☐	☐
11. 每一試題或作業是否免除種族、宗教和性別的偏差？（文化公平性）	☐	☐
12. 每一試題或作業是否彼此互斥，可以獨立作答？（獨立性）	☐	☐
13. 是否有足夠的試題或作業來評量每一項學習結果？（樣本適當性）	☐	☐
三、評量格式和指導語的適當性	是	否
14. 同類型的試題是否被排列在一起或在同一組（群）裡？	☐	☐
15. 試題是否按照由簡單到困難的順序排列？	☐	☐
16. 試題是否按照順序依序編號？	☐	☐
17. 每題保留作答的空間是否清楚標示？大小是否足夠？	☐	☐
18. 是否以不規則順序出現正確答案的方式來排列試題？	☐	☐
19. 測驗題本是否間隔良好、印刷清楚，且沒有錯別字出現？	☐	☐
20. 每一評量單元是否都有明確的施測指導語？	☐	☐
21. 這些施測指導語是否都印刷清楚且簡明扼要？	☐	☐

捌 善用結果

　　經過施測後的評量試題和作業，可再經過試題分析的步驟，進一步獲得有關該評量試題和作業的統計特徵，如：難度、鑑別度、誘答力、信度或效度等指標。設計者可以一併將每道評量試題和作業的內容、測量目標、所屬課程範圍、各項試題分析指標等資訊，都登錄在試題檔案卡片或電腦資料庫系統裡，以便彙整成為一個有用且有效率的評量庫。在未來需要使用評量庫時，只要設計者明確擬定一份命題用的雙向細目表，再從評量庫中抽取所欲測量特質的評量試題和作業，即可做到隨時有效組卷，滿足各種特殊的評量需求，達到量身訂做的適性化評量境界。

　　有了這樣有效率的評量庫當後盾，教師若要隨時進行診斷學生的學習進步情形、明瞭學生學習的落差所在、尋找補救教學的切入點，以及評定學生的學習成就高低等工作，就可以善加利用此評量庫的機制，大幅改善並協助達成教學與學習的目標。

　　綜合上述，設計完善的教學評量計畫，是一件很重要的教學前準備工作。它不僅有助於規劃教學活動的正常進行，並有助於教學評量的順利執行與落實，更能夠幫助教師改進教學與促進學生良好的學習，貫徹教學與學習目標的達成。

CHAPTER 3

教師自編
成就測驗

教育測驗根據教育目標來分，可以分成認知測驗、情意測驗和動作技能測驗等三種，其中，在教學上使用最廣的評量工具，非認知測驗中的成就測驗莫屬，且成就測驗多半是以紙筆方式來進行，因此又有「紙筆測驗」之稱。成就測驗可以是標準化的、教師自編的或實驗性測量，也可以是常模參照的或效標參照的，但不論如何，它的編製過程都分享一套共同的原理原則，這也正是本章所要討論的重點所在。本章所要討論的事項，乃是通用的成就測驗編製過程，筆者希望將它放在「教學適用」（instruction use）而非「研究適用」（research use）的成就測驗編製問題上；同時，筆者亦希望「標準化成就測驗」和「實驗性測量」的編製問題亦能適用。讀者在明瞭教師如何自編一份成就測驗之後，即可參考第四章和第五章的各式命題技巧與範例，自行練習編擬符合自己需求的試題，多練習幾次，便能揣摩出如何編製一份適當的成就測驗。

第一節　教師自編成就測驗的步驟

常見的教師自編測驗（teacher-made test），有隨堂測驗（如：平時考、小考）、定期測驗（如：月考、期中考）、總結測驗（如：期末考、畢業會考、升學模擬考）等，大體而言，多半屬於成就測驗的範疇，主要用來評量學生在認知目標方面的學習成就。這些測驗，雖然都涵蓋特定的課程

內容，但是出自教師的手中，卻會產生不同的評量效果，主要的差別是：有些測驗編製得很好，可以測量到教學績效和學習成就；有些則編製得很差，無法測出應有的教學績效和學習水準。因此，為了確保教師自編測驗能夠發揮應有的功能，達成教學評量的目的，各級學校教師（特別是中小學教師）就必須熟悉測驗編製的原理原則和技術，以便編製出優良的成就測驗，作為教學評量的工具。

經歷百年的發展，測驗編製的原理原則與技術，已經十分純熟。在本節裡，筆者擬針對成就測驗編製的技術和原理原則，歸納國內外眾多學者專家們（如：郭生玉，1990；陳英豪、吳益裕，1991；馮觀富，1986；黃德祥等譯，2011；葉重新，2010；Aiken, 1988; Anastasi, 1988; Cohen et al., 1988; Cronbach, 1990; Eble & Frisbie, 1991; Gronlund, 1993; Haladyna, 1994; Hopkins, Stanley, & Hopkins, 1998; Kubiszyn & Borich, 2016; Miller et al., 2009; Oosterhof, 2001; Osterlind, 1998; Roid & Haladyna, 1982）的意見，討論教師應該如何編製一份優良的成就測驗，以作為教學評量的工具。要編製一份優良的成就測驗，有五大步驟：(1)準備測驗編製計畫；(2)編擬測驗試題；(3)試題與測驗審查；(4)試題與測驗分析，以及(5)新測驗的編輯，茲分別說明如下。

壹 準備測驗編製計畫

一份周詳的成就測驗編製計畫，可以涵蓋整個教學歷程，它不僅可以提供教師遵照教學目標進行教學的指南，也可以作為設計測驗試題的藍圖，以評量教學所預期的學習成果。因此，一份周詳而具體可行的成就測驗編製計畫，應該包括下列三大項目。

一、確立測驗目的和目標

不同的測驗有不同的特性和不同的編製過程，不過這些不同類型的測驗，也有其共同的特徵。這些特徵就如第二章所述四種教學評量中所使用

的測驗特性和功能。例如：(1)作為安置性評量的測驗，具有測量學習前所需背景知識與獲知已達成課程目標之程度的安置功能；(2)作為形成性評量的測驗，具有提供教師改進教學與幫助學生得知學習進步情形的回饋功能；(3)作為診斷性評量的測驗，具有找出學生學習困難之原因的診斷功能；(4)作為總結性評量的測驗，則具有決定成績等第與證明精熟教材程度的評定功能（Airasian & Madaus, 1972）。

因此，在不同教學歷程中所使用的測驗，各具有其特定的測量功能和目的。教師在編擬成就測驗計畫之初，就必須先確立所欲進行測驗的目的為何，才能作為編製測驗的總依據。教師一旦確定編製測驗的目的後，則測驗的內涵必須能夠充分且完整地反映出教學目標。因此，確定與詳列具體的教學目標，對教師自編成就測驗而言，便具有目標導向的參考價值。

一般來說，教學目標可以分成三大領域：認知領域、情意領域和動作技能領域。在還沒有進行編製測驗之前，教師應該事先明白所要達成的教學目標屬於何種領域，才能據以編製可以達成該類目標的測驗。因此，一份測驗若要能夠測量出學生的學習結果，教師就必須先要確立所要測量的教學目標是哪些。

二、設計雙向細目表

接著，教師可以考慮測驗目的及教學目標的需求，以教學目標為縱軸、教材內容為橫軸，畫出一個二向度的分類表，平均分配好試題比重或題數於表中的每個細目裡，並儘量使試題的取材能夠充分涵蓋所要評量的教學目標和教材內容的範圍，以作為編擬成就測驗試題的設計藍圖。這樣的一個二向度分類表便叫作「雙向細目表」（two-way specification table）。雙向細目表是測驗編製的藍圖，教師自編成就測驗若能根據雙向細目表的計畫來編擬試題，則該測驗便能充分且完整地充當整個教學評量的優良工具，對於促進「教學」與「評量」間的聯結而言，幫助甚大。一個典型的雙向細目表，可以參見表 3-1 所示。

■ 表 3-1　國小數學科四則運算成就測驗的雙向細目表

教材內容	教學目標	知識	理解	應用	分析	綜合	評鑑	總計	百分比
加法	選擇	1	2					8 題	20%
	填充			1	1				
	計算		1	1					
	應用						1		
減法	選擇	1	1					8 題	20%
	填充			1		1			
	計算	1	1				1		
	應用				1				
乘法	選擇	2	1	1				12 題	30%
	填充		1			1			
	計算	2		1			1		
	應用			1		1			
除法	選擇	2	1	1				12 題	30%
	填充		1		1				
	計算	1	1		1		1		
	應用			1		1			
總　計		10 題	10 題	8 題	4 題	4 題	4 題	40 題	100%
百分比		25%	25%	20%	10%	10%	10%		

　　填寫在雙向細目表細格中的數字，是代表在某一個教材內容範圍下要測量某一種教學目標時，所應該命題的試題數目；而填寫在邊緣細格中的數字，則代表每一類教材內容單元或某一種教學目標在整份測驗中所占的分量或比重；而如表 3-1 中的數字 40 則是代表整份測驗預計要命題的試題

總數。

　　基本上，教師應該根據教學所預期達成的目標、實際進行教學時所強調的教材內容、課程內容的難易屬性和重要性，以及測驗目的等因素，來決定雙向細目表中的題數和比重；但也可以視實際教學情況，適當地增減雙向細目表中的教學目標和教材內容，以及其中所預擬的試題數目。不過，有些基本原則教師必須確實遵守：第一，有被教學過的教材單元，才可以作為命題的範圍；沒有教學過的教材單元，不應該有試題被命題出來，因為這些試題並不能夠反映出教學的成效，若以這些試題作為評量學生學習結果的好壞，是一種不公平、不客觀的措施。第二，寫在雙向細目表邊緣細格中的數字，不可以為零（零即表示沒有適當的試題代表它）；教師可以參考教材性質及其所能測量到的能力目標，來增減邊緣細格的數目，但是，一旦確立邊緣細格數目後，就必須要有適當的試題來測量這些教學目標或教材內容，如此才能使所編製的成就測驗成為一份客觀且優良的評量工具。第三，教師亦可以針對自己命題及評分的習慣性，選定雙向細目表中所陳述的測驗題型，加以變化或增減所預擬的試題題數（如表 3-1 所示）。

三、選定測驗的題型

　　試題是構成測驗的主要元素，其性能的優劣自然會影響整份測驗的品質，且不同的測驗類型各有其獨特的編製原則和技巧，因此，教師必須事先決定所要編製成就測驗的試題類型，才能順利編製所期望的優良試題。

　　試題的類型有很多種，由於分類方法不同，一般說來，可以分成二大類：即選擇型試題（或慣稱為客觀測驗）和補充型試題（或慣稱為論文測驗）。其中，又各自可以分成幾個細類（Gronlund, 1993; Haladyna, 1994; Oosterhof, 2001; Osterlind, 1998; Roid & Haladyna, 1982），如下所示。

（一）選擇型試題（客觀測驗）

包括下列五種題型：

1. 選擇題（multiple-choice items）
2. 是非題（true-false items）
3. 配合題（matching items）
4. 填充題（completion items）
5. 解釋性試題（interpretive exercise items）或題組題試題（testlet items）

（二）補充型試題（論文測驗）

包括下列三種題型：

1. 簡答題（short answer items）
2. 限制反應題（restricted response essay questions）
3. 申論題（extended response essay questions）

　　由於這兩類測驗試題所發揮的測量功能各有不同，教師宜在編擬試題之前，就確立何種類型試題最能測量教學所要達成的目標。在考慮這兩種不同類型的測驗功能（參見表3-2）（Gronlund, 1993）後，選定測驗題型，教師便可以根據雙向細目表，並且參考該類型試題應有的命題原則與技巧（參見本書第四章和第五章所述），逐一設計、撰寫和編輯所需要的測驗試題。

 ## 編擬測驗試題

　　撰寫高品質的試題並不是一件很容易的事，教師必須參考測驗編製的藍圖——雙向細目表，並且要充分瞭解各類型試題的優缺點和命題原則，精熟文字的表達技巧和瞭解學生的特徵和程度後，根據自己的學科知識（content knowledge）和教學經驗，以靈活生動的創造力來撰寫試題，才能編擬出測驗試題的初稿。之後只要再經過審查修正，即可成為完整測驗試題。

■ 表 3-2　選擇型試題與補充型試題之比較

比較項目	選擇型試題	補充型試題
測量能力	適合用於測量知識、理解、應用、分析等能力；但比較不適合用於測量綜合、評鑑、創造等層次的能力	比較不適合用於測量知識的記憶；適合用於測量理解、應用、分析等能力，尤其是綜合、評鑑、創造層次的能力
內容取樣	使用大量的試題，涵蓋範圍較大，內容的取樣較具有代表性	使用相當少的試題，涵蓋範圍較小，內容的取樣較不具有代表性
編製過程	較難準備優良的試題且費時，但評分較簡易且客觀	較容易準備優良的試題，但評分較困難且主觀
影響評分因素	閱讀理解力和盲目猜測	寫作及虛張聲勢的能力
對學習的影響	促進學生記憶、解釋和分析他人的觀念，可以指出學習錯誤之處	促進學生認識、統整和表達自己的觀念，比較鼓勵創造力的發展

　　一般而言，無論編擬何種類型的試題，均需考慮下列幾項共同的命題原則。

1. 試題的取材應該均勻分配，且具有教材內容的代表性。

負例：選擇題　袁世凱做了　(1)30 日　(2)83 日　(3)27 日的皇帝。

⋯⋯⋯⋯⋯⋯⋯⋯⋯⋯⋯⋯⋯⋯⋯⋯⋯⋯⋯⋯⋯⋯⋯⋯⋯⋯⋯⋯（2）

說明：袁世凱做了多少天皇帝並非教材的重要概念部分，若要求學生記憶這些數字，絲毫沒有教育意義，應該避免。

2. 試題的敘述應該力求簡明扼要，題意明確。

負例：選擇題　有了缺點　(1)預防傳染　(2)早期治療　(3)有時間再治療。⋯⋯⋯⋯⋯⋯⋯⋯⋯⋯⋯⋯⋯⋯⋯⋯⋯⋯⋯⋯（2）

說明：本題文字雖然簡短，但題幹涵義不夠明確，因「缺點」一詞的內涵不是指健康方面，而是指品德方面的成分居多。

3. 各個試題宜彼此獨立，互不牽涉，並避免含有暗示答案的線索。

負例：是非題　1. 黃花岡之役，是　國父領導國民革命第十次
失敗，也是最後一次的失敗，而有辛亥武昌
起義的成功。………………………………（○）
2. 中華民國之誕生，係得力於武昌起義之成功。
…………………………………………（○）

說明：前後題互相提供暗示答案的線索，應盡量避免。

4. 試題宜有公認的正確答案或相對較佳的答案。

負例：選擇題　做事的根本是　(1)熱心　(2)信　(3)實。…………（3）

說明：依據教材的知識，其標準答案是(3)。但一般而言，(1)和(2)亦未嘗
不可，因此，本題容易引起爭論，應該避免。

5. 試題中的某些錯誤，雖不影響答案的選擇，亦應該避免。

負例：選擇題　根據智力測驗的研究，幾歲以上才有選舉權？
(1)16　(2)18　(3)20　(4)22 歲。………………………（3）

說明：智力測驗研究與法律規定幾歲才有選舉權，兩者間毫不相干，雖
然不影響本題正確答案的選擇，但應該避免在試題中出現。

6. 凡具爭議性的試題，應該註明命題參考資料的來源。

負例：選擇題　做人的根本是　(1)熱心　(2)信　(3)實。…………（2）

說明：本題正確答案是(2)，是依據過去國小「生活與倫理」六年級上學
期教材而來，若無註明命題的參考資料來源，容易引起糾紛。

7. 若要測量學生的高層次認知能力，則試題不一定要有固定答案。

正例：問答題　你認為做人做事的根本是什麼？

說明：本題可以根據教材既有內容作答，也可以自由發揮，用以顯示學
生的表達能力和創造思考能力。

8. 試題的敘述宜重新組織，避免直抄課文或原來教材。

負例：是非題　有恆為成功之本。………………………………（○）

說明：本例為青年守則第十二條，若直接抄錄作為試題，則只能評量到
　　　學生最低層次的記憶能力，而降低評量價值。若稍加修正如下，
　　　則不僅能提高評量的認知層次，亦能提高評量的價值。

修正：選擇題　做一件事想得到成功，就應該怎樣？　(1)貫徹始終
　　　　　　　(2)遇到困難立即改變主意　(3)多請人家幫忙
　　　　　　　(4)能做多少算多少。 ………………………………（ 1 ）

　　　是非題　「貫徹始終」是做事成功之道。 ………………（○）

9. 試題應重視重要概念或原理原則之瞭解與應用，宜避免偏重零碎知識的記憶。

負例：是非題　將鐵棒加熱的方法，可用木炭、煤炭、電、煤油、汽油
　　　　　　　等去燃燒。 ………………………………………（○）

說明：本題所測驗的係一種零碎知識，若將它作如下的修正，相信學生
　　　當可獲得一種原型概念的瞭解與應用。

修正：是非題　若想彎曲鐵棒，最好的方法是先將鐵棒加熱。‥（○）

10. 避免使用與測驗無關的敘述，增加作答困難。

負例：張三身上有 100 元，他是全班 50 人中最有錢的一位學生，現在，
　　　他買了 30 枝鉛筆送給 30 位同學，每人一枝，共用去 60 元，請問
　　　張三身上現在還剩幾元？

說明：本題的目的僅在測量學生是否懂得 $100 - 60 = 40$ 的運算，但卻
　　　連續使用數個與測驗目的無關的數字和文字敘述，徒增學生閱讀
　　　負擔，增加作答困難與測量誤差，應該避免。

11. 命題勿超過單元教學的評量目標。

負例：是非題　心理測驗也是健康檢查項目之一。 ………………（○）

說明：本題的命題範圍，取自過去國小六年級「健康教育」的教材內容。
　　　雖然，在課文內容上有說明「心理測驗有時是健康檢查項目」，
　　　但並非每次必要，若依題意所述，卻含有經常性及必要性；並且，
　　　心理測驗的內涵已超越六年級學生的理解能力，連教學指引及教
　　　材亦未作任何解釋，若據以作為命題材料，會踰越教學的評量目

標，應該避免。

12. 提早命題，以預留時間進行試題審查或修正。

說明：在教學完畢即命題，可以有充裕的時間進行試題審查和校對，或許可以及早發現錯誤而即時修正，以確保試題品質都能符合測量目標。

13. 命題要多一些，以備不時之需。

說明：平時即多命題，不僅可作為淘汰不良試題後的不足試題之補充，並且可提供隨時編製一份新測驗（如：複本測驗）的機會，以應付不時之需和特殊情況的測驗需求（如：給予請假學生補考或給予考試作弊學生重考的機會）。

 試題與測驗審查

　　一般而言，教師自編一份成就測驗，通常需要一至兩週的時間來作準備和完成，並且，所編擬的試題往往多過於雙向細目表中所預設陳列或需要的題數。因此，教師必須針對自己編擬的試題進行審查，以便將多餘的題數剪輯成所要的題數，再彙編成一份正式的自編成就測驗卷。

　　試題與測驗的審查工作，可以分成兩方面來進行：邏輯的審查（logical review）和實證的審查（empirical review）（Haladyna, 1994; Roid & Haladyna, 1982）。「邏輯的審查」旨在評閱試題與教學內涵（或教學目標）間的關聯性，又可稱作「形式審查」（facial review）；而「實證的審查」旨在評閱學生的作答反應組型（response pattern）是否符合評量所期望的，又可稱作「客觀審查」（objective review）。茲分別說明如下。

一、邏輯的審查

　　以邏輯的方法審查測驗試題，主要是在審查測驗試題是否具有一致性（consistency）和適當性（adequacy），以確保測驗試題都能測量到所要測量的教學目標。

（一）測驗一致性

　　簡單地說，測驗一致性的檢查重點，在於查驗試題與教學內涵的敘述之間是否一致，其主要的關注重點在於：

　　1. 試題是否能代表所要測量的行為目標？
　　2. 試題是否與教學目標一致？
　　3. 試題是否與教學的呈現方式一致？

　　Rovinelli 和 Hambleton（1977）提出一種計算試題與目標間是否相配的指標，稱作「試題與目標一致性」（item-objective consistency, IOC）指標，以作為評定測驗試題與目標間是否具有一致性的參考依據。這項指標的計算過程如下：首先，邀請一批學科專家，根據下列所定義的三點評量量尺，逐題評量每個試題是否能測量到列舉出來的目標（參見圖 3-1）：

　　+1：很明確地斷定某個試題是在測量某個目標。
　　　0：無法確定某個試題是否能測量到某個目標。
　　−1：很明確地斷定某個試題不是在測量某個目標。

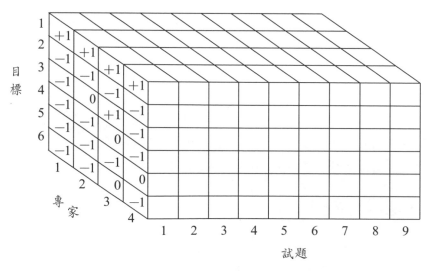

● 圖 3-1　試題與目標一致性指標之計算例子

接著,代入下列公式,計算試題與目標一致性(*IOC*)指標如下:

$$IOC = \frac{(N-1)S_1 - S_2 + S_1}{2(N-1)n}$$ （公式 3-1）

其中,*N* 為目標個數,*n* 為學科專家人數,S_1 為所有專家在某個試題上的某個目標之評分總和,S_2 為所有專家在某個試題上的所有目標之評分總和。

茲舉圖 3-1 中目標 1 與試題 1 和目標 4 與試題 1 之 *IOC* 指標的計算為例,如表 3-3 所示。

■ 表 3-3　*IOC* 指標的計算範例

目標 1 與試題 1 之 *IOC* 指標	目標 4 與試題 1 之 *IOC* 指標
$N = 6$	$N = 6$
$n = 4$	$n = 4$
$S_1 = 1 + 1 + 1 + 1 = 4$	$S_1 = -1 - 1 + 0 - 1 = -3$
$S_2 = 1 + 1 + \cdots + 0 - 1 = -10$	$S_2 = 1 + 1 + \cdots + 0 - 1 = -10$
$IOC = \frac{(6-1)4-(-10)+4}{2(6-1)4}$ $= 0.85$	$IOC = \frac{(6-1)(-3)-(-10)+(-3)}{2(6-1)4}$ $= -0.20$

一般而言,*IOC* 指標的值域介於 −1.0 到 +1.0 之間,指標值愈接近 +1.0,即表示試題與目標間之關係愈一致;反之,指標值愈接近 −1.0,則表示試題與目標間愈缺乏一致性,試題愈無法測量到所要測量的目標。由上述計算實例中可知,試題 1 與目標 1 之間的一致性頗高,而試題 1 與目標 4 之間的一致性較低,顯示試題 1 是用來測量目標 1,而非目標 4。基本上,教師需要保留 *IOC* 指標值較高的試題,並且平均分配到各個目標項下。

（二）測驗適當性

簡單地說，測驗適當性的檢查重點，在於查驗試題的格式、問題陳述的品質，以及其他可能的影響因素，是否能夠適切地反映出試題所要測量的行為目標。通常，檢查包括：試題內容、題數、範圍是否遵照雙向細目表的計畫來實施？試題類型是否遵照應有的命題原則來撰寫？題意是否清楚地表達？試題呈現方式與作答說明是否適當、明確？試題是否具有所要測量之行為目標的代表性？問題的敘述有無前後矛盾、提供暗示答案的線索，或重疊出題？這些都可以幫助教師明瞭測驗試題是否具有適當性。

邏輯審查的目的，至少可以幫助教師做到「表面上看起來，試題可以測量到我們所要的教學目標或學習成果」，但是，若要進一步獲知深入的訊息，則需仰賴實證的審查。一般而言，學校用的教師自編成就測驗，只要在教師編擬好試題後，進行邏輯審查，就能確保測驗試題具有一致性和適當性，可以作為一份良好的教學評量工具。茲將邏輯審查的重點與教學品質間的關係，圖示如圖 3-2（O'Neil, 1979）。

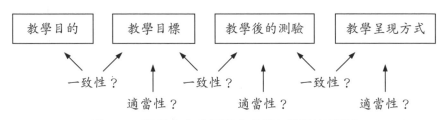

● 圖 3-2　邏輯審查的重點與教學品質間的關係

二、實證的審查

實證方法審查測驗試題，主要是針對試題功能和教學敏感度（instructional sensitivity）進行分析，透過這些分析，我們可以獲得一些客觀的量化數據，以作為判定試題品質良窳和挑選試題編輯成測驗卷的參考。一般而言，在標準化成就測驗的編製過程中，經學科與測驗專家編擬好測驗試題後，通常會透過預試（pilot test）的方式進行實證的試題審查，以確保測

驗試題都具有良好的品質特徵。

（一）試題分析

　　試題分析的目的，不僅只是作為挑選試題之用，並且是在審查試題品質是否符合所要測量的領域行為。古典測驗理論專家針對試題分析的討論內涵，主要是考慮試題的兩項基本特徵指標：即難度指標（difficulty index）和鑑別度指標（discrimination index）；這兩項指標被認為是試題先天具有的特徵，是一種相對測量值（relative measure）的概念，其數值大小會隨著受試者樣本能力分布的不同而不同。

　　難度指標是指試題答對人數占總人數之百分比，亦即是指試題正確反應的機率（俗稱「答對率」或「通過率」）（probability of item correct）。難度值愈大，表示答對的人數愈多，亦即是反映出試題愈簡單；反之，難度值愈小，表示答對的人數愈少，亦即是反映出試題愈困難。鑑別度指標是指試題能夠區別答對和答錯人數之百分比，亦即是指試題能夠區別高低不同能力族群的功能。鑑別度值愈大，表示某試題區別會作答（即答對者）和不會作答（即答錯者）兩種能力族群的功能愈好（或者說該試題發揮篩選不同能力受試者的功能愈好）；反之，鑑別度值愈小，則表示試題區別會作答和不會作答兩種能力族群的功能愈差（或者說該試題發揮篩選不同能力受試者的功能愈差）。

　　試題經過分析後，教師便可以根據測驗目的和解釋測驗結果的方式，挑選具有適當特徵指標值的試題，編輯成未來所需的測驗卷，以評量教學與學習的成果。

（二）教學敏感度分析

　　由於教師自編成就測驗（尤其是效標參照測驗）所建立的鑑別度指標，很容易受到測驗分數分布範圍的影響，並且很難予以適當解釋其涵義（Haladyna, 1974; Haladyna & Roid, 1981），故學者們不太重視鑑別度在效標參照測驗中所扮演的角色，而改採另一種新的試題特徵概念指標，即「教學敏感度指標」（instructional sensitivity index）（Haladyna & Roid, 1981），

以作為評斷試題鑑別功能好壞的參考指標。

　　在一個有系統的正常教學中，教師莫不希望測驗的結果能夠反映出教學的成效；亦即在教學後，教師期望學生在測驗上的表現能夠比他們在教學前的表現更好。因此，教學後和教學前的表現差異，便可以當成是教學效能（instructional effectiveness）的一項指標，這項指標便是教學敏感度指標。因此，教學敏感度即是指不同難度的試題具有代表教學效能的傾向，它可以用來判定教學是否有錯誤，或試題本身是否有瑕疵及不適當之處。

　　常用的教學敏感度指標有好幾種，較常使用的是前後差異指標（pre-to-post difference index, PPDI）（Haladyna & Roid, 1981），它的定義如下：

$$PPDI =（後測的難度指標）-（前測的難度指標）　　　（公式3-2）$$

　　該指標的值域介於 -1.0 到 +1.0 之間。在正常的教學情境裡，PPDI 指標值介於 .10 到 .60 之間。PPDI 指標被用來協助教師檢查每道試題與教學間的品質，以便做成下列三種決策之一：(1)保留，(2)刪除，或(3)修改該試題。例如，根據表 3-4 的資料，教師可以做成下列決定：

　　試題 1：由於 PPDI 值為 0，且難度值偏高，表示試題過度簡單，學生的表現受教學的影響不大，試題或教學本身都不適當，需要加以修改後再測量。

　　試題 2：由於 PPDI 值為 0，且難度值偏低，表示試題過度困難；造成的原因可能是：(1)教學無效，所以無法顯示出成長，或(2)試題太困難，以致於再努力的教學也無法改變此狀態。解決之道：改進教學或修改試題。

　　試題 3：由於 PPDI 值為 .60，可以看出本試題是一個正常教學下的良好試題，符合多數有效教學的期望，不必加以修改或刪除，而應保留在測驗試題所要測量的領域行為範疇中。

　　試題 4：由負的 PPDI 值（-.20）可知，教學可能顯現一種負效果，使學習成果成反方向發展，此為一罕見的例子。這可能是資料輸入或登錄錯誤所致，經由此實證的審查，可以即時找出這種錯誤來。若非資料登錄錯誤所造成的話，則本試題應予刪除。

■ 表 3-4　四種 *PPDI* 指標的例子

試題	後測難度	前測難度	*PPDI*
1	.80	.80	0
2	.20	.20	0
3	.90	.30	.60
4	.30	.50	−.20

　　總之，透過邏輯的和實證的審查，教師便可以明白：哪些試題可以保留在等待編輯的測驗庫裡？哪些需要修改？哪些必須要刪除？等到每個試題都接受過嚴密的審查，並且決定每個試題的去留後，教師便可以進行下一步的成就測驗編製工作。

肆 試題與測驗分析

　　這個步驟主要是配合上述實證的審查而來，但也可以視試題編製者和測驗類型（如：專供教室內使用的教師自編成就測驗，或專供大規模測驗情境下使用的標準化成就測驗）的不同，而單獨分開來進行。一般來說，教師自編成就測驗可以不必經過嚴謹的試題分析和測驗分析就可以使用，但是標準化成就測驗就必須經過嚴謹的試題分析和測驗分析後才能使用，這是兩者編製過程的主要差別所在。

　　教師編擬好測驗試題後，接著便是以自己任教班級的學生作為施測對象。教師根據其過去多年的教學經驗，可能認為自己編製的測驗必定是個優良測驗，每個試題都是優良試題；其實不然，教師的這種主觀認定並不一定正確，並且也無從獲得改進命題技巧的訊息。因此，我們往往需要一些比較客觀的量化指標，作為教師改進教學和增進命題技巧的參考。但是要獲得這些客觀的指標，就必須在班級施測完畢後即進行試題分析和測驗分析，才能獲得。因此，這些量化指標便是進行試題分析與測驗分析的主要對象。

　　一般而言，教師在自編成就測驗施測完畢後，下一步的分析工作，即是進行所謂的試題分析和測驗分析兩大工作：

一、試題分析部分，主要在分析下列指標：

　1. 難度指標

　2. 鑑別度指標

　3. 誘答力（如果使用選擇題的話）

　4. 注意係數指標（caution index）

二、測驗分析部分，主要在分析下列指標：

　1. 信度係數

　2. 效度係數

　3. 差異係數指標（disparity index）

　　這些指標的分析和計算，都可以使用本書附帶設計的專屬軟體 Tester for Windows 程式來協助進行，我們將在附錄裡針對使用方式再作詳細介紹。

伍　新測驗的編輯

　　教師在編擬好測驗試題後，經過初步的試題形式審查和客觀審查（包含試題分析），便可以進行新測驗的編輯工作。測驗編輯（test editing）便是依據測驗目的，將適合的優良試題收錄編輯成一整份測驗卷之意。在進行一份新測驗卷的編輯時，教師可以考慮下列四個項目（Ory & Ryan, 1993）：

一、測驗的長度

　　測驗長度（length of test）是指測驗題數的多寡而言。一份測驗卷應該包含多少試題，並沒有一個絕對的判定標準。教師原先根據雙向細目表編擬的試題數，通常都比實際需要的數目還多，但在經過審查和分析後，教師可以考慮下列六個因素，彈性調整測驗所需的長度。

1. **測驗的目的**。單元或段落學習結果的測驗題數,宜較整個學期或整個年度學習結果的測驗題數為少;形成性評量的測驗題數,宜較總結性評量的測驗題數為多;效標參照測驗的題數,宜較常模參照測驗的題數為多。

2. **試題的類型**。在一定作答時間限制內,客觀測驗的題數,宜較主觀測驗的題數為多;選擇型的題數,宜較補充型的題數為多。

3. **信度的高低**。在其他條件相等的情況下,為使測驗分數的可靠性提高,宜增加複本試題的數目。

4. **學生的年齡**。年齡愈小學生所適用的測驗題數,宜較年齡愈大學生所適用的測驗題數為少。

5. **學生的能力**。適用於能力較低學生的測驗題數,宜較適用於能力較高學生的測驗題數為少。

6. **作答的時限**。速度測驗的題數,宜較難度測驗的題數為多。

二、試題的難度

測驗試題的難度,取決於進行測驗的目的。太困難或太簡單的試題,可能都是取材的範圍,但也可能是不予考慮的對象。

在常模參照測驗中(如:教師自編成就測驗用於總結性評量者,或用於篩選學生以作為得獎或入學參考者),為了發揮測驗的區別功能,往往傾向使用難易適中的試題,而淘汰太困難或太簡單的試題。一般而言,作為選擇和分類使用的測驗,多數都以難易適中的試題為主,但也包含少許簡單和困難的試題,以吸引不同能力程度的學生作答。通常,難、中、易試題數會按 1:3:1 或 1:2:1 的比例安排呈現,端看不同考試目的與情境的需求而定。

在效標參照測驗中(如:教師自編成就測驗用於形成性評量者),決定試題的難度因素是學習材料與學習涵蓋的範圍。學習材料愈簡單,試題就愈簡單;學習材料愈困難,試題就愈困難。學習所涵蓋的範圍愈狹小,試題通常會較簡單,因為多數學生都被期望能夠達到精熟程度;反之,學

習涵蓋範圍愈廣，則試題通常會較困難，因為多數學生均較難達到既定的標準或精熟程度。

三、試題的排列

在選好一定的測驗長度和試題難度後，教師可以挑選下列四種排列方式之一，或混合數種方式，來進行測驗卷的編輯工作。

1. **根據試題難度排列**。亦即將簡單的試題排列在前，困難的試題排列在後，以符合作答的心理原則：(1)吸引受試者的注意力、增進作答的信心，以及維繫繼續作答的動機；(2)避免浪費時間於前面較困難的試題，而錯失後面較容易的試題。

2. **根據試題類型排列**。亦即將屬於同類型的試題編排在一起（如：先排10題是非題，再排10題選擇題，後排5題簡答題和5題配合題等），然後在同一類型中，再依試題的難易順序排列，簡單的在前，困難的在後。

3. **根據教材內容排列**。亦即將屬於同一學習單元或同一類領域行為內容的試題排在一起。但這種排列方式的測驗，容易造成學生序列回憶的呆板學習模式，因此，已逐漸少用。

4. **根據教學目標或測量能力排列**。亦即按認知目標的六個層次順序來排列試題，或者是依據所要測量的能力種類來排列試題（如：依字彙、文法、閱讀和寫作四種能力來編排英文成就測驗試題）。

四、編製測驗指導語

最後，教師在排妥測驗卷試題的先後順序後，可在測驗卷上載明施測指導說明（俗稱的「考試須知」），這些說明至少應該包括下列幾項陳述：

1. 本次測驗的目的。
2. 作答時間多久。
3. 如何計算每一試題的得分，以及是否使用電腦輔助計分。
4. 是否必須列出計算過程。

5. 說明不同試題的配分與總分各是多少。

6. 猜題有無扣分。

7. 是否可以攜帶及使用教科書、講義、筆記、尺、圓規或計算機等輔助工具。

8. 答案紙與題本是否分開作答，分別交卷。

9. 是否允許學生在答案紙或題本上註記或補充說明事項。

10. 考試中途是否可以舉手發問等。

這些陳述只是為了統一施測的程序和步調，讓施測的過程達到標準化、一致化，避免因為施測程序不一，而影響學生的作答情緒和成績。

　　上述五大步驟完成後，一份正式的教師自編成就測驗便告編製完成。接下來，便是教師該如何利用這份自編成就測驗來協助改進教學和命題，以及幫助學生增進學習效果的問題了。

第二節　　教師自編成就測驗的使用

　　常用的教學評量工具有很多種，包括：傳統的考試、教師自編成就測驗、標準化成就測驗、平時觀察、學期報告、評定量表、個人自陳表和檢核表等。其中，教師比較熟悉、而且也比較方便使用的評量工具，即是教師自編的成就測驗。這些自編測驗的特徵，是特別強調測驗試題的內容要具有課程內容的代表性，並且在評量時，除了可以重視學生個別成績占團體成績的相對程度外，更重視的是在描述學生知道什麼和會做什麼，看他自己比以前進步了多少，而不是與別人的成績做比較。同時，這些自編測驗也因為具有周延和公平兩種特性（亦即，它們的課程內容取樣適當，涵蓋各種反應過程），並且具有明確的評量標準，所以，愈來愈多教師傾向以自編測驗當作主要的評量工具，而慣用的考試與分數制度即為其中最具體的證明。

壹　考試與分數制度

考試與分數制度仍是教師最常採用的一種評量方式，不論教師自編測驗是用作形成性評量或總結性評量，教師都應該對這些行之已久的考試與分數制度的利弊得失有所認識，才能增進教師自編成就測驗的使用效能（張春興、林清山，1984；簡茂發、邱世明、王滿馨等譯，2010）。

一、優點

考試與分數制度的優點，具體而言，有下列幾點：

1. 考試的結果可以提供學生回饋，而回饋本身即具有增強作用，故可以視為學生學習的重要部分。
2. 在學生學習各種概念的過程中，考試與評分制度有助於使學生熟練基本事實性的知識和技能。
3. 在準備考試時，學生得以有機會對學過的事物重新複習，多次的溫習或過度學習（overlearning）自然有助於記憶。而且，當錯誤的答案被改正時，記憶中的錯誤或模糊部分也有機會得到改正或澄清。
4. 在嚴格的考試情境下，學生有機會澈底考驗自己的想法和能力。在平常沒有控制的情境下，學生很少有機會真正考驗自己的觀點，故難免產生荒謬、錯誤與迷思概念的反應。
5. 考試與評分，即使不是最好的方法，但可能是唯一能夠促使許多學生同時去學習許多重要事物的方法。分數和等第在此時是學生追求的特殊目標；它雖然是外在的誘因，但運用得當的話，也可以促使學生盡最大努力去追求。甚至，有些本來只求考試及格的學生，在準備考試時都可能發現新的興趣。
6. 能提高學生的競爭心，考試後的名次等第可以激發學生更用功，發揮自身的潛力。如果予以特別的鼓勵，也可以利用考試促使學生從事「自我競爭」。

7. 由考試的結果，可以詳細分析學生學習的優點和弱點。這種訊息可供教師瞭解學生，也可供學生瞭解自己之用。另一方面，考試結果也可以協助教師改進教學。如果缺乏這些回饋，教師就無法有系統地針對教學上的缺失加以改進。甚至，在教師命題及閱卷時，也可以幫助教師對組織教材或提示教材有新的瞭解。

8. 考試與分數制度，是眾多評量學生學習成就方法中，兼具客觀性與公正性特質的一種，也是較廣為被社會大眾接受的一種公平制度。

二、缺點

考試與分數制度的缺失，具體而言，也有下列幾點：

1. 過分重視考試和分數，難免會壓抑學生的個性和創造力。因為考試與評分要達到客觀的要求，就必須採用結構嚴謹設計的試題，這類試題有其一定的作答格式或答案，因此，自然會限制學生自由發揮思想的能力和創造力。

2. 考試和分數常對學生構成很大的心理壓力，造成心理緊張和不愉快的經驗。尤其在競爭激烈的大型考試情境（如：升學考試、就業考試等）下，常使學生在心理上產生患得患失的恐懼。因此，很容易使學生覺得學習是一件不愉快的事，進而逃避學習。

3. 學生為了應付考試而讀書，難免將學得的知識視為獲得分數的工具，因此，在獲得分數之後，所學的知識便很容易被遺忘。

4. 作答容易變得僵化，學生必須依據書本或教師所教的答案去回答試題。如果學生不按照教師所教的內容來作答，得分便會降低；而教師的扣分，更無異於對學生實施懲罰。

5. 在教師自編成就測驗情形下，有許多無形的因素足以妨害教師評分的客觀性。例如，某學生在某一學科表現良好時，教師可能認為他在其他學科方面也會表現良好，因此，也同樣給予最高評分，這種現象即是所謂的「月暈效應」（halo effect）。

6. 考試得分或成績，往往受到學生家庭社經地位的影響。家庭社經地位

較高的學生，其得分較高，因為他們可以聘請家庭教師個別指導、有機會進行多次且反覆的練習、能夠購買較優良的學習設備或教具等，因此，一般學校使用的測驗試題對他們而言是較為有利的；反之則否。所以，嚴格說來，考試與分數制度並不是真正的完全公平或平等。

綜合上述可知，考試及分數制度的利弊互見，在尚未有更好的評量方法可用來代替之前，最可行的辦法，還是針對其缺點來加以改進。如此，考試與分數制度才不失為評量教學效果的有效方法之一。

計分與學生能力的評估

　　教師在自編成就測驗施測完畢（俗稱「考試」）後，應該隨即批改、計分，並登錄成績。這些核算成果的作為，統稱為「計分程序」（scoring procedure）。計分工作也可以委由電腦來代替執行，它的好處是：(1)正確性高，誤差少；(2)節省教師閱卷時間；(3)可以同時進行試題分析；(4)可以同時進行測驗分析；(5)可以排列名次及呈現作答反應組型。但電腦計分的缺失則是：(1)增加學校經費支出；(2)增加部分行政業務（如：資料輸入、檔案儲存和管理等）。當決定使用電腦計分時，教師只要將學生的原始資料輸入電腦，電腦便可以幫助教師批改、計算成績，並印出統計分析結果的報表（讀者可以參閱本書附錄關於 Tester for Windows 程式的使用說明）。

　　一般的電腦計分程式，會依據教師所提供的標準答案，將學生的原始作答資料，轉換成二元化計分資料如下：

$$U_{ij} = \begin{cases} 1 & \text{如果學生 } j \text{ 在第 } i \text{ 個試題上答對或做出正確反應} \\ 0 & \text{如果學生 } j \text{ 在第 } i \text{ 個試題上答錯或做出錯誤反應} \end{cases}$$

　　接著，教師可以提供每個試題一定量或不定量的加權值（即俗稱的「配分」）（weights），則每位學生的答對（或正確反應）總分，便等於每個 U_{ij} 乘上其加權值的總和，其計算公式如下：

$$T_j = \sum_{i=1}^{n} U_{ij} W_i \qquad \text{（公式 3-3）}$$

其中，T_j 代表學生 j 在 n 個測驗試題上的總分，U_{ij} 代表學生 j 在第 i 個試題上的二元化分數，W_i 代表第 i 個試題的加權值。例如，假設某位學生在一份含有十個測驗試題上的二元化分數資料組型為：$U = [1,0,0,1,0,1,1,1,1,1]$，且每道試題答對得 10 分（即加權值）、答錯及未答得 0 分，則該生的總分為：

$$
\begin{aligned}
T_j &= \sum_{i=1}^{n} U_{ij} W_i \\
&= (1 \times 10 + 0 \times 0 + 0 \times 0 + 1 \times 10 + 0 \times 0 + 1 \times 10 + \\
&\quad\ 1 \times 10 + 1 \times 10 + 1 \times 10 + 1 \times 10) \\
&= 70
\end{aligned}
$$

此 70 分即代表該生的原始得分（raw scores）。原始得分即被用來當作該生能力的估計值；該得分愈高，即表示該生的能力愈強；反之則否。

通常，教師習慣使用百分制（percentage）作為計分的方式，亦即在學生的得分中，滿分為 100 分（即全部答對），最低為 0 分（即全部答錯），而以 1 分作為計算的單位。但是，在某些情況下，計分並不是以百分制為主時，教師則需要將學生的原始得分轉換成某種標準分數（如：Z 分數、T 分數、百分等級等）後，方能對照各種常模，解釋分數的意義。

如以百分制為例，在教育部訂定「國民中小學學生成績考查辦法」中，有明文規定：「國民中小學各項（科）成績考查規程，以百分法計算，不排名次，其結果以等第記錄，通知學生及家長，其等第之評定如左：

一、優等：90 分以上至 100 分者。

二、甲等：80 分以上未滿 90 分者。

三、乙等：70 分以上未滿 80 分者。

四、丙等：60 分以上未滿 70 分者。

五、丁等：未滿 60 分者，為不及格。」

　　教師可以將學生的原始分數轉換成等第制，以做成最後的成績報告單。若以上述得分 70 分的學生為例，其得分等第應該評為「乙」等。

　　不論使用百分制或等第制來計分，它們只是眾多給分制度（marking systems）（Geisinger, 1982; Oosterhof, 2001）或評分方法（grading and reporting methods）（Ebel & Frisbie, 1991; Hopkins et al., 1998; Lyman, 1991）中的一種而已，儘管它們各有其計分的優缺點（如前節所述），但在計分與估計學生能力的問題中，教師還可能會常常碰到三種情況，那就是在：(1)沒有答完（incomplete answers）或空白未答（omission or missing answers）；(2)作弊（cheating）；(3)猜測（guessing）等情況下的計分與能力估計問題。

一、沒有答完或空白未答情況下的計分

　　碰到沒有答完或空白未答（不論是故意或粗心大意造成）的試題，教師通常會給予 0 分，以懲罰學生沒有答完或空白的部分。但是，這種作法往往無法區別出因答錯而得 0 分的情況，雖然，這兩者都以 0 分來表示，但實際涵義卻不一樣。尤其是以分數來表示學生的學習成就時，空白部分得 0 分與答錯部分得 0 分兩者不可以相提並論，因為其背後的涵義不同。答錯而得 0 分是表示學生的學習尚未達精熟程度；而空白得 0 分者卻不一定表示學生的學習未達精熟程度，只是表示他沒有機會展露他應有的能力而已，他不一定就會答錯。所以，這兩種涵義不一樣，教師針對空白未答的試題一律給予 0 分的處置，可能不是一種恰當的作法，無法精確估算學生的能力值。

　　這種情況的解決之道，最好是讓學生把未答完的部分答完後，再予以評分。如果這種作法不可行，則只好使用間接的估計方法：以該生在類似試題上的作答表現，取代他空白的部分，再予以計分和估計能力；或只以其有答完的部分來計分，而以得分之平均數來取代空白的部分，再進行計分和估計能力；更可以複雜的統計方法（如：林曉芳，2002；Chatterjee & Hadi, 1988; Cohen & Cohen, 1983; Little & Rubin, 1987）來預測空白的部分，

再進行計分和估計能力。

二、作弊情況下的計分

　　作弊是違紀的行為，是道德缺陷的表現，而與學習成就的表現無關。因此，教師若給作弊學生 0 分以作為處罰的話，恐怕該分數沒有法律的效用（Hills, 1981），因為作弊是純屬違紀的行為，非認知方面的學習行為，若以 0 分來懲罰作弊學生，這無異於拿「德育成績」來評量「智育成績」，不但喪失其評量學習成就的客觀性和效度，進而也會影響整個分數制度的使用。

　　這種情況的解決之道，最好是針對作弊行為給與行政上的處分（如：退學、留校察看、記過、申誡或訓斥），但測驗部分則令其重新回答另一份難度相當的測驗卷或複本測驗，再予以重新計分和估計能力。當然，學校當局或教師本身如果平時有多編製一份測驗或複本測驗以備不時之需的習慣，則上述這種作弊情況下的計分問題，便能很容易迎刃而解。

三、猜測情況下的計分

　　猜測是一種不誠實作答（faking）的行為，也是認知測驗的主要測量誤差來源之一。因此，在猜測發生的情況下，測驗得分並不能代表學生個人的真實能力程度。此時，若要能比較正確地估計學生的能力，有許多學者（Cureton, 1966; Diamond & Evans, 1973; Jackson, 1955; Little, 1962; Lord, 1964）建議使用下列校正公式（correction for guessing）來重新計分：

$$S = R - \frac{W}{k-1} \qquad\qquad （公式 3-4）$$

　　其中，S 為校正後分數，R 為答對題數，W 為答錯題數（不含空白未答題數），而 k 代表試題選項數目。

　　然而，使用這種校正公式，只能消極防止學生盲目猜測而已。若要達成真正校正的目的，則可以改採較積極的校正公式作法如下：

$$S = R + \frac{m}{k}$$　　　　　　　　　　　　　　　　　　　　　（公式 3-5）

　　其中，m 為空白未答題數，其餘符號意義與上述公式相同。讀者可以由表 3-5 的計算例子，得知校正公式使用的優缺點。

　　贊成使用校正公式來處理猜測情況下的計分問題者，他們所持的理由是：猜測會干擾學生原本的測驗分數，使它無法代表真正的能力特質，進而影響能力估計的正確性和依據測驗分數來做成決策的公平性與客觀性，所以才以校正公式來懲罰猜測行為，使學生的作答趨於誠實和一致。

　　然而，也有不少學者專家反對使用校正公式來懲罰猜測行為，他們所持的理由認為（郭生玉，1990）：

1. 校正公式的基本假設認為所有答錯者都是亂猜而不幸猜錯的，而部分答對者也是亂猜而僥倖猜對的，因此才需要使用校正公式。其實，這種假設是缺乏證據支持的，並不完全正確。當試題很困難、作答時間不夠，或選項誘答力很高時，學生固然會傾向猜測，但也並不完全就是盲目猜測，有些學生是根據部分知識（partial knowledge）（Coombs, Milholland, & Womer, 1956; de Finetti, 1965; Hambleton, Roberts, & Traub,

■ 表 3-5　猜測校正的計算例子（假設本測驗含有 40 道試題）

題型	消極校正				積極校正			
	k	R	W	m	k	R	W	m
是非題	2	20	10	10	2	20	10	10
	$S = 20 - \dfrac{10}{2-1} = 10$				$S = 20 + \dfrac{10}{2} = 25$			
選擇題	5	20	10	10	5	20	10	10
	$S = 20 - \dfrac{10}{5-1} = 17.5$				$S = 20 + \dfrac{10}{5} = 22$			

1970）來猜題。因此，使用校正公式可能會導致低估校正（undercorrect）或高估校正（overcorrect）的情形發生，而造成能力估計的偏差。關於部分知識的計分和能力估計，讀者亦可參閱根據試題反應理論所提出的估計模型，如：Masters（1982）、Wright 和 Masters（1982），以及 Yu（1991, 1993）等人的論文。

2. 校正公式的使用，會因學生人格特質（如：具有冒險性格者，較會傾向猜題；而深思熟慮型者，則較不會猜題）而產生不同效果。因此即使使用，也無法達到防止盲目猜測的目的。

3. 在作答時間充裕、且測驗本身亦具有信度時，學生的測驗得分在團體中的相對地位，不受校正與否的影響。因此，有學者（Rowley & Traub, 1977）便懷疑校正公式的使用價值。

4. 如表 3-5 中所使用的積極校正公式，旨在獎勵不亂猜測的行為，但是卻有一項嚴重問題會產生——若學生故意省略全部試題的話，則不作答也可以得到一半的分數（如：是非題）。這點缺失更會誤導對學生能力的估計。

總之，校正公式是否有必要使用？在一般的教室情境中，學者們似乎是傾向不建議使用，但在下列情況下除外：(1)速度測驗；(2)測驗試題非常困難；(3)學生有不同的猜測傾向；(4)選項數目少於五項的選擇型試題（如：是非題測驗）；(5)空白未答部分會因學生能力不同而產生很大差異時，使用校正公式也許有其必要性（Aiken, 1988; Lord, 1964）。然而，在試題反應理論逐漸興盛（余民寧，2009；Hambleton & Swaminathan, 1985; Lord, 1980）後，「猜測」已被當成是試題本身的一項指標（即猜測度指標），因此，上述討論如何校正「猜測」問題，也就變得愈來愈不重要了。

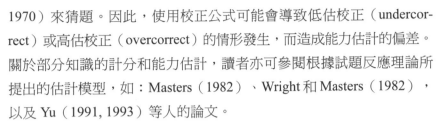 **成績報告與改進**

當教師評分（或計分）完學生的測驗結果後，應該將學生的測驗成績回報給學生知道，不論所報告的成績內容是百分數（如：80 分）、等級分

數（如：優、甲、乙、丙、丁）、過關分數（如：及格、不及格）、描述型檢核表評語（如：全部精熟、部分精熟、有待加強）等，都具有下列的用途：

1. 提供回饋給學生，以作為獎勵或改進的依據。
2. 給予學生申覆的機會，如果學生覺得教師評分不公或計分錯誤，也讓學生有更正分數的機會。
3. 與家長取得聯繫，讓家長瞭解子女在校的學習狀況，加強學校教育與家庭教育的合作關係。
4. 分析學生的錯誤概念（misconception），作為教師改進、加強或補救教學的參考。
5. 提供改進命題技巧的參考。教師可以從學生的作答反應組型中得知哪些試題不具有優良試題的特徵、哪些試題是優良試題，以作為下一次命題時的改進參考。

　　教師亦可善用親師座談會或學校日的機會，將學生成績報告給家長知道，與家長共同謀求如何改進或增進學生學習效果的策略。雖然，學生在校的學習成果深受學校教育與家庭教育配合的影響甚鉅，但必須注意一點：不論教師原始出發點為何，都不得將學生的成績透露給無關的家長或他人知道，畢竟，學生的成績宛如病人的病歷表一樣，教師不可以隨便透露給無關的第三者，以嚴格遵守測驗使用的倫理規範。尤其在過去九年一貫課程的實施下，「國民中小學學生成績評量準則」中即已有明文規定：「國民中小學學生成績評量結果及紀錄，應本保密及維護學生權益原則，非經學校、家長及學生本人書面同意，不得提供作為非教育之用。」因此，妥善維護學生個人尊嚴、名譽、隱私或其他相關權益，不得將學生個人成績在非經書面同意授權下公開，是每位教師必須遵守的職業道德規範。

第三節 影響教師自編成就測驗使用的因素

　　教師自編成就測驗的主要用途，是在測量學生於某些特定教材的學習上，是否已經達到精熟程度或已具備學習下一單元教材的預備知識。然而，這種特殊的測驗目的是否能如期達成，尚受許多因素的影響。除了來自試題本身撰寫品質的好壞、施測程序是否合理、施測情境有無干擾，或主測者本身是否具有專業知識之外，還包括下列六種因素，諸如：作弊、反應心向（response set）、動機與焦慮（motivation and anxiety）、應試技巧（test-wiseness）、補習與練習（coaching and practice）、測驗偏差（test bias）等，都會影響學生在教師自編成就測驗上的測驗結果（Oosterhof, 2001; Worthen et al., 1993）。茲分項說明如下。

壹 試題的品質

　　學生在測驗試題上的作答反應，深受試題撰寫品質好壞的影響。通常，一道試題一旦被撰寫出來後，就含有某種品質特性（如：某種程度的難度和鑑別度）存在；例如，太困難的試題使大多數學生都答錯，導致難度指標偏低；太容易的試題讓絕大多數學生答對，造成難度指標偏高；若鑑別度指標較低，則試題無法有效分別不同能力群體的學生；若選擇題的錯誤選項不具有誘答作用，就會喪失「多選一」的區別功能。凡此種種，都是說明試題品質好壞影響學生作答結果的例子。

　　一般而言，若要降低試題品質對學生作答反應的不良影響，教師最好在自編成就測驗時，即參考雙向細目表及各種題型命題原則來進行編擬試題，並且在試題擬定之後，先送請同行的專家（如：任教同一科目的教師或學科專家）審閱，再付印成卷。

 施測程序和情境

　　施測程序的不一致、未標準化，是影響教師自編成就測驗使用效果的因素之一。所謂的標準化程序，即是指施測時應該遵守測驗指導語上所記載的施測步驟和其他注意事項。如果每位學生在接受測驗時都能遵循相同且一致的施測步驟及程序，則因施測程序所可能造成的測量誤差，必可降到最低；反之，因施測程序不一而造成的測量誤差，終會降低學生能力估計值的精確性及造成評分不公平現象。因此，教師在自編成就測驗之後，最好也能同時準備一份施測指導語說明，以使將來的施測過程都能夠保持一致化、標準化，降低測量誤差的產生。

　　其次，一個吵雜、晦暗、高溫、通風不良或桌面不平坦的施測環境，也會干擾並降低施測品質，直接影響學生在施測情境中的應有表現，間接影響學生能力估計值的精確性。因此，一個比較理想的施測環境，必須是比較安靜、燈光明亮、涼爽、通風良好及桌面平坦的環境，這樣的環境不僅可以使學生免於受到不良施測情境的干擾，更可以讓學生在一個舒適的情境下表現出應有的反應，以確保能力估計值的正確性及精確性。

 主測者因素

　　在施測情境中，主測者或監考人員個人的人格特質因素，諸如：熱忱、期望、活潑、開朗等特性，很容易因為求好心切，深怕學生不知如何填答，而在施測過程中多說一些不必要的指導語、勉勵或責備的話，因而與測驗指導語產生交互作用，直接干擾學生的作答情緒和表現行為（變得較好或較差），使得測量結果無法反映其平常的學習成果，間接影響學生能力值的估計。

　　因此，為了避免這種現象發生，不論是誰來主持測驗或監考，都應該嚴格遵守測驗指導語的規範，一切施測程序要遵照指導語中的規定來進行，不多說也不少說一句話，使每位學生都能夠接受一致的指導說明，降低因

主測者因素所產生的干擾。

肆 作弊

　　考試作弊是一項違紀行為，任何一所學校的學務處均會嚴懲這種不法行為。作弊會使學生的測驗分數受到干擾，使得測驗的實得分數無法反映出學生真正的能力，間接影響評分制度的精確性與公平性。因此，在任何一次公正的考試場合，教師或監考人員都應該極力避免作弊事件的發生。

　　作弊雖然是違紀行為，但屬於德育成績範圍，與學生個人在認知方面的學習成就無關；換句話說，在德育上有瑕疵或缺憾的學生，不見得就沒有智育上的學習成就，所以「打零分」的處置方式是不公平的作法。比較妥善的處理方法是：作弊的行為應接受校規的處置，但還是必須給作弊學生另一份複本測驗施測，以重新計分及評估其能力。由此可見，教師每次自編成就測驗時，若能同時多編製一份或多份複本測驗，則遇到類似這種狀況發生時，就能夠解決此刻燃眉之急的問題。

　　為了公平、公正的考試，下列建議事項及必要的行政措施，可以減少學生作弊事件的發生（Ory & Ryan, 1993），值得學校行政主管或主辦考試單位的重視和參考。

1. 要求行政人員協助監考，並且要求監考人員需於試場內走動。
2. 如果考場空間許可，可以拉開座位的前、後、左、右寬度，或以梅花座方式（即前、後、左、右各為考不同科目之學生）安排考生的座位。
3. 依學生座號分發試卷和入座。
4. 發現可疑處，盡量要求學生離座，或坐在教室的其他角落。
5. 使用梅花座時，務必確定發給每位學生的試卷是正確的。
6. 如果沒有疑慮，請向學生說明你希望他們交卷的方式。
7. 務必向學生說明，並讓學生確實知道考試時間有多長。
8. 如果發現作答時間遠超過你預期的時限，不要給學生額外多餘的時間繼續作答。
9. 如果必須向學生作補充說明，請務必向全部學生說明，避免只向單一

學生作說明。

10. 嚴禁學生於考試中交換或借用鉛筆（或其他筆）、橡皮擦、計算機、修正液或錄音帶等輔助工具，以防夾帶或傳遞資料。

伍 反應心向

反應心向是指學生以某種一致傾向的作答方式應付考試的行為。這種行為會影響學生的得分，間接影響教師的命題方式與命題品質。下列三種反應心向與學生的考試行為最有關聯：

一、速度——正確的反應心向

在任何考試中，教師很容易發現有些學生的作答速度很快，有些則很慢。到底作答速度和能力間有無關聯存在？我們能夠說作答速度慢的學生就一定缺乏知識嗎？如果給這些作答速度慢的學生多一點作答時間，是否公平呢？這些問題都是教師們所關心的實際話題。

根據研究文獻（Worthen et al., 1993）顯示，作答速度的快慢是一種人格特質或反應風格（response style），它與完成測驗所需要之能力間的相關很低。但是，如果有些測驗是強調作答速度者（如：打字測驗），則這種人格特質便會對速度測驗產生正反面的影響。若測驗是屬於不強調作答速度的難度測驗，則作答速度便不是影響學生表現的重要因素。像這種不強調作答速度的測驗，教師應該在施測之前就說明清楚作答的時限，並且確認每位學生都清楚知道作答時限，則即使在時限終了時，尚有學生未作答完畢的話，也不應該延長任何時間或給予特別寬待的處理。

二、賭徒式的反應心向

有些學生是具有冒險犯難精神者（risk taker），每逢考試必猜題，即使是有倒扣的試題，他們也會傾向「照猜不誤」，尤其是選擇題和是非題的部分。像這種賭徒式的反應心向，會對測驗成績造成影響，但卻又與學

生本身的真實能力無關。雖然，教師可以採用前述校正公式重新計算分數，但這種校正公式也有它的缺點存在，校正後的分數排名與校正前的分數排名仍然一樣。即使使用它，似乎也無益於改善這種賭徒式的「盲目猜題」行為，因此，還是少使用校正公式為妙。比較可行的作法是從命題上著手，當教師自編成就測驗時，若能嚴格遵守命題原則，並且編出具有誘答功能之選擇題及是非題，降低學生盲目猜題猜中的機率，才是真正的解決之道。

三、與命題有關的反應心向

教師與學生相處日久，學生多半能臆測教師的命題風格，例如：有些教師傾向命題較多答「是」的是非題、有些教師習慣將答案藏在選擇題的中間選項（如：「C」或「3」）、有些教師則傾向將正確答案藏在敘述句較長的選項裡等。這些命題風格若與學生的作答風格一致的話，則無形中，這些學生將會獲得一些意外分數，而這些分數卻與他們的真正能力無關。為了避免此種現象，教師可以從命題上著手改進，將正確選項出現的機率予以平均且隨機的分布，並修整每個選項的長度，使其一致，即可減少這種與命題有關的反應心向干擾學生的作答成績。

陸 動機與焦慮

教師們都知道，鼓勵可以提升學生的學業成績，焦慮則會降低學生的考試表現，而事實上也真的是如此。鼓勵可以提升學生的動機，因而學生會全力以赴爭取好成績，自然地，他們的測驗分數也會因此提升；但過度的鼓勵，則反而會造成壓力，進而干擾學生的專注力和記憶、應試技巧或學習習慣等行為，間接影響到學生的考試分數。換句話說，焦慮〔尤其是考試焦慮（test anxiety）〕會對學生的考試表現造成不良影響（Sapp, 1993），教師宜盡力避免焦慮的干擾。所以，教師在宣布何時考試時，宜適度鼓勵學生盡力而為，但應避免過度期望所造成的壓力和焦慮。

柒　應試技巧

　　根據 Millman、Bishop 和 Ebel（1965, p. 707）的定義：「應試技巧是指學生能夠利用測驗的特徵、格式及考試情境以獲取高分的能力。」具有應試技巧的學生，很容易：

1. 從試題題幹和選項中辨認共同的要件元素。
2. 從試題語句中找尋及利用可能的線索。
3. 學會利用教師的命題風格進行系統性猜題，例如：選擇題一律都猜「C」或「3」等。
4. 若不曉得正確答案時，傾向選擇敘述句較長的選項。
5. 避免挑選敘述句中使用絕對性字眼（如：「從不」、「總是」等）的選項。
6. 利用一個試題的線索去回答另一個試題。
7. 有把握的試題先作答，沒有把握或作答時間較冗長的試題，則留在最後才作答。
8. 妥善分配每個試題作答時間，並以得分高的試題先作答。
9. 利用「消去法」（elimination）消去不正確的選項，再根據教師命題風格、線索，以及部分知識進行猜題，避免盲目猜題。
10. 仔細劃記答案，繳卷前檢查答案，避免粗心造成錯誤。

　　因此，這些學生無形中獲得一些額外的分數，而這些分數卻與該測驗所要測量的能力無關。所以，應試技巧最會傷害到測驗效度，讓測驗無法發揮它所要測量能力的功用（Sapp, 1993）。

　　為了避免傷害測驗效度，一個比較妥善的因應之道是：嚴格遵守測驗編製的原則、詳實編擬測驗試題，以及仔細做好試題審查的工作，才能避免測驗效度受到應試技巧的影響。

　　但是，從另一個角度來看，站在教學輔導的立場上，教師卻應該教導學生參加一場考試所應具備的知識、態度和技巧，而不必去害怕學生會使用此技巧來應付自己的考試，除非教師本身的命題有漏洞、有缺失或有違

反命題原則的情形出現，否則，徒有應試技巧是無法派上用場的；但應試技巧對一般考試而言，確實具有助益之處。教師可以教授給學生知道的基本應試技巧，可以涵蓋下列幾項（Oosterhof, 2001）：

1. **有效運用時間**。例如，先快速瀏覽一遍全部的題目，再妥善分配每題作答的時間；耗時間的題目最後作答；得分高的題目優先作答；針對簡答題或論文題的問題重點來作答，千萬不要被非重點問題所拖累；對不確定答案的題目作記號，以供最後檢查時作確認等。

2. **避免錯誤**。例如，仔細遵守測驗指導語的規定和每道試題的問題重點、推測答案是否合理、仔細檢查所作答的答案、清楚地在電腦卡片上劃記等。

3. **消去不正確的選項**。例如，假如真的需要猜題時，把明顯是錯誤的選項先消去，可以增加猜對的機率。

4. **知道何時要猜題**。例如，答錯題有倒扣，或使用校正猜題公式來計分時，最好不要猜題；答錯不倒扣、速度測驗和允許猜題時，遇到不會作答的題目，一定要猜題。

5. **留意教師問題的意向**。例如，在論文題中，仔細去留意、體會教師所詢問問題的意向，再順著意向去回答問題重點、順著教師評分的尺度和標準去回答問題，否則，一般性的作答原則——寧可撰寫較長一點的答案、使用組織化的格式來作答、注重修辭、避免拼錯字、避免使用錯誤的文法等答題技巧，都有助於得高分。

6. **注意命題的缺失**。例如，不會的題目傾向答「C」或「3」（因為這是教師常見的命題習慣）、留意題幹或選項中可能暗示答案的線索（如：文法不一致、答案重疊或矛盾、字義或修辭的限制等）、傾向選擇敘述句較長的選項、不去選擇含絕對性字義的選項（因為它們通常都是錯誤的）等。

捌　補習與練習

補習所指的是針對某種考試特別給予加強練習，包括：模擬測驗試題

的作答、熟悉測驗情境氣氛，以及作答技巧訓練等。這種針對某種考試而進行的反覆練習方式，可以說是「為考試而練習」，就像坊間的「補習班訓練」一樣，絕非學校正規教育「為全人格教育而學習」所強調者。因此，補習雖然可以提高考試分數，但卻不一定能夠增進學生的學習能力或提高真正的基本學力。站在教育的立場上，教師宜為增進全人格教育而教學，學生宜為促進全人格發展而學習，不應該為了提高考試分數，而浪費大量金錢與時間於補習以及無益於提升學習能力的練習活動上。

為了避免造成「考試領導教學」的教育方式，教師在編製測驗上必須特別謹慎小心，除了恪遵測驗編製原則外，要審慎使用自編成就測驗於教學過程中，以教學評量來改進教學與學習的缺失，而不是訴諸為考試而加強練習的補習活動。

玖　測驗偏差

如果能力相同、但來自不同族群的個人，在某份成就測驗上的答對機率不一樣，則這份成就測驗便可說是「有偏差」（biased）的測驗（余民寧，2009）。成就測驗在編製、實施和解釋上，都有可能造成偏差，例如：(1)文化、種族和語言的偏差——如果學生來自少數族群，則測驗對他們而言較不利，他們的測驗分數會偏低；(2)社經地位的偏差——如果學生是來自較為貧窮的家庭，則他們的測驗分數會較低；(3)性別的偏差——不論男性或女性，他們在某些測驗上都較為吃虧；(4)明星學校的偏差——如果學生非明星學校畢業，則測驗對他們而言較不利，他們的測驗分數會偏低。這些測驗偏差現象會對那些較不利的族群學生，造成分數低落、施測不公或解釋不公等不利的影響，而間接傷害到測驗效度。為了避免這種不良影響，最關鍵的措施還是在於從改善命題著手，若能由公正的資深教師參照測驗編製原則來命題，再經由同行專家的審慎評閱，當能降低偏差所造成的不良影響。

選擇型試題命題技巧

CHAPTER 4

　　編擬試題是測驗編製的重心，一份測驗是否具有良好的特徵（如：高信度、高效度、難易適中、高鑑別度等），試題編擬品質的好壞占了絕大部分核心。為了確保試題品質的優良，教師在自編成就測驗時，除應遵守第三章第一節有關編擬測驗試題的一般共同原則外，還應該嚴格遵守各種類型測驗試題的命題原則，如此才能編製出品質優良的試題，作為未來納入題庫的基本試題。本章即先說明選擇型測驗試題（如：選擇題、是非題、配合題、填充題及題組題等）的命題原則與技巧，下一章再行談論補充型測驗試題的命題原則與技巧。

第一節　選擇題的命題技巧

　　選擇題是指從多項選擇中挑選一項正確選項的試題類型，而不是「多選」或「複選」試題的意思。有關其英文的字義，讀者宜多留意：「multiple-choice」是指「多選一」或「單選」的意思，而不是「多選」的意思。

　　選擇題是當今客觀測驗中，被認為是最基本、使用最廣、影響最深遠的一種選擇型試題（selection-type item）。尤其是近代配合電腦的使用，使得閱卷、計分、試題與測驗分析結果均相當快速與正確，因此，在未來的測驗發展中，選擇題試題還是會繼續受到大眾的青睞；至於其他選擇型試題，如：是非題、配合題、填充題或題組題等，都是屬於它的特例或變形

（Haladyna, 1994）。

選擇題的設計方式可說是包羅萬象，從簡單到困難、從低層次的到高層次的認知目標、從單選的到多選的試題，不一而足，但都是用來測量學生的各種學習成就或學習成果。因此，讀者只要精熟選擇題試題的編製技巧，學習其他題型試題的編製技巧也就顯得輕而易舉。

壹 選擇題的性質

選擇題的基本構造，是由兩個部分所組成：一為「題幹」（stem），採直接或間接方式陳述問題；另一為「選項」（options、choices 或 alternatives），提供數種可能為問題解答的選擇。題幹的敘寫方法有兩種：一是採直接的問句（direct question），另一種是採不完全的敘述句（incomplete statement）。緊接著在題幹之後出現的，通常是三至五個不等的選項，但是，其中只有一個選項是「正確答案」或「較佳答案」，其餘的選項則為類似正確答案、但實際上是錯誤的選項，稱作「誘答選項」（distracter）。誘答選項的編製目的，旨在吸引一知半解的學生作答，並且提醒所有學生在作答時要謹慎思考和仔細判斷，以區別出答對與答錯兩組不同考生的反應組型。

通常，一道選擇題試題是否撰寫良好，其關鍵因素不在正確答案或較佳答案的選項是否撰寫良好，而是在誘答選項是否撰寫得有創意、有誘答力及有區別力，好讓選擇題試題能夠發揮出「多選一」的區辨功能。如果誘答選項編擬不良、缺乏誘答的功能，則註定該選擇題試題會喪失「多選一」的區辨功能，因而退化成其他選擇型試題（如：是非題），白白浪費測驗編製時間與精力。因此，妥善編擬誘答選項，是決定選擇題試題優劣的決定性因素。

典型的「直接問句」和「不完全敘述句」的選擇題範例，可以參見下列兩個例子（其中，標記＊號者為正確答案；本章所列舉的例子皆以此為標記）：

直接問句型 »

下列試題題型中，何者是屬於補充型測驗試題？

    A. 選擇題

    B. 是非題

    C. 配合題

  *D. 簡答題

不完全敘述句型 »

屬於補充型測驗試題的例子是下列何者？

    A. 選擇題

    B. 是非題

    C. 配合題

  *D. 簡答題

上述兩個典型例子，雖然問法不同，但題幹的意思都是一樣的，其中，又以不完全敘述句型的問法較為簡潔。雖然，使用直接問句型的選擇題試題比較容易編寫，但它卻強迫命題者編擬一個比較清楚的問題，因此會趨向產生一個比較冗長的題幹出來。對於初學測驗編製的讀者而言，因為比較沒有試題編擬的經驗，宜以直接問句型的選擇題試題作為練習命題的開始，等到逐漸具有豐富的試題編擬經驗、知道如何精簡問題時，再逐漸轉換到編擬不完全敘述句型的選擇題試題上。

選擇題的類型

選擇題的類型有許多種，每種類型各有其編製目標及功能特性，學習者如能熟悉各類型的編製目標和格式，則當能配合每次編製測驗的目的，編製出符合使用需求的成就測驗。因此，我們有必要先研究這些常見的選擇題類型，除了增進明瞭選擇題的特性外，更能順利養成編製複本試題的習慣，隨時多編一份複本測驗，以備不時之需。

　　常見的選擇題試題，可以按照其所能測量認知目標層次的高低，由低而高排列，將其合併歸納成下列五類（Aiken, 1982）。每類題型都有其特別的編擬格式，只要熟悉其格式並加以變化，即可隨時變化出各式不同內容的複本試題。茲分別說明如下（其中，P 表示「問題的命題，並且寫在題幹裡」；C 表示「結果，為 k 個可能的選項」；→ 表示「產生，導致，得到」的意思）：

類型 I：$P \rightarrow C$

　　說明：此題型表示一個命題產生一個結果；亦即，學生必須根據命題的陳述，從 k 個選項中挑選出一個正確（或較佳）的答案。

　　目標：主要是測量名詞的記憶能力，亦可以用來測量理解和應用等層次的學習目標。

　　例題▸▸（挑一個正確的答案）

　　空城計一文是摘自哪一本書？
　　　　A. 西遊記
　　　　B. 水滸傳
　　＊C. 三國演義
　　　　D. 東周列國志

　　例題▸▸（挑一個較佳的答案）

　　地方自治事業的基本工作是哪一項？
　　　　A. 維護地方治安
　　＊B. 辦理戶籍登記
　　　　C. 實施國民教育
　　　　D. 增進衛生保健

　　這種類型試題會有個變例，即是：「如果……則……」的條件型問句。

例題▶

如果電流的強度增加，則電樞轉動的速度將會如何？

　　*A. 愈快

　　B. 愈慢

　　C. 保持一定

　　D. 不一定

類型 II：$P_1 \cap P_2 \cap \cdots\cdots \cap P_n \to C$

說明：此題型表示交集（即∩）數個命題以產生一個結果；亦即，學生必須在多個命題條件的限制下思考，然後從 k 個選項中挑選出一個正確的答案。這種類型可以增加試題的困難度和複雜性，較能測量出較高層次的認知能力。

目標：主要是測量應用、分析及推理層次的認知能力。

例題▶

姊妹兩人共有 100 元，今姊姊給妹妹 12 元後，兩人的錢變得一樣多，問：原來姊妹兩人各有多少錢？

　　　　　A. 姊 51 元，妹 49 元

　　　　　B. 姊 72 元，妹 28 元

　　　　*C. 姊 62 元，妹 38 元

　　　　　D. 姊 38 元，妹 62 元

例題▶

已知小明在某份測驗上的原始得分為 60 分，且該測驗的平均數為 59 分、標準差為 2 分。問：小明的 z 分數是多少？

　　　　　A. −2.0

　　　　　B. −0.5

　　　　*C. 0.5

　　　　　D. 2.0

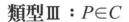

類型Ⅲ：$P \in C$

說明：此題型表示命題是屬於（或包含於）結果中；亦即，學生必須能夠知道所陳述的命題應該歸類到哪一類結果中，然後從 k 個選項中分辨之。這種類型試題，只要變化一下命題或結果（二者之一皆可），便能產出另一題複本試題。

目標：主要是測量分類層次的認知能力。

例題 ▶▶

皮亞傑（J. Piaget）被認為是哪一類心理學家？

　　*A. 發展（developmental）

　　B. 工業（industrial）

　　C. 心理計量（psychometric）

　　D. 社會（social）

變例 ▶▶ （上一題的複本試題）

科隆巴（L. Cronbach）被認為是哪一類心理學家？

　　A. 發展

　　B. 工業

　　*C. 心理計量

　　D. 社會

類型Ⅳ：$(P_1 \cap P_2) \cup (P_1 \cap \overline{P_2}) \cup (\overline{P_1} \cap P_2) \cup (\overline{P_1} \cap \overline{P_2})$ ……→C

說明：此題型表示題幹中有 n 個命題，各有「對或錯」之分，然後要求學生分別判斷其對錯，再從 2^n 個可能結果中，選出正確的一個。如果題幹所提供的命題數是兩個（即 n = 2），則可能產生四個不同的選擇組合，其中有一個是正確的，三個是錯誤的（即誘答選項）；如果命題數是三個

（即 n ＝ 3），則可以產生八個不同的選擇組合（即三個「兩錯一對」、三個「兩對一錯」、一個「全對」和一個「全錯」共八種組合），此時，選擇題的四個選項最好是由三個「兩錯一對」及三個「兩對一錯」選項中各挑選兩個來組成（含其中一個是正確選項），而避免安排三個「兩錯一對」和一個「兩對一錯」，或三個「兩對一錯」和一個「兩錯一對」，或三個「兩錯一對」（或「兩對一錯」）和一個「全對」，或三個「兩對一錯」（或「兩錯一對」）和一個「全錯」的選項在一起，以降低學生對試題的猜中機率。這類型試題，亦可延伸出兩種變例試題，即「單一多選答案題型」和「排列答案題型」。

目標：主要是測量綜合與評鑑層次的認知能力。

例題 ▸ （兩個命題時）

(1)民「惟」邦本——只　(2)「惟」聞女嘆息——只
上述兩個「惟」字的用法，下列敘述何者正確？
　　A. (1)和(2)都正確
　　B. (1)正確，(2)不正確
　＊C. (1)不正確，(2)正確
　　D. (1)和(2)都不正確

例題 ▸ （三個命題時）

(1) Alfred Binet 被稱為「智力測驗之父」
(2) 他的第一份智力測驗發表於 1916 年
(3) 他畢生的最大貢獻是發明 α 係數
上述三個敘述，何者是正確？
　　A. (1)和(2)正確，(3)不正確
　　B. (2)和(3)正確，(1)不正確
　　C. (1)和(2)不正確，(3)正確
　＊D. (2)和(3)不正確，(1)正確

變例類型 ▶▶ 「單一多選答案題型」

下列有關台灣各地的觀光名勝景點的敘述，何者正確？

(1) 宜蘭有礁溪溫泉

(2) 嘉義有谷關溫泉

(3) 基隆有陽明山溫泉

(4) 台東有知本溫泉

(5) 南投有關子嶺溫泉

　　　A. (2)、(3)

　*B. (1)、(4)

　　　C. (3)、(4)

　　　D. (1)、(5)

變例類型 ▶▶ 「排列答案題型」

下列城鎮從北到南的排列，何者為正確？

(1) 斗六　　(2) 彰化　　(3) 新營　　(4) 嘉義

　　　A. (1)、(2)、(3)、(4)

　　　B. (3)、(4)、(1)、(2)

　*C. (2)、(1)、(4)、(3)

　　　D. (4)、(3)、(2)、(1)

類型 V：$P_1 : P_2 :: P_3 : C$

說明：此題型表示第一個命題「對」（versus）（即：）第二個命題的關係，「猶如」（same as）或「相當於」（similar to）（即::）第三個命題「對」一個結果的關係；亦即，學生必須先行判斷前面兩個命題間的關係，然後推論後兩個命題間應有的關係為何，再從四個選項中挑選一個正確的選項。

目標：主要是測量演繹及歸納相關事項的能力，以及應用、綜合、評鑑等認知能力。

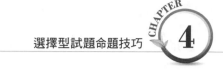

例題 ▸▸

「舅舅奉養外公、外婆」對「家庭的生物功能」，猶如「表哥帶表弟妹玩耍」對「家庭的＿＿＿功能」？

　　　A. 心理
　　　B. 教育
　　*C. 娛樂
　　　D. 社會

例題 ▸▸

「平均數」對「標準差」，相當於「中位數」對下列何者？

　　　A. 平均差（average mean）
　　　B. 內含全距（inclusive range）
　　*C. 半中間四分差全距（semi-interquartile range）
　　　D. 變異數（variance）

這類型試題也會有個變例，即是：「$P_1 : C_1 :: P_2 : C_2$」。

說明：第一個命題對（即：）第一個結果的關係，猶如（即::）第二個命題對第二個結果的關係；這種變例通常也是用來測量推理與判斷能力。

變例 ▸▸

媽媽對＿＿＿的關係，猶如爸爸對＿＿＿的關係？

　　*A. 嬸嬸；姑丈
　　　B. 堂弟；表弟
　　　C. 舅舅；姨丈
　　　D. 姑姑；嫂嫂

變例 ▸▸

「平均數」對「＿＿＿」，相當於「中位數」對「＿＿＿」？

　　　A. 平均差；半中間四分差全距

B. 標準差；變異數

　*C. 標準差；半中間四分差全距

　　D. 變異數；內含全距

　　讀者若能夠仔細掌握及推敲上述題型的原創精神及其變例，即使是初學者想要編製複本試題亦不是一件難事，只要將題型中原有的命題（即 P）或結果（即 C）改代入其他命題或結果，便可創造出無窮多的複本試題。

參　選擇題的優點與限制

　　選擇題的功用，在於可以測量出各種不同程度的學習成果，如：知識、理解、應用、分析、綜合、評鑑或創造等認知能力；同時，也可以適用於各種不同學科範疇的教材內容，以作為測量認知能力的一種測驗工具。如今，選擇題試題已普遍採用電腦計分，非常符合計分快速、正確與經濟的科學化要求，因此，它已成為教師自編成就測驗或標準化成就測驗所普遍使用的一種命題類型。不過，在編擬或使用選擇題時，讀者還是有必要瞭解它的優缺點所在，以便決定是否採用。

　　簡單來說，選擇題具有下列幾項優點：

1. 比起是非題，選擇題的計分受猜測因素影響較小，信度較高。
2. 比起是非題，選擇題比較可以避免考生產生反應心向。
3. 比起是非題或填充題，選擇題的題意結構比較清楚明確。
4. 比起論文題的評分方式，選擇題的評分比較省時、省力、簡單、容易；如果配合電腦閱卷，則計分更加客觀、正確且快速。
5. 選擇題可以廣泛測量到各層次的認知能力目標。
6. 選擇題可以透過精心設計的誘答選項，提供有價值的診斷訊息。

　　但是，選擇題亦有下列幾項使用與編製上的限制，並非絕對的完美無缺：

1. 比起論文題，選擇題試題編製比較費時、費力。

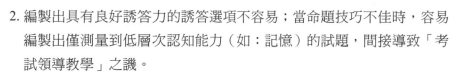

2. 編製出具有良好誘答力的誘答選項不容易；當命題技巧不佳時，容易編製出僅測量到低層次認知能力（如：記憶）的試題，間接導致「考試領導教學」之譏。

3. 比較無法測量到問題解決、組織與表達的能力。

4. 得分可能受到學生閱讀能力的影響。

5. 對於較困難的試題及能力較差的學生，選擇題容易引發猜題及作弊行為，間接增加能力估計的困擾。

肆 選擇題的命題原則

　　一道理想的選擇題，不僅能夠呈現重要的問題來詢問學生，更能夠讓學生清楚瞭解該問題的意思是什麼；因此，它可以讓已達精熟學習的學生答對，而讓尚未達精熟學習的學生答錯，以發揮選擇題試題特有的「多選一」區辨功能。

　　為了讓選擇題發揮應有的功能，下列命題原則是必須遵守的。

1. 試題的設計應該能夠測量到重要的學習成果

　　設計試題時，首先應該考量試題內容和結構是否可以測量到重要的學習成果，避免讓無關緊要的教材、模糊的或不重要的內容出現在試題中，而增加無謂的困難度。記住：選擇題的目的是用來幫助瞭解學習內容已達精熟的程度。因此，所編擬的試題應該以重要的學習成果為主。

2. 每道試題的選項數目應該保持一致

　　一般而言，編製適合於國民中、小學學生使用的選擇題，每道試題的選項數目應該保持一致，不可以忽多忽少，最好以三至四個為宜，至多不超過五個。隨著受試者年齡增加，選項數目可以酌量增加無妨；但有時候，因為誘答選項編製不易，也可以酌情改用其他類型來命題，但切勿為了勉強湊足答案選項，而編擬出與題幹敘述無關的誘答選項，進而喪失誘答功能和降低試題的鑑別度，使選擇題「多選一」的區辨功能無法發揮作用。

3. 題幹的敘述宜清楚表達題意，避免過短或過長

　　題幹所敘述的命題，其目的是在溝通題意，讓學生瞭解「該試題是在問些什麼問題」，以便進行適當的回答。因此，題幹的敘述若是過短或過長，都有可能造成題意表達不夠清楚，或增加學生閱讀時間及引發暗示答案線索的聯想，進而降低試題的測量功能。

不良例題 ➤　（題幹敘述太短，題意未能表達清楚）

　　中國人與美國人不同，是因為什麼<u>不同</u>？
　　　　A. 染色體的數目
　　*B. 基因的型式
　　　　C. 染色體的型式
　　　　D. 基因的數目

修正例題 ➤

　　中國人與美國人的外貌、體型、膚色等差異很大，這是因為他們細胞內的何種結構<u>不同</u>所致？
　　　　A. 染色體的數目
　　*B. 基因的型式
　　　　C. 染色體的型式
　　　　D. 基因的數目

4. 題幹的敘述宜保持完整，避免被選項分割成兩個部分或兩個段落

　　有時候，題幹的敘述太過直接或冗長，無法一句表達完畢或表達清楚，而被選項分割成兩半，這種情況只會徒增學生誤解題意的可能性，最好能夠避免。最好的解決方式，是將題幹的敘述改成間接問法，使敘述能夠一句完整表達清楚，降低學生誤解題意的可能性。

不良例題 ▸ （題幹的敘述被選項分割成兩段，造成題意被干擾或誤解）

My mother

     A. talk to

     B. speaks

    *C. is talking to

     D. is speaking

my father.

修正例題 ▸

My mother ＿＿＿ my father.

     A. talk to

     B. speaks

    *C. is talking to

     D. is speaking

5. 選項的敘述宜力求簡短，必要或相同的敘述字詞宜放在題幹中

命題時，宜避免相同的字詞重複出現在所有的選項中，增加學生閱讀選項的時間。最好的辦法，是將共同的或必要的字詞移到題幹中，以精簡選項的敘述篇幅，增加試題版面的吸引力和可讀性。

不良例題 ▸ （選項中相同的字詞重複出現多次，增加閱讀時間）

「軍書十二卷」、「同行十二年」、「策動十二轉」，以上三句中的「十二」是表示？

     A. 表示真實的數目

     B. 表示吉祥的數目

     C. 表示固定的數目

    *D. 表示很多的數目

修正例題 ▸

「軍書十二卷」、「同行十二年」、「策勳十二轉」，以上三句中的「十二」是表示什麼樣的數目？

　　　　A. 真實

　　　　B. 吉祥

　　　　C. 固定

　　*D. 很多

6. 所有錯誤選項的敘述，應該具有與題幹敘述相關聯的似真性或合理性，以發揮應有的誘答功能

　　選擇題的編製品質是否優良，其關鍵不在「正確選項」的撰寫好壞，而是在「錯誤選項」的撰寫是否具有似真性或合理性。一個具有似真性或合理性的錯誤選項，自然容易發揮選擇題應有的誘答功能，以區辨出「能力高低」或「會作答與不會作答」的學生。因此，錯誤選項的敘述是否具有似真性或合理性，對選擇題的編製品質而言，扮演著決定性的角色。

不良例題 ▸ （錯誤選項缺乏似真性，錯得過於離譜，喪失誘答力）

美國的首都是？

　　　　A. 台北

　　　　B. 東京

　　*C. 華盛頓

　　　　D. 倫敦

修正例題 ▸

美國的首都是？

　　　　A. 紐約

　　　　B. 芝加哥

　　*C. 華盛頓

　　　　D. 洛杉磯

7. 儘量在題幹中使用肯定句敘述，避免使用否定句敘述；如果必須使用否定句敘述時，宜特別強調否定句的字詞

一般而言，學校的教學多半是強調正面的、重要的、最好的理由，和能夠應用原理原則解決問題的肯定性學習結果，而很少去教導反面的方法、理由、原因、原理原則等否定性學習結果。因此，否定句的敘述方式，通常容易造成學生作答時的疏忽或遺漏，間接影響學生能力值的估計；所以，應儘可能少用否定句的題幹敘述方式。但是，當想要明瞭例外情況或發現錯誤是教學的重點目標時，否定句的敘述方式還是有其必要性，不過，此時否定句敘述的使用，就必須在題幹中特別強調這些否定敘述的字詞（通常在印刷時，可將這些字詞下加底線或以粗體字印刷），以提醒考生不要忽略了。

不良例題 ▸▸（沒有特別強調否定句敘述的字詞）

請選出沒有對仗的句子？

A. 調素琴，閱金經

*B. 山不在高，有仙則名

C. 苔痕上階綠，草色入簾青

D. 南陽諸葛廬，西蜀子雲亭

修正例題 ▸▸

請選出<u>沒有</u>對仗的句子？

A. 調素琴，閱金經

*B. 山不在高，有仙則名

C. 苔痕上階綠，草色入簾青

D. 南陽諸葛廬，西蜀子雲亭

8. 試題必須確定只有一個清楚表達的正確答案或相對較佳的答案

選擇題的答案，應該確定每題只有一個，以避免引起糾紛或爭議；當每個選項都是正確時，則應該要確定其中只有一個是相對較佳的答案，並且在題幹中或在測驗指導語中說明清楚，以避免引起無謂的糾紛。

不良例題 ▸▸ （題意不明確，相對較佳答案可能不止一個）

與高雄縣相當的是下列哪一個都市？

    A. 高雄市

    B. 台東市

  *C. 新竹市

    D. 鳳山市

修正例題 ▸▸

在我國地方自治的層級上，與高雄縣地位相當、且其組織和實施地方自治事項也大致相同的是下列哪一個都市？

    A. 高雄市

    B. 台東市

  *C. 新竹市

    D. 鳳山市

9. 選項之文法必須與題幹和試題格式一致

題幹與選項中的文法不一致，很容易產生暗示答案的線索，讓具有應試技巧的學生會依據線索猜題，造成該題喪失選項誘答力的功能。

不良例題 ▸▸ （選項中的文法與題幹不符）

Ken：Look at this! There is worm in the apple.

Sue：But that kind of apple is very healthy.

Ken：What are you talking about?

    A. Ken don't listen to Sue.

  *B. Ken doesn't think Sue is right.

    C. Ken want Sue to say it again.

    D. Ken hoped Sue to eat the apple.

修正例題 ▸▸

Ken：Look at this! There is worm in the apple.

Sue：But that kind of apple is very healthy.

Ken：What are you talking about?

　　　A. Ken doesn't listen to Sue.

　　＊B. Ken doesn't think Sue is right.

　　　C. Ken wants Sue to say it again.

　　　D. Ken hopes Sue to eat the apple.

10. 題幹和選項中的敘述，應該避免有暗示正確答案的線索出現

　　一般而言，不論是正確答案或誘答選項，如果敘述長度過長或過短、文法表達前後不一致、使用特殊字詞、內容重疊或相同等，通常都有暗示答案的線索存在，會引發學生的猜題行為。為了降低容易引發猜題行為的試題暗示作用，教師在編擬選擇題時，應該特別避免下列狀況。

不良例題 ▸▸ （題幹與正確答案中的敘述，均使用相同的字眼，具有暗示作用）

John：Let's ＿＿＿ football this afternoon.

Joe ：I don't like to play football.

　　＊A. play

　　　B. go

　　　C. run

　　　D. kick

不良例題 ▸▸ 〔題幹中的文法結構（如：an）提供暗示線索〕

A：What are you doing?

B：I'm eating an ＿＿＿.

　　　A. banana

　　　B. kiwi-fruit

　　　　C. fried-chicken

　　*D. apple

不良例題▶（正確答案的敘述和排序，一字不漏直抄課文，容易助長背
　　　　　誦、序列記憶）

「廉」的意義是指？

　　　　A. 正正當當的行為

　　*B. 清清白白的辨別

　　　　C. 規規矩矩的態度

　　　　D. 切切實實的覺悟

不良例題▶（正確答案的敘述特別詳細、冗長，暗示該選項即是答案）

下列有關「需求」的敘述，何者有誤？

　　　　A. 需求是慾望的具體化

　　　　B. 需求乃指整條需求曲線

　　　　C. 需求是客觀的表示

　　*D. 需求是其他條件不變時，消費者在一定期間內對特定財貨，
　　　　　在特定的價格下，願意且能夠購買的數量

不良例題▶〔誘答選項中使用絕對性的字眼，如：總是（always）、絕
　　　　　不（never）、都是（all）、從來沒有（none）、唯一
　　　　　（only）等，暗示該誘答選項是錯誤的〕

Achievement tests help students improve their learning by:

　　　　A. encouraging them all to study hard.

　　*B. informing them of their progress.

　　　　C. giving them all a feeling of success.

　　　　D. preventing any of them from neglecting their tasks.

不良例題 ▸▸ （包含兩個內容重疊的選項，暗示該選項是錯誤的）

什麼類型的試題是在測量考生的回憶力？

   *A. 補充型試題

   B. 選擇型試題

   C. 配合題

   D. 選擇題

不良例題 ▸▸ （包含兩個意義相同的選項，暗示該選項是錯誤的）

「絮聒」的意義是指？

   A. 棉花飄落的樣子

   B. 柔細飄揚的棉花

   *C. 語煩不斷的樣子

   D. 喜歡講話的樣子

11. 錯誤選項應該儘量避免使用「以上皆非」和「以上皆是」

  「以上皆非」和「以上皆是」選項，容易造成學生覺得它具有暗示作用或疏忽它，尤其是當學生已確認出其中兩個選項是錯誤時，他必然主動跳至選「以上皆非」；而當學生已辨認出其中有兩個選項是正確時，則他會自動挑選「以上皆是」。如此一來，答對與答錯該試題都只是憑學生的部分知識而已。此外，「以上皆非」和「以上皆是」選項，勢必放在最後一個選項裡，容易造成它的前一個選項無人挑選，因而造成選擇題喪失其原有的編製功能。因此，最好是避免使用它們。

不良例題 ▸▸

「五倫」中的哪一倫是發生在家庭裡？

   A. 兄弟倫

   B. 夫婦倫

   C. 父子倫

   *D. 以上皆是

不良例題 ▸▸

下列日常用具中，何者使用電動機作為動力？

　　A. 電話機

　　B. 烤麵包機

　　C. 電視機

　*D. 以上皆非

12. 以隨機方式排列及調整正確答案出現的位置和次數

在編擬選擇題時，多數教師或試題編製者都有一個共同的心理傾向——為了避免學生馬上看出正確答案所在，而將正確答案往後幾個選項隱藏；同時，他們也擔心學生是否花太多時間於閱讀選項上，而逐漸將正確答案往前幾個選項隱藏。因此，在這兩個原因交互影響下，遂養成將正確答案隱藏在中間的心理傾向。這也就是造成正確答案出現在第一個和最後一個選項的次數，遠低於出現在中間選項次數的原因所在。因此，教師如果具有這種命題習慣，中間選項便容易成為猜題的標的。所以，一份編製良好的測驗試題，應該以不規則及隨機排列方式調整正確答案出現的位置，以避免被學生猜中的機會；並且，在命題完畢時，宜全面調整正確答案出現在各選項的次數，務必使其平均分配到每個選項裡，以降低被輕易猜中的機會。

由於近代大型考試的標準作業程序已大幅改變，命題與組卷是分開來處理的兩件事，命題者未必是最後負責組卷者，因此，本項原則也是提供給組卷委員（或教師）參考。當負責考試的最後組卷工作時，於組好試題且拿去印刷之前，必須確保考題中正確答案出現在各個選項中的次數是均等的，且出現正確答案的排列位置必須是隨機的。

13. 以變化題幹或改變選項任何一者，來控制試題之難度

通常，試題編擬者喜歡藉著增加試題的複雜性，以提高作答所需的認知層次，並增加試題的難度。其實，如果能夠使每個選項趨於同質，亦能夠達到這個目的。如果我們這麼做，則各選項間的主要差別應是最具教育意義的部分，並且與所要測量之學習成果一致。

14. 保持同一份測驗中的每個試題可以各自獨立作答

各自獨立的試題，可以避免題幹或選項間的敘述提供暗示答案的線索。這項原則即是要求至少做到每道試題的作答都必須完全獨立，不需仰賴其他試題作答結果的訊息；然而，即使有幾道試題共同參考同一篇導論性文章，但只要確保每題的作答是各自獨立、不受其他試題作答干擾或影響的話，則這項原則亦能確保適用。但是「連鎖式試題」（interlocking items）的作答，往往需要學生根據前一試題的作答結果，才能作答下一試題，所以會產生無法讓每個試題獨立計分的不公平現象。因此，在試題編擬後，宜仔細檢查每道試題，務必使每道試題的作答和計分都能各自獨立，才能促進評量的公正與客觀。

15. 使用經濟有效的試題格式

每個選項的敘述以各占一列印刷篇幅為原則，這樣做不但方便閱讀和比較，並且由於題號皆寫在每個選項的左邊（橫寫時）或上面（直寫時），使得計分十分方便。此外，選項的號碼宜視科目和學生年齡層次，分別使用不同的記號，以免與題幹中的敘述文字混淆。題幹若使用不完全敘述句來表達時，宜將空格欄位的長度維持適中，以免產生暗示線索，讓具有應試技巧的學生誤以為可根據空格欄位長短來猜選的可能性。此外，在編擬語文科試題時，尚應留意文法、標點符號、字母的大小寫等細節，以避免干擾學生的閱讀，甚至產生誤解。

16. 儘可能不要依照教科書內容的順序來排列試題

試題的出現宜呈現隨機方式，避免依照教科書內容的順序來排列，以免學生產生序列記憶的效應。如果試題是依序呈現和排列的話，雖然可能提高學生的得分，但卻會降低測驗的效度。

17. 試題不宜過多，以免變成速度測驗

一份測驗中應該包括多少試題，宜以學生在一堂課內可以作答完畢的數量為考量依據。試題過多會變成速度測驗，造成所測量到的不是學生的學習成果，而是他們的反應速度；反之，試題數如果過少，則又會降低測

驗信度，並且不容易測量出學生已學到的學習成果。因此，試題數多寡應視學生能力和年齡而定，以適中為要。

18. 如果還有其他管道可以改進選擇題試題編製的有效性，則上述原則僅供參考，不可墨守成規

上述編擬選擇題的原則，只是供初學的讀者在編擬試題時參考。如果讀者已熟悉這些原則，便可以利用這些原則加以修改或變化，以編製出更具新穎性、創造性和有效性的選擇型試題。然而，在獲致這些經驗之前，初學的讀者如果能夠遵守上述原則，將可編擬出具有高品質的選擇型試題。

第二節　是非題的命題技巧

雖然，選擇題幾乎可以測量到各種不同學習程度者的學習成就。但是，學校通用的測驗通常都是綜合性試題，因此，讀者也有必要學習其他類型試題的命題技巧。尤其當選項只有兩個時，命題者只好轉向命題「是非題」。

是非題一向被認為是選擇題的特例，亦即，當選項只有兩個、而不是多個時，選擇題便變成是非題。一般而言，是非題多半用來測量辨別事實（fact）的敘述是否正確的能力，是一種測量較低層次認知能力的題型，通常較適用於年齡層次較低的學生。此外，作答選項除了分成「對與錯」外，「是與否」、「同意與不同意」、「事實與意見」等格式亦屬是非題的一種變例。因此是非題又稱為「對立反應題」（alternative-response items）。

典型的是非題，讀者可以參考下列例子，這些例子都是由選擇題試題演變而來，可以說都是選擇題的一種特例。

例題 ▸▸ （題幹敘述僅分成「對與錯」，由學生判斷後回答）

（〇）中華民國政府建都南京。

（×）只有一雙對邊平行的四邊形是正方形。

例題 ▸ （選擇題的變例，只有一個題幹和多個對與錯的敘述句）

關於個人電腦的敘述：

（○）ROM 為主記憶體之一。

（×）磁碟機讀寫資料的基本存取單位是位元（bite）。

（○）1MB ＝ 1024K

（○）所謂 n 位元之 CPU，其中的 n 是指資料線數。

例題 ▸ （強調所敘述的字詞，以判斷對或錯）

（○）首倡自由經濟制度最力者，當推古典學派的<u>亞當斯密</u>。

（×）國富論是<u>凱因斯</u>所寫。

（○）凱因斯的經濟學屬於<u>總體經濟學</u>。

例題 ▸ （辨認敘述句的因果關係之對或錯）

（○）城市居民易患支氣管炎，因為空氣汙染的緣故。

（○）今日泥鰍極為稀少，因為環境阻力增加。

（×）鯨魚是卵生哺乳動物，因為牠生活在海洋中。

壹 是非題的優點與限制

是非題可說是一種簡化的選擇題。在某些情況下，選擇題很難設計出超過兩個以上選項時，將命題形式改成是非題，是有其必要的。此時，主要考量的因素為是非題具有下列幾項編製與使用上的優點：

1. 命題方式簡單容易，幾乎可以適用於所有教材內容。
2. 計分容易、客觀；如果配合電腦閱卷，計分更加快速與正確。
3. 比起選擇題而言，較不受閱讀能力的影響。
4. 適合用來測量或釐清只有兩種可能的概念學習。
5. 適合作為實驗用試題，以判斷、分析或比較學生的反應速度。
6. 如果配合題組題使用，也可以用來測量複雜的學習結果。

但是，是非題也有其編製和使用上的幾項限制：

1. 很難編擬出可以測量到高於「知識」層次以上認知能力的試題。
2. 作答和計分方式都容易受到猜測及作弊因素的影響。
3. 比起選擇題而言，是非題的難度指標偏高、鑑別度指標偏低，易造成信度係數值偏低。
4. 錯誤的試題無法提供學生瞭解什麼是正確的證據。
5. 錯誤的答案無法提供診斷性的訊息。
6. 容易制約學生養成自動「答對」或「答錯」的反應傾向。

貳　是非題的命題原則

是非題因為具有上述優點，吸引教師在教學評量中樂於採用，甚至連電視媒體上的趣味性益智遊戲或有獎徵答遊戲，都大力採用是非題作為評量工具，由此可見是非題廣受大眾使用和接受的普遍程度。然而，是非題要能夠發揮其區辨「是與非」或「對與錯」的功能，尚需要遵守下列的命題原則：

1. 每一題只能包含一個重要的概念，避免同時包含兩個以上的概念在同一題中出現

在同一個試題中應該只包含測量一個重要概念而已，避免同時敘述兩個以上的概念（尤其，其中一個是對的，另一個是錯的）而造成混淆，干擾學生的判斷及作答。

不良例題▶▶ （敘述中的概念，一個是對的，另一個是錯的）

（×）妯娌是屬於姻親關係，而叔姪是屬於直系血親關係。

修正例題▶▶

（○）妯娌是屬於姻親關係。
（○）叔姪是屬於旁系血親關係。

2. 敘述力求簡潔、明確，避免長篇大論

不良例題▸ （敘述過於冗長、複雜）

（○）十六世紀宗教改革運動發生後，發展出許多新的教會組織，其中對我國明末清初的中西文化交流有很大貢獻的是耶穌會。

修正例題▸

（○）耶穌會於明末清初時，對促進中西文化交流有很大貢獻。

3. 儘量少用否定語句敘述，尤其應該避免使用雙重否定語句

辨識否定敘述的真假，通常不是教學所期望的結果，並且一般學生亦不太習慣這種反面的思考。否定敘述容易因為學生的忽略而導致錯誤，而雙重否定更容易使敘述的涵義含糊不清，造成學生在判斷上的不安和焦慮。當非使用否定語句來敘述不可時，最好是在否定敘述的字詞下加底線或使用粗黑字體表示，以提醒學生注意。

不良例題▸ （雙重否定，容易造成涵義混淆）

（○）肺結核不是一種不會傳染的疾病。

修正例題▸

（○）肺結核是一種會傳染的疾病。

4. 避免使用一些具有暗示答案線索的特殊字詞

在是非題中，使用像「通常」、「一般而言」、「時常」、「有時」、「可能」等字詞，其字詞的涵義通常都帶有暗示「這即是對」的線索存在；而使用像「總是」、「絕不」、「從未」、「所有……都」、「全無」、「只有」、「唯一」等字詞，其字詞的涵義則通常都帶有暗示「這即是錯」的線索存在。當使用這些字詞於是非題時，很容易造成學生根據線索來猜題。因此，上述字詞宜避免在是非題中使用，或者在「正確敘述」與「錯誤敘述」中之使用次數宜保持平均，以避免學生猜測。

不良例題 ▸ （使用特殊暗示性字詞）

（×）所有生活於水中的動物都是屬於魚類。

（×）只有就讀高中，才有機會上大學。

（○）成功的因素通常是由於勤勞。

5.「對」與「錯」的試題，應保持相同的敘述長度

從邏輯上判斷，通常正確試題的敘述比錯誤試題的敘述要長，這是因為它必須正確說明清楚「對」的理由之故，因此，命題者會多使用一些敘述語句，而使敘述長度增長。因此，敘述長度不一的試題，很容易就成為學生猜題所依據的判斷線索。為了避免受到這種猜測的影響，教師可以變化試題敘述的長度，有時讓正確試題的敘述長些、有時讓錯誤試題的敘述長些，只要兩者沒有一致性或規則性的差異出現即可。

6.「對」與「錯」的題數應該相等，並且以隨機排列方式呈現

是非題很容易造成學生猜題，當學生遇到自己不會的試題時，可能會傾向猜「對」的答案或傾向猜「錯」的答案。因此，當教師所命題之「對或錯」的題數過於懸殊時，很容易被學生僥倖猜對或猜錯一大半，造成評分的困擾及能力估計的不精確。因此，為了防範學生盲目猜題而僥倖猜對或不幸猜錯，在命題時，應力求將「對」與「錯」的題數調整到接近相等的數量，以防止因猜題而造成能力估計誤差的不良影響。當然，對與錯的題數也不可以呈現有次序性的規則排列，宜以隨機排列方式呈現，才可以降低學生猜題的傾向。

7. 在辨認敘述句的因果關係時，對於結果的敘述必須是對的，而對於原因的敘述則是可對可錯

例題 ▸ （結果的敘述是對的，而原因的敘述則是可對可錯）

（×）城市居民易患氣管炎或支氣管炎，這是因為水汙染的緣故。

8. 避免使用語意不清的數量語詞

通常，諸如「常常」、「大多數」、「很多」或「非常」等慣用語詞，其語意都不是非常精確，當使用它們來表示數量或程度時，恐怕對不同的學生會產生不同的意義。所以，最好是不要使用它們，如果必須使用的話，則改用較為明確、具體，或可以量化的數量語詞來表示。

不良例題 ⏵ （數量用語不明確）

（○）台灣南部的氣溫很高。

修正例題 ⏵

（○）高雄市的年平均溫度在攝氏 20℃ 以上。

9. 意見性的敘述必須指出參考資料的來源或根據

一般而言，意見性的敘述並無所謂的「對」或「錯」之分，如果硬是要求學生把它當作是「事實」來作答，實在很不妥當。因此，為了避免引起爭議，凡是涉及到個人的意見、信念或價值觀等敘述，都應該列出資料的參考來源或依據。

不良例題 ⏵ （意見性的敘述，因為沒有指出資料參考的來源，容易產生
　　　　　紛爭）

（○）五權分立的政府比三權分立的政府要好。

修正例題 ⏵

（○）根據孫中山先生的觀點，五權分立的政府比三權分立的政府要
　　　好。

第三節　配合題的命題技巧

　　當選項有多種可能、且都與題幹中的敘述相關聯時，教師也可以從選擇題轉向命題「配合題」。因此，配合題可以看成是一種改良式的選擇題。

　　配合題的基本構造與選擇題十分相似，也是由兩個部分所組成：一為條列成一連串的題幹敘述，或稱為「前提」（premises）；另一為條列成一系列的選項，或稱為「反應項目」（responses）。學生依據這兩者間的關係，從後者中選出與前者有關聯的反應項目，再將其代號填入前提的適當空格中即可。一般而言，這類型試題比較適合用於低年級學生或語文能力較低的學生。

例題 ▸▸

　　作答說明：請根據下列敘述，從右邊的反應項目中選出一個最適當者，並填入左邊前提的空格裡。

She and Margaret have probably gone to the little grocery store around the corner.

前　　　提	反應項目
（B）1. She	A. noun
（A）2. Margaret	B. pronoun
（C）3. have gone	C. verb
（E）4. probably	D. adjective
（D）5. little	E. adverb
（A）6. grocery	F. preposition
（F）7. around	

 配合題的優點與限制

　　配合題可以適用的範圍很廣，舉凡測量定義名詞、事件日期，以及其他簡單關係的教材內容，都是可應用的對象。如果配合其他類型試題一起使用，配合題也可以用來測量較高層次的認知能力目標。

　　一般而言，配合題具有與選擇題相類似的優點：

1. 可以精簡有效的方式提供多樣化的反應項目，以便在短時間內測量到一連串問題（即前提）。
2. 閱讀和作答反應時間很短。
3. 如果由分享同樣反應項目的選擇題來改編，配合題很容易編擬。
4. 與是非題和選擇題一樣，計分容易、客觀且可靠。

　　然而，配合題也有其編製與使用上的限制：

1. 大多數僅能測量到關聯性記憶的簡單知識。
2. 編製具有足夠同質性反應項目的配合題試題較困難。
3. 比起其他類型試題而言，配合題使用無關的線索較多。

貳 配合題的命題原則

　　配合題係由選擇題演變而來，僅將選擇題的單一問題和若干選項的格式，延伸成若干問題和若干選項的格式。因此，在測量功能上，兩者均相當類似；在命題原則上，配合題也可以參考選擇題的命題原則，但應特別注意下列較為獨特的命題原則。

1. 前提和反應項目的敘述宜力求簡短，前提敘述宜條列在左邊，而反應項目的敘述宜條列在前提的右邊

　　前提與反應項目的敘述愈簡短愈好，可以節省學生的閱讀及作答時間。通常，前提的敘述句要比反應項目的敘述句長一些。

2. 作答方式宜在測驗指導語中清楚載明

配合題該如何作答、前提與反應項目該如何配合、反應項目被選的次數是否有限制（如：僅能選用一次或一次以上）等，都宜在測驗指導語中明確規定。如此，才能避免學生於作答時產生困擾。

3. 同一題組的前提與反應項目宜列印在同一頁上

針對同一題組的前提與反應項目，將其列印在同一頁裡，避免被分隔成兩頁列印的情況，不僅可以節省學生作答時翻頁的時間，並且可以降低翻頁的困擾，同時，可避免學生因忽略背頁而遺漏作答的情形發生。

4. 避免使用不完全敘述句來陳述前提，並儘量在同一配合題中，使用多個同質性較高的反應項目材料，少用異質性較高或與前提敘述不相關的反應項目材料

避免使用不完全敘述句來陳述前提，並且避免使用異質性較高或與前提敘述不相關的反應項目，主要是為了降低學生利用語句前後的連貫性及選項的特殊性來猜題的可能性。教師在編製配合題時，如能注意到這項細節，必定能降低配合題的猜題機會，增進試題的區辨性。

> 例題 ▸▸

作答說明：請思考下列敘述，從右邊的反應項目中選出一個最適當者，並填入左邊前提的空格裡。

前　　提	反應項目
（C）1. 美國第一任總統	A. 洛杉磯
（H）2. 美國獨立戰爭發生於	B. 密西西比
（F）3. 美國的第一大都市	C. 華盛頓
（B）4. 美國的第一大河	D. 1760 年
	E. 傑佛遜
	F. 紐約
	G. 康乃狄克
	H. 1776 年

5. 前提與反應項目的數量不宜相等或對稱，且不宜限制每個反應項目被選的次數

當反應項目與前提的數量出現相等、並且規定每一個反應項目僅能被選用一次時，學生只要知道其中幾個，即使對最後一個全然無知，也可以順勢推理得知其答案，形成強迫必選的局面，增加猜中答案的機會。因此，反應項目的數量最好是比前提數量還多，才能降低僥倖猜中的機會。

| 例題 ▶

作答說明：請思考下列敘述，從右邊的反應項目中選出一個最適當者，並填入左邊前提的空格裡。

前　　提	反應項目
（F）1. 恍然	A. 輕巧的樣子
（G）2. 嫵媚	B. 遼遠的樣子
（D）3. 沸沸然	C. 稀少的樣子
（E）4. 爛縵	D. 騰湧的樣子
（C）5. 寥寥	E. 光彩紛呈的樣子
	F. 忽然領悟的樣子
	G. 姿態美好的樣子
	H. 模糊不清的樣子

6. 反應項目宜採有系統的（如：按邏輯順序、時間順序、數字順序或字母順序等）方式排列

如以下例題，便是依據時間順序來編排反應項目，這樣子可以減少學生依賴序列性記憶的線索或以盲目猜題方式作答。

| 例題 ▶

作答說明：請思考下列敘述，從右邊的反應項目中選出一個最適當者，並填入左邊前提的空格裡。

前　　提	反應項目
（D）1. 中法戰爭發生於	A. 1840 年
（F）2. 八國聯軍發生於	B. 1850 年
（A）3. 鴉片戰爭發生於	C. 1860 年
（E）4. 甲午戰爭發生於	D. 1884 年
	E. 1894 年
	F. 1900 年

7. 配對數量不宜超過十至十五項為原則，且仔細核對有無線索出現

　　配對的數目太多，不容易使材料達到同質性的要求，並且容易提供學生不必要的答題線索，增加學生的作答時間。如果施測時間有限，過多反應項目的配合題，容易變成是在測量學生的閱讀與理解速度和反應精確性，反而扭曲配合題的編製原意；因此，較佳的配對數量，最多不宜超過十至十五項，以符合學生能力和作答時限要求。

第四節　填充題的命題技巧

　　填充題和簡答題都是選擇題的一種變例。但在問題的表示方法上，填充題通常是使用不完全敘述句來命題，而簡答題則是使用直接問答句來命題，兩者充分顯示出都是選擇題型的應用試題。所以，這兩類型試題可以一併討論。

　　填充題的基本命題格式，是從一完整的敘述句中刻意省略重要的字詞、片語或關鍵性概念，再由學生根據其回憶，填寫進去，以完成原來的完整敘述句。這種類型試題不像前述三種類型試題一樣，在作答時有線索可循，必須完全仰賴學生的記憶力；因此，如果教師自編成就測驗不夠謹慎，將容易編製出僅測量到低層次記憶力的填充題，導致「考試領導教學」之譏。

　　典型的填充題例子，可以「克漏字測驗」（cloze test）或「固定填空

測驗」來代表。這種測驗方式，是從選擇一篇具有代表性題材的文章作為開始，然後每隔幾個字即刻意省略（即把它挖空）一個重要的或關鍵的字詞、片語或概念，再由學生根據其理解該題材內容的回憶，將空缺的字詞填充補滿。這種填充題的目的，通常是用來測量學生的閱讀理解力，以診斷或找出他們在閱讀方面的困難所在；當今的外語測驗常常使用這種克漏字測驗，以測量學生的字彙、閱讀理解和文法等能力。

　　但是，現代改良式的克漏字測驗，為了使評分客觀起見，多半已配合選擇題來改良其作答方式。如：針對每個空格，分別提出許多選項供學生判斷後再做選擇。

　　例題 ▶▶　（典型的克漏字測驗）

　　It is often rumored that more and more college ___(1)___ are out of work. The higher and higher rate of ___(2)___ can be explained in two ways. First, the number of people who receive college education ___(3)___ far greater than in the past. When these people graduate ___(4)___ college, there are not enough jobs to ___(5)___ . Second, these people who have been better educated hope to find better ___(6)___ . Even if there are jobs for them, but these jobs do not ___(7)___ their requirements, they will not stoop to take these jobs. Thus these two aspects account for the fact that more and more people are out of jobs.

（A）(1) A. graduates　　B. graduations　C. graduated　　　D. graduate students

（C）(2) A. misfortunes B. accidents　　C. unemployment D. education

（A）(3) A. is　　　　　B. are　　　　　C. has　　　　　D. have

（D）(4) A. at　　　　　B. in　　　　　C. out of　　　　D. from

（A）(5) A. match with B. equal　　　　C. run on rations D. go around

（A）(6) A. paid　　　　B. wage　　　　C. salary　　　　D. earned

（C）(7) A. come to　　B. become of　　C. meet　　　　D. demand

壹　填充題的優點與限制

填充題是由選擇題演變而來，仍然具有下列幾項優點：

1. 試題編擬容易。
2. 比起前述三類試題，較不會有猜題行為產生，但配合選擇題做改變的改良式填充題則例外。
3. 適合測量計算問題或其他需要學生提供答案的重要學習成果。
4. 可以測量廣泛的知識成果。

但是，填充題也有其編製和使用上的限制：

1. 命題敘述很難只產生一個正確答案。
2. 計分比前述三類試題麻煩、費時，當學生有部分答對、書寫字跡不易辨認和錯別字發生時，都會影響計分的客觀性與公正性。
3. 通常需要人工計分，較無法採用電腦閱卷，除非配合選擇題型作改良。
4. 不適合用於測量較複雜或較高層次的學習成果。

貳　填充題的命題原則

填充題的命題雖然與簡答題的命題一樣簡單，並且可以參考前述三類題型試題的命題原則，但要編擬出能夠測量較高層次認知能力的試題，卻需要明瞭下列一些命題技巧，並充分加以應用才行。

1. 一個試題只能有一個答案，並且這個答案要愈簡短具體愈好

這個原則要求命題者要很有技巧地敘述問題，儘量使其題意明確，只產生一個正確的答案，否則，題意不清，更容易造成多種可能性答案出現，反而引起爭議。

2. 儘量採用直接問句來命題，少用不完全敘述句命題

使用直接問句方式來命題，題意較為清楚明確，而且比較符合「唯一

答案」的要求，同時比較不會產生無關的暗示線索。若以不完全敘述句方式來命題，則必須確定題意是否簡明，答案不致引起爭議才行。

不良例題▶▶（使用不完全敘述句來命題，造成題意不清楚）

美國文化是 _____ 文化的延續。

修正例題▶▶

美國文化是哪一個文化的延續？_____

3. 所要填寫的字詞必須是重要的概念，而非毫無關聯的零碎知識

空白待填的字詞，必須具有重要學習成果的代表性，如此才能測量出重要的教學與學習成效。否則，填充題很容易流為僅測量零碎知識的工具。

不良例題▶▶（題意不明確，可能的答案眾多）

冰島是世界_____。

修正例題▶▶

世界第一大島是_____。

4. 待填的空格不宜太多，並且應避免過於空泛，而使題意無法表達清楚

每題待填的空格如果太多，學生容易迷失題意，造成死背試題答案的反效果；如果待填的空格過於空泛，學生容易產生許多不同的答案，造成計分的糾紛。因此，待填的空格不宜過多，且應注意題意的陳述不可過於廣泛、空洞，以免造成無謂的困擾。

不良例題▶▶（空格太多，題意太過廣泛、不明確）

十六世紀_____運動的原因是：_____、_____、_____、_____。其中，英國_____因為_____、_____、_____等原因，而和_____決裂。

修正例題 ▸▸

　　十六世紀宗教改革運動的原因是：教義的歧異、人文思想的興起、經濟權益的爭執、政治權益的爭執。其中，英國國教因為_____、_____、_____等原因，而和羅馬教廷決裂。

5. 各題待填的空格，宜盡可能放置在末端或集中在最前端，以方便計分和容易作答

　　將各題待填的空格放置在末端或集中在最前端，除了可以幫助題意看起來更清楚、更方便計分之外，在命題時，同時應避免將空格橫置在問題的中央，而將題幹分割成兩半，造成誤解。

不良例題 ▸▸ （空白處放置中央，中斷題幹）

　　歐洲的_____山脈附近有大工業區。

修正例題 ▸▸

　　歐洲的哪一個山脈附近有大工業區？_____

6. 如果是使用數字型的答案，則應該清楚標明所要求答案的精確度

不良例題 ▸▸ （未明確要求答案的精確度，容易造成糾紛）

　　圓周率是多少？_____

修正例題 ▸▸

　　圓周率是多少？_____（請精確到小數點以下第五位數）

7. 如果要測量名詞的定義，則應以提供該定義名詞為主，再要求給予下定義為宜

不良例題 ▸▸

　　當兩個變項中的一個變項數值變大，另一個也跟著變大；當一個變小，

另一個也跟著變小，則這兩個變項間的關係可以稱作＿＿＿。

何謂正相關？＿＿＿

8. 避免提供答案的線索

試題中所使用的敘述句應該特別注意其文法結構，避免因不小心而提供答案的線索（如：文中的不定冠詞 a 或 an 等用法）。同時，宜保持每道試題的空格長度相近，以免因空格長度不一而提供暗示答案的線索。此外，將所有的待填空格都陳列在末端或集中在前端，並且排列整齊，也可以避免提供暗示答案的線索，以及方便計分。

不良例題 ▸▸（an 提供暗示答案的線索）

The supply-type item used to measure the ability to organize and integrate material is called an ＿＿＿. （essay item）

修正例題 ▸▸

The supply-type items used to measure the ability to organize and integrate material are called ＿＿＿. （essay items）

第五節　題組題的命題技巧

過去，有許多教育學者批評選擇型的各類試題（含：選擇題、是非題、配合題及填充題等），大多只測量到學生較低層次的認知能力（如：記憶），對於較複雜或較高層次的學習成就，就沒有辦法測量到。因此，近年來，不少測驗專家繼續朝改良選擇型試題邁進，終於發展出一種可以測量到這些較高層次認知能力的測驗試題，那就是「解釋性習題」（interpretive exercises），或稱為「題組題」試題（testlet items）。

　　題組題是綜合上述各類選擇型試題而來，它的測驗方式是指給予學生一篇導讀文章（introductory material）閱讀，然後要求學生根據該文章所提供或所隱含的訊息，在一連串事先編擬好的問題上作答。由於這種測驗方式可以測量到上述各類題型所能測量到的認知能力目標，諸如：因果關係的推理、原理原則的應用、假設方法的驗證、結論適切性的評鑑等較高層次的認知能力，因此，近年來逐漸受到教師們的喜愛，就連升學考試（如：國中升學高中的「會考測驗」、高中升學大學的「學科能力測驗」，以及「中小學教師資格檢定測驗」）也都逐漸廣泛採用這種題型來命題。甚至，連 108 課綱公布後的素養導向升學考試題目，基本上也都會是題組題試題的延伸應用。

　　編擬題組題的主要關鍵在於教師所提供的導讀文章；基本上，任何種類的導讀文章都可以作為命題的材料，諸如：文字性閱讀材料、圖表式訊息資料、模擬的情境、地圖查詢資料，或各種實驗用圖表、公式、符號等。只要確定好適當的導讀文章材料，教師便可以綜合運用上述各種選擇型試題的命題原則，以不同方式來呈現題組型的問題。

　　題組題可以說是千變萬化，很難全部一一列舉。它可以採用上述各種選擇型試題作為基本試題架構，除此之外，為了診斷學生學習困難所在，亦可以採用子母式試題，亦即在一個大題內包含若干小題的命題方式；通常，它需要教師仔細構想解題的每一關鍵過程，並且能夠分別設計試題測量之。如此一來，不但可使具有部分知識的學生獲得不等的部分分數，更可測量到複雜學習成果的問題解決過程。國內 108 課綱教育改革正在推動的未來考試方向——「素養導向評量」（literacy assessment），題組題類型的施測題目可說是其最基本的命題構造。

　　下列即是一些題組題類型試題的典型例子。

例題 ▸▸　（閱讀式的題組題）

　　青青河畔草，鬱鬱園中柳，盈盈樓上女，皎皎當窗牖，娥娥紅粉粧，纖纖出秀手。昔為倡家女，今為蕩子婦，蕩子行不歸，空床獨難守。

（1）1. 本文是屬於何種體裁的詩？

　　　(1)古詩　(2)樂府　(3)絕句　(4)律詩

（3）2. 本詩中，「鬱鬱」一詞，以下何者的解釋是對的？

　　　(1)形容人的心情鬱悶　　(2)形容天氣不好

　　　(3)形容草木茂盛　　　　(4)形容光線太暗

（4）3. 本詩的主旨是：

　　　(1)狀述春天的風光明媚　(2)描寫倡家女悲慘的身世

　　　(3)形容倡家女的美貌　　(4)抒寫倡家女的悲怨情懷

例題▶（圖表式的題組題）

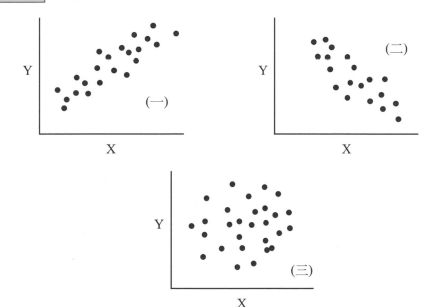

（3）1. 何者是表示 X 和 Y 之間的關係是零相關？

　　　(1)圖(一)　(2)圖(二)　(3)圖(三)　(4)圖(一)和圖(二)

（2）2. 何者是表示 X 和 Y 之間的關係是負相關？

　　　(1)圖(一)　(2)圖(二)　(3)圖(三)　(4)圖(二)和圖(三)

（1）3. 何者是表示 X 和 Y 之間的關係是正相關？

　　　(1)圖(一)　(2)圖(二)　(3)圖(三)　(4)圖(三)和圖(一)

 （情境式的題組題）

　　清明節，小強和爸爸、媽媽、妹妹全家人從台北回南部祖父家，一同和親戚上山掃墓。小強調皮貪玩，不慎跌倒摔了一跤，媽媽趕緊替他止血敷藥，並說：「小強，痛不痛，好了一點嗎？清明節掃墓是表示對祖先的敬意與懷念，不可以那麼調皮，知道了嗎？」媽媽幫小強包紮好了之後，祖父帶領他們到一墓地前說：「我們現在所要祭拜的先人是台灣的抗日英雄，也是我的哥哥。」請問：

（2）1. 小強台北家的組織型態為何？

(1)血緣家庭　(2)核心家庭　(3)中家庭　(4)折衷家庭

（4）2. 小強摔了一跤後，媽媽對他說的一番話，包含了家庭的何種重要功能？

(1)教育和生物　(2)心理和娛樂　(3)安慰和責備

(4)心理和教育

（3）3. 祖父帶領他們祭拜的先人是小強父親的？

(1)故伯祖父　(2)故叔祖父　(3)故伯父　(4)故叔父

例題▶▶ （地圖式的題組題）

　　下圖是南美洲地理的高度圖，圖中分別標上 1 至 8 的號碼。請回答下列問題：

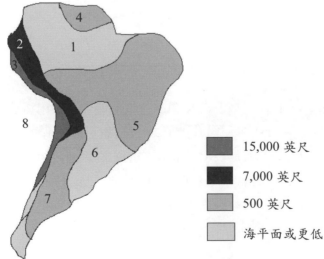

15,000 英尺

7,000 英尺

500 英尺

海平面或更低

（B）1. 圖中顯示高度最高的是幾號？

A. 1　　　　B. 3　　　　C. 7　　　　D. 8

（D）2. 圖中顯示海洋部分的是幾號？

A. 1　　　　B. 2　　　　C. 6　　　　D. 8

（D）3. 圖中顯示最可能洪水氾濫的地區是幾號？

A. 3　　　　B. 4　　　　C. 5　　　　D. 6

（A）4. 圖中顯示除了幾號外，其餘地區均高於海平面？

A. 1　　　　B. 3　　　　C. 5　　　　D. 7

（B）5. 圖中顯示除了幾號外，其餘地區的高度界於海平面

（或更低）到 7000 英尺之間？

A. 1　　　　B. 2　　　　C. 4　　　　D. 6

 ## 題組題的優點和限制

　　題組題因為具有下列幾項優點，近年來，已逐漸被教師應用在教室中，作為一種新式的測驗試題：

1. 比起上述任何一種選擇型試題，都更能測量到高層次的複雜學習結果。
2. 可以診斷複雜學習結果的過程知識（procedural knowledge）。
3. 使用導讀文章資料，可以提供作答及評分的共同標準。
4. 可以變化各種不同題型。
5. 如同其他選擇型試題一樣，計分容易、公平且可靠。

　　但是，題組題也有其編製及使用上的限制：

1. 適當的導讀文章難找，因此，要編擬具創新性的題組題較費時。
2. 深受學生閱讀能力的影響，年齡小及語文程度差的學生不適用。
3. 這類型試題很容易提供學生外在的作答線索。
4. 依然無法測量學生的創造、組織和表達觀點的能力。

貳 題組題的命題原則

題組題是綜合上述各種選擇型試題而來，因此，不論採用何種類型試題來命題，都應該遵守上述各種類型試題之命題原則，才能編擬出高品質的題組題，以測量到高層次的複雜學習結果。除此之外，編擬題組題尚需特別注意：適當的導讀文章該如何挑選，以及該如何根據導讀文章來編擬一連串問題。下列幾項原則可供參考。

1. 導讀文章的挑選必須根據教學目標，並且符合學生的程度

導讀文章的選擇是否適當，關係著題組題命題品質的良窳。導讀文章的選擇如果偏離教學目標，則編製再好的題組題也是枉然。因此，教師宜根據學生的年齡、語文能力水準、課程內容和教學目標，慎重挑選適合學生程度且符合教學目標的導讀文章，如此才能提高題組題的編製品質。

2. 依據導讀文章所編擬的試題，要確保能夠測量到高層次的複雜學習結果

要能夠適當測量到高層次的複雜學習結果，在編擬題組題時，除了要仔細敘述問題外，還需要做到下列兩件事：(1)問題的正確答案，不可以讓學生直接從導讀文章中搜尋獲得。學生必須經過解釋、分析、應用、綜合或評鑑等高層次能力的運思後，才能找到正確答案；否則，學生若能直接從導讀文章中搜尋找到答案，那就變成閱讀測驗或記憶力測驗，而非高層次學習結果的評量。(2)除非學生真的花時間去閱讀所提供的導讀文章，否則就無法作答。如果學生還未閱讀考題之前，僅憑常識便能直接回答問題的話，那它一定不是用來測量複雜的學習結果，而是僅測量簡單的記憶或常識而已。因此，只要遮住導讀文章，並試著回答問題，看看能否不經閱讀所提供的導讀文章即能夠回答問題，若是的話，則該問題便不適合用來測量複雜的學習結果，也不配作為題組題的測量題目之一。

3. 導讀文章內容必須新穎、簡短,且具可讀性

雖然,導讀文章必須根據教學目標來挑選,但卻不能完全與課程內容相同,否則重複學習已熟悉的教材,容易使學生養成機械式記憶習慣,喪失題組題的測量目的。因此,最佳的導讀文章來源,是與課程內容和教學目標相符的複本教材,包括:電視與廣播、報章雜誌、課外讀物,或教師自行設計編製的題材等,但在編輯上,必須考量學生的學習經驗和閱讀程度,在加以改寫後,儘量使內容保持簡短、清楚、富意義性和趣味性,以吸引學生的閱讀興趣和維繫作答的動機。

4. 問題數量的多寡,宜與導讀文章的長短成比例

如果導讀文章很長,而所提出詢問的問題數量很少;或導讀文章很短,而所提出詢問的問題數量很多,這對學生和教師而言,都是時間使用的不經濟。因為尋找導讀文章和編擬試題均相當費時,如果也讓學生浪費相當長時間在閱讀上或很快速地就作答完畢,都是一件非常不經濟的作法。因此,儘量使導讀文章保持簡短,並使詢問的問題數量與其相稱,如此才具有編擬試題的經濟性。

5. 所提供的導讀文章必須印刷清晰,問題分類必須獨立互斥

導讀文章若是使用地圖、圖畫、座標圖、比例圖,或其他各式各樣的插圖時,印刷必須清晰,易於辨認。所詢問的問題若需要學生分類反應時,宜將同性質問題獨立分類,避免有重疊現象,以免引起一個問題有兩種解答的爭議事件。

補充型試題命題技巧

  前章所述，均屬於客觀測驗的各種選擇型試題，其測量範圍可以從簡單的學習結果到複雜的學習成就，相較來說，這些客觀測驗的測量目標，還是比較偏向低層次的認知目標為主。但是，除此之外，學校教育目標中還有許多關於學生的組織表達能力方面的訓練成果，教師若要評量這些訓練成果，則前述各類選擇型測驗試題是無法辦到的，唯有訴諸主觀測驗的使用才能辦到，其中，論文題是最典型的代表，最能夠勝任這項評量工作。

  學生的組織表達能力通常可以分成兩類，一類是「書寫方面的表達能力」（writing presentation），另一類則是「口語方面的表達能力」（oral presentation）。其中，書寫方面的表達能力，可分兩類用途來評量：一是作為「學習成就測驗」用的，可以是針對任何學科成就測量目的，由教師所自編的論文題（essay question）（可以「申論題」為典型代表）測驗方式；另一是作為「寫作能力測驗」用的，則是針對學生以文字達成有效溝通或其他語文藝術目的，教師所自編的論文寫作（essay writing）（可以「作文」為典型代表）測驗方式。而在口語方面的表達能力，則可以口試（oral exam）方式來評量。

  本章的目的，即在討論補充型測驗試題和論文寫作的命題原則與技巧，至於口試評量，則留待第七章「認知能力的實作評量類型」再來說明。

第一節　論文題的命題技巧

論文題是所有主觀測驗的最典型代表，係需要學生自行建構、填寫、補足完整意見的作答類型試題，包括限制反應題及申論題等，都是它的特例試題。

論文題的類型

論文題允許學生自由反應的程度，有很大的差異。學生可以提出一個精簡、明確的答案（像填充題或簡答題一樣），或者是具有相當大的自由發揮餘地，以充分陳述自己的觀點。因此，根據准予學生陳述己見的自由發揮程度來分，論文題可以分成兩大類：一是完全自由、沒有任何限制的「申論題」（extended response type）；另一則是有局部限制作答範圍的「限制反應題」（restricted response type）。

在陳述己見方面，申論題幾乎給予學生完全的自由，不加任何限制。學生可以自由組織他所懂的相關知識，然後有條理或有系統地將其觀點或概念表達出來，在沒有測驗指導語的限制下，充分展現他的組織、判斷、統整、評鑑與表達的能力。由於這種自由陳述己見的作答結果，將會有無數的答案出現，因此，要予以客觀又標準化的評分，通常是很困難的。因此，在一定的施測時限內，這種試題不可能命題太多，所以試題比較難具有教學與學習成果的代表性；通常，這種試題多半用來測量學生較高層次的認知能力（如：綜合、評鑑及創造思考能力等），並只適用於年齡較大或語文表達能力較好的學生（如：大學生）。

另一種陳述己見的方式為限制反應題，則僅是給予學生部分作答的自由，學生必須在某些清楚界定的教材範圍（如：第三章第一至三節）、特定的答題形式（如：使用「列出」、「界定」、「說明理由」等術語），甚至是作答的篇幅限制（如：限三百字以內）之下作答，不能自由發揮、

暢所欲言地表達一己觀點或概念。這種試題多半比較適合測量理解、應用和分析等層次的學習成果，但對於綜合、評鑑和創作等層次的學習成果則比較不適宜。

　　上述論文題的分類方法，只是根據作答的自由程度來分。早期，Weidemann（1933, 1941）曾根據簡單到複雜的次序排列，將論文題區分成十一種類型：(1)5W 題 —— 什麼（what）、誰（who）、何時（when）、何者（which）、何處（where）；(2)列舉題；(3)簡述題；(4)描述題；(5)對照題；(6)比較題；(7)解釋題；(8)討論題；(9)發展題；(10)摘要題；(11)評估題。現在，則是根據論文題可以測量到的能力目標來區分，大致可以將論文題分成下列二十一種不同的類型（李茂興譯，2002；Hopkins et al., 1998）：

1. 選擇性回憶題——給予基本參考資料

　　〔例題〕：請說出三種在二十世紀初的重要心理測量發展活動。

2. 評估性回憶題——給予基本參考資料

　　〔例題〕：請說出三位對智力測驗發展最具影響力的人物。

3. 單一基礎比較題——根據某項特定事件來比較兩件事情

　　〔例題〕：請根據對學習者學習過程影響的觀點，來比較論文測驗與客觀測驗之異同。

4. 廣泛性比較題——一般性的比較兩件事情

　　〔例題〕：請根據在教育上的用法，來比較常模參照和效標參照測驗之異同。

5. 決策題——表達贊成或反對的意見，並說明其理由

　　〔例題〕：請根據你的觀點，說明教學評量使用口試或筆試哪一種比較好？

6. 因果題——說明發生某個事件的前因後果

　　〔例題〕：請說明過去半世紀以來，客觀測驗逐漸受到重視的原因？

7. 解釋題──針對某些字詞、片語或敘述的用法或真正意義進行解釋

〔例題〕：請解釋前一題中「客觀」一詞的真正意義。

8. 摘要題──針對教科書中的某個單元或指定讀物中的某篇文章進行摘要

〔例題〕：請以一百個字以內的篇幅，摘要論文題的優點和限制。

9. 分析題──分析一個事件的來龍去脈

〔例題〕：為什麼有許多自稱是知識份子的人，會懷疑標準化測驗的使用？

10. 關係陳述題──敘述事件之間的關係

〔例題〕：為什麼幾乎所有的論文題都可以用來測量學習者的語文精熟程度？

11. 舉例題──針對科學中的原理原則提出（學生自己的）例證

〔例題〕：請提出兩個月暈效應的常見例子。

12. 分類題──說明事件之歸屬類別

〔例題〕：請說明以下試題出現何種錯誤：「第二次世界大戰中，美國向何國宣戰？」

13. 應用題──應用規則、定理或原則於新的情境裡

〔例題〕：當我國開始採計紙筆考試成績作為推薦甄選入學的條件時，你認為社會大眾會對此一問題產生什麼樣的觀感？

14. 討論題──討論一個事件的可能發展始末

〔例題〕：請討論 L. Cronbach 對測驗理論發展所做的貢獻？

15. 目的陳述題──描述作者在挑選或組織教材的目的為何

〔例題〕：為何本書未針對個別心理測驗進行詳細的討論？

16.批判題──針對一個事件的充分性、適當性、正確性或關聯性進行評論

　〔例題〕：請評論「在測量高層次認知能力上，為何論文題優於客觀測驗？」

17.簡述題──提出綱要

　〔例題〕：請提出教師自編成就測驗主要步驟的綱要。

18.事實重組題──針對散落的事實現況加以重組

　〔例題〕：請根據你自編成就測驗的經驗，為論文題命題技巧提供五項實用的建議。

19.提出新問題──提出待解的問題或產生創新的問題

　〔例題〕：關於論文題的使用問題，還有哪些需要進一步研究的地方？

20.新方法設計題──提出過程的創新方法

　〔例題〕：請建議改進期末考試，並能維繫學期成績標準的創新方法。

21.推論思考題──根據現況資料進行問題的推論思考

　〔例題〕：你認為本書作者會在「教育測驗與評量」課堂中使用論文題作為考試題目嗎？

　　上述這些類型試題都需要教師仔細思考和編擬問題的敘述句，才能編製出高品質的論文題試題。

 貳 論文題的優點和限制

　　論文式測驗試題的功能與客觀測驗試題的功能不同，論文題一般被認為是用來測量較高層次的認知能力，而客觀測驗則是測量由低層次到高層次的認知能力皆有。除此之外，論文題還可以用來測量學生的組織、統整、歸納、問題解決和表達觀點的書面表達能力，這是客觀測驗所無法達成的。綜合言之，論文題具有下列幾項優點：

1. 可以測量較高層次的學習成果（如：分析、綜合、評鑑和創造）。

2. 可以促進學生思考的統整和應用，以及問題解決的能力。

3. 可以影響及改變學生的學習習慣和方法。

4. 可以增進學生的書面表達能力。

5. 命題比較簡便、容易。

　　但是，論文題也有其編製和使用上的限制：

1. 試題取樣不具完整代表性，無法涵蓋教材內容的全部。

2. 由於是自由組織和表達觀點，因此很難與所要學習的結果牽連上關係。

3. 評分容易受到寫作能力、作答技巧和作答風格的影響，例如：偏好長篇大論者（即作答字數較多者）通常得分較高（Bracht & Hopkins, 1968; Klein & Hart, 1968）；此外，筆跡、錯別字、文法結構的表達與對錯等因素，也會影響評分的公正性與客觀性。且如果不是使用匿名方式評分（如學校的期中或期末考試），教師很容易受到月暈效應的干擾，而對學生的論文題評分有所影響（Chase, 1979, 1986; Spandel, 1984）。

4. 評分主觀且不一致，因此，評分的信度和效度水準仍不及客觀測驗（李茂興譯，2002）。

5. 作答及閱卷均相當費時、費力。

論文題的命題原則

　　論文題雖然具有上述優點和限制，但在編擬論文題試題時，若能遵守下列命題原則，當能提高論文題試題的命題品質。

1. 較複雜或較高層次學習結果的評量，才需要使用論文題

　　大多數知識層次的認知能力，均不適合使用論文題試題來測量，反而適合使用客觀測驗試題來測量，因為客觀測驗試題的取材較廣，且較具完整代表性，計分亦較客觀。若使用論文題來測量這種知識層次的能力，反而有「大才小用」的浪費之嫌。

測量理解、應用和分析層次的學習結果，雖然客觀測驗試題亦可以勝任，但在下列情況下，還是以使用限制反應題來得適當：(1)要求學生提出理由；(2)解釋變項間的關係；(3)陳述主張；(4)有系統地描述資料。

但在測量綜合和評鑑等高層次認知能力時，則以使用申論題為佳，尤其是在下列情況下，更是如此：(1)要求描述整個工作之產品；(2)對整體工作進行評鑑。此時，唯有申論題試題才能勝任。

2. 問題儘量與所要測量的學習結果有所關聯

論文題應以測量高層次的複雜學習結果為主，並且由於它需要學生長篇大論某些觀點，因此，試題數多半無法很多；換句話說，論文題的試題多半不具有教材內容的完整代表性。因此，在設計論文題試題時，每道試題應該明確界定所要測量到的重要學習結果，並且使問題和學習結果間產生關聯，然後透過高度結構性的問題敘述，使學生在一定限制下，都能夠充分組織和表達他們所具有的問題觀點或概念。

3. 明確敘述問題，務必使學生都清楚瞭解問題的要求

含糊不清的措詞或敘述，可能會誤導學生答題的思考方向，甚至產生分歧或爭議性的答案。所以，在命題時，宜避免使用像「誰」、「何時」、「何處」、「什麼」和「列表」等字詞，因為這些字詞容易限制學生的作答於「知識」層次的學習結果。

若要測量較高層次的能力，可使用諸如：「比較」、「解釋」、「推論」、「應用」、「分析」、「創立」、「綜合」、「類化」、「評鑑」等字詞，來引發學生的作答反應。但是，這些專門術語的使用，也可以視所要測量之學習結果的複雜程度來彈性決定。表 5-1 所述，即為這種測量複雜學習結果的論文題所常用的術語。

■ 表 5-1　常用來測量複雜學習結果的論文題術語

結果	術語樣本（同義詞）
比較	比較、分類、描述、區別、闡釋、提要、摘要
解釋	轉述、歸納、估計、例示、解釋、複述、摘要、翻譯
推論	歸納、估計、延伸、外推、預測、提出、關聯
應用	安排、計算、描述、顯示、例示、重安排、關聯、摘要
分析	分割、描述、圖示、區分、分開、列舉、提要、分隔
創立	組合、設計、發明、歸納、形成、製作、表示、提出
綜合	安排、合併、建構、設計、重安排、重組織、關聯、敘寫
類化	建構、發展、解釋、形成、產生、製作、提出、敘述
評鑑	讚賞、批評、辯解、描述、評鑑、解釋、判斷、敘寫

4. 不允許學生可以選擇其中幾道試題作答

論文題試題已不具有教材內容的完整代表性，若再讓學生可以自由選考其中幾題（如：六選四）作答，則容易造成：(1)增加評分的困難，學生的學習成就難以比較；(2)所編擬試題未必具有複本試題的特性；(3)試題選擇欠缺標準化，評量結果的公正性受到質疑；(4)學生未必具有挑選最能表現出自己實力試題的能力。因此，論文題宜避免讓學生可以從中選題作答，除非測量的目的原本只是在測量學生的寫作能力、創造力或個別研究領域的專長；不過，即使是後者的測量目的，採用自由選答試題的作法亦應該小心，因為得分會受到學生個人的組織、統整、表達能力與試題內容複雜性的影響。

5. 給予學生充分的作答時間，並提示每一題的作答時限

由於論文題需要學生思考和寫作的時間，因此，在編擬試題時，應該考慮到一般學生的作答速度，給予充分的時間作答，以免論文題測驗變成速度測驗，降低測量學習結果的精確性。

同時，若能提供每一試題的作答時限，則將有助於學生妥善分配作答每一題試題的時間，因而能夠從容完成作答，不致遺漏或疏忽任一道試題，以增進測量的精確性。

6. 以多題短答的限制反應題取代少題長答的申論題

由於作答申論題常需要長篇大論，因此，試題取材較不具教學內容的完整代表性，效度也較低。所以，為了使試題能與所要測量的學習結果相配合，以提高評分的客觀性，編擬多題短答的限制反應題，以取代少題長答的申論題，是一項無法改變的命題趨勢。但是，也不可以將試題命得太細，而喪失論文題的功能與特性。

肆　論文題的評分原則

論文題測驗屬於主觀測驗，也就是說，它的評分方式深受評分者個人主觀意識的影響甚鉅；同時，論文題測驗也不像其他客觀測驗試題一樣，可以配合電腦閱卷以節省閱卷時間。因此，為求評分公平、客觀起見，在實施論文題測驗後，評分問題便成為特別值得關注的焦點；教師如果能夠遵守下列評分原則，當能降低評分者主觀因素的影響。

1. 妥善預擬一份評分要點，作為評分的依據

通常，編擬一份論文題試題，可能因為所參考的命題資料不同，而有不同的參考答案，雖然它不見得就是最完整的答題標準，但是大多數教師還是會將它視為評分的標準依據。因此，為求評分公平、客觀起見，在進行評分之前，教師應先備妥一份評分要點，其中包括：答案的重點項目、每項重點的作答配分、答案數量的多寡、答案的參考標準、是否舉出例證等，然後，依據此一評分要點進行評分。教師亦可以隨機方式試評幾份試卷，等到熟悉各項評分要點和參考標準後，才開始正式進行評分。

2. 依據所預期的學習結果來評分，避免受無關因素影響評分的客觀性

評分時，應該根據重要的學習結果作為評分的標準，並且要保持評分

標準前後一致，避免受到其他事實因素的干擾，例如：個人的寫作風格、答案的長短、文法的對錯、字跡的美醜、錯別字及符號是否正確使用等，這些與評分標準並不十分相關的因素，不應該列入評分時的考量，因為它們並不代表所要測量的重要學習結果。

3. 一次只評閱一道試題

為了評分公平客觀起見，一次只能評閱同一道試題，等所有學生試卷的同一道試題都被評閱完畢後，再繼續評閱下一道試題。這種作法的好處，可以避免教師以「印象分數」方式來評閱每位學生的所有試題，並且避免受到月暈效應的影響；同時，一次只評閱一道試題的作法，也比較容易維持評分標準的一致性和客觀性，間接降低評分者的評分誤差。

4. 宜在同一段時間內評完所有試卷，並且應該避免中途停頓或被打斷

在不同時段內評閱一份論文題試卷時，比較容易受到評分者當時的評分情緒、態度、生理狀態及疲勞程度的不同，而產生評分者誤差，影響評分的公平性與客觀性。因此，為了評分公平客觀起見，評分者宜一口氣評完同一道試題後，或者在評完所有學生的試題後再作休息，宜避免中途中斷或休息一段時間後再評。如果真的需要中途休息、中斷後再評閱的話，則最好先把中斷前已經評閱過的幾份試卷拿出來再覆閱一次，等到回憶起前次評分的標準和評分情緒後，才再開始繼續評分，以維持評分標準的客觀性、一致性和連貫性。

5. 使用匿名評分

教師終日與學生相處，對學生的學習表現也多少具有些初步印象，因此，在評定學生的論文題試卷時，很容易受到根據印象分數來評分的影響，這也是一種常見的評分者誤差來源。為了避免受到這種評分印象的影響，最好的方式是使用匿名評分。如果不會增加教師評分時太多麻煩的話，教師可令學生將姓名寫在試卷的背面，或僅寫學號或座號，或使用彌封方式隱藏學生姓名的線索，讓自己在評分時儘可能地保持態度公平、客觀，不受對學生印象的影響。

6. 如果可能的話，由兩位以上評分者獨立評閱每一道試題

理論上，採用兩位以上的評分者各自獨立評閱每一道試題，是一種很理想但不切實際的作法。如果學校的人員編制及人力許可的話，當然可以這麼做；如果不允許，則實施上恐怕就有困難。這種評分要求，對於重要或重大的考試（如：入學考試、獎學金的決定），或許有其必要性；但對一般學校而言，恐怕是不切實際的作法。在評分後，如果兩者間的評分差距不大，則通常以兩者評分的平均數作為最後分數的代表即可；如果差距甚大，則應該再邀請獨立的第三方進行評分，並以三者評分的中位數或平均分數來代表得分。

第二節　論文寫作的命題技巧

論文寫作可說是中國最古老的紙筆測驗方式，從隋唐時代的科舉制度起，考試方式不外乎都是在測量「寫作能力」（writing ability），例如：考策論、考方針、考詩詞歌賦等，都是在測量考生的寫作、創意思考與文書表達能力的好壞，甚至是涉及意識型態的政治思維與應變能力等。

論文寫作，也可簡稱為「作文」，是我國特有的考試題型之一；廣義地說，作文的評量也可被歸屬於「實作評量」的範疇，因為它具有動手操作等實作評量的特質，但由於它與論文題的特色相近，都是比較偏向認知（雖然也結合部分的情意與動作技能）能力的評量，也常在升學考試中實施，因此，筆者把它歸類到「補充型試題」的測驗方式範疇裡，專指一種用來評量學生「以文字達成有效溝通或其他語文藝術目的」的考試方式。

作文的類型與評量的優劣

一般來說，寫作能力的評量，可以使用兩類方法來進行：一是直接法，即利用考生的實際寫作樣本來判斷寫作能力的好壞；另一為間接法，即是利用客觀測驗，讓考生辨識何者是有效語句、句子結構和文章組織等是否

適當地被運用。甚至，已有研究顯示，這兩類測量工具所得的總分之間，具有相當高的正相關（Spandel, 1984）。

一般可用來直接測量寫作能力的作文題目，通常分成下列幾種類型：

1. 心得型：例如，「請撰寫一篇關於《老人與海》的讀後心得作文」。
2. 報告型：例如，「請根據下列統計圖表，撰寫一篇〈XX 的研究報告〉論文」。
3. 敘述型：例如，「請敘述你過生日的經驗」。
4. 想像型：例如，「請以『我的志願』為題，撰寫一篇作文」。
5. 評論型：例如，「請以『釣魚台事件』，撰寫一篇五百字以內的評論性文章」。
6. 啟示型：例如，「請以『艋舺』（電影）的啟示，撰寫一篇作文」。

這些題目的取材來源甚廣，舉凡傳統的四書五經、詩詞歌賦或《古文觀止》，甚至是當代的報章雜誌、廣播媒體、課外讀物與學校使用的教科書，都可以成為命題來源的參考。

作文也具有如同前一節所述論文題的優點和限制，但其最大優點，即是專門用來評量傳統教育目標（即讀、寫、算三種能力）中的書寫能力，這項能力是教學目標所看重、但容易因為升學考試不考而被教學所忽略的一項基本能力；而作文同時也是其他類型試題所不能及、且無法取代的一種評量方式。

除了年齡低、語文表達能力弱以及具有讀寫障礙的特殊學童比較不適合使用作文的評量外，使用作文評量的最大限制，應該算是評分時耗費龐大的時間與成本、評分欠缺客觀性及評分者信度偏低的問題。已有研究顯示，作文和可用來評量學生寫作能力的客觀測驗，這兩者的得分之間具有相當高的正相關（Spandel, 1984）。國內過去的國中基本學力測驗剛開始實施時，即因為沒有使用作文當作一種考試方法，及至發現國中生的寫作能力普遍降低後，教育部才又決定恢復作文考試。但考試主辦單位還是得面臨如何克服作文考試所帶來的各種限制問題，才能讓作文考試在教學評量與成就評量中，凸顯其重要性和價值性。

貳　作文的命題原則

　　作文評量的目的，係在評估學生廣泛或一般的寫作能力。雖然，四書五經、報章雜誌、廣播媒體都是命題取材的廣泛來源，但由於作文題也具有如同論文題一般的優點和限制，因此，在編擬作文題目時，除了可以參考論文題的命題原則外，若也同時留意下列的命題原則，更能協助一般考試達成論文寫作的評量目的。

1. 作文題目的命題，避免以知識性內容（事實或特定訊息）為考題

　　當考試的目的之一是著重在評估學生是否具有廣泛或一般的寫作能力時，「作文」即可派得上用場。但是，在命題作文題目時，就不應該受到其他學科知識內容的干擾，而命出一個與「某學科知識性內容」有關的題目來，因為，如此的作文題目，會偏向對精熟該學科知識內容的學生有利，而不利於不具有該學科知識內容的學生。由於作文內容受到學科背景知識的干擾，一名寫作能力良好的學生，很容易就因為缺乏該相關的學科知識而無法盡情表達，造成評估不到該學生真正寫作能力的窘境。例如，假如作文題目擬定為「未來的能源：太陽能」，這樣的題目顯然會對自然組（尤其是擅長於物理學等自然科學）的學生有利，而不利於人文與社會組的考生；同樣地，如果作文題目擬定為「哈姆雷特的啟示」，這樣的題目顯然會對人文組（尤其是讀過莎士比亞作品）的學生有利，而不利於自然與社會組的考生；類似地，如果作文題目擬定為「金融海嘯餘生」，這樣的題目顯然會對社會組（尤其是偏好經濟或金融領域）的學生有利，而不利於人文與自然組的考生。因此，作文題目的命題，必須堅守「學生不需要仰賴特定學科知識即能寫作」的原則來命題。

2. 作文題目的命題，應該以考生經驗有關的中性立場題目為題

　　作文題目的命題，應該以與考生生活經驗有關的中性立場題目為主，也就是不偏向任何既定事實或立場、意識型態與學理依據的題目，且不超出考生生活經驗之外，而以要求考生表示意見看法、說明贊成或反對理由、

陳述簡短故事或描述過去事件的題目，才是特別有效的考題。作文題目以中性立場的題目來命題時，可讓考生的作文內容表現出不同的意見觀點、文章結構組織分明的程度、遣詞用字的修辭良窳、語句是否達意、通順等寫作特色，以達到彰顯學生一般寫作能力好壞的評量目的。

3. 作文的命題也可以考慮採用引導式作答的小論文寫作題型或其改良題型

由於有相關研究（Breland, 1979; Breland & Gaynor, 1979）顯示，一份設計良好、審慎編製與評分，且用來評量寫作能力的客觀測驗，也可以有效達成測量學生寫作能力表現的目的。因此，作文題目的命題，也可以考慮採用引導式作答的小論文寫作題型。所謂的引導式作答的小論文，有一點雷同於前一節所述的限制反應題題型，係指在作文題目擬定之後，加上一段寫作指導語，指引考生在某些範圍、面向、觀點或條件限制下，來進行作文的寫作和意見表達。典型的寫作指導語如下：「請在三百到五百字的篇幅內，以最自然的方式表達你（指考生）最好的看法，並希望你以數個段落來組織你的文章。凡是引用你自己的經驗、閱讀內容，或者你觀察到的現象，來支持或佐證你所陳述的觀點，均表歡迎，但務必清楚說明。作文完成後，請找出一句你認為最能夠總結文章主旨的話，並在這句話底下劃線。」類似像這種間接寫作測驗〔如：美國大學入學委員會的學術性向測驗 STA 之「標準寫作英語測驗」（Test of Standard Written English, TSWE），即是一種小型的客觀測驗〕，甚至比學生的實際寫作樣本（即一般的「作文」成品），更能正確地預測學生在「大一英文」課的寫作表現（Breland, 1979）。

參　作文的評分原則

作文的評分，除了可以遵照前一節所述論文題評分原則外，尚可依測驗目的及用途的不同，而分成兩大類：一類為教學診斷與回饋之用，此時，教師對作文的評分，除了運用整體性或全面性的評分之外，光是評個

「丙」、「一般程度」、「有待改善」、「小明,你寫得不錯,但還可以更好」等結果,是沒有意義的,學生也無從得知該如何改進自己的寫作技巧。因此,教師還必須針對作文的寫作風格、組織結構、文章長度、文章體裁、句子不完整、成語使用、錯別字、遣詞造句、句子結構、句子長度、語法、修辭和字跡等細項,進一步提供更多清晰、明確,且具建設性的建議陳述或評語,才能協助學生真正改善其寫作能力。另一類為寫作能力的成就評量之用,此時,教師對作文的評分,是作為總結性評量之用,係以評等第、打分數或定高低等手段,作為評定學生寫作能力成就之表徵,在一般升學考試中使用的作文測驗,其目的多半是針對評定學生的寫作能力成就而來。

在作為寫作能力的成就評量上,作文的評分原則,主要係建立在事前擬定的「評分規準」(scoring rubrics)上。通常,作文的評分,會比照實作評量的「作品量表」(product scales)(參見本書第六章所述)評分方法,事先擬定不同評分等級的作品範本,並以明確的術語界定每一種評分等級所達成的成就表現水準要求,再依據此評分規準,逐一去評定學生的作文表現。

要發展一套作為評定作文的「評分規準」,通常必須遵守下列的步驟:

1. 組成評分小組,事先針對該次作文題目所要求學生寫作能力表現的範圍、程度、表達的面向或文章的體裁格式等細節,進行溝通、討論及界定清楚。

2. 確立三至七種不同作文表現或品質等第的描述及內容界定,並做成評定等級表,此評定等級表即稱作「評分規準」,如表 5-2(引自國中教育會考推動工作委員會網站資訊,網址為 https://cap.rcpet.edu.tw)所示。

3. 從學生的作品中,挑選出符合上述界定之三至七種不同品質程度的作品,以作為評分依據的評分範本或作為待公告的評分範例(如果需要公告的話,可使用前幾年的作品為例)。

4. 依序(即依據第 2 項確定之評分規準)排列這些評分範本,並標上級分號碼,號碼愈大,即代表該作文的品質愈高,寫作能力的表現愈好。常用的等級分數,至少都分成三到七個級分不等。

5. 再將學生的作文，依序與該評分規準相對照，找出與評分範本相似或相同者，並給予該評分範本所標記的級分分數，以作為該學生的作文品質得分。

　　典型的作文評分規準，可以參見國中教育會考寫作測驗的評分規準，如表 5-2 所示。

■ 表 5-2　國中教育會考寫作測驗評分規準

級分	評分規準
6	六級分的文章是優秀的，這種文章明顯具有下列特徵： ※立意取材：能依據題目及主旨選取適切材料，並能進一步闡述說明，以凸顯文章的主旨。 ※結構組織：文章結構完整，脈絡分明，內容前後連貫。 ※遣詞造句：能精確使用語詞，並有效運用各種句型使文句流暢。 ※錯別字、格式與標點符號：幾乎沒有錯別字，及格式、標點符號運用上的錯誤。
5	五級分的文章在一般水準之上，這種文章明顯具有下列特徵： ※立意取材：能依據題目及主旨選取適當材料，並能闡述說明主旨。 ※結構組織：文章結構完整，但偶有轉折不流暢之處。 ※遣詞造句：能正確使用語詞，並運用各種句型使文句通順。 ※錯別字、格式與標點符號：少有錯別字，及格式、標點符號運用上的錯誤，但並不影響文意的表達。
4	四級分的文章已達一般水準，這種文章明顯具有下列特徵： ※立意取材：能依據題目及主旨選取材料，尚能闡述說明主旨。 ※結構組織：文章結構大致完整，但偶有不連貫、轉折不清之處。 ※遣詞造句：能正確使用語詞，文意表達尚稱清楚，但有時會出現冗詞贅句；句型較無變化。 ※錯別字、格式與標點符號：有一些錯別字，及格式、標點符號運用上的錯誤，但不至於造成理解上太大的困難。

（接下頁）

■ 表 5-2　國中教育會考寫作測驗評分規準（續）

級分	評分規準
3	三級分的文章在表達上是不充分的，這種文章明顯具有下列特徵： ※立意取材：嘗試依據題目及主旨選取材料，但選取的材料不甚適當或發展不夠充分。 ※結構組織：文章結構鬆散；或前後不連貫。 ※遣詞造句：用字遣詞不太恰當，或出現錯誤；或冗詞贅句過多。 ※錯別字、格式與標點符號：有一些錯別字，及格式、標點符號運用上的錯誤，以致造成理解上的困難。
2	二級分的文章在表達上呈現嚴重的問題，這種文章明顯具有下列特徵： ※立意取材：雖嘗試依據題目及主旨選取材料，但所選取的材料不足，發展有限。 ※結構組織：文章結構不完整；或僅有單一段落，但可區分出結構。 ※遣詞造句：遣詞造句常有錯誤。 ※錯別字、格式與標點符號：不太能掌握格式，不太會使用標點符號，錯別字頗多。
1	一級分的文章在表達上呈現極嚴重的問題，這種文章明顯具有下列特徵： ※立意取材：僅解釋題目或說明；或雖提及文章主題，但材料過於簡略或無法選取相關材料加以發展。 ※結構組織：沒有明顯的文章結構；或僅有單一段落，且不能辨認出結構。 ※遣詞造句：用字遣詞極不恰當，頗多錯誤；或文句支離破碎，難以理解。 ※錯別字、格式與標點符號：不能掌握格式，不會運用標點符號，錯別字極多。
0	使用詩歌體、完全離題、只抄寫題目或說明、空白卷。

　　其次，作文的評分，若能使用匿名方式（如使用彌封試卷），讓評分者不知道該篇作文是誰寫的、不認得學生的筆跡，且沒有先入為主的主觀印象，則評分當能不受月暈效應的干擾，更能降低評分的偏差。此外，若能啟用兩名以上的獨立評審，單獨評閱每一篇作文，並以這兩名以上評審的評分結果的平均數作為考生作文分數，則更能增進作文評分的客觀性，精確評量到學生的寫作能力表現；但是這種作法會增加成本與時間的支出，考試主辦單位應該權衡輕重後，再審慎決定是否採用。

實作評量導論

　　在教室情境下，學生有下列幾類學習行為及其成就表現，是比較無法用客觀式紙筆測驗正確評量出來的，這些學習行為表現包括：

1. 溝通技能（如：說話、口語表達、演講、朗讀、寫作等）。
2. 心理動作技能（如：實驗室內的儀器操作、書法、打字、繪畫、工藝、烹飪、樂器演奏、戲劇表演等）。
3. 運動技能（如：跑、跳、擲球、游泳、體操、舞蹈等運動技能）。
4. 概念應用（如：應用所學概念和知識來解決日常生活所遇到的實際問題）。
5. 情意特質（如：欣賞、誠實、團隊合作、遵守規定、自我反省等）。

以上這些強調實際的表現行為（actual performance），需要教師根據學生的表現過程之有效性或最後完成作品的成果品質，分開來或合併地進行判斷（或評分），才能決定學生在這方面學習成就的高低。通常，在教學之初，教師會比較重視正確的表現過程之判斷，而當學生逐漸熟悉正確的表現過程後，則會將重點轉移到強調完成作品之成果品質的判斷；這種強調實際表現行為的評量方式，即稱作「實作評量」（Airasian & Russell, 2008; Berk, 1986; Priestly, 1982）。

　　一般說來，在評量教學所期望的學習成果時，實作評量很容易因為下列三種理由，而經常被教師忽略（Gronlund, 1993）：

1. 實作評量比知識測驗還要難以進行。一般而言，實作評量需要較多的施測時間和準備活動，並且所使用的測量和計分方法也比較主觀、瑣碎，評量結果的信度係數值亦較低。因此，一般教師比較不願意嘗試

這種既費時又麻煩的評量方式。

2. 許多實作評量，一次僅能容許教師一對一地進行直接觀察和判斷學生的實際表現。因此，要逐一評完全班同學的實際表現，常需要耗費教師大量的時間；所以，在大班級的課堂裡，實作評量不方便實施。

3. 教師已習慣過去使用的常模參照評量。只要某件學習活動的相關知識與實際表現之間有所關聯，則教師很容易因為方便起見，就以知識測驗來取代實作評量，而不管兩者評量結果的相對名次是否一樣。

　　這種在教育上習慣使用常模參照評量而忽略實作評量的結果，已經導致教學過度重視實作表現方面的知識能力（knowing about），而忽略強調實作表現技能（skill in doing）的重要性，因而很容易培養出一批只會「知而言」，但不會「起而行」的學生。幸好，在效標參照評量出現後，這種強調學生「會做什麼」和「不會做什麼」的評量方式，才使得這些基本評量問題又逐漸回歸到教育本位上。在基本的教學評量原則下（參見本書第二章所述），如果教師的目標只在瞭解學生有關實作表現方面的相關知識，則知識測驗就已經夠用了；但是，如果教師還想要知道學生在某項實作技能上的熟練程度的話，則非進行實作評量不可。不論這兩類評量結果之間的相似性有多高，知識測驗的得分絕不可以用來描述學生實作技能的好壞。這種強調直接測量技能成果，以作為描述實際表現行為用途的實作評量，在未來強調多元評量的升學趨勢之下，已逐漸受到廣泛的重視。

第一節　實作評量的內涵與型態

實作評量的內涵

　　實作評量是介於評量認知能力所用的紙筆測驗和將學習成果應用於真實情境中的表現兩者之間，在模擬各種不同真實程度的測驗情境之下，提

供教師一種有系統評量學生實作表現的方法。例如，自然學科課程比較重視學生在實驗室的操作技能、數學課程比較重視學生的演算及實際問題解決技能、語言課程比較重視學生的口語表達技能、社會學科課程比較重視學生的團隊合作表現行為等。至於美術課、音樂課、工藝課、商業課程、農業課程、家政課程和體育課程等，也都強調各式各樣的技能學習是其課程的重要目標之一。這些實作表現技能都是典型的客觀式和論文式測驗所無法測量的，在這種情境下，唯有實作評量才可以提供直接測量上述學習成果的有用訊息。

　　實作評量亦可以提供模擬真實情境下施測的方便性；例如，當教師想要瞭解學生是否具有寫作能力時，只要要求學生隨手寫些文章即可得知。雖然，字彙測驗、常識測驗和語文表達測驗也可以提供部分有用的訊息，幫助教師瞭解什麼是決定學生優良寫作的因素，但是，實際的寫作要求可以讓教師更直接瞭解學生是否具有將這些知識和技能組織起來的能力，並且應用到實際的寫作情境中。除此之外，實作評量對於年齡幼小和閱讀能力較弱的學生，亦提供一種有效的簡便評量方法；例如，要求幼兒園小朋友在紙上畫個圓圈、正方形或長方形的圖形，即可明瞭其是否具有這方面客觀測驗所要測量的概念。換句話說，在專門評量知識與理解的客觀式紙筆測驗之外，實作評量亦提供另一種有用的輔助評量方式。表 6-1 即為各種評量方式的比較（Stiggins, 1987, p. 35）。

　　實作評量的重點，通常是放在實際表現的「過程」（procedure）、「作品」（product），或這兩者的組合，端視實際表現活動的性質而定。例如，有些表現活動的型態並無法產生實體成果，例如：演講、朗讀、操作實驗儀器、玩弄樂器和各種體育活動（如：棒球、網球、游泳和跳舞）等，此時，這些活動只能從過程中來進行評量；而有些表現活動的型態則比較重視完成作品的評量而不太重視表現的過程，例如：學生帶回家進行的家庭作業、作文、繪畫、數學的心算，或準備昆蟲標本作品的展覽等，由於教師無法觀察到學生在家裡所進行的過程，因此只能評量其最後完成的作品成果。然而，亦有某些表現活動的型態是兼顧過程和作品的，例如：修理故障的電視機、學習電腦文書處理軟體的應用、烹飪、木工和製圖等，既

可以看得到實際表現的過程，亦可以觀察到最後作品的好壞，因此，可以根據過程和作品兩者來評量。表 6-2 所示，即為實作評量的共同評量領域（Airasian & Russell, 2008）。

■ 表 6-1　各種評量方式的比較

	客觀測驗	論文測驗	口試	實作評量
目標	知識樣本，具有最大的有效性和信度值	評量思考技能或知識結構的精熟度	評量教學中的知識	評量將知識和理解轉換成行動的能力
學生的反應	閱讀、評鑑和選擇	組織、寫作	口頭答案	計劃、建立和傳送原始的反應
優點	有效——能同一時間內進行多個測驗試題的施測	可以評量較複雜的認知成果	可以聯結評量與教學	提供實作技能充分的證據
對學習的影響	過度強調記憶；如果妥善編製，亦可測量到思考技能	激勵思考和寫作技能的發展	刺激學生參與教學，提供教師有關教學成效的立即回饋	強調在相關的問題背景情境下，使用現成的技能和知識

■ 表 6-2　實作評量的共同評量領域

溝通技能	心理動作技能	運動技能	概念應用	情意技能
寫論文	握筆	擲飛盤	建構開放和封閉電路	分享玩具
演講	裝置實驗用儀器	接球	為購物而選擇適當的工具	團體合作完成一件工作
學外語時正確發音	使用剪刀	單腳跳	辨認未知的化學物質	遵守校規
遵從口頭指示	解剖一隻青蛙	自由式游泳	從實驗資料中推論	維持自我控制

　　總之，使用紙筆測驗評量學生的知識，雖然可以預知他們在某些特殊情境下可能的知識是什麼，但是，仍然需要使用實作評量才能得知學生在真實情境下的實際表現技能是什麼。因為實作評量所關心的重點，即是學生在真實情境下應用知識與技能的能力，所以，在各種真實的學習情境下，它最適合作為各種學習成就的真實評量；因此，實作評量又有「真實評量」之稱。

　　在各種真實的教育情境下進行真實評量，其最大的好處是除了可以改變教學和評量，進而促進改善學習外，更可以各種方法增進學生、教師及家庭所應該扮演的角色，諸如下列所述。

1. 改變學生的角色

　　真實評量在評量過程中，改變學生過去扮演被動的考試參與者（passive test taker）的角色，而成為評量活動中的積極參與者（active participant）；即主動參與專為顯示學生會做的是什麼（而非指出缺點）而特別設計的評量活動。真實評量策略所具有的多樣性和彈性，也不像標準化測驗一樣的僵化，它可以視學生的不同能力程度、學習風格和文化背景的差異，隨時調整使用適當的評量工具。這種評量所強調方式的改變，對許多學生而言，常常足以降低學生的考試焦慮，並且能夠增進學生的自信心，最大的好處則是讓學生產生一股對學校、對學習和對自己更積極的態度。

2. 改變教師的角色

　　真實評量可以改變傳統以教師為中心（teacher-centered）的教室測驗方式，而成為以學生為中心（student-centered）的教室評量方式。在這樣的教室評量中，教師所扮演的角色是幫助學生自己負起學習的責任，並且成為一位熟練的自我評量者（self-evaluator）。一般而言，真實評量可以促進教師更加投入評量過程中，成為一名設計和評量有價值課程目標的人，以便從中獲得監控學生進步和評鑑自己教學策略的有用訊息。

3. 增進家長的積極角色

　　真實評量也可以促進家長在評量過程中，扮演更積極的角色。學校可以邀請義工家長參與學校多項的評量實驗，扮演觀察者和評量者的角色。學校也可以鼓勵家長，把眼光放遠一點，不要只注重孩子的考試分數和成績報告單的好壞，而更應該重視孩子在檔案記錄資料和實作表現上的優異成就。如果家長們能做如此的改變，則學校教育的前景是相當光明的，因為家長不必再斤斤計較孩子在標準化成就測驗分數的多寡，才能得知其子女在校學習表現的好壞，他們將發現真實評量已明確具體地提供有關每位孩子進步情形和未來希望的訊息。

　　由此可見，實施真實評量，才是真正促進教育革新的最佳利器，才能做到激發優良的教學和學習，同時監控學生的進步情形，讓學校成為一個沒有失敗的場所，讓學生成為一位具有學習成就感的人（Hart, 1994）。

貳　實作評量的基本型態

　　雖然實施實作評量的情境愈接近真實情境，愈能顯現出學生真正學會的技能是什麼，但有時候礙於發生學習的真實情境無法複製，因此只好使用模擬的情境。模擬的情境愈接近真實情境，則實作評量結果愈具有教學期望結果的代表性和推論效度，愈符合教師期望學生真實學會的重要教學目標和內容。

　　在實作評量中，到底要介入什麼樣程度的真實性，可由下列在 7-ELE-VEN 便利商店購物後找回正確數目零錢的計算能力真實應用例子來說明。模擬情境的真實性程度，可從故事中的問題情境描述（即低真實性）到實際在商店購物的真實情境（即高真實性）不等，如圖 6-1 所示。值得注意的是，雖然故事中問題解決的真實性相當低，但它仍然比只是簡單詢問學生「50 減 22 是多少」的問題還要真實得多。因此，即使是使用紙筆測驗，實作評量仍然有辦法增加試題的真實性，好讓評分結果具有實際表現能力的代表性和評量價值。

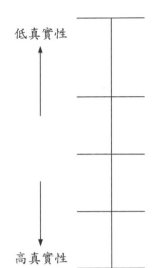

低真實性

高真實性

要求學生回答下列故事情境中的問題：「如果你在 7-ELEVEN 便利商店買一瓶可口可樂，售價是 22 元，你給店員 50 元，他應該找給你多少零錢？」

將上述的問題情境，以真鈔代替，然後詢問每位學生：「店員找給你的零錢是否正確？」

將學生配對分組，並給予真鈔，然後要求他們角色扮演上述的問題情境（一人扮演店員，另一人扮演顧客）。

帶領學生到真實的 7-ELEVEN 便利商店，要求學生體驗一下真實購物的整個交易過程。

● 圖 6-1　各種不同程度的真實情境中購物找零錢的實作評量例子

　　由上述例子可知，挑選供作實作評量的施測情境之真實性程度，受到下列幾個因素的影響。

1. 教學目標的特性

　　通常，在導論性的課程上，應用紙筆測驗來測量技能表現的相關知識，或在低真實性情境下進行相類似的測量，也許都是教學所期望達成的學習成果。但隨著課程的進展逐漸加深加廣之後，教師將重點轉移到強調真實情境中實際知識與技能表現和應用的實作評量上，也是必然的趨勢。

2. 課程的教學順序

　　有些技藝學科課程的教學順序，紙筆測驗所能測量到的理論性知識，總是在實際動手操作的實務表現測量之前教授，並且也比較方便實施。例如，先從一份流程圖中找出故障機器的部位，絕對是在實際動手修復該機器之前先被教授。因此，各種不同階段的教學順序，自然會決定實作評量施測情境之真實性。

3. 客觀條件的限制

　　諸如時間、成本、設備的有無、實施和計分的困難等，都有可能限制測驗情境中的真實性。例如，在測驗急救技能時，不太可能使用真實的病患（如：燒傷、骨折、心臟病發作等病患）作為測試樣本，因為太危險了，萬一延誤就醫時間，而致傷患有永久性的傷害時，更不是教師所樂見的。因此，我們雖然知道要極力爭取一個較符合測量表現成果的高真實性測驗情境，但是，有時候還是得與現實環境妥協才行。

　　因此，根據施測情境的真實性程度來分，在教學情境下常用的實作評量可以分成下列五種基本型態。這五種基本型態的實作評量方法之間有局部程度是重疊的，教師在使用時，應視所要評量的技能特質屬性不同，而決定採用其中的一種或多種來使用（Gronlund, 1993）。茲分別陳述如下。

一、紙筆表現評量

　　紙筆表現評量（paper-and-pencil performance）有別於傳統所使用的紙筆測驗，它是一種比較強調在模擬情境中應用知識和技能的評量方式。應用這種紙筆表現評量，可以獲得教學所期望達成的學習成果，或作為在更真實情境中表現（如：實際操作某種儀器設備）的初步評量。

　　在許多教學評量例子裡，紙筆表現評量也可以促進有意義的教育成果。例如，在筆者所教授的「學習評量」課程裡，通常會要求學生繳交下列的作業，以作為其學期成績的評量依據之一：

1. 挑選任何一個教學單元，並設計一份雙向細目表。
2. 根據所設計的雙向細目表，編製一份以選擇型試題為主的成就測驗。
3. 設計一份檢核表來評鑑所編製成就測驗試題的優劣。
4. 挑選某個適當的班級，進行自編成就測驗的施測與資料登錄工作。
5. 應用本書所附 Tester for Windows 程式，進行試題和測驗分析。
6. 撰寫一份學期報告，自評自編成就測驗的良窳，並提出如何改進的建議。

這些作業要求，都是透過紙筆表現評量來顯示學生在此課程的學習成就，以達本課程的教學目標。

在紙筆表現評量中，時常使用類似「設計」、「編製」、「建立」、「安置」、「設立」、「製造」、「創造」、「撰寫」等行為動詞。例如，每學期學生都可能需要繳交下列各種不同類型的作業，包括：設計一個天氣圖、流程圖、電路圖、平面設計、服裝設計、創作一首詩、短篇故事、撰寫學期報告，或設計一椿實驗等。在這些評量案例中，紙筆表現所評量到的成果，都是知識和技能兩者的應用結果，因此，紙筆表現本身即是一種有價值的評量活動。

在其他評量個案裡，紙筆表現評量也可以提供「動手操作」（hands-on performance）的一個評量初步。例如，在學習操作一種特殊儀器或測量工具（如：光學電子顯微鏡）之前，最好先讓學生從各種圖片情境中，學會該儀器的各部位裝置名稱及其用法；在這種情況下，紙筆表現評量會比直接實際動手操作還受歡迎，因為它不僅是一種簡便方法，更可以讓多位學生在同一時間內接受測量。此外，將紙筆表現評量當成是動手操作的一種前置評量方式，也有受到歡迎的其他理由存在；例如，假設該實作表現十分複雜，並且儀器設備又十分昂貴的話，將表現成果顯示在紙筆式評量情境裡，不僅可以避免產生意外，更可以防止該儀器設備因不當操作而被損毀的情形發生。

二、辨認測驗

辨認測驗（identification test）是指由各種不同真實性程度的測驗情境所組合成的一種評量方式。例如，在某些情境下，可能只要求學生辨認一套工具或一組器具，並且指明它們的功用而已；在較複雜的測驗情境裡，則可能會向學生詢問更特殊的表現作業問題（如：找出電路發生短路的所在），並且讓學生辨認解決該表現作業問題所需要使用到的工具、器具或程序等；而在更複雜的辨認測驗裡，則很可能會要求學生仔細傾聽某部故障機器（如：汽車、鑽孔機或車床等）所發出的故障聲音，然後根據所發

出的故障聲音，辨認最可能的發生原因、發生部位及修復的正確程序。

　　雖然，辨認測驗在工業教育中較被廣泛使用，但它的用途並不限於該領域而已。例如，生物教師會要求學生辨認生物標本，或者去辨認執行某種特殊實驗所需的儀器設備和操作程序；同樣地，上化學課的學生需要去辨認各種未知的化學物質、學外語的學生需要去辨認正確的外語發音、學數學的學生需要去辨認正確的問題解決程序、學英語的學生需要去辨認英文寫作中該使用何種最佳表達語句，以及學社會科學的學生需要去辨認團體中領導人物所扮演的角色等，這些情境也都可以應用辨認測驗。此外，即使在藝術、音樂、體育和諸如農業、商業和家政教育等職業教育領域中，辨認正確的程序也是一件很重要的事。

　　辨認測驗有時被視為表現技能的一種間接測量。例如，有經驗的水電工師傅總應該比沒有經驗的水電工人，對於水電工程有關的工具和設備具有較廣泛的知識才對。因此，要甄選一位合格的水電技師，只要使用有關水電工程方面工具和設備的辨認測驗，即可以篩選掉一批不夠格的應徵者。從長遠的角度來看，辨認測驗也可以作為一種教育工具，用來幫助學生應付實際或模擬情境中的真實表現。

三、結構化表現測驗

　　一份結構化表現測驗（structured performance test）可以作為在標準且有控制的情境下進行評量的工具。它的內容也許包括：事先說明測量的範圍、調整一部顯微鏡、遵守安全守則來啟動一部機器，或找出某個電器發生故障的部位等，而測量表現的情境則是非常有結構性的，它要求每位學生都能表現出相同的反應動作。

　　編製這樣的一份結構化表現測驗，所需要遵守的編製原則，也和編製其他類型試題的成就測驗一樣，不過比較複雜些。因為，測驗情境很難被完全控制和被標準化，因此需要教師花較多的時間去準備和進行施測，並且測驗結果也比較難以評分。有時為了增進測驗情境的真實性，測驗情境就必須經過標準化，測驗指導語也必須詳細描述整個測驗情境所需要的表

現是什麼，以及在什麼條件下該展示出什麼樣的表現等，以方便每位受試者都能明確遵守。

當使用結構化表現測驗時，也許需要設定可被接受的最低表現水準是什麼，它可能是：有關測量的精確性（如：測量氣溫時，請精確到小數點以下第二位數）、適當的步驟和順序（如：依據適當的步驟順序，調整一部顯微鏡到理想的位置）、遵守操作規則（如：啟動一部機器前，先檢查所有的安全開關是否正常），或表現的速度（如：在 3 分鐘內找出一部電器發生故障的部位）等（一般用來判斷表現良窳的共同標準，如表 6-3 所示），但不論採用何種標準作為判斷表現良窳的依據，都必須使用操作型定義（operational definition）方式，使用可被觀察到的（observable）、可測量到的（measurable）及可被量化的（quantifiable）數字形式，來描述和界定可被接受的最低表現水準，如此的評量結果才會具有客觀性與公正性。

當然，判斷表現良窳的標準，往往是混合使用的。在某種特殊表現情境下，也許會要求表現的正確形式、精確度和速度；而至於每個部分應該給予多少加權值的評分，則端視教學階段和表現性質而定。例如，在評量實驗室內的操作技能時，在教學之初，也許是比較強調正確的程序和精確性；而在教學後期，則比較注意表現的熟練度或速度。同樣地，特殊表現情境也會影響評量的著重點。例如，在評量打字技能時，繕打日常的商業書信是比較強調打字的速度，而在繕打經濟學報告中的統計圖表時，則比較重視打字的精確性。

四、模擬表現

模擬表現（simulated performance）即是指為配合或替代真實情境中的表現，局部或全部採模擬真實情境而設立的一種評量方式。例如，在體育課程中，針對一個假想的球練習揮棒打擊、與一位假想選手模擬拳擊對打，以及展示各種游泳和打球姿勢的評量等，都是一種模擬表現。在科學和商業職業課程中，某些技能活動也常被設計用來模擬真實的工作表現。例如，在數學課程中，利用計算機解決日常生活所遇到的數學問題，也是一種模

■ 表 6-3 　判斷表現良窳的共同標準舉例

類型	例子
速度	在 2 分鐘內解決十道加法數學問題 1 分鐘打出四十個字
錯誤	每頁打字稿不得超過兩個錯誤字 用西班牙語從 1 數到 20，不能有錯
時間	5 分鐘內架設好一部實驗儀器 在 3 分鐘內找出一部儀器故障的部位
精確	以 1/8 英寸以內的誤差衡量一條線的長度 以 0.2 度以內的誤差閱讀一支溫度計的刻度
數量	完成二十件實驗室內的實驗 找出十五個相關的參考文獻
品質 （評定）	寫一份簡單俐落、間隔適當的商業書信 顯示出正確的跳水姿勢
正確百分比值	解答出 85% 的數學問題 在一拼字測驗中，正確拼對 90% 的字
所需步驟	在五個步驟以內診斷出汽車故障的部位 使用適當的程序找出電腦發生故障的地方
使用材料	以少於 10% 廢料的木材來製作一個書架 以少於 10% 廢料的布料來裁製一件套裝
安全	操作機器前，先檢查所有的安全裝置 以不違反安全守則的方式來駕駛一輛汽車

擬表現；同樣地，在社會科學課程中，學生角色扮演法庭審判、市政會議的進行，或應徵工作的面談活動等，也都提供教師評量分派作業的模擬表現機會。在某些情況下，特殊設計的模擬儀器會被作為教學和評量的工具。例如，在汽車駕駛和飛機駕駛的技能訓練中，學生多半是先在模擬儀器上進行訓練和接受測驗，這類模擬儀器不僅可以提供逼真的模擬情境，以供

教學訓練和測驗之用，更可以避免在技能學習與發展的初期，即有危險、傷害事件，或造成昂貴儀器設備損毀等情事的發生。一般說來，模擬儀器常在各種職業訓練課程中使用，它是提供真實表現評量的一種最佳輔助工具。

在某些情境下，模擬表現測驗也可以應用到最後實際表現技能的評量上。例如，在烹飪課程中，評量學生實際烹飪技巧的表現即是。然而，在許多情境下，學生在模擬情境中所顯示出來的技能，是代表他在未來真實情境下所能做出表現的一種準備。例如，學生在駕駛訓練模擬儀器上所顯示出來的駕駛技能，未來即是要應用到真實汽車的駕駛上。

未來，隨著虛擬實境（virtual reality, VR）、擴增實境（augmented reality, AR）、混合實境（mixcd reality, MR）與延展實境（extended reality, XR）技術的發展與精進，並與 5G、人工智能科技結合應用後，預期將會在模擬真實情境中的教育訓練與實作評量上，發揮最大的效用，並產生最大的效益。

五、作品範本

在實作評量的各種型態中，作品範本（work sample）算是真實性程度最高的一種評量方式，它需要學生在實際作業上表現出所要測量的全部真實技能。作品範本包括全部表現中最重要的元素，並且是在控制良好的情境下進行的。例如，以測量汽車駕駛技能來說，學生被要求一定要在標準場地裡練習，該場地即包含所有正常道路駕駛中最常發生的共同問題情境，學生在此標準場地裡所表現出來的技能，即被認為在實際駕駛情境下，已具備此駕駛汽車的能力。

在商業及工業教育中的實作評量，也常使用作品範本的評量方式。例如，要求學生速記一段口述資料、繕打一封商業書信，或操作電腦分析一份商業資料等，即是使用作品範本的評量例子。同樣地，在工業教育中，要求學生設計一件金工或木工作品時，這件工作本身即包含未來實際工作場合裡經常會遇到的各種狀況（如：設計、材料排列順序，以及製造的步

驟等），即為實施作品範本評量的最佳時機。其他例子，像操作機器、修復儀器設備、執行工作導向的實驗工作等，都是作品範本的良好例子。

第二節　實作評量的實施與改進

 ## 壹　實作評量的實施通則

　　實作評量比較關心的是學生如何應用知識和技能於實際表現活動上，以及在接近真實的施測情境中產出作品成果來。雖然，進行實作評量的情境很難完全控制，而且也難予以標準化，其施測前的準備工作較費時，評分也很難客觀、公正；但是，實作評量所使用的工具或評量過程，一旦被發展出來，即可跨人、跨班、跨校及跨年度永續使用。因此，明瞭實作評量是如何進行的，是決定實作評量實施成敗的關鍵因素。茲說明實作評量的通用實施程序和步驟如下（Airasian & Russell, 2008; Hart, 1994; Oosterhof, 2001; Priestly, 1982; Stiggins, 1994; Stiggins & Conklin, 1992）。

一、確立實作評量的目的

　　實作評量也與其他評量方法一樣，必須遵守一套共同的教學評量原則。首先，即是需要教師在教學之前，就明確陳述教學所期望學生達成的實際表現成果是什麼。

　　通常，大多數教師使用實作評量有兩個主要目的：(1)給學生評分；和(2)診斷學生的學習情形。使用的目的不同，所決定採用的觀察方法和評分方式就有所不同。實作評量最適合作為診斷用途的評量；在這種用途下，教師必須更加明確說明構成最後表現成果的每一細節行為是什麼，然後仔細觀察每一細節行為的表現是否達到教學所期望的標準。若尚未達到標準的話，則教師除了可以明瞭學生表現過程中的優缺點外，尚可以針對學生

表現細節上的缺失，隨時提出改進建議或立即予以指正，以促使學生的表現行為都能朝向預期的教學目標邁進。所以，這種評量目的可以達成隨時教學、隨時校正、隨時回饋及隨時補救等教育診斷價值。

另一方面，若已達到標準的話，則教師逕可直接給予評分，並以此分數作為學生表現成就的代表，此種方式即為評分用途的目的。此外，教師亦可以將學生多次實作評量的結果製作成統計圖表，以觀察學生學習的進步情形，作為成績報告的憑據。

要確立實作評量的目的，典型的例子通常都是使用工作（或作業）分析（job or task analysis），來確認影響表現的最重要特殊因素是什麼，或明確地列出更細節的表現行為是什麼，以有助於教師進行更精確的觀察和判斷。一旦這些細節行為目標條列出來，教師除了可以根據這些重點進行教學指導外，也可以根據學生在這些項目的表現進行更精確的觀察、記錄和判斷，同時也可以根據觀察結果給予學生立即性的指導與矯正，以糾正學生的表現缺失，並給予學生一個公正、客觀且合理的評分。

二、確認實作評量的標準

確立好實作評量的目的後，便要詳細說明細節行為的項目，以及教師所期望學生達成的表現標準（performance criteria）是什麼；換句話說，教師必須先決定好實作評量的重點是放在過程上、或放在作品上，抑或兩者都須兼顧。

在一般教學情境下，有些表現型態是無法產生實體的成果，例如：演講、朗讀、操作實驗儀器、玩弄樂器，和各種體育活動（如：擲鉛球、打網球、游泳和跳舞）等，對於這些表現型態，教師只能從過程中來進行評量。一般而言，針對下列情況，實作評量應該將其重點放在過程評量上：

1. 沒有具體成果可以產生，或成果評量不可行時。
2. 過程已經排序好，並且可以直接進行觀察時。
3. 正確過程對最後的成功有重大貢獻時。
4. 過程步驟的分析有助於改善成果時。

　　不過，有些表現型態僅能產生最後的作品，不太容易觀察到表現過程，此時，實作評量的重點應放在最後的作品或表現成果上。例如：學生的家庭作業、作文、繪畫、數學的心算或昆蟲標本作品的展覽等，由於教師無法觀察到學生在家裡的進行過程，因此，只能評量其最後完成的作品或成果。一般而言，針對下列情況，實作評量應該將其重點放在作品或成果的評量上：

1. 不同的過程可以導致相同的作品或成果時。
2. 無法提供過程的觀察資料時（如：家庭作業）。
3. 表現過程和步驟已經駕輕就熟時。
4. 作品或成果具有可被辨認及判斷品質時。

　　然而，在某些情況下，過程及作品（即成果）兩者是構成表現的兩個重要層面，缺一不可，並且兩者都可以被觀察得到，此時，實作評量應該強調何者，端視被評定的技能及技能發展階段而定。就以打字的評量為例，在教學初期，學生是否能夠遵守一套系統的操作程序或原則來練習，可能會被列入評量的重點；但是到了教學後期，打字稿件的正確、乾淨和速度三者，則將逐漸成為評量的重點。因此，在教學的起步階段，正確的過程是列入強調的評量重點，而在過程已經駕輕就熟之後，成果的品質則自然被列入最後的評量重點。當然，過程的評量也可以用在教學的最後階段，以便診斷過程中可能導致劣質成果的錯誤；而成果的評量，則可以提供一個更客觀的判斷依據，讓教師可以利用方便的時間隨時進行評量，必要時也可以針對判斷結果進行複檢的工作。

　　過程及作品的評量成效，端視表現標準是否能夠被清楚地界定、觀察和測量而定；一個明確界定和說明清楚的表現標準，是成功教學和評量的關鍵因素。下列原則，即為達成明確界定表現標準所做的建議：

1. 確認即將被評量的整體表現或作業。教師自己先實際表現看看，然後記錄及研究自己的表現或任何可能的表現成果。
2. 列出決定這些表現或成果的重要層面，它們是引導進行觀察和評量的表現標準。

3. 將這些表現標準的數量限制在十到十五個項目之間，以方便進行觀察和判斷。

4. 如果可能的話，集合一群教師共同決定一項作業應該包含哪些重要的表現標準。

5. 以可觀察到、測量到及進行數字量化的學生行為或成果特質等術語，來界定表現標準。

6. 不要使用含糊不清的字眼（如：正確地、適當地和良好地）來混淆表現標準的意義。

7. 依序排列表現標準，以方便進行觀察和判斷。

8. 檢查是否已有現成的實作評量工具，若沒有的話，再自行編製。

在一些教科書（如：Borich, 1990; Carey, 1988; Ebel & Frisbie, 1991; Miller et al., 2009; Sax, 1989）中，已列有一些現成的實作評量工具，教師只要稍加修改，即可拿來應用在自己的教學情境裡。

三、提供適當的表現情境

一旦表現標準界定後，教師便需要準備可供進行觀察表現成果的施測情境，這些情境可以是教室內自然發生的情境，也可以是教師特別設計模擬真實的情境。至於要挑選何種施測情境，則端視所要進行評量的表現或成果特質而定。一般而言，要決定使用何種施測情境，可以參考下列兩個判斷原則：(1)教室中自然發生表現的頻率；(2)做決策的重要性。

如果在一般班級活動中，某項表現發生的次數不是很頻繁的話，則教師便需要特別設計某種情境，好讓學生都能在該情境裡表現出所期望的行為。例如，在一般班級活動中，每位學生很少會有單獨 5 分鐘上台演講的機會，因此，教師必須特別安排和設計，才能讓所有學生都有上台演講的機會。另一方面，朗讀是班級比較常見的活動之一，教師只要把朗讀視為班級教學的一部分，在自然的情境中觀察學生的朗讀行為即可，不需要另外設計特別情境。

　　其次，根據實作評量結果所做成決策的重要程度，也會影響所要進行觀察情境的取捨。一般而言，做成決策的重要性愈大，則評量情境便愈需要結構化。例如，升留級、高中能否畢業、課程成績通過與否等問題，對學生來說都是重大的決策；如果實作評量結果將影響這項決策的話，則教師必須提供一個具有結構性的評量情境，讓每位學生都能熟悉和公平面對同一情境，這樣所收集到的實作評量資料才會具有較高的效度證據。而當做成決策的重要性不大時，施測情境的條件要求也就不必那麼嚴苛，只要每位學生都有機會表現即可。

　　安排實作評量施測情境的另一個考量重點，即是到底需要多少訊息才能做成決策。針對學生的表現成果單獨進行觀察一次夠嗎？或者需要多次觀察學生的表現，才能做出可靠的決策呢？不管評量的本質如何，單獨一次的觀察結果僅能代表學生表現的樣本行為之一，若從測量的觀點來看，學生單獨一次的表現行為，通常都不具有真正成就的代表性。因此，為了證明某位學生是否已經學會做某件事，收集多次的表現資料是必須的。如果在不同的觀察中都獲得相同的表現結果，則教師可以很有信心地相信做成決策的證據是可靠的；如果每次觀察到的表現都不一致的話，則教師還是需要再多收集一些訊息，才可以做成最後的決策。

　　誠如本書第二章第一節「教學評量基本概念」所述的基本原則，若要獲得一個比較可靠的學生表現評量結果，多次觀察表現的評量結果，恐怕是必須的。而用來做成決策所需的觀察次數，則可以依據做成決策的重要性、完成單獨一次觀察所需的時間量，和教師是否已收集足夠學生表現行為的樣本而定。

四、選擇計分和評定方法

　　實作評量不論是針對過程、成果，或這兩者的綜合來進行判斷或評分，都需要使用某種有系統的方法。誠如前述，做成決策本身的重要性程度，會影響教師所挑選的評分方法。針對實作評量所採行的評分方法，與在論文型試題時所採行的評分方法頗為相似，可以使用整體性評分法和分析性

評分法兩種，端視做成決策本身性質的重要性而定。如果教師所做的決策只是一般性質（如為分組、評選、或評定成績等用途），則使用整體性評分法最為適當，因為這類決策只需要教師提供單一的整體分數即可。如果教師所做的決策是具有診斷困難及瞭解學生精熟表現水準的話，則使用分析性評分法最為恰當，因為這類決策通常需要教師針對各種表現標準提供多種評分結果。

目前已有許多種方法，可以被用來作為收集和記錄學生表現行為的工具，茲列舉較常使用的幾種方法如下（Airasian & Russell, 2008; Gronlund, 1993; Hart, 1994; Stiggins, 1994）。

（一）系統性觀察和軼事記錄

在自然情境下觀察學生的表現，是一種最常使用的實作評量方法。但是，一般教師卻很少針對學生的日常表現行為進行系統性觀察（systematic observation），更沒有留下任何觀察記錄，這實在是非常可惜。這項缺憾，對於輕微的表現作業，也許很容易就可補救過來。例如，像正確的握筆姿勢或正確的圖名標示法等，只要使用非正式的觀察，即可針對學生的缺失進行矯正，而致完全補救過來。然而對於較複雜的表現行為和情境，則必須要進行系統性觀察，並且要有觀察記錄才行，這樣才能提高未來評量的客觀性、意義性和有效性。

雖然，我們常依據檢核表及評定量表來記錄觀察結果，但是進行較不具結構化的觀察和記錄，也有它的方便處；例如，觀察並記錄學生如何進行一件工作、多麼專注在完成工作上，以及工作時多麼細心等，對於評量學生在該作業表現上是否達到滿意的成功水準，是一件很有意義的事。同樣地，觀察到某位學生在每個步驟上都需要別人幫助，或者有學生能夠提早完成作業而主動去幫助其他同學等事實，這些在表現過程中所觀察到的重點，常在結構化的觀察中被忽略掉，但卻可以在軼事記錄中詳細記載清楚。

軼事記錄（anecdotal records）即為一種針對有意義的偶發重要事件，做扼要的事實說明和描述的記錄。它的內容包括被觀察到的行為、發生的

情境，以及針對此事件的個別詮釋。雖然保留完整的軼事記錄是相當費時的，但是卻可以將內容局限在某種方便掌握的範圍內。例如，只針對某種行為型態（如：安全）或針對最需要幫助的個人（如：緩慢、粗心的人）做記錄即可。典型的軼事記錄內涵，如圖 6-2 所示。

學　　生：李大忠	班級：三年二班
觀察者：余民寧	日期：2000 年 2 月 2 日
地　　點：教室	情境：上課偶發事件

李大忠上課時一直很沉默，他很少主動和同學交談，更少舉手發問，大多數的時間裡，都瞪著窗外的藍天，眼神遲滯地發呆著。這一天，他突然跳起來，大聲開口說話：「我看到了！我看到了！」面露出喜悅的模樣，一直重複著這句話。同學們被他突如其來的聲音給嚇住了，稍後便引起一陣大笑。李大忠被這一反應的打擊甚大，他愈來愈不願意開口說話，也更不願意和同學們來往；我試圖讓他在課堂上有說話的機會，但這種嘗試卻未曾成功過，他的行為似乎更加退縮了。

● 圖 6-2　某位退縮行為學生的軼事記錄例子

我們所需要的記錄，是一種針對重要事件所做的簡短、客觀且自足的描述，以及對事件所隱含意義的個別詮釋。當我們針對某個特定對象去累積有關他的觀察記錄資料，日久便可以獲知有關他典型行為的瞭解。

通常，系統性觀察和軼事記錄最適合在下列情況中使用：

1. 事先已決定好要觀察的行為表現者。
2. 有意義的特殊事件成為注意焦點時。
3. 在事件發生後可以立即做記錄者。
4. 保留足夠訊息可供事後瞭解之用者。
5. 每次觀察或記錄都只針對單一特殊事件來進行者。
6. 積極和消極的偶發行為也都予以記錄者。
7. 所觀察的事件和所做的詮釋（或評論）必須分開處理者。

（二）檢核表

　　檢核表是一組列出表現或成果的測量向度，並且提供簡單記錄「是」或「否」判斷的資料表。例如，如果要使用檢核表來評量一組過程時，只要依序列出這些評核向度，然後觀察者逐一核對每個被觀察的表現項目是否發生或出現即可；若該表現行為已出現或發生時，觀察者只要在檢核表的適當空格中打個「√」號，做成評核記錄即可；若該表現行為未曾出現或發生時，則觀察者不需要留下任何記號，直接跳至下一個觀察項目，繼續評核下去即可。

　　一份用來評量成果的檢核表，一般都包括兩個部分：(1)條列出描述該優良表現成果的重要向度（如：大小、顏色、形狀等）；(2)根據評量特質的結果，提供打「√」或做任何記號（如：劃記「×」）的空白處。因此，檢核表只是引導評量的注意力到所要觀察的向度上，並且提供一種方便做判斷記錄的工具。圖 6-3 即為評定演講時表現行為的檢核表例子。

　　檢核表通常可以提供教師有關學生行為的診斷訊息，讓教師明瞭學生有哪些行為或學習是需要改進的地方，累積一段時日的檢核表資料，可以看出學生學習進步的情形，提供跨班、跨校及跨年度進行比較的參考資料。但是，檢核表亦有其使用上的兩大限制：

1. 它只提供教師兩種選擇：「是」和「否」兩者。實際上，學生有許多知識或行為的學習，是介於這兩個極端之間的，並非「全有或全無」兩種截然的狀態。因此，當教師使用檢核表強迫作二分法選擇時，所收集到的資料可能會喪失對某部分行為描述的精確訊息。

2. 評量結果很難以一個總分來表示。也就是說，檢核表評量結果是一種質化的資料，而非量化的資料。若要進行量化，且以一個客觀總分來表示時，教師必須先計算檢核表中打勾的記號數目，再除以全部的評核項目數，以得到一個百分比值，該百分比值即可作為代表檢核表評量結果的量化指標。另一作法，即由教師事先設定評定學生表現行為的標準，例如（以圖 6-3 為例）：

評分說明：當他在演講時，若已表現出下列行為，則請在每個觀察項目前打
　　　　　個「√」號；若無，則請勿留下任何記號。

(一)肢體表達方面
_____　1. 直直地站著，並且面對聽眾。
_____　2. 隨著說話音調的高低而變化面部的表情。
_____　3. 保持與聽眾目光接觸。

(二)聲音表達方面
_____　4. 以一種穩定、清晰的聲調說話。
_____　5. 變化音調，以強調說話的重點。
_____　6. 以足供聽眾聽清楚的音量說話。
_____　7. 每一個字都能正確發音。

(三)語文表達方面
_____　8. 使用足以清楚表達意思的精確語詞。
_____　9. 避免不必要的重述。
_____　10. 以完整的語句表達思考或觀念。
_____　11. 邏輯地組織所要表達的訊息。
_____　12. 做結論時，能摘要所講過的重點。

● 圖 6-3　評定演講的檢核表例子

「卓越」：如果評定結果達到 10 至 12 項表現標準。

「優良」：如果評定結果達到 7 至 9 項表現標準。

「普通」：如果評定結果達到 4 至 6 項表現標準。

「低劣」：如果評定結果達到 1 至 3 項表現標準。

則教師可以將評定後的資料，轉化成上述的等第或等級指標，並以質化描述的觀點，來解釋和描述學生表現行為的好壞。這是另一種以質化描述取代量化分數指標，來評定學生成就表現的作法。

　　要設計一份作為實作評量用的檢核表，通常包括下列步驟：

　1. 條列出所要進行評量的每一項過程或成果特質。

　2. 增列一些常見的錯誤到該檢核表裡，它對較差表現的診斷很有幫助。

3. 以某種邏輯順序排列這些列舉項目（如：步驟的排列順序）。

4. 提供評分指導語和勾選每個檢查項目的地方。

5. 如果需要的話，可以在檢核表底部留些空白處，供作書寫文字評論之用。

（三）評定量表

評定量表類似檢核表，都是用來作為判斷過程和成果的一種評量工具。其間的主要差異為，評定量表不像檢核表一樣，僅提供「是」或「否」二分法判斷而已，反而是提供評定某種表現出現程度多寡的機會，它所評量的表現行為對象通常都是隸屬於等距量尺（interval scale）以上的連續性變項資料，但可被人為方式分成少數幾個等級者。例如，有名的李克特氏五點評定量尺（Likert-typed five point rating scale），即是將評定量表所使用的評定等級分成五個固定數字評定選項，然後要求評量者依據所評定對象的隸屬程度，在適當的數字評定選項上勾選作答。當然，評定量表不一定限制只能使用五個等第而已，使用其他數目的評定等第也可以，通常使用最多的評定等第數目約在三至七個之間。如同檢核表一樣，評定量表也只是引導評量的注意力到所要觀察的向度上，並且提供一種方便做判斷記錄的工具而已。

評定量表根據所使用目的和量尺類型的不同，可以分成三類：

1. 數字型評定量表

即依據學生在某種行為上出現頻率次數（如：總是、偶爾、從未等），圈選足以代表該表現程度的適當數字（如：5、3、1等）的一種評量工具。典型的數字型評定量表（numerical rating scale）例子，如圖6-4之(一)所示。

2. 圖表型評定量表

即依據學生在某種表現上的一般品質（如：傑出、優秀、普通、低下、劣等），在一條用來表示該種特質或品質的連續線上（但可分成幾個小線段），標記足以代表學生表現程度的適當位置的一種評量工具。典型的圖表型評定量表（graphic rating scale）例子，如圖 6-4 之(二)所示。

（一）數字型評定量表

評分說明：根據學生在演講時所表現出的行為程度，圈選適當表示該特質程度的數字；「1」代表「從未」表現出該行為，「2」代表「很少」表現出該行為，「3」代表「偶爾」表現出該行為，「4」代表「一直」表現出該行為。

1. 肢體表達方面：

(1)直直地站著，並且面對聽眾。
　　　　1　　2　　3　　4
(2)隨著說話音調的高低而變化面部的表情。
　　　　1　　2　　3　　4
(3)保持與聽眾目光接觸。
　　　　1　　2　　3　　4

（二）圖表型評定量表

評分說明：根據學生在演講時所表現出的行為程度，在下列橫線上的適當位置打「✓」。

1. 肢體表達方面：

(1)直直地站著，並且面對聽眾。

　　從未　　很少　　偶爾　　一直

(2)隨著說話音調的高低而變化面部的表情。

　　從未　　很少　　偶爾　　一直

(3)保持與聽眾目光接觸。

　　從未　　很少　　偶爾　　一直

（三）描述型評定量表

評分說明：在下列橫線上的適當位置打「✓」，以表示學生在演講時所表現行為的最佳描述。

1. 肢體表達方面：

(1)直直地站著，並且面對聽眾。

| 僵硬、不專心地移動身體，不敢看著聽眾 | 不安地來回走動，目光隨意亂飄 | 站得直直的，並且一直面對著聽眾 |

評論：_____

（接下圖）

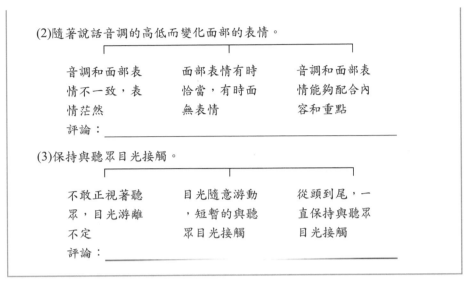

(2)隨著說話音調的高低而變化面部的表情。

| 音調和面部表情不一致，表情茫然 | 面部表情有時恰當，有時面無表情 | 音調和面部表情能夠配合內容和重點 |

評論：＿＿＿＿＿＿＿＿＿＿＿＿＿＿＿

(3)保持與聽眾目光接觸。

| 不敢正視著聽眾，目光游離不定 | 目光隨意游動，短暫的與聽眾目光接觸 | 從頭到尾，一直保持與聽眾目光接觸 |

評論：＿＿＿＿＿＿＿＿＿＿＿＿＿＿＿

● 圖 6-4　各種評定量表的例子

3. 描述型評定量表

又稱作評分規準，即使用簡短的描述語句（如：快速完成作品、緩慢完成作品、沒有他人幫助無法完成作品等）來評定學生在實際表現中可被接受的最低表現水準的一種評量工具。在每個試題或每組試題後面，也可以預留一些空間供作書寫文字評論之用，以補充說明評定的意義或描述如何改善表現的建議。典型的描述型評定量表（descriptive rating scale）例子，如圖 6-4 之(三)所示。

根據上述三種類型評定量表的說明，其實可以將其統整在單一個被評量的試題上，且做如下的安排。

例子 ▸▸

評分說明：仔細評定下列每道試題，並圈選出適當的數字；或在線上適當的位置處打「√」。數字的意義分別表示——5：傑出，4：優秀，3：普通，2：低下，1：劣等。並且在每道試題後面，都預留一些空間以供書

寫文字評論之用。

(1)針對某方案準備一份很詳細的計畫書。

```
        ┌──────┬──────┬──────┬──────┐
        1.     2.     3.     4.     5.
    計畫太一般性      計畫格式適當        計畫很詳細
    且模糊不清        但需要補充          且又完整
    評論：_____
```

　　若要根據數字型和圖表型評定量表的評量結果，做成一份量化數據報告的話，最簡便的作法即是將在上述兩種評定量表上評量的數字或位置（可將其轉化成數字單位），直接加總起來得一總分，再除以評定量表的全部評分總數（例如：每題有五個評分項目，最高者評 5 分，最低者評 1 分，一共 10 道題目，則可得到總數 $5 \times 10 = 50$ 分），得一百分比值，即可作為評定結果的量化指標。

　　另外，若使用描述型評定量表的評量結果，則要進行量化分數報告時，也可以仿同檢核表量化成等級分數一樣，先由教師事先設定評定結果的表現標準，例如：

　　「卓越」：面對聽眾，穩穩地站著，並且保持目光接觸。

　　「優良」：偶爾面對聽眾，直直地站著，時而保持目光接觸。

　　「普通」：目光游移不定，稍微目光接觸，表情與聲調不一致。

　　「低劣」：不安地走動，沒有目光接觸，聲音單調，面無表情。

　　然後將評定學生後的資料加總起來，轉化成等第或等級分數，並對照上述質化描述的用詞，來解釋學生表現行為的好壞。這也是一種將量化資料轉化成質化詮釋，來評定學生成就表現的作法。

　　要設計一份作為實作評量用的評定量表，通常包括下列步驟：

1. 條列出所要進行評量的每一道過程或成果特質。
2. 選擇所要使用的量表類型及評定點數，並且以描述語句或片語來界定它們。
3. 在評定量表上依序排列試題，以方便使用。

4. 提供清楚、簡短的評分說明，以告知如何在量尺上評定每道試題。

5. 如果為了診斷或教學的緣故，尚須提供可供作書寫文字評論的空白處。

（四）作品量表

作品量表的格式亦與評定量表相類似，其內容包括一系列足以反映出各種不同品質程度的範本作品；例如，在判斷書法字跡的美醜與工整性時，我們也許會挑選五份書法字跡品質在「卓越—低劣」的連續量尺上大約等距的作品範本，然後依序在每份作品範本上標記數字（如：5、4、3、2、1），數字愈大即代表書法字跡的品質愈美、愈工整，數字愈小即代表書法字跡的品質愈醜、愈潦草，這種量尺表示法即為作品量表。接著，將每位學生的書法作品字跡依序與這五種範本對照，看看每位學生的字跡符合哪一種範本，即得該範本代號的分數，該分數即用來表示書法字跡的美醜與工整程度的數值。例如，某生的書法作品字跡接近 3 號範本，他的得分即為 3 分。同樣地，作品量表也可以應用到諸如：繪畫、模型、木工、烹飪等領域。當某種作品的品質很難以一組特徵來下定義，但使用整體的判斷法還算可行時（如：藝術品的鑑賞），使用作品量表的評定方法特別適當。

要發展一套作為實作評量用的作品量表，通常必須遵守下列的步驟：

1. 挑選三至七種不同品質程度的作品範本。

2. 依序（即依據某種評量標準）排列這些範本，並標上號碼，號碼愈大，即代表該作品的品質愈高。

3. 將學生的作品依序與該作品量表相對照，找出與範本相似或相同者，並給予該範本所標記的號碼分數，以作為該學生作品的品質得分。

（五）檔案評量

通常，使用系統性觀察及軼事記錄、檢核表、評定量表及作品量表等方法所蒐集的實作評量資料，多半是一次僅針對一件表現行為事件來進行的。如果教師想要蒐集到更多足以代表學生典型行為表現樣本的話，也許可以借用檔案（portfolio）的蒐集工作，來當作一種實作評量方式使用。例如，學生的寫作檔案可以用來評量他們的寫作技能，繪畫方面的檔案可以

用來評量他們的美術技能，便是一例。

　　在某些情況下，所有教室內表現成果的檔案，都可以被當成是一個整體來加以組織和運用。因此，所謂的檔案，即是泛指用以顯示學生在一個或數個領域內，有關學習成就或持續進步訊息的一連串表現、作品、評量結果，以及其他有關學習成長記錄等資料的彙集。它不光只是收集學生作品的檔案夾而已，而是有意義地收集學生邁向重要課程目標之成長與發展方面的相關作品樣本，整個檔案從內容的放入、標準的選擇和評分標準的決定，都有學生參與其中，並且還包括更重要的學生自我反省證據。近年來，由於這種檔案評量（portfolios assessment）方式具有諸多使用優點，在教室情境中的應用已有逐漸受到教師們重視的趨勢（Airasian & Russell, 2008; Hart, 1994; Stiggins, 1994; Wolf, 1989）；甚至，我國正在推動十二年基本國民教育的課程評量方式，亦具有相當重視檔案評量的設計精神與功能。我們將針對檔案評量的細節，獨立整理成為一個專章（即本書第八章），好好說明它的重要性與未來的應用趨勢。

 貳　實作評量的限制與改進

　　實作評量多半適用在情意與動作技能的教學目標評量上，雖然它也可以用來評量局部的認知能力目標，但在大多數情境之下，還是以非認知能力範圍的教學目標之評量為主。因此，我們必須先瞭解實作評量的限制，才能進而改善這種評量方法。

一、實作評量的限制

　　實施實作評量的目的之一，不外乎想根據評量結果來為學生做決策。因此，獲得一個正確而又可靠的評量結果，便成為一件很重要的事。然而，實作評量一如論文題的評分一樣，需要仰賴評分者的主觀觀察和判斷才能評分，因此，評量結果難免存在很高的評分者誤差。所以，實作評量的最大評量誤差來源，即是來自評分者誤差。評分者誤差如果太大的話，將會影響實作評量結果的信度及效度，進而讓所得的評量結果既缺乏可靠性，

又缺乏正確性。因此，要克服實作評量所可能遭遇的限制，唯有從瞭解評分者誤差的來源著手。

一般而言，實作評量常遭遇到的評分者誤差，有下列三種來源：(1)偏見；(2)月暈效應；(3)評量次數偏少。這些誤差來源，最直接影響到的就是實作評量的信度和效度問題。

（一）偏見

偏見是造成實作評量不公的常見因素之一。教師常會因為學生的母語、先前經驗、性別、種族或意識型態等因素，而對學生有先入為主的偏見觀念，對不同族群學生的評分結果自然就會不一樣。這種偏見影響所及，造成學生的實作評量結果並不代表學生真實的技能或潛在特質，因而據此結果所做成的決定也將會是錯誤的，終將降低實作評量的效度。

最常發生在教師身上的偏見現象，即是教師常有將學生的實際表現評定在少數幾個等級範圍內的傾向或習慣。第一類偏見現象，即是將學生的表現一律評定在較低等級之處（如：不論學生表現如何，最高得分一律只能得「B」或「80 分」），這類偏見現象即稱作「嚴苛的錯誤」（severity error）；第二類偏見現象，則是將學生的表現一律評定在較高等級之處（如：不論學生表現如何，最低得分一律至少得「B」或「80分以上」），這類偏見現象即稱作「慷慨的錯誤」（generosity error）；第三類偏見現象，則是為了避免評在兩個極端，而將學生的表現一律評定在中間的少數幾個等級內（如：不論學生表現如何，有一位學生得高分，就必須有一位學生得低分，但平均起來大約是得「C」或「60 分左右」），這類偏見現象便稱作「趨中的錯誤」（central tendency error）。但是，不論上述何種評分習性所造成的評量過失，都將影響到：(1)評量結果不具有學生實際表現行為的代表性；(2)評量結果將喪失區別學生表現優劣的功能。因此，偏見所造成的影響，不單只是實作評量的效度而已，更影響到實作評量的鑑別度。為求一個公平、客觀的實作評量，教師應該極力屏除任何可能的偏見現象。

（二）月暈效應

由於教師與學生朝夕相處，教師平時對學生的觀察瞭解，自然會形成一股一般性印象（general impression）。所謂的月暈效應，即是教師根據這股一般性印象，來針對學生的實際表現進行評分所造成的不良影響。例如，當教師對某些學生的一般性印象良好時，可能也會推論認為該批學生的其他所有表現也都一定良好，因而傾向給予評定較高的等級或較好的成績；反之，如果教師對某些學生的一般性印象很差時，也很可能會推論認為該批學生的其他表現也一定不會很好，因而傾向給予評定較低的等級或較差的成績。因此，不論是哪一種月暈效應，教師評量的結果都會產生系統性的評分者誤差，因而影響到實作評量的信度，使得評量結果的可靠性令人質疑。

（三）評量次數偏少

由古典測驗理論的真實分數模式可知，真實分數是根據多次測量結果的平均數而求得的，因此，單獨一次測量必然會有誤差存在；而實作評量也不例外。特別是，實作評量是建立在對學生的表現或作品（即成果）的觀察與判斷基礎上，因此想要獲得一個比較接近真實分數特質的評量結果，就必須在不同時間內、針對同一表現或作品進行多次的觀察與判斷，所獲得評量結果的平均數才會接近真實特質。

然而，當實施實作評量的過程評量時，如果教師沒有事前擬妥所要觀察的每個過程事項及其表現標準，或者是在進行作品評量而沒有確定評分標準時，教師都很容易為了方便起見，僅以單獨一次的評量結果充當學生整體學習成就的代表，這種評量誤差傷害最大的，當然就是實作評量的信度。當實作評量的信度與效度都欠佳時，所獲得的評量結果也就無法達成其評量目標。

因此，若要獲得一份比較具有可靠性（即信度）的實作評量資料，教師最起碼要針對同一表現或作品進行多次觀察與判斷，或者是邀請多位教師一起針對同一表現或作品進行觀察與判斷才行。在此，各種評分者信度

指標的計算結果，都可拿來作為實作評量中的評分者間或評分者內的信度係數。

二、實作評量的改進

實作評量可以提供有關學生學習成就的有用訊息，但容易受到所有觀察和判斷誤差的干擾；諸如：評分者的偏見、月暈效應、評量次數偏少等。因此，實作評量若要提供有效的訊息，就應該要特別注意能夠增進其評分結果的客觀性、信度和意義的因素。讀者除了可以參考論文題的評分原則（參見本書第五章第一節「論文題的命題技巧」說明）外，下列條述事項，也是用來改進實作評量的具體建議：

1. 以可被觀察到、測量到，以及進行數字量化的術語，明確說明預期的表現結果，並且描述評量結果的用途。
2. 擬定清楚、明確且適合學生程度的表現標準。
3. 將這些擬定的表現標準個數，限定在合理的數目（如：十至十五個）範圍內。
4. 選擇足供學生表現的最真實測驗情境。
5. 如果使用結構化施測情境，則提供一份清楚且完整的施測指導說明。
6. 在觀察、判斷和記錄表現時，盡可能保持客觀、公正。
7. 在各種條件下觀察表現，並且盡可能使用多次觀察和判斷。
8. 在觀察之後，宜盡快做記錄和判斷。
9. 盡量使用清楚、適當且方便記錄的評量工具。
10. 盡量使用可能會被採用的評分方法（如：整體評量用的整體性評分法、個別診斷用的分析性評分法）。
11. 告知學生用來評量其表現的方法和標準各是什麼，並且根據這些標準來進行教學。
12. 配合其他方面的成就證據，來補充和驗證實作評量的效度。

CHAPTER 7

認知能力的
實作評量類型

在前一章裡，我們討論過實作評量的基本概念，也知道實作評量比較適合應用在針對情意與動作技能目標的評估上。但是，在諸多升學考試、檢定測驗、診斷評量、補教教學或就業甄試上，仍舊是以認知能力的評估與測量占最大宗。因此，本章的目的，即是延續前章針對實作評量的基本內涵與型態之後，介紹幾個可以適用於評估認知能力目標領域的實作評量類型。過去學校教育中比較欠缺注意與重視這些類型的實作評量，但近年來，由於受到教改風潮的影響與對特殊教育的重視，而有愈來愈受到青睞的趨勢。

第一節　口試評量

口試作為一項實作評量的方法，其來有自已久，早在紙筆測驗盛行之前，即已成為傳統教育的主要評量方法和工具。口試的起源，可追溯到人類發明語言之初，甚至古聖先賢對學生與大眾們的教導、開示、詰問等，都可說是「口試」方法使用之濫觴。有名的蘇格拉底詰問法（the Socratic method）、耶穌的傳道、釋迦牟尼對大眾的開示傳法、孔子與弟子們的對話、科舉考試中的對策論辯、近代文官考試中的口頭問答、團體討論，乃至就業時的面談（interview）等，都是口試方法的應用例子。

與其他的實作評量方法一樣，口試亦容易因為評分者的主觀因素（如：

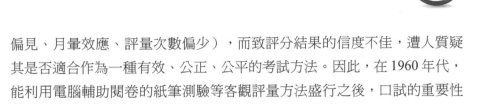

偏見、月暈效應、評量次數偏少），而致評分結果的信度不佳，遭人質疑其是否適合作為一種有效、公正、公平的考試方法。因此，在 1960 年代，能利用電腦輔助閱卷的紙筆測驗等客觀評量方法盛行之後，口試的重要性便逐漸沒落。

近年來，為了因應千禧年及迎接二十一世紀的來臨，世界各國興起「教育改革思潮」，無不強調「多元評量」的重要性以作為因應之道。在國內，教育部亦先後推動「九年一貫課程」、「十二年國民基本教育」等大型的教育改革政策，極力要求全國中小學務必採行多元評量管道，從事多方面的學習成就評量，以彰顯教育政策的推動成效。此外，考選部舉辦之國家考試（如：公務人員高等考試、特種考試、升官等考試，以及部分特殊專技人員考試，約有三分之一的國家考試類科，均兼採口試評量方式為之）、教育部的公費留學考試、英文檢定考試（如：英文 TOEFL、TOEIC、全民英檢測驗）中的口說能力測驗、大學及研究所入學的推薦甄試、各縣市教育局舉行的教師甄試、各種就業時的面談等考試趨勢與需求，口試又逐漸受到重視，甚至成為決定考生能否錄取的關鍵性因素之一。

口試作為一種評量方式，可以同時評估到考生的許多面向資料，如：表情儀態、情意態度、心理動作技能、認知能力、組織與邏輯能力、口語表達能力、溝通技巧、音色與音量大小、發音正確性與說話速度，甚至部分人格特質等。但也因為如此多元的評量功能，往往容易讓口試評量的目標失焦，流於形式與無效，例如：沒有問到重點問題、天馬行空詢問一堆與考試目標無關的問題、詢問考生個人隱私或敏感的問題、考生答非所問、考生的回答偽裝與作假等。因此，這種沒有周詳規劃的口試評量方式，被稱作「非結構化面談」（unstructured interview），即是一般常見的傳統口試方式，往往被人詬病與質疑其效度。相較於事先周詳規劃的「結構化口試」（structured oral exam），非結構化面談具有偏低的效度，大約在 .14 到 .30 之間，而結構化口試的效度約在 .35 到 .62 之間（Campion, Palmer, & Campion, 1997; Marchese & Muchinsky, 1993; McDaniel, Whetzel, Schmidt, & Maurer, 1994）。

目前，結構化口試無論在內容、程序與評分上，均有一套標準化的處

理方式。在內容上，口試的題目必須事先擬定，題目必須具有鑑別力；在程序上，口試前、口試進行中及口試後的種種作業流程與實施細節都必須標準化；而在評分上，口試委員必須根據事先擬定的問題來詢問，並且根據考生的回答來與事先設定的評分標準做比較後，予以公正、客觀、一致地評分。要全面性做到結構化的口試評量，必須一致性、標準化地處理下列十五項議題（胡悅倫，2008；Campion et al., 1997）：

1. 口試問題的擬定。
2. 每一位考生均被詢問到相同的問題。
3. 即興問題與後續追問的處理。
4. 問題的形式與內容。
5. 口試的時間與問題題數。
6. 輔助訊息的控制。
7. 考生的發問時機。
8. 立即評分或總結性評分。
9. 定錨評量的使用。
10. 筆記的運用。
11. 多重的口試方式。
12. 考生都能接受相同口試委員的詢問。
13. 口試間口試委員的問題討論。
14. 口試訓練。
15. 事先擬定計分標準與方式。

　　欲實施一場結構化的口試評量，與前章所述的實作評量方法一樣，往往需要考量許多因素，例如：時間、人力、物力、成本、各種資源的支援、承辦單位的想法與意願等。而最常見的困難處，往往是在如何擬定口試問題與如何評分（胡悅倫，2008）。因此，本節參考許多專家的建議（胡悅倫、余民寧，2009；胡悅倫、陳皎眉、洪光宗，2009），將如何準備與實施一場結構化口試，分成下列幾個重點面向做討論，以更精緻化、結構化呈現口試評量的正確作法。

壹 職能分析

口試題目若要具有效度與鑑別度，就必須讓所詢問的問題直接與考試目標有關。若考試目標是選拔適合就業的優秀員工，那麼，所詢問的問題就必須與所從事的工作表現和能力有關；若考試目標是要甄選具有學習潛力的優秀學生入學，則所詢問的問題就必須與其過去的學習成就與未來的學習準備度有關。總之，最簡便、具體的作法，就是針對考試目標進行「職能分析」（job analysis），找出該工作領域所需要的核心能力，並作為口試詢問的問題。

職能分析是人力資源管理、組織行為學、人事心理學等學術領域的研究議題和研究重點，係指針對該工作領域的專家學者們，使用問卷調查、專家座談、焦點訪談，甚至是德懷術（Delphi technique）、結構化概念形成法（structured conceptualization method）（余民寧，1997；胡悅倫、余民寧，2009）等技術或方法，分析特定工作的重要細節與相關細項，使能對工作內容有一定階層綱目的瞭解，以便列舉達成這些工作細目所需具備的核心能力為何。口試委員能藉由職能分析結果，進一步擬定與發展出口試問題形式與內容，以資詢問考生，並由考生回答這些問題所做出的反應、能力表現與特質行為，提供口試委員做出正確的評分與判斷，達到選才的目的。通常，職能分析必須在舉行口試之前，即已完成結果分析，並列舉出核心能力的細項，以便作為口試委員擬題的參考。職能分析的作法相當多元與複雜，對此議題感興趣的讀者，可以參閱Gatewood、Field和Barrick（2008）的專書介紹，本節不再詳細贅述。

職能分析的好處，就是可以協助確立口試的目標與方向，幫助口試委員針對考試目標細節建立起共識，口試的命題基礎才能踏實。

貳 口試問題的擬定

在職能分析確立重要的核心職能與評估細項後，緊接著就是由口試委

員針對此分析結果擬定、改寫、創造、轉化成具體的問答句。根據過去文獻的歸納整理，口試問題的形式，大致可以歸納成六種類型（McDaniel et al., 1994）；亦即，口試委員可朝此六大方向來詢問問題。

1. **情境式口試問題（situational interview）**。即針對「某個特定情境下的行為反應為何」來發問問題。

2. **過去行為式口試問題（behavioral interview）**。即針對「過去某件事件發生時，考生當時的行為和行為結果為何」來發問問題，又可分成兩類問題來提問：最佳表現（maximum performance）與典型表現（typical performance）的問題。

3. **背景式口試問題（context interview）**。即針對「某事件發生的背景原因或條件，考生是否有所認知或瞭解為何」來發問問題。

4. **與工作知識有關的口試問題（knowledge-related interview）**。即針對「某件工作的相關知識，考生是否得知或瞭解程度為何」來發問問題。

5. **真實工作的模擬口試問題（simulated interview）**。即針對「某件假想事件若發生，考生會如何因應或反應為何」來發問問題。

6. **心理特質的口試問題（psychological properties interview）**。即針對「執行某件工作時，考生所需具備的心理特質或行為傾向為何」來發問問題。

此外，考試單位也可以從過去詢問過的口試題目庫來抽題準備，並經由改寫、仿作、創新或修飾等步驟，來重擬一道新的口試題目。當然，有系統地蒐集並建立口試題庫（oral exam item bank），並針對題庫內容做分析歸類，也是未來針對口試評量研究改進很重要的努力方向之一（胡悅倫、余民寧，2009）。

參　定錨評量

定錨評量（anchor rating）的使用目的，即是在建立評分規準或評分量尺（scoring scale），目的是希望未來每一位口試委員在評定考生的回答

時，都能有一套具體的定錨試題（anchor item）作為給分的參考依據，針對高低得分者各應該符合哪些表現條件或程度，都有一個明確的界定和說明，才能使得口試委員根據此一定錨試題得到具體精確的評分結果，以減少評分者間誤差，增加評分者間的評分信度。

一般而言，作為「定錨評量」用的試題，可以分成四類：

1. **範例式答案（example answer）**。即具有明確答案可供評分參考的例子，或考生可以明確回答的實際例子。

2. **對答案的敘述（description）或定義（definition）**。即口試委員可針對欲探知或瞭解之概念的描述或定義來詢問的例子。

3. **對答案的評價（evaluation）**。即考生的答案內容可以明顯分成優、良、可、劣等不同等級的例子。

4. **比較式的答案（comparative answer）**。即可將所有答案歸類成前30%、中40%、後30%等不同類型或程度評分的例子。

在實務應用上，我們可以綜合及交互使用上述各種定錨評量方式，而成為「多元定錨評量」方式；也可以僅使用量尺化的範例（scaled example）或描述式答案的量尺化評量，而成為「單一類型的定錨評量」方式；也可以只使用數字或形容詞來為定錨試題進行描述，而成為「非定錨式評量」方式；或者，不使用任何「數量」的語詞評斷，而只使用一些摘要、相對性的評語或團體討論方式等，來作為評定成績等第的「一般或傳統評量方式」。

肆 口試評量訓練

訓練口試委員去執行一場公平、公正、客觀的口試評量，就像發展一套標準化成就測驗去評量學生的學習成就一樣重要。口試委員的口試評量訓練目的，即是在確保所有口試委員都能使用同一套標準去對待每一位考生，並且給予同等公平、公正、客觀的評分。在這種評分過程標準化之下，考生的口試成績評定結果才會有理想的信度和效度可言。

　　因此，在實務的口試評量訓練作法上，通常需要訓練全體口試委員達到下列的評分共識：

1. 確定想要詢問的口試問題總數，並且要求每位口試委員都詢問相同的問題。
2. 先針對某一題問題的模擬回答答案，並根據定錨試題的評分量尺或等級標準進行各自評分。
3. 針對上述評分結果提出各別給分的理由說明，並且進行交互討論與辯論，以謀求評分標準的共識。
4. 再次針對另一題問題的模擬回答答案，並根據剛才的共識，再次進行各自評分。
5. 重複上述第3至4步驟，直到各自評分結果之間未達到顯著差異為止。

　　經訓練達到評分共識標準後，口試委員即可開始展開一場口試評量。是故，口試評量訓練可以提升口試評量的結構性程度，讓評分標準達成一致性，進而達到增進口試效度的目的。

第二節　概念圖評量

　　雖然實作評量主要是針對情意和動作技能目標而來，然而，認知目標的評量除了使用紙筆測驗（如本書第四章和第五章所述各種題型測驗）外，我們也可以導入實作評量的理念，將它轉換成以評量概念之間關係結構為主的圖形評量方法──概念圖評量（concept map assessment），以企圖將學習活動從過去偏重機械式記憶（rote memory）的學習方式，轉變成偏向有意義學習（meaningful learning）的方式。

　　「有意義學習」係美國心理學家 D. Ausubel（1963, 1968）所提倡的學習理論精髓，意指學習者將所要學習的新知識與既有的舊概念之間，聯結成一種有意義的網路脈絡形式〔即形成一道有意義的命題（meaningful proposition）〕，即可產生有意義的學習。後經美國康乃爾大學生物系教授 J.

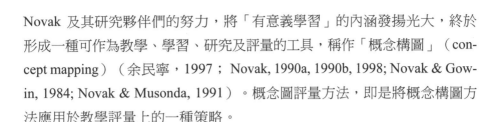

Novak 及其研究夥伴們的努力，將「有意義學習」的內涵發揚光大，終於形成一種可作為教學、學習、研究及評量的工具，稱作「概念構圖」（concept mapping）（余民寧，1997； Novak, 1990a, 1990b, 1998; Novak & Gowin, 1984; Novak & Musonda, 1991）。概念圖評量方法，即是將概念構圖方法應用於教學評量上的一種策略。

概念構圖的實施步驟

欲實施概念圖評量方法，教師必須先瞭解概念構圖的教學活動及其基本要點（余民寧，1997）。茲說明如下。

一、選擇（selecting）

教師先針對某個有意義材料的範圍（如：教科書中的某個章節或段落、某篇報章雜誌的報導、某次演講的記錄筆記、某個問題解決的策略，或甚至是教師所擬在課堂上討論的話題等），要求學生閱讀，以便決定討論主題的中心概念。

其次，從所研讀的材料中，挑選出一些關鍵字或片語，每個各代表一個概念，然後在黑板上或投影片上列出這些概念，接著與學生討論哪一個概念是文章中最重要、且最具概括性的概念。或者，教師可以要求學生將每個概念寫在卡片上，每張卡片只能寫一個概念，以方便後續活動的進行。

二、歸類及排序（clustering and ordering）

從前一個步驟所挑選出的概念中，要求學生根據每個概念所包含屬性的從屬關係（superordinate-subordinate relationship）或概括性，將屬性相似或相同者歸為一類，屬性不相似或不相同者分開歸類，如此可以獲得至少兩類以上的集群（clusters）：一類為具有從屬關係或階層關係（hierarchies）的概念，另一類則為彼此間不具任何關聯或歸屬關係的概念。其實，這項歸類工作是將所有的概念分成兩類：(1)階層性（垂直）關係的概念：

即表示概念與概念之間具有從屬或階層隸屬關係者；(2)非階層性（平行）關係的概念：即表示概念與概念之間不具有任何的從屬或階層關係者。

接著，就每一類群內概念間的關係，根據其從屬關係或階層關係，按一般化到特殊化的順序，將上述所挑選出來的概念依序排列成一個概念序列表；也就是，將最具一般化、最具概括性的概念排在愈上頭，而逐漸排列較不一般化、較不具概括性的概念者，依序遞降，直到最後排列最具特殊化、最具體化的概念。至於彼此無關聯者，則可以將其放置於平行位置。最後，終於可以形成一個從上往下階層分布的概念圖，其上下階層的關係與左右平行的關係，各自代表不同概念間的各種關係，這些關係可能是從屬或階層關係，也可能是無任何關聯的平行關係，端視所挑選概念的屬性而定。

教師可以指導學生將各個概念卡片及其間的關係，排列及排序在桌面上。學生可以根據自己的思考，隨時調整卡片的位置，一直到覺得滿意為止。最後，按排序完畢後每個概念相對位置的概念圖形狀，依樣繪製到一張 A4 大小紙張上，以方便後續活動的進行。

三、聯結及聯結語（linking and labeling）

再要求學生將有關聯的任何兩個概念間，用一條直線來聯結，以形成一道有意義的命題，這一條直線即稱作聯結線（linking line），其聯結兩端概念所形成的這道命題必須是有意義的才行；換句話說，無法形成有意義命題的任何兩個概念間，是不可以聯結在一起的。

畫好聯結線後，在該聯結線旁加上適當的聯結語（labels），聯結語可以是動詞、形容詞或副詞等可用來說明這兩個概念間關係和意義的詞句。這樣所完成具有樹狀結構的圖形，便是所謂的「概念圖」（concept map）。每位學生所畫出的概念圖，其中所使用的聯結線和聯結語未必相同，但所顯示出來的個別差異，即表示學生在概念學習過程中對概念間關係理解的個別差異程度和學習成就。

四、交叉聯結 （cross linking）

接著，針對概念圖中不同集群的概念間，找出具有相關聯者，並以聯結線將其聯結起來，再標示適當的聯結語，以顯示不同集群間的關係，這種橫跨不同概念集群間的聯結線便稱作「交叉聯結線」，這兩種不同概念集群間的聯結關係，便是「交叉聯結」關係。

交叉聯結是創造力思考的表徵，表示學生的思考模式能夠突破僅在同一集群內思考概念間關係的藩籬，而往外開創另一種新穎的觀點，創新聯結兩群概念間可能具有的意義關係，再造一種新的有意義命題。基本上而言，這種交叉聯結是教師在教學時所應該鼓勵的行為表現，並且也是激發學生發揮想像力、創造力及應變力的泉源，不僅讓學生養成問題解決的思考習慣，更能增進對學習成果長期記憶的保留量。

五、舉例 （exampling）

最後，針對概念圖的最底端概念，也就是最特殊化、具體化的概念，要求學生舉出不是經由上述第一個步驟所挑選出來、而是由學生融會貫通後能夠舉一反三所舉出的課外具體例子，這些例子可以包括任何事件或物件，只要不是經由第一個步驟所預先決定、挑選的例子都行。教師鼓勵學生創新舉出自己的例子，主要的目的是在觀察學生是否真的融會貫通某些概念；而避免要求學生以現有教材的概念例子作為舉例的項目，其目的即是在避免學生因為沒有澈底瞭解概念圖的意義，而僅將教師事先預擬的概念例子以機械式方式死背下來作為答案，如此的學習又會落入機械式的學習，並不是教師所樂意見到的。

學生能否舉出適當的例子，正足以反應出學生對學習到的概念是否真正的完全瞭解、是否能夠舉一反三，以及是否明瞭整個主題概念的結構意義。因此，透過舉例，可以看出學生對概念學習成果的品質高低。能舉出自己例子的，即表示概念學習的成果較佳；反之，無法舉出自己例子的，即代表概念學習尚不夠完整、周延，較缺乏應變與創新思考的能力。

　　透過上述概念構圖的實施步驟，教師可以在黑板上或投影片上示範教
學和舉例，也可以將它當成一種家庭作業，讓學生攜帶回家練習；甚至於，
把班級學生分組進行概念構圖的練習，讓學生參與小組的討論或辯論，練
習與其他人溝通概念或命題的意義，並建構自己的知識，以及從同儕眼中
瞭解不同的觀點和見解，促進培養團隊合作學習（cooperative learning）精
神，以增進有意義的學習行為和學習成就（Okebukola, 1992; Okebukola &
Jegede, 1988; Roth, 1994; Roth & Roychoudhury, 1994）。

　　一個典型的概念圖例子，如圖 7-1 所示（Novak, 1990a）。

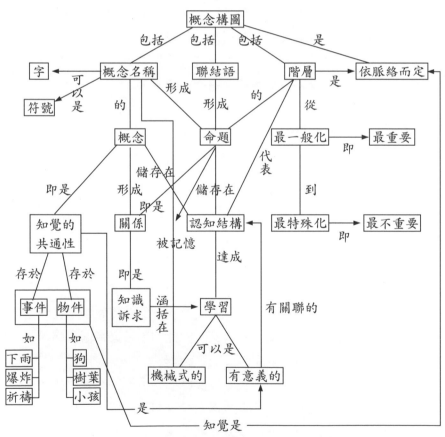

註：圖中的聯結語與概念合併形成命題，並且顯示在階層結構中。

● 圖 7-1　概念構圖中的重要概念和命題的概念圖示

貳 概念圖的評量方法

從應用的觀點而言，概念構圖不僅可以作為一種教學策略，更可以作為一種評量工具（Markham, Mintzes, & Jones, 1994; Moreira, 1979, 1985; Schmid & Telaro, 1990）。在作為評量工具方面，研究者可以學生所繪製的概念圖作為評量學習成就的對象，而在計分方式上，則可以依據 Novak 和 Gowin（1984）的名著《學習如何學習》（*Learning how to learn*）一書中所提的建議，將學習者的概念圖分成四個結構成分，並分別計分如下。

1. 關係（relationships）

係指將兩個概念聯結成一道命題的聯結關係而言；其中，聯結線和聯結語必須表達出這兩個概念間的聯結關係是有意義且是有效的（meaningful and valid）。在評分時，只針對每個有效且有意義的命題聯結關係進行判斷和計分，至於模糊甚至錯誤的聯結關係則不予計分，亦不予扣分；通常，一個有效且有意義的聯結關係，給予 1 分。

2. 階層（hierarchies）

係指概念圖中所呈現出的階層個數而言；其中，每一個附屬概念應比其上階層概念更具特殊性、更具體化才行，亦即，概念圖中概念的排列是否呈現階層性。在評分時，只計算有意義和有效的階層關係，並給予相對於有效聯結關係 3 到 10 倍的分數。因為在概念圖中，「有效聯結關係」的次數要遠比有效階層關係來得多，因此這 3 倍到 10 倍的取捨，端視研究者的目的而定。此外，若概念圖呈現「不對稱」的時候，則以分支（branch）較多的那一個「架構」（framework）來計算有效的階層個數；通常，每一個有效且有意義的階層，給予 5 分。

3. 交叉聯結（cross-links）

係指概念圖中某概念階層的一部分和另一階層的部分概念間呈現有意義的聯結而言；其中，所呈現的聯結關係必須是重要且有效的。交叉聯結是指兩個經過統整後的概念階層間有效關係的聯結，因此，它比上述「概

念階層化的程度」更能作為學生是否達到有意義學習的指標；同時，交叉聯結亦可作為創造力的指標，獨特的或具創造力的交叉聯結可以給予特別的認可或給予額外的加分。所以，在評分上，應特別注意學生創造力的表達，並給予鼓勵；一個有效的「交叉聯結」，其得分通常是「有效階層」的 2 到 3 倍。所以，每一個重要且有效的交叉聯結，給予 10 分；每一個有效但不能指出相關概念（或命題）之組成的交叉聯結，則給予 2 分。

4. 舉例（examples）

　　係指學習者能根據自己的理解，舉出特殊且具代表性的例子而言；其中，所舉出的例子必須是學習者將知識做一番統整後，以特定的事件或物件（但非教材上的現成例子）作為例子才行。一般而言，根據學習者所舉出的例子特性，教師便可一目了然地知道學生是否真正掌握正確的概念。但是，除非學生能舉出特殊的例子以表示他已經將知識作一番統整，此時才能給予較高的計分；否則，有時候的「舉例」也有可能是機械式學習的成果（例如：把教材上的某些例子背下來，以便舉例用）。因此，在評分上，學生的舉例若已表明出其概念間的關係，則每一個特定被舉出的事件或物件例子，即給予 1 分。

　　根據上述的計分原則，將每位學生所繪製的概念圖分別逐項計分，再將各項計分所得分數加總起來，得到一個總分，以代表每位學生在概念學習後所習得該概念間關係結構的一項成績或成就指標。該項總分愈高，即表示學生的概念學習愈好，對概念與概念間的關係理解得愈透澈、愈清楚；反之，則表示學生的概念學習愈差，對概念與概念間關係的理解尚缺乏完整性、正確性，或甚至是具有錯誤、偏差與誤解概念間關係的現象存在。經由這項評分工作，教師即可發現學生在概念學習上有哪些概念間的聯結、階層分類、交叉聯結或舉例是正確的或錯誤的、有哪些是共同一致的或個別特殊的、有哪些則是多餘的或欠缺的，以便針對具有錯誤、偏差、不完整概念圖的學生，作為對症下藥、進行個別矯正或補救教學的對象。

　　此外，教師本身亦可以根據學生所用來構圖的概念，自行建構一個標準的概念圖，以當成比較或評分的參照，並且根據上述計分原則予以計分。

再將學生的概念圖分數除以該標準概念圖分數,求出一個百分比值,以作為進行比較學習是否進步的參考依據。或許,對於少數頗具創造力的學生而言,他們的概念圖可能繪製得比標準概念圖還好,因此,他們所獲得的百分比值有可能超過百分之百(即超過 100%);但是對於大多數學生而言,他們所繪製的概念圖通常不會優於標準概念圖,因此,所獲得的百分比值應該都不會超過百分之百。關於這項百分比值的用法,可以被視為是學生學習某種教材概念的精熟程度指標,或者作為學習成就的另一種代替指標。

一個典型的概念圖評量例子及其計分原則,可以參見圖 7-2 所示(Novak & Gowin, 1984)。

經由上述評分原則所獲得的概念圖分數,不僅可以作為學習者的學習成就指標,以取代傳統紙筆測驗的評量總分(余民寧、陳嘉成,1996;余民寧、陳嘉成、潘雅芳,1996;余民寧、潘雅芳、林偉文,1996;Markham et al., 1994; Moreira, 1985)。若將概念圖發回給學生知道(即提供學生回饋訊息),則更可以促使學生為自己的概念圖答案(即聯結關係)做辯護,在經過一番答辯後,也許可以促使學生與同儕之間達成共識,或明瞭自己的錯誤概念所在,以方便學生針對自己的缺失或錯誤進行改變。只要教師能將概念圖視為一種後設學習工具,經由答辯的過程,將使學生能更進一步「監控」(monitor)自己的知識或概念是如何操弄的,那麼,概念構圖本身即足以構成有意義的學習,即可達成有意義的學習目的(Novak & Gowin, 1984)。

總之,概念圖之所以能對學生的學習產生效果,其主要的機制並不在於提供一個使學生容易記憶的圖像,而是讓學生自行建構屬於自己的概念圖,使學生透過「概念圖」的組型,來區辨並思考概念與概念之間的關係,進而將這些概念以有系統、有層次、有組織的方式統整起來(Novak, 1991, 1993)。這種主張,似乎與持「建構知識論」(constructivist epistemology)者所認為知識的獲得乃是個人主動建構的過程,頗為相似;概念圖則是將此建構的過程,更具體地表現出來而已。因此,概念構圖不僅可以當成是一種學習的監控策略(即:後設學習策略),亦可以作為檢視既存知識結

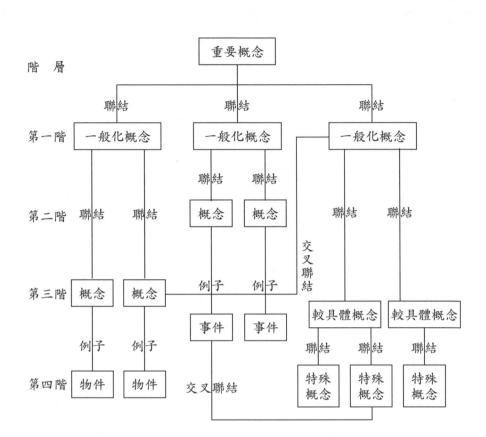

計分原則：（僅計算有效且重要者）
（項目）：（分數）（個數）＝得分
聯結關係：　　　　1×12 ＝ 12
階層：　　　　　　5× 4 ＝ 20
交叉聯結：　　　　10× 2 ＝ 20
舉例：　　　　　　1× 4 ＝ 4

總計：　　　　　　　　　56分

● 圖 7-2　概念構圖的計分例子

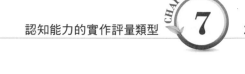

構組成元素的工具，用來評量學生的知識結構及其變化（Novak, 1990a, 1990b; Wallace & Mintzes, 1990; West & Pines, 1985）。

概念圖對目前的教學及評量至少具有下列涵義：「學習乃是一種個體不斷的作有意義的知識建構與重組的過程，並且受到個人既有知識、經驗、記憶和基模的影響甚深。因此，在教學上，教師應認清教學策略應先放在幫助每個學生都能站在自己的基礎上（先備知識）來學習；在評量上，教師也應認清評量的用意是在幫助學生找出兩次學習間，學生已知和未知的知識與概念有哪些、其間關係的聯結還有哪些不清楚，或聯結有錯誤之處而必須加強熟練或更正的地方。而概念構圖適時的誕生，正可以彌補傳統教學與評量方式之不足，成為一種新興的後設認知策略。相信它對扭轉機械式學習而成為有意義學習而言，是一種極具潛力的教學方法。」（余民寧、陳嘉成、潘雅芳，1996）

未來，概念構圖的發展和應用，仍然有許多值得努力研究的方向。例如，在推論效度方面仍有待建立、在教學與課程設計上仍有待應用發展、在評量策略及學習成效上仍有待繼續研究證實等，在在都值得後繼學者專家持續努力，以逐漸累積這方面的應用研究文獻，如此，才能推廣有意義的學習於各級學校，維繫終身教育的理想。對有意義的學習理論及概念構圖的其他應用策略感興趣的讀者，可以參閱筆者另一著作《有意義的學習：概念構圖之研究》（余民寧，1997）的深入討論。

第三節　動態評量

強調學習歷程或評量過程的重要性，是實作評量的一大特徵，也是它的一大工作重點。在學校場域中的認知評量，除了紙筆測驗及概念圖評量外，還有一種針對學習困難、學習落後、學習障礙或有特殊學習需求學生所採取輔助學習進展及診斷學習困難與錯誤的實作評量方式，稱作「動態評量」（dynamic assessment）（Feuerstein, Rand, & Hoffman, 1979）。

動態評量，顧名思義即是一種重視歷程的評量方式，教師藉由「測驗

一介入（提供協助）－再測驗」（test-intervene-retest approach）的互動形式，對學生的一般認知能力或特定學科領域（通常多半是針對數理學科）進行持續性學習歷程的評量，以瞭解學生在認知發展上的可修正程度，以及確認學生所能發展的最大學習潛能所在；同時，它也能診斷學生學習錯誤原因，以便提供處方性訊息，進行適當的補救教學措施。它的特色有別於傳統評量靜態方式只評量一次（無論是作為常模參照或效標參照評量）就決定學生的學習成果，反而是針對一次學習成果反覆進行多次的評量，並視教師提供協助量的多寡來遞減給分，其涵義即是著重學習歷程或認知的改變量，以及在評量中強調教師與學生之間的雙向互動關係。因此，在當今的特殊教育或補救教學研究領域中，動態評量被視為一種用來評估學生認知能力改變及學習潛能發展的評量方式（Feuerstein et al., 1979; Feuerstein, Feuerstein, Falik, & Rand, 2002; Haywood & Lidz, 2007; Sternberg & Grigorenko, 2002）。

 壹　動態評量的理論基礎

　　動態評量背後的理論基礎或依據，即是來自前蘇聯發展心理學家 Lev S. Vygotsky 所主張的「近側發展區」（zone of proximal development, ZPD）概念應用（Zaretskii, 2009）。根據 Vygotsky 的認知發展理論（cognitive development theory）見解，學童認知能力的發展可以分成三個層次來說明：一為學童實際已學會或精熟的能力或成就層次，稱作「實際發展區」（zone of actual development, ZAD），這層次就是兒童心理學家 J. Piaget 所指稱的學童發展階段能力，處於什麼樣階段的學童就應該發展出具有什麼樣的能力；二為經過成人或教師的指導與協助後，學童即能夠學會或達成的最大能力或成就層次，稱作「學習潛能發展區」（zone of learning potential development, ZLPD），而「學習潛能發展區」與「實際發展區」之間的差距，即稱作「近側發展區」；三為無論有無獲得成人或教師的指導與協助，學童都無法學會或達到的能力或成就層次，稱作「無能力發展區」（zone of inability development, ZID）。因此，若給予學童適當的教育，每位學童

都將可以獲致學習的最大潛能，所以針對「近側發展區」的評估會比針對「實際發展區」的評估來得重要與精確，因為在多年的適當教育之後，每位學童的「實際發展區」將會擴大到包含整個「近側發展區」，進而充分發展成為其最大的「學習潛能發展區」。圖7-3 所示，即是用來表徵 Vygotsky 的「近側發展區」概念示意圖。

在 Vygotsky 的理論見解下，他認為學童認知能力的發展歷程是動態的，是在社會文化情境脈絡中進行的，學童的實際能力可藉由提高其與社會的互動關係，即可在互動中將其潛在發展力展露無遺，特別是學童與成人在問題情境之間的對話、示範觀摩、回饋與校正等互動關係，都有助於學童調整其認知結構與統整內化學習到的結果，進而發展出高層次的心理機制。所以，最好的教育方式便是能夠考慮到個別差異，亦即考量到每位學童的基本能力（實際發展層次）和近側發展區之不同，進而去設計對學童學習有幫助的課程活動、教材教法、教學策略甚至評量方法。因此，動態評量即是由教學者針對學習者的近側發展區，提供各種不同程度的協助以及不間斷評估學習者進展的一種評量方式（Feuerstein et al., 1979; Sternberg & Grigorenko, 2001, 2002）。茲舉一題「圓形面積」的解答問題為例，說明動態評量的重點概念如下：

1. 就任何一位還未學習過面積概念或乘法概念的學童而言，無論有無獲得鷹架的支持或協助，他絕對解不出「圓形面積」的問題（即 ZID，

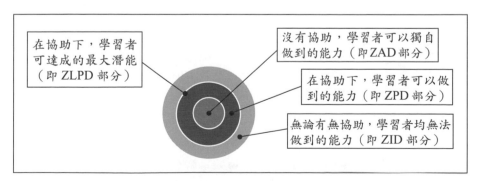

● 圖 7-3　Vygotsky 的「近側發展區」概念示意圖

沒有任何發展能力可言）。

2. 其次，就某位已學過面積及乘法概念的學童而言，他已遺忘面積的計算公式，此時，教師只要向他提示一下 $A = \pi r^2$ 的面積計算公式，或者提供其他類似面積計算的參考例子，他即可能計算出該「圓形面積」問題的解答（即 ZPD，在協助下即可學會的能力）。

3. 再其次，就某位已學會如何解題「圓形面積」的學童而言，他在解題過程中的某個環節犯錯，以致於無法正確解出，此時，教師只要指出他在哪一個環節裡犯錯或提醒留意有犯錯的地方，他即可能學會更正錯誤，並再次正確解題（即 ZPD，在協助下即可學會的能力）。

4. 最後，該名學童已學會並精熟該「圓形面積」的概念及解題方法，在沒有任何協助下，他依然能夠正確解題其他的「圓形面積」問題（即 ZAD，已學會或精熟的能力）。

貳 動態評量的實作方法

　　動態評量是以認知能力的可塑性為基礎，肯定學童在知覺、思考、學習、解題和成長過程中的主動地位，在評量過程中同時介入教學或其他協助，以體現且發揮教學與評量合一的理念，並藉由師生互動過程中，評量學童的問題解決能力及深入觀察學童的學習發展歷程。所以，動態評量不只評量學童在知識或技能上的外在表現而已，而更關心的是學童在解題背後的思考歷程，以及學童的哪些高階思考能力能因為師生間的教學互動而被提升。

　　例如，以評估學童的數學解題能力為例。在傳統的標準化測驗中，學童常因困難而表現退縮、失常、低落，即會被評定為智障、低能或低成就表現。但在動態評量中，教師則可依據學童的表現，適時提示解題邏輯或關鍵步驟，再觀察學童是否能因教師提示的內容而表現出有生產力的思考。教師並可針對學童的些微進步即給予正面的肯定與鼓勵，也可再提供其他類比性的問題或較簡化的題型，以引導學童聯想並藉此瞭解學童是否會因而得到啟發，習獲完整解題歷程的能力。所以，動態評量的目的即在真正

瞭解學童的學習困難所在，並在評量過程中適時給予提示、協助及鼓勵，以試探學童既有的先備知識及其不足之處，並在識別出個別差異之際，評量出學童的潛在能力。

　　動態評量的開始，係針對學習落後、認知障礙或有特殊學習需求學生而來，是一種為了診斷學習困難、改善學習及輔助學習進展的實作評量方式。發展至今，已被充分應用到臨床診斷、學習障礙或遲緩者補救教學、語言學習、認知發展、測驗與評量等領域（Haywood & Lidz, 2007）；甚至，有學者主張所有的評量都應該算是動態評量的一種，才能真正評估出學童的學習潛能（Sternberg & Grigorenko, 2001）。針對動態評量的研究，學界已發展出諸多的教學模型，本節在此無法一一詳談，不過，筆者歸納眾多學者的見解（Brown & French, 1979; Campione & Brown, 1987; Carlson & Wiedl, 1992; Embretson, 1991; Feuerstein, Rand, Jensen, Kaniel, & Tzuriel, 1987; Feuerstein et al., 2002; Lidz, 1991），提出一個動態評量應該具有的基本步驟與作法，並一一說明如下。

一、起始教學與診斷分析

　　教師針對所任教的科目課程進度與目標，進行常態性的教學。同時，針對每一教學單元或重要概念，即給予學童一份學習單、練習作業或進行診斷性評量，以觀察記錄學童的實際能力發展現況（即ZAD），進而發現其可能具有的學習困難、障礙或有缺陷的地方。例如，「對作業內容不精熟」、「作業呈現的方式（如語文、圖形、符號、數學等）不適當」、「不適當的認知功能」、「在訊息處理的輸入、精緻化、輸出三階段心智運作的缺陷」、「作業過於抽象、過於複雜」及「先備知識、技能的缺陷或尚未發展」等。有時，教師可在學期初即針對全班學童進行各種心理測驗的施測，以評估及診斷學童的一般認知能力。一般常用的診斷工具，可包括邏輯推理作業，如：「字母序列完成」、瑞文式圖形推理測驗的矩陣推理測驗等，除評估學童的「一般心智能力」外，更可擴展至「特定」學科領域（如數學、閱讀），以探究學童於學科學習上的困難，並粗估解決問題

所需要提供的教學協助量（即ZPD），期使往後的教學能與評量密切結合。

二、漸進提示與師生互動

在前一階段裡，教師透過給予學童練習作業及批閱，大概可以得知學童離學習目標的差距還有多遠、所需要的教學「提示量」大概有多少。接著，教師運用近側發展區的概念，以「漸進提示」及採用「測驗－介入（提供協助）－再測驗」的循環方式，針對學童的學習準備度及從教學中的獲益程度進行評估。

首先，教師要知道如何設計「漸進提示」。「漸進提示」的訓練內容主要包含三個步驟：(1)使學童熟悉作業材料，訓練其基本認知技能；(2)教導學童特定的解題原則及程序；(3)提供學童回饋資訊。教師必須事先針對課程單元內容進行「作業分析」及「認知成分分析」，以設計出每一例題的解題策略與步驟為何，以作為編製「漸進提示」之參考。其次，這些「漸進提示」的操作系統，可依「一般」、「由抽象逐漸變為具體」、「特定而具體」的安排順序逐一呈現。再其次，當教師針對學童的缺陷或困難提供「漸進提示」時，可依事先安排好的順序給予提示，並視學童的表現適時提供回饋資訊給他，但亦得視情況予以跳階提示。

教師在實施「漸進提示」時，對學童所表達出的口吻、態度甚至是肢體語言等訊息，必須是讓學童感受到溫暖、熱忱、肯定與支持的；當學童無法根據一次的提示即回答或正確答對時，教師也必須要有耐心等候，鼓勵其再次努力與嘗試，並再次給予進一步提示；若學童還是無法正確解題，則教師再予以鼓勵，並再次提出進階的提示，以臻最後的正確解答為止。在這樣的「漸進提示」過程中，師生間的溫暖互動關係便得以穩定地建立，並讓學童在學習過程中獲得教師充分的支持，學習成果得以穩定的進展。

三、實施補救教學及輔導措施

在上述「漸進提示」的過程中，有時候，教師會發現學童的學力程度真的是跟不上同儕，此時，與其按課表趕進度地教學下去，不如暫停下來，

回頭去補教學童所落後的程度部分（陸偉明等，2020；詹永名、王淑俐，2020；甄曉蘭，2018；蔡金田、蔡政宗，2021）。當前，教育部國教署「國民小學及國民中學學生學習扶助資源平臺」（網址：https://priori.moe.gov.tw）裡的科技化評量系統，有提供全國中小學教師針對學童的國文、英文、數學三科基本學習內容的學力檢測資源，當教師發現學童的當前學力程度不及同儕程度時，可進一步檢測出學童所符合的低一級或低兩級的學力程度，再實施適合其程度的補救教學，以達學習扶助的目的——「帶好每一個孩子」（No child left behind）（陳淑麗、宣崇慧編，2014）。

另一方面，如果學童的學習障礙太過嚴重的話，不是光靠實施補救教學就會有成效的（孟瑛如，2019；洪儷瑜等譯，2016；胡永崇等譯，2016），此時，教師要轉介個案到輔導室接受心理衡鑑，接受更專業的諮商輔導措施，甚至轉介去接受更專門的特殊教育協助。

四、評估提示量與學習遷移量

當教師實施動態評量時，關於學童學習成績的評定，則是依據教師「提示量」多寡來計算的。學童所需的提示量愈多，即表示其能力愈低，該題的解題得分便愈低。例如，假設正確解出某一例題得 5 分，當教師提供一個提示後才答對，則該題可計 4 分；若提供兩個提示後才答對，則該題可計 3 分，依此類推。當教師的任何提示都無法協助學童答對時，則該題可計 0 分，同時表示該題的學習已超過學童的能力範圍（即 ZID），該名學童可能需要接受上述的補救教學或轉介個案到輔導室接受更專業的處遇。

同時，在適時的補教教學與輔導之後，教師亦可評估學童可以達成的「學習遷移量」有多少；亦即，計算學童可以從某一例的解題類推到其他例解題的數量。在此評估遷移階段，教師可依解題之難易，分成：(1)「維持」；(2)「近遷移」；(3)「遠遷移」；(4)「極遠遷移」四種層次，分別給予依次增加的得分，藉以評量學童學習遷移的廣度。

教師可以利用這兩個數值（即提示量與學習遷移量）作為學童學習成績的核算指標，也可以使用前後測分數之間的差距作為學習成績的指標，

甚至也可以套用試題反應理論中的「多向度潛在特質模型」（multidimensional latent trait model, MLTM）來進行統計分析（Embretson, 1991）。除能有效評估學童的真實獲益外，因為該理論模型已將試題的難易度與鑑別度考量在估計學童的能力中，且該試題參數與能力參數指標都具有等距量尺的特性，因而更能精確地評估出學童的學習成果與未來的潛能發展。

五、擴充練習與再提示

　　學童經過教師的一次提示、再提示或再三提示，多半即能達到正確解題的目的。但為了確保學童是否真正學會、學懂基本概念或學習目標，通常教師都會再舉其他相類似的例子供學童再次練習，看看學童是否可在教師沒有提示的情況下，還是能夠正確解題。這即是「測驗－介入（提供協助）－再測驗」動態歷程中的「再測驗」部分，其目的即是在檢定學童是否真正學會所教的學習內容或基本概念，並且達到「舉一反三」的學習遷移程度。若學童真的做到此部分，教師即可評估學童的「學習遷移量」多寡，並納入下一階段作為評估學習結果的依據。若學童還無法達到此部分，甚至還需要教師偶爾再次提示才能正確解題的話，此即表示學童還未真正達到學會、學懂基本概念的程度，教師還需要持續不斷地進行教學、診斷學童認知上還有缺陷的地方、再行舉例解說、擴充練習的次數，並再適時進行提示，以確保學童達到真正學會、學懂為止（Campione & Brown, 1987）。

六、評估學習結果

　　最後，為了給學童的學習成果評定成績、打分數或給等第，以評量學習成效。教師可把教學後的初次測驗（即沒有提供提示下）當作學童的前測分數，而在後續教學過程中所實施的檢測裡，每一題根據提示量的次數，各酌減一些得分，如每提示一次，即減少 1 分，以作為該題的實際得分；待全部檢測試題實施完畢，再將學童各題的實際得分全部加總，即作為學童的後測分數。後測分數與前測分數之間的差距，即可作為學童學習結果

的成績分數。通常,該項成績分數都會是出現正值,代表學童的學習有進展、有成效,表示學童的學習潛能正在逐漸發展中(即 ZPD 開始奏效、發展);如果該項成績分數出現負值的話,即表示學童的潛能都沒有成長,這可能是教學內容的設計與銜接不良,已超過學童學習的能力範圍,或是檢測用的試題難度超過學童的能力(即學童仍處於 ZID 階段裡)。這時,教師可能要思考是否需轉介個案去接受更專業的諮商輔導,或思考改用更適合學童能力程度的其他補救教學方法或策略,才能達到真正「帶好每一個孩子」的學習扶助目標(陳淑麗、宜崇慧編,2014)。

 ## 動態評量的優點特色

　　動態評量的哲學理念與傳統的評量理念大大不同,當前教育部國教署推動的學習扶助計畫,大力推展「差異化教學」(張碧珠等譯,2014,2017,2018)與科技化評量政策,也是植基於「測驗-介入(提供協助)-再測驗」滾動歷程的動態評量理念,而且證實確實有其成效,頗適合學習低成就、落後或有特殊學習需求學童的教學與評量(余民寧、李昭鋆,2018)。除此之外,由於動態評量亦鼓勵學生提問、與教師互動,故能增進學童的解題意願,避免學習過程中遭遇太多的挫折感。也許由於在評估學童的學習成效時,介入了教學者的主動參與和協助,因此動態評量常被批評為一種評分標準不夠客觀、信度令人懷疑的評量方式,但是站在特殊教育的評量立場來看,對學習有障礙的學童而言,動態評量確實比傳統評量更具有評估其學習潛能的預測效度(Caffrey, Fuchs, & Fuchs, 2008)。

　　但無論批評為何,與傳統評量比較起來,動態評量具有下列的優點特色,正可以彌補傳統評量上的不足:

一、強調認知能力具有可修改性

　　傳統評量的哲學觀點,傾向認為個人的智力本質(即認知能力)是天生不可改變的,它是受到個人的遺傳與基因良劣影響所決定;但是,動態

評量的研究者卻支持「認知可修改性」（cognitive modifiability）的看法（Kozulin, 2011），認為智力本質是可改變、可增長的，個人的認知能力可透過與社會互動的教學支持與介入，而不斷成長、改變與發展。這點看法，與近代腦神經科學的研究認為大腦具有「神經可塑性」（neuroplasticity）（雷叔雲譯，2018）的看法十分雷同。因此，個人的認知能力增長及學習潛能的評估，是可以透過不斷學習、提示與社會互動的動態評量方式來達成的。

二、重視歷程導向的評量

從動態評量採取「測驗－介入（提供協助）－再測驗」的循環歷程來看，評量不僅只是評估學習前的先備知識與經驗，或學習後的成果而已，更是要重視整個學習歷程中學生是如何學習的、學習經驗如何獲得，以及學習如何產生改變的心理歷程。因此，這種評量方式非常重視整個評量歷程的變動，是以歷程為導向的一種評量方式（process-oriented assessment），它不僅可以分辨出真正認知能力差的學生或者僅僅只是缺少學習機會的學生，還可針對學生的認知歷程，進行較為精確的診斷，並提供如何進行補救教學的回饋訊息（Jeltova et al., 2007）。

三、促進師生的互動關係

在傳統評量下，教師的評量目的無論是作為常模參照評量或效標參照評量之用，評量者（教師）與受試者（學生）之間的關係較為冷淡、疏離、緊張，在實施評量時，甚至要求評量者需要保持中立，才不會影響或干擾學生的表現，因此不允許學生詢問、交談或與教師之間有任何的互動關係。但在動態評量下，由於是強調評量者與受試者之間為雙向溝通的互動關係，在實施評量時，甚至鼓勵學生提問、主動請求提示協助，教師也施以溫暖地回應、協助、勉勵與肯定。教師除了要扮演教學者的角色外，也要擔任評審的角色，甚至是兼任諮商輔導員的協助角色。因此，評量者與受試者之間具有互動頻繁的師徒關係（Lantolf & Poehner, 2010）。

四、提供有效的診斷訊息

　　傳統上慣用的標準化測驗結果，以常模參照的觀點作為評定學生學習成就的依據，其所提供的訊息目的是描述性的價值，主要是為了瞭解與定位學生的能力水準。並且隨著評量的結束，就代表學習達到終點即結束，即使學童仍有未知、不懂、疑惑的地方，卻無處可以繼續學習、改正認知的不足或缺失，或尋求可以再精進的地方。但是，動態評量就很不一樣，它所關注的焦點是學生能夠真實從教學中獲益的情形，企圖瞭解他們的學習潛能進展程度，並從評量過程中提取可供補救教學進行的處方性訊息。因此，隨著評量的結束，並不是即表示學習已達到終點就結束，而是要找出學習潛能還可以繼續發展下去的診斷訊息（即 ZPD 部分），以便教師能夠再介入教學活動，進一步擴大學童實際學會的能力（即 ZAD 部分），並且縮小學童無法學會或能力所不及之處（即 ZID 部分），確保學童的學習潛能得以繼續擴展下去（Lantolf, 2009）。

五、結合學習與評量目的

　　「學習」與「評量」是兩個獨立相對的名詞概念，「學習」是從學生的觀點出發，而「評量」是從教師的立場出發。動態評量卻能夠將兩者巧妙地聯結在一起，達成在「學習中進行評量」（assessment of learning），並且也在「評量中進行學習」（assessment for learning），進而落實在「評量即是學習」（assessment as learning）的終極目標上。在「學習中進行評量」裡，評量係回顧性的行動，不外乎是關心學生的學習成果是什麼，而考試分數或測驗成績就是一項最好的成就指標；而在「評量中進行學習」中，評量係期望性的行動，不外乎是關心學生的學習歷程是什麼，學生的表現行為即是其潛能發展的最佳明證，而教學診斷與回饋訊息就是促進其從學習中校正、成長與促進潛能發展的主要成果；到了「評量即是學習」階段時，直接檢視學生對教學的反應，即在評量學生的學習，同時，學習的進展適切與否，也反映出評量是否有效。因此，動態評量是著眼於評估

學習改變量，從中找出可改進的訊息，以激發學習潛能的持續發展，所以是真正能夠有效評估學童學習潛能的一種評量方式（Sternberg & Grigorenko, 2001）。

　　總之，動態評量與傳統評量之間並不互相衝突或是矛盾。動態評量可以突破傳統評量的限制，提供有效的診斷訊息，並作為評量學生學習困難及進行補救教學之參考（林佩璇、李俊湖、詹惠雪，2018）。

第四節　精熟學習評量

　　前述根據「測驗－介入（提供協助）－再測驗」的循環歷程來進行教學與評量的方法，除了動態評量外，還有一種可以做到確保學習達到精熟程度的「精熟學習」（mastery learning）方法及其評量策略，稱作「精熟學習評量」（assessment of mastery learning）。這種評量方法背後的哲學理念，也是結合學習與評量兩者，讓整個評量歷程從「學習中進行評量」開始，再到「評量中進行學習」，最後進而落實到「評量即是學習」的終極目標。它的評量功效，不僅在改善學生的學習成就、提高學生對學科的興趣，更能夠增進學生對學習的信心，逐步邁向終身學習的教育理想。大多數使用過精熟學習方法的教師們發現，學生不僅在學校裡的課程學習容易達到較高的水準或成就，同時，他們對學生的學習潛能亦開啟另一種新觀點，認為：只要透過適當安排學校及家庭環境條件或學習經驗，每位學生都可以根據自己的個別差異、學習步調、順序先後精熟所要學習的材料或內容，並且教師亦覺得可以保留更多時間用來處理學生的學習問題，而較少浪費時間去管理或訓斥學生的偏差行為（毛連塭、陳麗華，1991）。

　　近年來，由於網路科技的進步，帶來更多光彩奪目、令人感覺絢麗迷惘的數位影音資訊，這些影音資訊不僅吸引學生的目光，也甚而引發沉迷其中的浪費時間行為。再加上，近年來國內教育也進行多次改革，從 95 課綱到 108 課綱、國中基本學力測驗到國中會考、大學學測到大學指考，甚至也要將國、高中三年的學習歷程檔案列入升學高中及大學的考評依據項

目等，這些教育改革每每新增一些學習科目並減少一些學科的基本授課時數，只為了因應知識爆炸下的時代變遷、終身學習潮流興起的改革理念。但是，也因為這樣，當學生在校學習的科目數增加許多、而每天的學習總時數卻沒有增加的前提下，自然會造成「樣樣通」就「樣樣鬆」的學習結果。基本上，學生的基本學力程度是逐年每況愈下，基本學科能力（如代表認知能力的基本學科：國文、英文、數學、自然、社會五個學科）的學習結果是不夠精熟的，因而造成接受課後輔導、補習、家教的人口數亦逐年增多。但是，這些接受課後輔導、補習、家教的學習行為，其成效不外乎是透過增加學習的時間與機會，讓學習成果達到更精熟而已，因而得以提高在校的考試成績與學習評量結果。然而，家庭社經地位低下、家庭經濟弱勢、家境清寒的子女，卻由於他們缺乏投入更多學習的時間與機會，即造成他們成為學習低成就者的人數與比率均偏高，與同儕之間的學習成就差異於焉形成。往後，隨著年齡的增長，日積月累下的結果，與同儕之間的學習成就差異擴大到宛如有天壤之別，終於形成所謂的「馬太效應」（Matthew effect）現象（余民寧、李敦仁、趙珮晴，2012）。馬太效應現象造成學生之間學習成就落差的程度，已到達明顯、巨大、幾乎很難挽回的地步，這也是教育部國教署近年來積極推動「學習扶助」政策的目標所在，期盼能拉近彼此間的學習成就落差。

　　因此，學習成就的根本問題即在於有效投入學習的時間是否足夠；學生若能投入夠多、夠專注的有效時間於學習上，則無論他將來想從事任何專業技術、知識密集或工匠技藝的行業，只要投入一萬個小時的用心學習（或練習）（mindfulness learning or practice），即能成為技藝精湛的專家，這就是晚近學者主張「一萬個小時的學習」新理論。一萬個小時大約是多久的時間呢？即是大約每天花 3 小時，並且持續十年的光陰；此即為我國古訓「十年磨一劍」的道理所在！套句白話來說，即是指成功是「優勢累積」的結果，而此優勢即在於不斷精練「精熟學習」的結果（廖月娟譯，2009）。

　　國內曾於 1990 年代興起一陣推動精熟學習教學法的熱潮，臺北市教育局及當時的臺灣省教育廳亦曾斥資進行這方面的研究，期盼能推廣應用於國內中小學教育情境，受到當時許多教師的高度關注與使用。後來，則因

各種教育改革運動的推展而中斷。現今，在屢次教育改革、教育政策不斷變動之下，不僅造成全國家長與師生很難適應，更讓全國學生的學習狀況都處於學習不夠精熟、基本學力程度逐年下降的處境之中，屢屢需要訴諸放學後接受課後輔導、補習或家教的補救教學或強化學習活動，間接造成家庭經濟弱勢因素影響到子女學習之間的成就落差，因而產生「馬太效應」的影響現象。所以，現在回頭審視「精熟學習」及其評量方法學的奧義所在，重新恢復與落實「精熟學習」的精神與教學理念目標，也許可以成為克服「馬太效應」不利影響的一項利器，同時，現在實施也可能正是時候。因此，本節底下所述，即是闡述精熟學習的理念與其評量作法，並討論如何與教學結合應用的課題。

壹　精熟學習法概要

　　精熟學習法的起源，可以追溯到 J. B. Carroll（1963）所發表的〈學校學習模式〉（A model for school learning）一文，它對傳統的「性向」提出新的看法。Carroll 認為學生的性向應該被視為學生學習速度的函數，所有學生都具有學得好的潛能，只是學習所需要的時間各有不同而已，有的學生學習得快、有的學生則學習得慢，但只要提供給每位學生充分且足夠的時間，每位學生都可以成為學習上的好學生。因此，學生不應該再被區分為好或壞的學習者，而應該是以學習的快慢來區分。

　　Carroll 依據此觀點，建立了「學校學習模式」。他認為學校如果能夠提供給每位學生學習某種學科到達某種效標程度（criterion level）所需要的足夠時間，並且學生也能夠妥善、專注地運用此段時間，則每位學生都可以達到特定的成就水準。但是，一旦學校沒有提供足夠的時間，或學生花在學習上的時間不足夠的話，則學生便會學得更少。因此，學生的學習程度可使用下列的數學函數來表示（毛連塭、陳麗華，1991）：

$$學習程度 = \int \left(\frac{學習實際所花的時間}{學習真正所需的時間} \right) \qquad （公式\ 7\text{-}1）$$

亦即，學習程度等於學生實際花費在學習上的時間，除以真正學好該學科所需要時間的函數。如果學生所花費的時間等於所需要的時間，則學習就屬於剛好完整，該函數便等於 1；如果學生所花費的時間少於所需要的時間，則學習便不夠完整，容易造成學習成就低落或落後於同儕，而其不完整（或低落）的程度，則視兩者間的比值愈低而愈趨低落；如果學生所花費的時間多於所需要的時間，則學習便是超乎預期，更容易達到所謂的「精熟」（mastery or proficiency）程度，並且隨著兩者間的比值愈高，則學習程度更趨精熟，甚至已達專家的專業知識程度（expertise）。

　　Carroll 更進一步認為，影響學習所花費的時間與所需要時間的各種因素中，以學生本身的特質和教學品質二者最有關聯。其中，學習所花費的時間是由學生本身的「毅力」（perseverance）（此指學生有願意且主動投入學習的時間數量）和「學習機會」（此指學校提供學習的時間數量，通常是指上課的時數）二者所決定；而學習所需要的時間，則是由學生對該學科的「學習速度（即性向、智力）」、「教學品質」，和學生「瞭解教學的能力」三者所決定。因此，上述公式 7-1 也可以再詳細表示如下（毛連塭、陳麗華，1991）：

$$學習程度 = \int \left[\frac{毅力＋學習機會}{學習速度＋教學品質＋瞭解教學的能力} \right] \quad （公式 7-2）$$

亦即，學生的學習速度是指學生在理想的教學情境下，學習某種材料所需要的時間。如果教師的教學品質很高，學生就能迅速瞭解教學內容，因而費時不多即能學會；如果教師的教學品質不是很高，則學生就不易瞭解教學內容，因而需要較多時間方能學會。由此可見，教師的教學品質和學生的瞭解能力之間會產生交互作用，也決定學生學好某種教材所需要的時間（即學習速度）。此外，先天即具有某學科學習性向（如：高智力、聰明）的學生，其學習的速度會較快，實際花費在學習上的時間會較少，能夠比較快速即達到精熟標準；反之，先天即較不具有某學科學習性向（如：資質平庸、愚笨）的學生，則其學習的速度會較慢，實際花費在學習上的時

間也需要較多，才能達到與資質優異者一樣的精熟標準。因此，無論智愚平庸與否，只要學生付出足夠的時間，則人人的學習結果都可以達到相同的精熟程度。所以，Carroll 的「學校學習模式」理念，即是認為學校中應該沒有所謂「學習失敗」的學生，只有「學習快慢」的學生之分，這才是學校教育成功的最佳明證。

貳 精熟學習評量的實施

基本上，與動態評量強調「測驗－介入（提供協助）－再測驗」的循環歷程相似，精熟學習法也是一種教學歷程，不僅包括組織教材進行教學、定時提供學生學習進步情形的診斷回饋訊息、協助學生校正個別的學習困難，並且提供學習已達精熟程度學生額外的學習挑戰。教師們通常會發現實施精熟學習教學模式後，能夠協助大多數學生的學習成功，並獲得成功的正面俾益（邱淵等，1989）。精熟學習法的實施歷程，可以圖 7-4 說明如下。

由圖 7-4 的教學歷程說明可知，在第一單元教學完畢後，班級學生全部接受形成性測驗甲卷的診斷評量，如果學生在該測驗上的答對率達到教師預先設定的精熟標準（如：80% 或 90% 的通過率）者，則視為學習已達精熟者，教師便可以針對他們進行充實學習活動的措施，以維繫其精熟的程度。若測驗結果的答對率未達精熟標準，則視為學習未達精熟者，教師宜針對這些學生給予個別化的校正學習活動，以矯正其學習錯誤或有迷思概念的地方；校正學習之後，再接受一次形成性測驗乙卷的診斷評量，如果學生已達精熟標準，則會與第一次評量後即達精熟標準者一起接受充實學習活動的措施，並等候其他學生亦達精熟標準後，再一起進入第二單元的教學和學習。如果再次檢測後，學生仍未達精熟標準，則教師又必須針對這些學生給予再一次的個別化校正學習活動，校正之後，再接受另一次形成性測驗（如：丙卷）的診斷評量，再判斷是否達成精熟標準，或是再接受另一次個別化校正學習活動；如此反覆進行下去，一直到絕大多數學生（如：90% 或 95%）的學習都達到精熟標準為止。此教學歷程即為精熟學習法的概要所在。

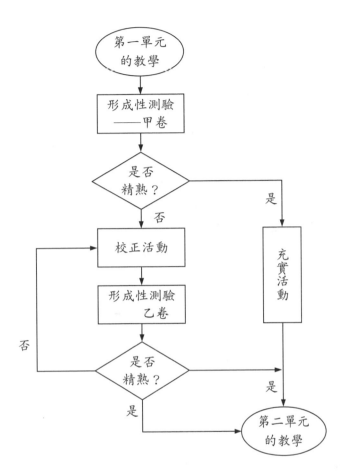

●圖 7-4　精熟學習法的實施歷程

　　為了避免教師一再使用相同教學策略導致學生的學習疲乏、興趣缺缺而喪失吸引力，教師可以採用創意的教學策略，並且分成融入(1)與教師合作、(2)與同學合作，以及(3)獨自進行等實施方式，來設計提升給未達精熟者使用的各種校正學習活動（參見表 7-1），以提振學生的學習好奇心並維繫學習熱情。這些校正學習活動其實就是各式各樣的補救教學措施，其特質與原本的教學活動不同，目的是要讓學生在接觸不同教學活動的新鮮感下，進行錯誤或迷思概念的校正學習活動，並且還要能幫助學生獲得一個小小的成功學習經驗，以提供其學習進展的回饋資訊。因此，前節動態評

量所採用「漸進提示」協助中的各種差異化教學或補教教學策略（張碧珠等譯，2014，2017，2018；陸偉明等，2020；詹永名、王淑俐，2020；甄曉蘭，2018；蔡金田、蔡政宗，2021），筆者建議都可以列入教學設計的考量使用。這些校正學習活動的基本設計內容和實施方式，可以參考如表7-1所示（毛連塭、陳麗華，1991）：

■ 表 7-1　各類型校正學習活動的設計及其實施方式

各類型校正學習活動設計＼實施方式	與教師一起進行	與同儕一起進行	獨自進行
重新教學	√		
重讀教科書	√	√	√
使用輔助教材	√	√	√
使用輔助器材	√	√	√
使用工作手冊	√	√	√
使用教學遊戲	√	√	
啟用小老師制	√	√	
利用教具		√	√
利用資源教室		√	√
利用電腦輔助教學		√	√
利用線上教學資源平台		√	√

註：√表示可以使用該種方法。

　　此外，為了避免學習已達精熟者浪費時間或覺得無聊，教師所擬設計採用的充實學習活動，也必須要能提供一個具有酬賞性及令人興奮的學習機會，其內容必須富有挑戰性，如此才能增加精熟學生的學習廣度並維持其學習動機。這些充實學習活動的實施內涵，可以列舉如下（毛連塭、陳麗華，1991）：

1. 扮演小老師角色，教導同學問題解決方法。
2. 義務為同學設計練習題。
3. 發展與教學有關的教學媒體或視聽材料。
4. 參與或準備一份專題式的學習計畫和研究報告。
5. 設計高難度的遊戲、問題和比賽活動。
6. 利用高層次或進階版的電腦輔助課程或數位學習課程，進行自主學習活動。

　　不論是校正學習活動或充實學習活動，其目的都是在提供學生適時的回饋訊息，好讓教師及學生隨時得知進步的情況。它們在精熟學習法教學歷程中，是一項重要的步驟，也是決定精熟學習法實施成敗的重要關鍵所在。

　　由上述說明可知，精熟學習法乃需要學生投入相當多的時間於學習活動上。學習性向高（如：智力較高或認知能力較強）的學生，其學習某種教材的速度較快，所花費的時間較少；而學習性向低的學生，其學習某種教材的速度較慢，所花費的時間則較多。等到絕大多數學生都達到精熟標準後，其學習成就都會是一樣的，其接受下一單元教材的學習潛能或背景知識也會是一樣的，差別僅在於獲致這種精熟標準所花費的時間各有不同而已。所以，我國有句古訓「勤能補拙」，即是這種精熟學習法的最佳註腳。

　　其次，在實施精熟學習評量過程中，每次形成性測驗的診斷評量，也可以搭配學生問題表分析法（參見本書第十二章所述）的實施，將學生的診斷分析圖資料回饋給學生知道，使其明瞭自己的精熟程度以及其在團體中的相對位置，以作為進一步補救教學或學習輔導之參考。對於第一次形成性測驗後未達精熟者，教師宜針對這些學生進行如表 7-1 所列的校正學習活動，且這些校正學習活動盡可能不要與原本的教學活動一樣，以免讓學生陷入呆板遲滯而降低繼續學習的興趣；此時，若能將這些校正學習活動設計得具有新穎、活潑、富吸引力及成功經驗等特性，方能維持學生的注意力，並增進矯正學習的效果。

　　至於第一次形成性測驗後已達精熟者，教師宜針對這些學生進行充實學習活動。但這些充實學習活動必須富酬賞性及挑戰性，如此才能維繫精熟學生的學習興趣，繼續從事加深及加廣的學習活動。充實學習活動的設計，亦應避免索然無趣的活動設計，以免讓精熟的學生覺得這些活動缺乏吸引力及挑戰性，而無所事事、浪費時間或甚至干擾其他未達精熟者接受校正學習活動的進行。

　　如此一來，教學→測驗（評量）→校正（或充實）學習活動→再測驗（評量）→再校正（或充實）學習活動→再測驗（評量）→再校正（或充實）學習活動→直到達成精熟為止，便構成教學、學習與評量互相結合的一種循環過程。在此過程中的每一次測驗後，即提供學生有關其學習進步及遷移變化情形的診斷訊息，將有助於學生明瞭自己的精熟進展程度、增進學習效果、提高學習的自信心，並且更新對學習所持的態度和觀點。這種提供回饋以確保學習得以達到精熟水準的評量特色，其實與動態評量的理念與作法十分相似，也是測驗分析技巧在學習診斷上應用的最佳寫照。

參　精熟學習評量的應用

　　由於不是每位學生都屬資質優異的學生，且每個家庭與每所學校所提供的學習環境也未必全是盡善盡美，在此情境限制之下，學生對學習成果唯一可以掌控的因素，也是最重要的因素之一，即是決定自己願意「投入多少有效學習的時間」。只要學生能夠認識到自己處境的弱勢或不利，而決定以「勤能補拙」的精熟學習態度去面對學習，則「學習成果將只會分成快或慢，而不會有好或壞之分」，畢竟，每位學生的學習終究都會達到精熟程度。因此，根據前述圖 7-4 所示的涵義，筆者擬針對學習資源較匱乏或家庭經濟較弱勢的學生如何應用這種結合精熟學習與評量歷程的方法於自主學習上，提出可以自行操作的參考建議步驟，也就是「自主學習策略」（autonomous learning strategies）（余民寧，2006b、2013、2016）。

1. 從書局裡買回三到五本學習用參考書或習作本，其中均附有每回學習單元結束時的「自我練習」或「自我測驗」等評量工具；這些參考書

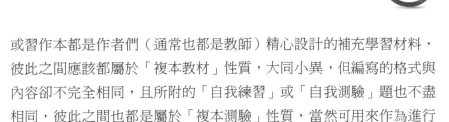

或習作本都是作者們（通常也都是教師）精心設計的補充學習材料，彼此之間應該都屬於「複本教材」性質，大同小異，但編寫的格式與內容卻不完全相同，且所附的「自我練習」或「自我測驗」題也不盡相同，彼此之間也都是屬於「複本測驗」性質，當然可用來作為進行形成性診斷評量工具之一。

2. 學生只要認真上課，專心聽老師講解（每一單元的學習）即可。

3. 至於光憑一次學校課堂上的聽講能夠理解多少，則端視學生個人資質而定。學生放學回家一定需要進行複習工作，才能熟悉教師所教授過的課程內容。因此，放學回家後，學生先把當天上過的課程內容（即教科書），自己先再複習（自習）一次。

4. 接著，拿出第一本參考書或習作本，開始從頭到尾、專心地自我閱讀一遍，接著即進行該回合單元的「自我練習」或「自我測驗」。在不翻閱「解答」的前提下，先自我測驗一遍，看看自己可以答對幾題。待檢測完畢後，再核對「解答」，看看自己作答的結果如何。凡是有答錯者，一律打勾或作個記號，再回頭去檢討反省答錯題目的內容是什麼？為什麼會答錯？其正確的答案是什麼？為什麼會是如此的答案才算正確？想想看自己在答題時是如何思考的？是否存在著迷思概念或錯誤概念？找出其真正原因，並尋求正確的「解答」。

5. 假定自我要求的精熟標準是設定在「必須答對自我練習或自我測驗中的 80% 以上的題目」或「必須全部都答對」的話，即可核算一下在該回合單元的精熟答對率是多少百分比（即計算出答對題數除以總題數的結果）。如果核算結果未達自行訂定的精熟標準，即表示該回合單元的學習成果仍未達精熟程度，需要接著進行下一個步驟的「校正學習活動」；如果核算結果顯示答對率已超過自行訂定的精熟標準時，即表示該回合單元的學習成果已達精熟程度，此時，即可放鬆、稍作休息，並等待進行下一個單元學習的開始，或者進行下一個步驟也可以。

6. 銜接上者，再拿出第二本參考書或習作本作為第一次「校正學習活動」，並比照上述兩個步驟再進行一遍；接著，再拿出第三本參考書

或習作本作為第二次「校正學習活動」，並重複上述兩個步驟，直到手邊購買的參考書或習作本用罄為止。

7. 開始第二單元的學習，並且重複上述步驟二到步驟六。

8. 上述的學習歷程即是：「教學、自習、自我測驗評量、自我矯正學習、再測驗評量、再自我矯正學習、再測驗評量、……、直到達成自設的精熟標準」為止。當達到精熟標準後，學生如欲應付學校的定期評量（如期中考、月考或期末考）時，只要把上述每一本參考書或習作本中，在「自我練習」或「自我測驗」上有打勾或作過記號的題目再拿出來複習即可。此時需要複習的分量，應該會比平時少很多，真正做到「大考大玩，小考小玩，不考不玩」的放鬆程度；此處的「玩」應該詮釋為「休息、放鬆、少壓力」之意。考前少緊張、少壓力，自然就可以把平常累積的「學習精熟實力」展現在各次的考試評量裡。

而就個別教師的教學而言，精熟學習歷程也可以提供一套有效的教學策略，筆者的建議作法如下：

1. 先搜尋網路上的參考書或習作本中可用的「自我練習」或「自我測驗」多份，當作是「形成性測驗的複本工具」。

2. 按教學計畫與進度，進行常態性的教學。

3. 每當某一單元教學完畢，即實施第一份的「形成性測驗甲卷」的評量，並執行一次學生問題表分析（本書所附的 Tester for Windows 程式可以協助此分析工作），以記錄每位學生的學習類型。事後，逐一與學生檢討答題錯誤之處，並請學生記錄自己犯錯的地方，特別需要加強「訂正」的工作。至於本次評量結果是否要計入成績計算，則可由每位教師視情況來自行決定。

4. 教師可運用學生學習類型的不同與精熟程度不同等訊息，刻意安排與設計「充實學習活動」與「校正學習活動」的內容細節，再根據學習類型將學生分組，分別安排接受不同的「充實活動」或「校正活動」。

5. 「充實活動」或「校正活動」之後，需要再進行一次「形成性測驗乙卷」的評量，並重複前述第三與第四步驟，直到全部學生的學習都達

成事先約定的精熟標準為止。此時，全部學生的學習都已經達到精熟
程度，接著，即可進行下一單元常態性的教學。

6. 上述過程，一直重複到學期結束為止。當學生在每一單元的學習都能
夠達到精熟時，教學的進行自然就簡單順利，教學自然就稱心愉快！
孟子云：「得天下英才而教育之」，也莫過於如此而已！

　　總之，在當今教育改革政策推行之下，學生需要學習的科目數增多，
每個學科所分配到的實際學習時數是明顯不足的，而當每位教師都在追趕
教學進度時，學生的學習成果勢必是不夠精熟的（尤其是認知性的基礎學
科，如國文、數學、英文、社會與自然等），此時，課後補習、學習輔導、
上家教班等顯示家庭經濟因素的影響力，便會介入並決定學生的學習成就
高低，進而讓「馬太效應」對學習成就落差造成嚴重的影響。所以，追根
究柢，誠如本書第二章圖 2-1 所示，教學評量的目的是在確保教學目標的
達成，但在評量可以不必濫用、學習也不必囫圇吞棗混過的前提下，能夠
將教學、評量、學習與補救等歷程整合起來的「精熟學習與評量模式」，
卻可以讓學校成為「沒有學習失敗的學校」，讓學生都能成為「精熟學習
的學生」，而教師更可以成為「作育英才之良師」，則教育改革的成效一
定可以成功。難怪，Carroll 的「學校學習模式」會認為學校中應該沒有所
謂「學習失敗」的學生，只有「學習快慢」的學生之分而已。這才是教學
（學習）與評量理念相結合的最佳代表！

第五節　素養導向評量

　　教育目標的設定，往往會隨著時代的脈動而變遷。以我國而言，傳統
教育目標可能是從孔子時代的禮樂射御書數等六藝，到民國初年起的德智
體群美、後來的九年義務教育，再到九年一貫課程以及近期的十二年國民
基本教育課程綱要總綱（108 課綱）等。這些教育目標所強調的，不外乎
都是要兼顧認知能力、動作技能、情意涵養、道德發展、人際合作、創意

思考、邏輯分析與問題解決等全方位訓練的全人教育（whole person educa-tion），絕非偏頗某一單項目標的培育。然而，近代隨著升學考試主義與文憑制度的興起，上述全人教育目標中，除了認知能力比較容易被客觀、具體、簡便、有效且大規模地進行評量外，其餘目標的評量，則比較不容易客觀、具體、簡便、有效且大規模地進行。久而久之，社會大眾逐漸遺忘學校教育的真正目標，誤以為上學受教育的目的只是在學習未來升學考試會考的學科知識而已，至於其他升學不會考的學科，則只要經驗過、接觸過或甚至低分通過即可，鮮少會鼓勵或要求學生為了學習興趣而自主學習達到精熟目標。簡言之，學校教育的訓練重點，還是著重在升學考試會考的學科（一般來說，就是國文、英文、數學、自然、社會五個學科領域），但是，這些學科領域往往都是屬於認知領域範疇的教育目標。

 PISA 的素養導向評量

　　為了瞭解我國中等學校學生的學習成就，及其與世界各地相同年齡層學生的教育程度比較，我國自 2006 年起即參加經濟合作暨發展組織（Organization for Economic Cooperation and Development, OECD）舉辦的「國際學生能力評量計畫（Programme for International Student Assessment, PISA）」（國家教育研究院國際評比辦公室，2021）。這個「國際學生能力評量計畫」始於 2000 年，每三年舉辦一次，評量的對象為各參與國家或地區的 15 歲學生，評量內容涵蓋閱讀素養（reading literacy）、數學素養（mathematics literacy）和科學素養（science literacy）等三個領域的基本素養程度。PISA 評量的重點不僅限於學生是否能夠提取學科知識，更重要的是他們是否能夠將習得的學科知識應用到新的領域，也就是產生學習遷移的能力。PISA 評量所強調的重點是瞭解概念、掌握解題歷程，以及能夠將知識應用到不同場合的能力；換句白話來說，即是強調從學校教育所習得的知識與技能，在面對現實生活中各種情境和挑戰時，所應該具備與展現出來的問題解決和應用能力（即勞動力知識）為何。總括來講，PISA 評量的重點即是所謂的「素養能力」（literacy），而非一般的「學科成就」

（subject achievement）。舉例來說，即是學生運用閱讀能力去面對接觸的文書資料時，能夠理解或詮釋的程度為何，以及能夠運用數學或科學的知識與技能，去解決生活情境、問題和挑戰的程度為何。自此，世界各國的教育政策及課程與教學的制訂或改革，莫不參考 PISA 的評量結果來進行修正或改良。例如，我國近年提出的教育改革方案——「十二年國民基本教育課程綱要總綱」，它提倡未來升學高中和大學的入學考試都將改為「素養導向評量」（literacy-directed assessment, LDA）的考試，即為典型的代表例子之一。

談到「素養導向評量」，當然是始自 PISA 針對閱讀、數學和科學等三個領域基本素養能力的評量。我國自 2006 年起參加 PISA 評量至今，數學及科學素養的評量結果表現，每每名列前茅，並且跨年表現間尚稱持平、穩定，變化差距不大；這是因為這兩種考科屬性具體、明確、範圍清楚，因此，PISA 所界定的「素養能力」與我們教學成果的「學科成就」表現之間，差異不大。這顯示我國教育成果所展現的「學科成就」，其實與PISA所測量的「素養能力」十分相當。唯獨閱讀素養一項的評量成果，我國的表現平平，且每次評量結果的變化極大，時好時壞，呈現出一種跨年表現間不穩定的現象。如果「閱讀力」是「國力」的一項潛藏指標的話，這將會是一件令人覺得隱憂的事。其實，這是因為在我國的學校教育制度中，並沒有所謂「閱讀」這一門學科，充其量，我國閱讀教育的推展，教師可能僅在國語文教學課堂上或其他學習活動中，附帶教導學生一些閱讀技巧與閱讀應有的態度，以期盼學生能在課後生活中養成良好的閱讀習慣而已，但甚少會安排一堂專門的課程來教導學生該如何學習閱讀。這顯示出我國課程結構與 PISA 的評量結構大不相同外，我國國語文教學所習得的「學科成就」，並無法與 PISA 的「閱讀素養」劃上等號，我國學生的閱讀素養能力還有一大段可以改善的空間存在。因此，底下所述，僅以這項我國表現較不擅長的閱讀素養為例，來進行簡單介紹與評論，至於數學及科學素養，大致上亦大同小異，各自有其定義內涵、評量架構與測量範例。對各個素養領域的詳細內容感興趣的讀者，可以參見我國 PISA 國家研究中心的報告（佘曉清、林煥祥，2017；李源順、吳正新、林吟霞、李哲迪，

2014；臺灣 PISA 國家研究中心，2011，2015）。

　　PISA 的閱讀素養涵義，即是指透過書面文本內容的提問，測量學生是否能夠藉由理解、運用、自我省思等方式，以實現個人目標、發揮內在潛能及參與社會的能力。PISA 認為學生並非被動的訊息接受者，對於學習內容不應該是未經反省就照單全收，而應該是主動的訊息處理者。因此，學生要能進行省思回饋、更要能批判閱讀內容，不僅與作者互動，更應積極與社會人群互動。這也意謂著：閱讀教育應從消極的個人閱讀能力培養，轉化成為積極的社會參與力。

　　因此，PISA 的評量架構主要在評量學生的「閱讀歷程」、「學習策略」以及「學習態度」等三個方面的素養能力；其中，閱讀歷程又分為擷取與檢索訊息、統整與解釋、省思與評鑑；學習策略又分為記憶策略、精緻化策略及後設認知策略；學習態度則分為閱讀的習慣、語文學習環境等。

　　若再進一步舉例細說，針對「閱讀歷程」的評量，即是指評量學生在閱讀過程中，會經常使用閱讀策略的三個階段，如：(1)擷取與檢索（access and retrieve）：此歷程係指學生能夠依據問題要求或特點說明，找出文本中清楚寫出或標示的訊息；(2)統整與解釋（integrate and interpret）：此歷程包含「廣泛理解」與「發展解釋」兩項，其中，形成廣泛的理解係指正確解讀閱讀內容，而發展解釋則為針對所閱讀內容有個明確、完整的解釋；(3)省思與評鑑（reflect and evaluate）：此歷程包含省思與評鑑文本內容、省思與評鑑文本的形式等兩項，其中，省思與評鑑文本內容是指將所閱讀的內容與自己原有的知識、想法和經驗相連結，經過判斷、省思後，就文本內容提出自己的見解，甚至批判文本中的觀點，並提出理由來闡明或維護自己的評價；省思與評鑑文本形式則為運用自己既有的知識、想法和經驗，經過判斷與省思後，就文本形式提出自己的觀點。

　　其次，針對「學習策略」的評量，即是指評量學生按特定目標，運用適當策略，以理解閱讀文本的歷程。例如，測量學生在進行自我報告時，所採用的三大策略，如：(1)記憶策略（memorization）：學生反覆閱讀材料的練習程度；(2)精緻化策略（elaboration）：測量的目標在於學生能否將材料關聯至已知事物，以釐清或理解文本的程度；(3)後設認知策略

（meta-cognition）：其測量目標旨在測量學生能否理解文本中最重要的關鍵點，以及學生能否主動尋找課本以外的資訊以釐清學習上的困惑等程度。

再其次，針對「學習態度」的評量，則是指透過 PISA 自行設計的自陳式問卷（self-report questionnaire），來蒐集學生平時於閱讀行為上常表現出來的動機、態度、習慣與語文學習環境等相關資訊。

對此，根據上述的說明，可用來評量上述閱讀素養的題型，就有可能出現下列幾種測量題目組合而成的綜合類型，如：單選的選擇題、封閉式簡答題，以及開放式申論題等之組合；其題目測量的方式，大致是以文本閱讀與提問方式，來引導受評的學生回答什麼（what）、何時（when）、如何（how）、為什麼（why）以及做什麼（what to do）等問題。舉例來說：(1)單選題：即採用傳統上慣用的選擇題型，每題選擇題都列出四個選項，但其中只有一個是正確選項（即答案），其餘都是錯誤選項。選擇題可以用來測量閱讀理解的基本能力，但無法評量讀者進一步解釋原因和提出支持或反對的論點。(2)封閉式簡答題：即採用封閉式的簡答題題型，它通常都會先要求學生從「是」或「否」兩個正反面的立場中，圈選出認為合理的答案，再要求學生提供理由，以表達其支持所選擇的立場。(3)開放式申論題：即採用開放式的申論題題型，它通常都會允許學生自己建構答案，讓學生能夠提出自己的觀點以及為何支持的理由和證據，因此，學生就必須依據文本內容或既有知識與經驗提出批判或說明。

所以，PISA 會採用題組題設計方式，將上述綜合類型的測量題目設計在一起，以用來評估閱讀素養。我們曾在本書第四章第五節介紹過「題組題的命題技巧」，知道這類題型的基本構造是由一篇背景資訊及一組單選題題目所組成的一份測驗卷形式，以用來測量學生較高層次的認知能力，如：理解、應用、分析、綜合與評鑑等。因此，PISA 所設計的題組題形式，大致上會採用每個題組均涵蓋「文本」（text）、「情境」（situation）、「歷程」（aspect）等三個面向特徵。

「文本」材料將會包含「連續文本」和「非連續文本」兩類。其中，連續文本的取材，包含敘事文、說明文、記敘文、論述文、操作指南或忠告、文件或記錄，以及超文本（hypertext）等，約占試題三分之二的分量；

而非連續文本的取材，則包含圖表和圖形（charts and graphs）、表格（tables）、圖解（diagrams）、地圖（maps）、表單（forms）、訊息單（information sheets）、電話和廣告（calls and advertisements）、憑證（vouchers）以及證照（certificates）等，約占試題三分之一的分量。

「情境」係指文本的用途或目的而言。PISA 採用歐盟的說法，將情境定義在四種閱讀文本上的情境，即：為私人目的而讀（reading for private use）、為公共目的而讀（reading for public use）、為工作而讀（reading for work）及為教育而讀（reading for education）。此外，PISA 也考量到學生的表現可能會因閱讀情境而異，所以為了能夠更客觀地評鑑學生的閱讀素養，特將文本情境的呈現方式，要求採用多樣性的變化形式，盡量將文本內容的取材涵蓋：(1)個人用途的小說、書信、傳記、散文；(2)公共用途的官方文件或聲明；(3)職業用途的手冊或報告，以及(4)教育用途的教科書、學習手冊等。

「歷程」係指閱讀過程中會使用到的三種認知處理能力。其內容已如前述，其中的「擷取與檢索」和「省思與評鑑」的試題分量約各占四分之一，而「統整與解釋」的試題分量，則約占四分之二。

自 2012 年起，PISA 的評量首度新增電腦化的數位評量，我國亦有選擇參加此電腦化閱讀與數學素養評量項目。這項改變是為了因應電子化文本的閱讀在現今社會已日益普及的趨勢，所以模擬測試學生如何回答使用數位文本及取得訊息的能力，例如：如何使用搜尋引擎、選擇關鍵字及判斷數位文本頁面正確與否，以獲取回答問題所需的訊息等。

綜合上述 PISA 針對閱讀素養的相關描述，我們大略可知素養能力所指的是一種涵蓋範圍廣泛、複雜、與未來生活息息相關且能帶著走的綜合性能力，並非指單純的一項學科成就而已。而 PISA 的素養評量，指的更是一種評量架構十分明確、目標定義清楚、試題取材廣泛、題目設計精闢、題型多元綜合且鎖定在高層次認知能力的評量目標。對此，它所評量到的成果，不僅只是反映出學生當前的學校學習成果而已，更是隱含著未來生活所需的問題解決能力。因此，目前學校教育教導出學生所具有的學科成就，未必就是等於這項未來可以帶著走的素養能力。顯然，這兩者之間有

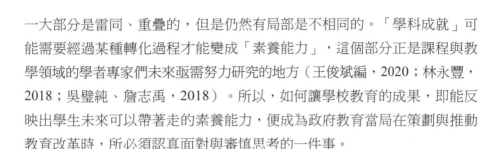

一大部分是雷同、重疊的，但是仍然有局部是不相同的。「學科成就」可能需要經過某種轉化過程才能變成「素養能力」，這個部分正是課程與教學領域的學者專家們未來亟需努力研究的地方（王俊斌編，2020；林永豐，2018；吳璧純、詹志禹，2018）。所以，如何讓學校教育的成果，即能反映出學生未來可以帶著走的素養能力，便成為政府教育當局在策劃與推動教育改革時，所必須認真面對與審慎思考的一件事。

貳　108 課綱的核心素養

　　隨著社會大眾對我國參與 PISA 評量的瞭解，教育部於 2014 年正式發表提出新一波的教育改革方案──「十二年國民基本教育課程綱要總綱」，並且對外公告自 108 學年度起實施（因此該課程綱要也簡稱為 108 課綱）。同時，教育部亦宣布未來升學高中和入學的入學考試都將改為「素養導向評量」，一時之間，不僅吸引社會大眾的高度關注與重視，甚至全國家長與教師們對此升學方案的變革亦深感不安與困惑，紛紛議論：「什麼是素養？」「素養該如何評量？」「什麼是素養導向評量？」

　　根據教育部 108 課綱資訊網（教育部，2021a）的說法，十二年國民基本教育本於全人教育的精神，以「自發」、「互動」、「共好」為理念，強調學生是自發主動的學習者，學校教育應善誘學生的學習動機與熱情，引導學生妥善開展與自我、與他人、與社會、與自然的各種互動能力，協助學生應用及實踐所學、體驗生命意義，願意致力社會、自然與文化的永續發展，共同謀求彼此的互惠與共好；所以，這三者合稱「自動好」。

　　依此，108 課程綱要以「成就每一個孩子──適性揚才、終身學習」為願景，以學生為學習的主體，並希望能兼顧學生的個別特殊需求、尊重多元文化與族群差異、關懷弱勢群體，以開展生命主體為起點，並透過適性教育，激發學生對於生命的喜悅與生活的自信，提升學生對於學習的渴望與創新的勇氣，同時亦善盡國家公民責任，展現共生智慧，成為具有社會適應力與應變力的終身學習者，期使個體與群體的生活和生命更為美好。

　　而為了能夠落實課綱的理念與願景，特訂定啟發生命潛能、陶養生活

知能、促進生涯發展、涵育公民責任等四項總體課程目標，落實十二年國民基本教育「自發」、「互動」與「共好」的課程理念，同時考量各學習階段特性，結合核心素養以協助學生學習與發展，並臻全人教育之理想。十二年國民基本教育的願景架構，如圖 7-5 所示。

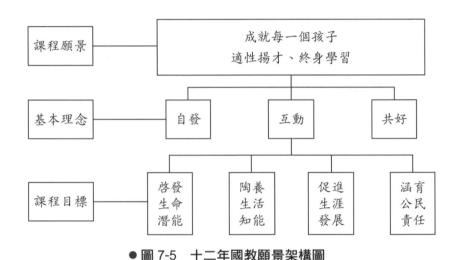

● 圖 7-5　十二年國教願景架構圖

108 課綱以「核心素養」作為課程發展的主軸，以落實課綱的理念與目標，並兼顧各教育階段間的連貫以及各領域／科目間的統整。

根據定義，「核心素養」是指一個人為了適應現代生活及面對未來挑戰所應具備的知識、能力與態度。核心素養強調學習不宜局限於學科知識及技能，而應關注學習與生活的結合，透過實踐力行而彰顯學習者的全人發展。因此，核心素養強調培養以人為本的「終身學習者」，回應自發、互動、共好等三項基本理念，分為三大面向：自主行動、溝通互動、社會參與，此三大面向再細分為九大項目，並強調素養是與生活情境有緊密連結與互動的關係。

1. 自主行動：個人是學習的主體，學習者應選擇適當的學習方式，進行系統思考以解決問題，並具備創造力與行動力。本面向可再細分成三項核心素養項目，即：身心素質與自我精進、系統思考與解決問題、規劃執行與創新應變。

2. 溝通互動：學習者能廣泛且妥善運用各種工具，包括物質工具（如人造物、科技及資訊等）和社會文化工具（如語言、文字及符號等），與他人及環境能有良好且有效的互動，並具備藝術涵養與生活美感。本面向可再細分成三項核心素養項目，即：符號運用與溝通表達、科技資訊與媒體素養、藝術涵養與美感素養。

3. 社會參與：學習者處在彼此緊密連結的地球村，需要學習處理社會的多元性，以參與行動，並與他人或群體建立適切的合作模式與人際關係。本面向可再細分成三項核心素養項目，即：道德實踐與公民意識、人際關係與團隊合作、多元文化與國際理解。

十二年國民基本教育的三面向九項目核心素養架構，如圖 7-6 所示。

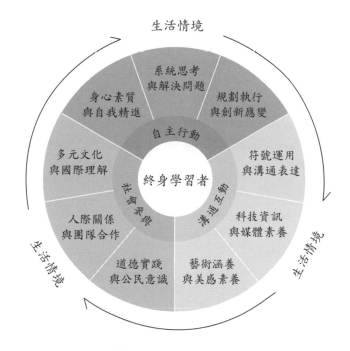

● 圖 7-6　十二年國教三面向九項目核心素養架構圖

依據上述核心素養的架構分類，再分別考量各教育階段的學生個體身心發展狀況，另分別訂定有國民小學、國民中學及高級中學各教育階段不

同的核心素養具體內涵。核心素養主要應用於國民小學、國民中學及高級中等學校的一般領域／科目；技術型、綜合型及單科型高級中等學校，則依其專業特性及群科特性進行發展，彈性納入與整合核心素養。

因此，108 課綱將課程類型分為二大類：部訂課程與校訂課程。其中，部訂課程由國家統一規劃，以養成學生的基本學力，奠定適性發展的基礎；而校訂課程則由學校安排，以形塑學校教育願景及強化學生適性發展。總之，108 課綱依據全人教育的理念，配合知識結構與屬性、社會變遷與知識創新及學習心理之連續發展原則，將學習範疇劃分為八大領域（即語文、數學、社會、自然科學、藝術、綜合活動、健康與體育、科技等），讓學生可以有較為統整的學習經驗，培養具備現代公民所需的核心素養與終身學習能力。表 7-2 所示，即為十二年國教課程類領域與科目的劃分表，其更詳細的課程領域與科目細節，請參見十二年國民基本教育課程綱要總綱內容的記載（教育部，2021b）。

■表 7-2　十二年國教課程類領域／科目劃分

教育階段／課程類型		部訂課程	校訂課程
國民小學		領域學習課程	彈性學習課程
國民中學			
高級中等學校	普通型高級中等學校	一般科目 專業科目 實習科目	校訂必修課程 選修課程 團體活動時間 彈性學習時間
	技術型高級中等學校		
	綜合型高級中等學校		
	單科型高級中等學校		

 素養導向評量在升學上的應用

前兩小節釐清了「什麼是（核心）素養」，接下來，筆者欲說明與評論「素養該如何評量」，以及「素養導向評量如何在升學中應用」。

　　從 PISA 的素養定義、108 課綱對核心素養的定義，及國內課程與教學領域方面的學者專家（柯華葳，2012；蔡清田，2012）對素養所持的看法，筆者可以歸納得知構成素養的成分或因素，絕離不開知識（knowledge）、能力／技能（competence/skill）與態度（attitude）三者的結合與統整，並且是在某種情境脈絡（context）下，可用來解決現在與未來生活中面臨問題挑戰時，所需具備與展現出來的能力或潛能。因此，隨著情境脈絡的不同，除了 PISA 所評量的三種素養外，可能還有財金素養（financial literacy）、健康素養（health literacy）、資訊素養（information literacy）、數位素養（digital literacy）、公民素養（civic literacy）、全球素養（global literacy）等，不一而足。

　　素養的組成成分，既然是來自多元的、複雜的、綜合的且與情境脈絡相關聯的因素，那麼，評量它的方式當然也就必須是符合多元的、複雜的、綜合的、且與情境脈絡相關聯的方法與策略，方能搭配它的屬性，做出精準的評估。所以，傳統上強調單一向度的成就／能力的評估方式（如使用紙筆式成就測驗），則未必能夠符合素養屬性的需求，將無法適用於評估素養的存在。因此，由本課程所提及的各種評量方法來看，比較適合使用來評估素養的評量方法，可能就是實施「綜合型實作評量」方式，也就是結合紙筆測驗、各種單一的實作評量策略、口試評量、概念圖評量、動態評量、精熟學習評量甚至檔案評量等方法，所建立起來的綜合型評量方式（謝名娟、程峻，2021）。單一評量工具或評量策略的使用，已無法滿足108 課綱下，學校教育目標所欲培養出一位具有素養導向的全人學生的需求。

　　但弔詭的是，111 學年度起的升學考試，無論是升學高中職或大學，招生委員會所擬採行的入學考試方式之一，仍然是維持傳統聯考的單科成就測驗作法，卻只是將考題改採素養導向的命題方式來進行。因此，問題來了：「什麼是素養導向的考題？」

　　筆者認為，未來國民中小學學校所擬進行的素養導向評量作法，勢必無法直接應用到升學考試上，理由很簡單：「綜合型實作評量」一定需要採用多元的評量方式，需要費時準備與進行評量，並且需要兼顧多人（如

同儕、教師、家長、專家學者等）決定的評分規準與評分結果，這樣的素養評估方法，勢必無法適用於考科與考場密集、考科作答時間有限、考科強調考題的解題必須具有固定標準答案才能彰顯出計分公平客觀的結果，且是大規模舉行的升學考試情境。因此，可作為升學考試用途的「素養導向命題」，一定是採用類似 PISA 閱讀素養評量的考題樣式，亦即，結合選擇題、多重是非題、封閉式問答題、開放式問答題而成的「題組題」式考題，且每一個題組皆涵蓋文本、情境、歷程等三個面向特徵的題目。

　　題組題的命題原則與技巧，本書已在第四章第五節說明過。它是一種改良式的選擇型試題的應用，可用來評估因果關係的推理、原理原則的應用、假設方法的驗證、結論適切性的評鑑等較高層次的認知能力。因此，我們可以綜合上述評論，進而提出結論：未來的升學考試若採素養導向命題的話，則它的考題形式一定會是類似於題組題的命題方式。題組題的考題命題方式，其基本架構即為：每一個題組均會提供考生一段背景資訊或一篇導論性文章閱讀，出題內容可能涵蓋文本、情境、歷程等三個面向特徵，然後要求考生在一組事先設計好的單選形式的選擇題上作答，或者是在作答字數限制、要求陳述解題理由或說明決策依據等條件約束下，回答一組事先擬定好論文型式的簡答題、限制反應題或申論題。因此，這類考題會要求考生具有基本的閱讀理解能力，命題範圍會充分與考生的現在與未來生活背景息息相關，考生無須再針對學校的授課材料進行死記死背的練習，而必須學會將學科成就知識轉化成素養能力。考題的測量目標會偏向強調理解與應用層次以上的認知能力，且是著重在某種情境脈絡下的問題解決能力或潛能。因此，考生必須精熟基本的學科知識，多多閱讀指定的參考書或課外書籍，多動手操作與實際參與實驗，不斷反省思考該如何將學習內容與生活產生聯結，以及如果生活中碰到某個棘手問題時，該如何應用學習過的學科知識來進行解決。並且多與同儕交流、討論、分享心得、請教老師的經驗，多做模擬考試的練習題，才是應對未來素養導向升學考試的準備方法。

檔案評量

　　檔案評量屬於實作評量的一種。該評量理念的興起，並非現在才有，早在 1960、1970 年代的美國測驗學界，即有此評量概念的雛形。但一開始時，並未十分受到重視。到了 1980 年代後，由於世界各國教育改革風潮的影響，此種評量觀念開始活躍；於 1990 年代後，正式蓬勃發展。首先由美國的 Vermont 州於 1990 年至 1991 年間開始實施試探性的檔案評量（Koretz, Stecher, Klein, & McCaffrey, 1994）；1992 年後，教育研究資源光碟資料庫（ERIC）開始大量收集這類相關的研究作品；我國則於民國 84 年後，才陸續有相關的研究論文發表。至今，應用檔案評量的理念與方法，作為中小學教室情境下的實作評量方式之一，已有愈來愈受到重視的趨勢。十二年國民基本教育課程綱要所規劃實施的成績評量方法，即具有檔案評量的精神與理念存在，未來甚至推向以學習歷程檔案作為大學升學的履歷之一。

第一節　檔案評量的內涵與類型

　　檔案的發展，其實是來自一些專業領域（如：建築、廣告、藝術、攝影和新聞等）的啟發。在這些專業領域裡，專業檔案（professional portfolio）的建立，往往是為了因應客戶或雇主的要求，將個人的最佳代表性作品彙整組合成一份檔案。因此，它的內容或多或少反映出客戶或雇主的興趣和需求，同時，該客戶或雇主也成為對該檔案作品的主要評量者。但是，這種評量所強調的是總結性評量，其目的是在評定哪一份檔案才是最佳作品，以便作為挑選的依據和作為決策的參考。

　　反觀班級教室裡，教師不也是常常要求學生繳交各種作品、作業、報告或其他證明文件嗎？只不過每位教師未必都把每位學生的繳交資料整理建檔而已。因此，如果將上述學生的繳交資料，有系統地收集起來，放入一個資料夾（folder）或檔案夾（file）裡，每人一份，則該資料夾便可以充當滿足許多重要目標的工具——即是所謂的「學生檔案」（student portfolio）（或譯成「學生卷宗」）。

　　學生檔案一如專業檔案一樣，也需要收集學生的作品樣本，且都是學生最佳的代表性作品，因此，它的內容也或多或少反映出教師期望學生達成教育目標的程度。但是，有一點不一樣的是，學生檔案是由教師和學生雙方共同發展和進行評量的，教師和學生必須為整個檔案內容挑選的適當性和客觀公正的評分作業，負起最終的責任。

　　因此，顧名思義，所謂的「學生檔案」即是指有系統地收集學生在一個或數個領域內有關學習成就的一連串表現、作品、評量結果，以及其他有關學習成長記錄等資料。它不僅是收集學生作品的資料夾而已，更是有意義地收集學生學習成就與成長發展的最佳代表作品，以展現學生具有該項目標能力和技能的證據，達成某種特殊教學目標。國內學者亦有多人（李坤崇，1999；莊明貞，1995；張美玉，1995；張麗麗，2002；鄒慧英，1997，2000）持相類似的定義和看法。

　　整個學生檔案，從內容的放入、標準的選擇和評分標準的決定，都有學生的參與；更重要的，還需要包括學生自我反省的證據資料在內。近年來，由於學生檔案具有如表 8-1 所陳列的潛在優點，因此，它在教室情境下的應用，已逐漸受到學校教師們的重視，甚至成為中小學評量學生學習成就的主流評量方法之一（Airasian & Russell, 2008; Burke, Fogarty, & Belgrad, 1994; Crockett, 1998; Hart, 1994; Kimeldorf, 1994; Miller et al., 2009; Mundell & DeLario, 1994; Oosterhof, 2001; Paulson, Paulson, & Meyer, 1991; Stiggins, 1994; Tierney, Carter, & Desai, 1991; Wolf, 1989）。

■ 表 8-1　學生檔案的潛在優點

1. 把學生當成是評量過程的一部分，提供學生展示自己能力的機會。
2. 鼓勵學生成為有反省力的學習者，並且發展評鑑作品優缺點的技能。
3. 幫助學生為自己設定目標及為評鑑進步情形負起責任。
4. 顯示學生實作表現的重要性。
5. 提供教師和學生共同合作的機會，並促進反省思考學生進步的情形。
6. 加強教師對實作評量的重視，評量不光只是紙筆測驗而已。
7. 藉由展示學生的具體作品和進步情形，作為與家長溝通的一種有效方式。
8. 提供一種以學生為評量中心，作為學生主持家長會議的運作機制。
9. 提供家長一個有關學生長期發展與目前學習技能現況的具體證據。
10. 將教學重點集中在重要的表現活動上，協助評定需要改進的課程領域。

　　但是，學生檔案也有其潛伏的缺點或限制存在，例如，學生檔案的組合與評量，對教師和學生而言，都是一件相當費時的工作。不僅是學生檔案的準備過程費時，連同教師對學生的指導也相當花時間，甚至，針對學生檔案作品的逐一審閱和評量，更須花費不少時間，這項因素可能是阻礙教師願意實施檔案評量的一大主因。其次，當學生檔案作為總結性評量使用時（如：作為評定學業成績、給予成就證明，或當作學區辦學績效的依據），檔案作品的評分結果，通常都具有低信度的特性。這是由於要求繳交的作品相當多元、各種評分標準不一、不同檔案間的比較亦缺乏標準化的收錄程序和評鑑程序，所以，評分結果的信度將會明顯偏低。這也是社會大眾尚難接受以學生檔案作為評定學習成就的主要依據原因之一。

　　或許，在權衡學生檔案的潛在優點之後，想要有效運用學生檔案的最大障礙並不在於它的限制與缺點，而是在於誤認為學生檔案很容易建立。這是由於教師和學生平時即習以為常地接觸到資料夾或檔案夾等，很自然地就誤以為把作品放進去，即稱作「檔案」。其實，資料夾中缺乏組織的作品收集，並無法發揮如表 8-1 所示的潛在優點，只不過像一堆放在盒子裡的雜物，缺乏明確的目標、建檔的指導說明和評鑑標準。

　　利用學生檔案作為一種評量工具，即是檔案評量的核心重點。就像專業檔案一樣，被挑選放入學生檔案裡的內容或材料，必須是一項以目標為

導向的作業。隨著目標的不同，被收集放入的內涵即隨之不同。Arter、Spandel 和 Culham（1995）即認為，檔案的最初原始目的只有兩個：即評量和教學。當評量目的是在促進學生的學習時，我們可以不必比較學生之間的差異，不必太過關心每位學生所收錄作品內容各不相同的問題；而當評量目的是在給學生的學習評定成就高低時，我們則必須要求所有學生繳交的作品都必須一致，且數量相同，才能維持評分的公正性。

另外，也有學者（Crockett, 1998; Miller, Linn, & Gronlund, 2009; Popham, 1999; Valencia & Calfee, 1991）認為應該根據用途來分，將檔案作為展示「目前成就」或顯示「進步情形」之用；也可以根據放入作品的性質來分，將檔案分成只有放入最佳作品的「展示檔案」（showcase portfolio）和只用來顯示廣泛成就領域的「文件檔案」（document portfolio）兩類；更可以考量收集作品的動態程度來分，將檔案分成總結性評量用途的「完成檔案」（finished portfolio）和形成性評量用途的「工作檔案」（working portfolio）兩種。針對不同檔案的用途，我們可以清楚地向學生說明所擬使用的檔案目的為何，不僅可以提供學生發展檔案的基礎，更能夠提供學生準備檔案的指引方向。但是，檔案目的所提供的指引方向通常還是不夠的，必須伴隨更明確的指導說明，最好能夠提供一些範例說明，方能順利地輔助檔案評量的落實。

範例能夠提供最基本的指引說明，包括：(1)檔案使用的目的為何；(2)誰是接觸檔案的觀眾；(3)何種類型的作品應該被收錄；(4)何種標準將被用來評鑑該作品等。除此之外，範例還能同時提供有關收集內容的儲存方式（如：書面的、實體的，或數位的）、學生扮演的角色（如：獨立進行的，或與他人合作的）、作品數量（如：最少的，或最多的）、準備期限（如：短期的，或長期的）、檔案的硬體結構（如：資料夾，或數位檔案夾）、陳列格式（如：封面頁、目錄或作品清單、自我反省的插頁，或心得感想欄），以及評鑑標準（如：各項作品的評分表、檢核表，以及各項作品合併計算總分的規準）等。這些功能，將有益於讀者更進一步明瞭檔案評量到底是什麼。

基本上，我們可以根據不同的目的與用途，將檔案分成四種不同類型。

茲說明如下：

 官方用的評鑑檔案

　　此類型典型的代表範例，即是 Koretz 等人（1994）所舉的四年級和八年級學生的數學和寫作檔案，於美國 Vermont 州首次實施。其中，數學檔案要求學生自行挑選五至七項最佳的作品，然後集中檔案，再邀請志願的教師，根據表 8-2 所示的七個向度，使用四點評定量尺來進行評分。

■ 表 8-2　Vermont 州用來評定數學檔案的標準

一、問題解決的四個向度
　　1. 瞭解問題
　　2. 你如何解題
　　3. 為什麼——解題過程的決定
　　4. 所以得到——活動結果
二、溝通的三個向度
　　1. 數學語言
　　2. 數學表徵
　　3. 表達

　　而寫作檔案的規定說明較為嚴格。例如，四年級的寫作檔案，內容必須包括下列幾項：

1. 一份目錄表。
2. 一件學生自行挑選的最佳作品，該作品可以來自任何課堂或非學術領域。
3. 一封說明為何挑選此作品的解釋函。
4. 一首詩、短篇故事或個人故事。
5. 一份針對一本書、一個事件、熱門話題、數學問題或科學現象的個人評論。
6. 一篇來自英語或其他語言課程外之任何主題領域的散文。

除此之外，並且根據五個向度（即目的、組織、詳細內容、用法與文法），使用四點評定量尺來進行評分。結果獲得兩項結論：(1)檔案評量具有促進教學的積極作用；(2)集中閱卷方式的評分者間信度係數偏低。

另一個有名的範例，即是美國匹茲堡（Pittsburgh）公立學校學區針對六至十二年級學生，實施大規模的寫作檔案之評量實驗研究（LeMahieu et al., 1995）。該研究要求學生挑出四件寫作檔案的作品，包括：(1)自己認為「最重要的」作品一件；(2)自己認為「最滿意的」作品一件；(3)自己認為「最不滿意的」作品一件，以及(4)「隨便挑的」任何作品一件。檔案中還包括：目錄表一張、有關寫作經驗的回答問卷一份、最後定稿的反省意見一份，以及針對更改寫作與身為作家經驗的描述一份等文件。最後，總共收集到 1250 份寫作檔案，動用 815 小時／人，於一週內完成這項大規模的檔案評量作業，獲得頗高的評分者間信度係數（即高中樣本為 .74 到 .80 之間，國中樣本為 .84 到 .87 之間）。他們結論道：檔案評量有助於教學，但需要經過充分的規劃、明確的檔案收集指引說明、計分程序的修改，和評分者的評分訓練。雖然大規模的檔案評量實施困難，但並非是不可能的。

貳 學校用的畢業檔案

此類型典型的代表範例，即 Darling-Hammond、Ancess 和 Falk（1995）在美國紐約市中央公園東區中學（Central Park East Secondary School）實施的畢業檔案。該畢業檔案規定了十四種類別的內容項目，學生必須在升上高年級的兩年時間內，準備並收集到如表 8-3 所述的檔案內容，才能獲取畢業文憑。這些內容包羅萬象，書面資料、口語表達資料、藝術作品、科學展覽模型、錄音帶、錄影帶、電腦磁片等，都可以被收錄當成是一項作品。這個範例可供規劃全校性實施的檔案評量的參考。

■ 表 8-3　中央公園東區中學的畢業檔案

類別	內容描述
1. 畢業後的計畫	必須說明畢業、短期及長期生涯與終身計畫的目的，內容包括足以顯示進步的指標，如：介紹信。
2. 自傳	可以書面、口頭或其他形式（如：照片、與祖父母晤談的錄音帶）說明家族史、學生的信仰、價值觀等。
3. 學校／社區的服務	過去打工或就業經驗的正式履歷，包括：學習心得與成就的證明文件。
4. 倫理和社會議題	能針對社會和道德議題，運用各種形式（如：編輯的、戲劇的或辯論的）來顯示多元觀點和根據證據來推理思考的能力。
5. 藝術和美學	能針對某項藝術領域（如：舞蹈、雕刻、音樂）提供具顯現美學涵養證明的作品或展覽。
6. 大眾媒體	能顯示對各種大眾媒體及其對大眾觀點影響的事實有所理解的證據。
7. 實務技能	能在諸如科技、健康和公民角色領域發展實務技能的證據。
8. 地理	能在教師編製的測驗和學生設計的專案（如：繪製一份地圖）做出良好表現的證據。
9. 第二語言或雙語	除了英文以外，能顯示對其他語言具有聽、說、讀、寫能力的證據。
10. 科學和技術	必須包括傳統證據（如：考試和專題研究），以及能運用科學方法與理解科學在現代世界所扮演角色的證據。
11. 數學	能在教師設計的測驗和專案上作答，以顯示具有概念理解與應用能力的證據。
12. 文學	必須包括所閱讀過範圍寬廣的教科書清單和關於文學作品及人物評論的證據。
13. 歷史	能在全州或教師編製的歷史科測驗或專案上作答，以顯示對某主題具有歷史關聯性觀點的證據。
14. 體育	必須能夠提出曾參與某支隊伍或個別運動項目的證據。

班級用的學科檔案

　　班級用的檔案，並不需要像前述兩者那麼嚴謹，教師只要針對檔案目的、所擬收集內容的期望、學生在挑選和評鑑作品時應負什麼樣的責任、被用來評鑑作品的標準是什麼等項目，說清楚、講明白即可。有時候，教師也可以參考官方用或學校用檔案的嚴格規範，將其修改成為適合自己使用的範本，並且提供一個更具體明確的指引說明，即可用來幫助學生順利完成檔案。

　　例如，以國小寫作檔案為例。寫作檔案與傳統作文評量之間，最大的不同點在於：

1. 寫作檔案包含在各種條件及不同題材下的寫作作品，而不是在標準條件下及固定時間內的作品。
2. 寫作檔案包含一段時間內各種文體（如：記敘文、說明文、新詩仿作、訪談記錄等）的寫作作品，而不是只有單一時間內的單一體裁作品。
3. 寫作檔案包含相當多樣且多類的寫作作品（如：日記、改寫故事、心得摘要、經驗感想、信函等），而不是只有單一種類的作品。
4. 寫作檔案包含寫作作品的原始草稿和多次修正稿，而不是只有單一初稿或完成稿。
5. 寫作檔案包含許多補充材料，例如：筆記、寫作經驗的反省思考、自我評鑑、他人（如：教師、同學或家長等）評鑑等資料，而不是只有單一材料。
6. 寫作檔案尚可包含自我反省思考與團隊合作的寫作作品，而不是只有單打獨鬥的作品。

　　因此，在寫作評分上，可以根據國小學生作文能力的五大成分——字句、內容、結構、修辭與標點符號，再決定分成四大項：「文法修辭」、「組織架構」、「內容豐富與正確性」及「文章風格」（鄒慧英，2000）。或者分成「寫作種類與數量」、「寫作技巧與能力」、「自我省思與評量」

及「檔案建構與組織」等四類（張麗麗，2002），然後按四點或五點評定量尺方式分別進行分析性評分，最後再合併各項評分分數，以當成是該次評量的總分。如果所有的評分老師都曾接受評分訓練、已求得一致評分標準的共識，也可以參照如表 5-2 所列舉的評分規準範例，給予學生作品單一級分的評分結果，則這樣所獲得的寫作檔案評分結果，不僅能夠反映出學生的寫作能力高低，同時也能兼具良好的信度與效度值。

肆 教學（學習）用的數位化檔案

拜近代科技進步之賜，市場上已出現許多可供教學使用的數位化檔案評量（e-portfolios assessment）平台（如：Mahala、Moodle、VM、各大學研發之 e-portfolios 平台等），或網路化檔案評量（web-based portfolio assessment）系統（岳修平、王郁青，2000；張基成、彭星瑞，2008；Chang & Tseng, 2009a, 2009b）。這些可以應用到教學情境裡的檔案評量系統，不外乎是將傳統檔案評量所擬收集的各種學生代表性作品或資料，利用電腦及網際網路多媒體儲存方式容量大、快速傳輸、不占實體空間及永久保存等特色，將所有資料予以數位化或網路化處理，以便每位學生都有自己所屬的網路空間或電腦硬碟空間（即建立專屬的檔案夾）存放自己的數位化作品或資料；同時，該檔案評量系統亦有學生專屬檔案夾開放給相關人員（如：同儕、教師、家長或教育評鑑委員），根據檔案評分規準（e-portfolios scoring rubrics）進行多面向評分，以提高數位化檔案評量的信度和效度（Chang, 2001, 2008; Goldsby & Fazal, 2001; Johnason, Fisher, Willeke, & Mcdaniel, 2003; Wang, 2009）。

總之，隨著目的不同，各類檔案所收錄的作品內涵即隨之不同。這些不同類型的檔案，各能針對不同層級目的提供不同的指引說明，讓初學者或一般讀者得以有參考模仿的機會。檔案評量雖然有助於教學活動的進行，但必須是在充分規劃、指引檔案收集說明明確、計分程序明訂公告，以及評分者的訓練配合之下，才能落實檔案評量的實施目的。

第二節　檔案評量的特色

　　學生檔案的運用，可以滿足許多不同的教學與評量目的需求。因此，進一步瞭解檔案評量的性質，洞悉其背後的精神和特色，將更有助於落實檔案評量於課室中（Bond, 1995; Crockett, 1998; Oosterhof, 2001）。茲分述如下。

能夠適應個別化教學目標

　　由於每位學生都必須準備一份專屬於個人的檔案，教師也需要個別地評閱每位學生的檔案內容，因此，檔案評量可以很容易地適應個別學生的教學目標。相較之下，紙筆測驗和實作評量在這一方面就比較難做到適應個別化的教學目標。

　　一般說來，紙筆測驗都是同時以一堆共同試題給一群學生施測。即使教學可以做到適應個別化的進度，但是施測時，還是需要個別學生都接受同一份測驗試題。雖然，目前已有所謂的電腦化適性測驗，可以做到量身訂做的施測方式，但是，測驗題目還是出自可以適用全體學生的題庫試題。

　　相對地，檔案評量卻可以做到完全個別化的程度。每一份檔案不僅可以反映出針對個別學生所設立的獨特教學目標，甚至，個別化的檔案更可以反映出「教學目標如何被評量」，而不是「何種教學目標該被評量」的問題。舉例來說，正在學習寫作技巧的學生，他們的教學目標都是相同的，但由於每位學生被期待達成教學目標的表現水準不一，每位學生的作品品質也就差異懸殊；然而，檔案評量卻可以很容易地做到適應這些個別差異的程度，其他的評量方法（特別是客觀計分的成就測驗）則往往無法做到這一點。

貳 強調學生作品的評量方式

　　檔案的內容原本就包括收集學生的代表性作品（products），而這些作品又是在反映出各種教學目標的成果。例如，寫作檔案的教學目標即包括能夠寫出論文、新詩、信函和其他形式的文字表達作品等內容。即使像其他學科領域，如科學、數學、社會、語文和藝術等，檔案亦可以展示重要學習成果的表現。

　　當然，完成作品的過程（process）也是一件相當重要的事；有時甚至比作品本身來得重要。當教師和學生在評閱檔案內的作品時，往往無法直接觀察到產出作品背後的過程，過程僅能由推論得知；即使檔案中也有收集完成作品前的各種草稿作品，在評閱時，也只能靠推論來得知學生參與完成作品前每一階段的努力過程而已。而學生在作品完成前的努力過程所導致的每一種改變，通常也都無法從檔案作品中直接觀察得到。因此，檔案比較是針對學生已完成的作品，而非完成作品前的過程，提供一種更直接的評量方式。

　　學生在完成作品前所投入的過程，其實可以使用其他技術來協助評量。例如，非正式的觀察與提問，都是很好的方法，雖然它們缺乏表格化的記錄資料，並且也有高估學生成就等缺失；實作評量也是一種很實用的評量方法，可以充當觀察學生表現過程的一種正式技術；紙筆測驗也很不錯，可以測量到局部的學生表現過程。教師應該注意這一點——如果檔案是用來當作評量學生作品的唯一正式方法的話，那麼所有針對學生表現過程所做的大多數判斷，都是根據推論而得，而不是以直接觀察為基礎的。

參 確認學生的優點而非缺點

　　有許多目前通用的正式評量方法，多半是在強調學生犯錯的部分，而非他們真正學會的部分。舉例來說，教師在批改紙筆測驗時，通常會針對學生答錯的部分以打「×」方式批改。當教師把考卷發還給學生時，大部

分的訂正和檢討工作，也都是集中在錯誤的答案上，而非答對的部分。這也是造成學生不太喜歡考試的理由之一，因為考試結果太過強調壞消息，造成學生許多不愉快的經驗。因此，逃避考試後可能會帶來的懲罰，自然而然地也就成為許多學生習得的本能之一。

　　即使是使用標準化測驗，也是強調負面的訊息居多。當使用效標參照評量的方式來解釋個別測驗分數時，標準化測驗的說明重點也是放在確認學生所欠缺的技能上；而當使用常模參照評量方式來解釋個別測驗分數時，即使有超過半數以上的學生表現低於平均數，一樣是得分低於平均數的人遠比高於平均數的人受到較多的關注。

　　然而，檔案評量所強調的是學生學習成果的優點，而非其缺點。在檔案評量中，學生會被鼓勵繳交最好的代表性作品，在這種情境下，自然會強調學生已完成的學習成就部分，而非其尚未完成的缺失部分；而學生學習表現的缺點部分，則會以強調新學習目標的觀點來提醒其應該改進。相較之下，學生也就寧可花時間製作一份檔案，而不願意接受考試；因此，這種評量方式當然會促使學生朝積極和建設性的方向來學習。

　　另外，還有兩點需要一併提醒的。第一，檔案可以不必太過強調評量的積極涵義。當然，在使用檔案時，強調積極正面的意義是一件很自然的事，除此之外，教師還可以交互使用所有正式和非正式的評量方法，來強調學生已經學會的部分。即使是使用檔案，這方面的鼓勵也必須是明確而中肯的，好讓學生都能體會出是針對他們的表現。此外，重要的錯誤之處還是需要提醒、強調，但是應該利用它們來規劃改進教學的參考，而不是利用它們來強調學生表現的缺失。第二，檔案必須要具有反映學習錯誤的能力。當學生被要求繳交他們認為最佳的作品時，他們當然會希望避免提交有問題的作品；例如，學生會避免使用他們不太瞭解的歷史觀點來進行句型結構的討論。審慎命題的紙筆測驗和實作評量，都能夠測量到學生重要技巧的精熟程度，檔案內容的安排當然也是如此希望，能夠將學生所遭遇的問題顯現出來。

主動讓學生參與評量過程

在一份專業使用的檔案上，常見指導教師協助學生發展檔案的認真情形。例如，身為一名有潛力藝術家的指導教師，會和學生一起努力確認檔案中應該放置的內容為何，並且也會提供建議，挑選最佳的代表性作品放入檔案。然而，這個檔案畢竟還是屬於學生的，而不是指導教師的，因此必須主動讓該名有潛力的藝術家參與建置檔案的評量過程，才能使檔案的建置符合專業使用的標準。

若欲在教室中使用檔案時，情形也是一樣的。學生的參與，對評量過程來說是很重要的。教師可以提供指導，並且和學生一起合作確認要達成的目標為何、決定放入檔案內的作品種類為何；但事實上，學生應該對選入檔案內的材料負起最終的責任，教師只是站在指導的角度，協助學生針對所選入的材料進行評鑑工作而已。

雖然檔案是屬於學生所有，並且也一直保存在教室裡，但是，學生和教師都必須持續不斷地去評量它，才能維持檔案處於備用與更新的狀態。學生可以拿自己的檔案展示給同學或其他人觀看，這種作法比起教師打的個別成績分數，更能夠彰顯出學生個人的努力和成就。這種評量會是一種比較屬於以學生為導向的（student centered），而非以教師為導向的（teacher centered）過程。

伍 能與他人溝通學生的成就

專業檔案的目的，是要讓客戶或雇主明瞭某專業人士可以做什麼，因此，客戶或雇主很自然會詢問該專業人士有關其作品內涵，甚至是有關先前作品的種種問題。

同樣地，學生檔案提供教師一個很有用的架構，以便和家長、輔導老師、學校行政人員一起討論有關學生的成長和進退步情形。學生檔案所存放的內容，是有關「學生可以做什麼」的作品證據。檔案通常比紙筆測驗

的成績，在作為討論學生的成長和進退步情形上，提供一種更為有效的參考架構。

學生檔案當然也包含一連串有關學生正在努力和已經習得的目標清單，例如：學生的筆記即能說明為何要把某項作品放入檔案內的理由，以及學生和教師對它的評論意見等。凡此種種要素，都有助於與他人溝通學生的成就。

學生也可以將自己的檔案拿來向他人分享自己的學習成就。尤其是在親師座談會或學校日上，學生可透過事前評閱自己的檔案，詢問自己有關下列問題：

1. 從上學期迄今，自己的寫作表現已有多大的改變？
2. 上學期不曉得的事項，現在自己已經知道的又有多少？
3. 自己要告訴父母或監護人有關檔案的什麼內涵？
4. 自己要如何組織檔案內涵，以便向父母或監護人展示這些學習成就？

然後，在當日的座談會上，運用檔案來向父母或監護人描述自己已經學會的是什麼，而教師也可以從中標示出特別重要的訊息給家長知道，以協助學生更清楚表達自己。

陸　是勞力與時間密集的工作

準備一份檔案所付出的心力，從規劃、執行、調整到回饋給學生，通常都花費相當大的勞力和時間。由於大多數要被放入檔案的材料，都是可以不拘任何形式來準備的，因此，定期評閱檔案工作的準備與進度，會是一件比較耗時費力的事。

按照預定的時程規畫，教師和學生應該定期評閱檔案。基本上，教師應該先單獨評閱檔案一次，然後再與學生討論有關該檔案的種種問題。雖然每次評閱檔案所花費的時間不一定，但是共通的作法，通常是第一次花費約 30 分鐘時間先評閱檔案一次，然後，再花費約 30 分鐘時間與學生面談討論該檔案的內容。因此，平均而言，每次評閱每位學生的檔案，大約需要費時 1 小時左右。

　　有關這種評量方式所花費的時間問題，已有許多不同的見解和看法提出。例如，有些學者（Tierney et al., 1991）認為它是教室內設定優先順序和有效分配不同時間、而非多增加時間的問題；但有些學者（Moss et al., 1992）則認為，檔案評量雖然可以促進教師專業的成長，但是卻會增加教師的工作負擔。

　　使用檔案評量會增加教師多花費多少時間，大部分情況要看教師多久與學生評閱一次檔案內容而定。在小學階段，評閱全班學生一次的檔案，大約花費 20 至 30 小時是合理的；對中學階段而言，所花費的時間數可能會多一些，這是因為檔案內容的數目和學生人數都比較多的緣故。一般說來，每隔四至六週，教師即應個別和學生評閱一次檔案內容。

　　評閱檔案的次數愈多，當然是一種愈理想的作法。尤其是學生檔案的原始功能即是在決定下一回的教學內涵應該出現什麼，因此，如果要強調正式評量的功能，每四至六週即評閱一次檔案的時間間隔，算是很密集了。如果僅以檔案評量作為唯一的正式評量方法的話，那麼要求教師更密集一點的評閱次數，雖然在實際作法上不太可行，但卻也是應該且有必要的基本評量原則。另一方面，如果檔案僅是作為一般性的評量，並且伴隨有其他評量方法做更進一步補充說明的話，那麼，每隔四至六週即評閱一次檔案的時間間隔，應該算是適當且合理的。

柒　具評量信度偏低的特性

　　就如同其他教育測量一樣，信度對檔案評量而言，依然重要。不論是不同的教師評量同一位學生的作品或不同的作品樣本，判斷之間都應該保持合理的一致性。但是，針對檔案作品的判斷評量結果，到底具有多大的外在推論力，一直是個尚未深入探究的課題，或許是因為這種評量方法仍屬草創階段，有關的評量研究尚付之闕如的緣故。相對地，紙筆測驗和實作評量的評分信度則比較高。

　　舉例來說，美國的蘭德公司（Rand Corporation）（Koretz, McCaffrey, Klein, Bell, & Stecher, 1992）即曾對當初在美國 Vermont 州針對全州四年級

和八年級學生推行寫作和數學技能檔案評量的結果進行研究，發現檔案評量的平均信度係數只有 .33 到 .43 之間而已；相對地，針對寫作範本進行標準化實作評量的信度係數卻可以高達 .70 以上，而傳統紙筆式成就測驗的信度係數甚至可以高達 .90 左右。這種偏低的檔案評量信度係數之所以會引起關注的原因，是因為信度係數若低於 .50 時，個別學生表現就不容易和整體學生平均表現之間有所區隔（Kane, 1986）。如果一位學生的精熟度無法與班級平均數區隔開來的話，要進行個別化教學就變得沒有意義了。

　　在一般教室情境下，檔案評量的信度係數會比標準化測驗分數的信度係數來得低，這多半是由於標準化測驗已投入大量的時間和人力，已研發出公平、公正的評分機制的緣故。例如，就像在 Vermont 州大規模的檔案評量專案裡，評分標準通常都是經過嚴密的討論和思考後才決定出來的，且評分教師也必須經過密集和特殊的評分訓練才行。但是，在一般教室情境下，要制訂一份嚴謹的評分標準，並且要求教師接受評分訓練，卻往往不容易做到。

　　Moss 等人（1992）研究十所中學的教室內寫作檔案評量，發現它們的評分者間信度係數也像 Vermont 州的檔案評量一樣，非常的低。當他們在討論信度係數為何如此低時，一致認為使用獨立的評分者進行檔案評量的評分工作，可能是一種不恰當的作法。因為，在一般的教室情境下，評量工作多半是由對學生學習表現十分嫻熟的教師來進行，所以，和獨立的評分者不同，教師多半會運用他們對學生的熟識程度，來擴大評分的效果。如果每位教師對學生都熟悉的話，即使對學生不同作品間的評分，不同教師之間的評分差距也會相對較小。

　　到目前為止，針對檔案評分者間一致性問題的研究，所知有限。目前的證據也都顯示，這項評分結果的信度係數是相當低的，後續的研究有待持續進行。因此，當我們要以檔案作為評定個別學生學習成就的工具時，要特別的小心、謹慎，尤其是當檔案評量作為教師評定學生學習成就的唯一正式評量方法時，更是如此。

第三節　檔案評量的實施

　　就某種程度來說，檔案內容可以看成是一系列的實作評量。從這方面來說，凡適用於產生實作評量的過程，都適合用來設計檔案，因此，學生檔案的設計可以根據上述討論過的過程來加以建立。然而，檔案也允許學生挑選即將被評鑑的作品放入檔案裡，不僅只是用來評量學生的成就而已，還具有用來代表整個教學系統，以及將學生的評量統整成為學習一部分的功能。由於檔案具有多重的角色，它的設計與實施就完全依賴將來要如何使用它的方式來決定。

　　首先，我們關心的話題是，到底是什麼東西應該被放入檔案裡？什麼東西又不應該被放入檔案裡？有關這個問題，實在很難做統一的回答和規定，端視目標而定；亦即，數學科檔案有數學科相關的內容，語文科檔案有語文科的相關內容，不一而足。

　　一般而言，值得被放入檔案裡的內容，應該都是與學生的學習表現行為有關的各種資料。筆者綜合各學者的看法，認為值得放入檔案的內容，至少可以涵蓋下列四大類的資料（Burke et al., 1994; Kimeldorf, 1994; Mundell & DeLario, 1994; Tierney et al., 1991）：

1. **背景資料**。例如，在準備某科學生檔案前，有關學生過去（或前一個學期）的各項學習記錄（如：各科目成績單、教師評語、競賽成績記錄）、心理測驗資料（如：智力、人格、性向測驗等各項輔導記錄）、教師評語等。

2. **過程記錄**。例如，與準備某科學生檔案有關聯的各種學習活動的過程錄影（如：體操、舞蹈、各種熟練的操作技能、打網球、游泳、話劇表演）、錄音（如：朗讀、外語發音練習、辯論技巧、歌唱、樂器演奏）、照片（如：課外活動的生活照、各項展覽作品的照片）等。

3. **反省證據**。例如，與準備某科學生檔案有關聯的各種學習活動的反省心得、手札、筆記、講義、日記、週記等。

4. 評鑑資料。例如，與準備某科學生檔案有關聯的各種學習活動的書面成果資料（如：紙筆作業、論文、詩集、研究或讀書報告、實驗成果記錄和報告）、實際作品（如：家事及工藝課的實物作品或其照片、繪畫作品或其照片、海報）、同儕的評語與評分記錄、各科目學期平均成績單、各種標準化（含教育與心理）測驗結果、教師評語、參與各項競賽或表演的成績與得獎證明等。

上述這四大類資料內容，得視各種學生檔案的不同目標需求，而有不同收集內容的決定。例如，寫作檔案可用來測量特殊的寫作技能，並用來評量進步情形及診斷還需要改善的地方；另外，也可以利用一份寫作檔案範本，來針對不同的寫作型態（如：信函、論文、小說或詩歌等）提供一種完整的評量，以決定何種程度的寫作技能可以被應用到各種不同的寫作情境裡。因此，用來評定寫作技能的檔案，可以包括：在某個明確寫作主題指引下所完成的作品初稿、在相同主題下的各種寫作型態作品樣本（如：信函、論文、小說或詩歌等），以及經由同學或教師評定為最佳的作品代表等書面資料，這些資料都是直指學生寫作技能的各方證據。只要教師持續收集學生在日常教室內與寫作有關的作業或作品一段時間，必定可以獲得有關該學生在寫作方面的典型行為表現成果，彙整起來，即成為有關學生寫作技能的檔案。典型的檔案內容，可以參見圖 8-1 所示（Hart, 1994）。

檔案作品的評分也像實作評量一樣，採用相同的計分方式，多半是以整體性評分法、分析性評分法，或這兩者的綜合為基礎。整體性評分法是以整體的印象為評分基礎，而不是考量構成整體的個別細節部分，在整體判斷確立之後，才給予每件作品或成果評定一項數字分數。整體性評分法通常假設一份良好的作品或成果絕非僅是部分元素的總和而已，因此，獲得該作品或成果的整體印象後才予以評分，才不會有「見樹不見林」的失真感。整體性評分法的過程包括：迅速地閱覽過作品或成果一遍，然後根據所獲得印象給予數字分數的評定。例如，以寫作檔案的評量為例，教師可以快速地瀏覽過每份寫作作品，以獲得一個整體的印象，然後分別給予 4 到 1 分不等的評分分數。一般說來，最常使用的評定點數約在 4 到 8 點

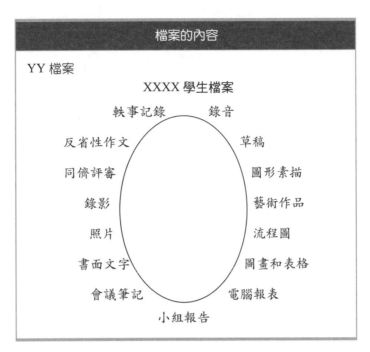

● 圖 8-1 　典型的檔案內容

之間，由於使用偶數點分數可以避免評分落於兩點之間的爭議場面，因此，在使用上比較普遍。

　　相對地，分析性評分法則需要針對構成每件作品或成果的每個重要細節部分進行判斷。例如，在評量寫作技能時，諸如文章的組織結構、字彙、寫作格式、立論觀點，甚至是字跡的工整性等，都可能是被列為評量的重點，並且被分開來個別進行評分。一般說來，前章所述的檢核表或評定量尺，都可以用來評量每個細節部分，並且在量表上預留一些空白處，以供記錄判斷結果或進行評論之用。

　　對大多數教育目的而言，整體性評分法和分析性評分法兩者都適用；前者提供對作品的整體判斷，而後者則提供診斷性的訊息以供改善表現的參考。當兩者一起使用時，整體的判斷應該優先實施，以防止某些較明顯的個別細節之評量，遭受事前對作品之整體印象的扭曲。當然，不論使用何種評分法的結果，都可以仿同檢核表及評定量尺的資料轉換方式，將評

量結果的質化資料賦予量化的解釋和描述意義，以便使用單一總分指標來報告學生檔案表現的良窳。

　　通常，在教室情境下，欲使用學生檔案作為評量學生學習成就的依據，教師必須先知道該如何實施檔案評量的相關作法。我們可以做一項比喻，即教師在規劃如何實施檔案評量時，就像在安排一次豐富的知性之旅一樣，應該分別扮演下列四種稱職的角色（Crockett, 1998）：

1. **旅行社經紀人（travel agent）**。必須要有「願景」（vision），才能提供詳實的規畫和行程安排。亦即，教師必須：(1)先竭盡所能地明瞭整個檔案的過程（即行程表），使得這趟旅行既充滿著刺激、冒險，卻又安全舒適；(2)能夠幫學生設定啟始目標和行為標的（即目的地），同時也明瞭這些目標在旅行中是可以視情況而更改的；(3)決定應該收集何種對學生學習最為有利的證據（即紀念品）。

2. **帶團的領隊（travel consultant）**。必須是「有組織的」（organized），才能協助安排一趟成功的旅程。亦即，教師必須：(1)準備好進行有關檔案教學的材料，並且培養好在教室裡旅行和探索的心情；(2)幫助學生建立基本的檔案夾（即旅行箱），並且教導學生如何進行編輯自己的檔案，以及組成評閱檔案的特別小組；(3)教導學生儲存證據的方法，並且建立專供評閱使用的檔案內容標示和文件建檔的過程和程序；(4)鼓勵學生透過這本旅遊護照的創造過程，認真思考本身的能力、優點、興趣和經驗為何。

3. **當地的導遊（tour guide）**。必須是一位「促進者」（facilitator），才能促進行程的順利進展。亦即，教師必須：(1)引導學生透過自我反省和合作評量的過程，幫助學生將工作檔案修整為展示檔案；(2)教導學生如何為滿足特殊需求而建立專案檔案的方法，並且促進專案檔案均能清楚標示專案的延伸工作和詳細過程；以及(3)協助學生透過特別的評分系統，以瞭解整個檔案工作的進展情形。

4. **檔案管理員（curator）**。必須要有許多「熱忱」（enthusiasm），才能鼓舞行程留下美好的回憶。亦即，教師必須：(1)經由正式或非正式的活動，幫助學生創造願意與同儕、朋友、家人、教師和社區成員分

享其檔案的機會；(2)經由學校舉辦的親師座談會，促進親職教育的發展；(3)教導學生如何利用檔案作為面談和示範說明的方法；(4)維護學生在教室裡的檔案，以樹立一份成功檔案的模範行為和態度。

上述將檔案評量的實施過程，比喻成一次成功的旅行活動，教師所扮演的角色十分重要。所以，檔案評量實施成功的小祕訣是：

1. 檔案過程必須是有趣的（fun），必須要能夠抓住教師和學生的想像力。
2. 檔案必須是學生可以駕馭的（student-managed），必須在教師和家長的引導下，由學生來建立和維護。
3. 檔案必須成為一種教學工具（teaching tools），必須在課程範圍內統整到每一種科目中。
4. 檔案必須是要被分享的（shared），能夠定期與他人分享，才是一種令人尊重、覺得有價值，且又表達關懷的檔案。

因此，綜合上述說明，筆者擬歸納整理許多學者專家的意見，提出下列的建議事項，供作實施一般性檔案評量時的參考（Burke et al., 1994; Crockett, 1998; Kimeldorf, 1994; Miller et al., 2009; Mundell & DeLario, 1994; Oosterhof, 2001; Popham, 1999; Tierney et al., 1991）。

壹 確定檔案未來的使用目的

首先，要先確定所要建立的檔案用途是什麼。因為，檔案使用的目的不同，會影響到它所收錄的內容；一旦使用目的確定後，所擬收錄的檔案內容自然會清楚明白。一般說來，學生檔案具有多重使用目的，除了可以從四個向度來考量檔案使用的目的為何之外，常見的共同目的，還包括下列幾項：

1. 提供學生典型表現的成長記錄，以供後續班級教學的參考。
2. 強調學生的最佳作品，以彰顯重要學習活動的達成程度。
3. 促進學生自我反省與自我評鑑能力。

4. 診斷學生表現過程中的缺失，即時提供矯正措施。

5. 提供學生本人及家長得知有關學生學習進步的訊息。

6. 辨認需要改進的課程教學和科目。

7. 給學生的學習表現評定成績等第。

8. 提供外界使用（如：升學、就業）的參考依據。

上述 1 至 3 項的目的是為了促進學生的學習成長，4 至 6 項的目的是為了診斷、溝通與回饋學生的學習進步情形，而 7 至 8 項的目的則是為了評量學生的學習成就，並供後續使用。由於目的不同，所擬收集的檔案內容即會跟著不同，甚至連評量標準也會跟著改變。因此，在實施檔案評量之前，首要工作還是在確定檔案的目的為何，以便後續的實施步驟能夠順利進行。

 貳 建立所欲評量的教學目標

其次，建立所欲評量的教學目標為何。列舉教學目標的清單，通常可以幫助學生挑選和評鑑其作品樣本。這些目標多半明確指出學生正在努力達成的是什麼，並且也指出透過檔案可以習得的技能是什麼的證明。同樣地，目標清單也可以指引教師和學生進行檔案評量的方向。

一般來說，目標（goals）的範圍通常比行為表現標的（performance objectives）來得寬廣。行為表現標的可以明確指出學生習得接受評量的特殊行為是什麼，例如下列說明即是一項行為表現標的：

「<u>標的</u>：已知地球上兩個高低氣壓不同的相鄰地區，請你指出這兩個地區的風的流動方向將會如何移動？」

而目標的說明就比較籠統、比較普遍化一些，下列說明即為目標的例子：

「<u>目標</u>：明瞭氣壓和氣流之間的關係。」

又例如，下列所列舉出的閱讀方面的目標（Valencia, 1990）：

「明瞭作者所要表達的意思。」

「從閱讀本文中能得知新的訊息。」

「閱讀後，能摘要出一篇故事的大概。」

「運用辨字技巧，巧妙地猜測句意。」

「閱讀流暢。」

「展現閱讀的興趣和慾望。」

一個目標相當於數個標的。學生是否達成一個教學目標，都需要靠推論才能得知。就像實作評量一樣，檔案通常使用的是教學目標，而非行為表現標的，部分原因是因為所要評定的技能較多且較複雜的緣故；另外的原因則是因為它們可以提供一個較簡單、且更容易處理的評量架構。

在一個檔案裡，目標清單應該放置在顯目的地方，通常是放在檔案的首頁裡，這樣一來，教師和學生每次打開檔案就可以直接看到目標。目標必須提供收錄每一項作品和所有評量方式的基礎，為了幫助學生集中注意力，目標清單也可以當作日誌來使用，好讓學生明瞭下一個相關目標所要求收集的各項作品是什麼，以便做好事前的準備。

將教學目標轉成行為表現

就如寫作測驗和實作評量一樣，檔案通常不是用來測量學生的知識，而是使用學生的行為表現來當作學生知識的指標，也就是我們想去測得的知識能力（capabilities）。由於我們無法直接觀察到人類的知識或想法，因此，我們需要以學生的行為表現作為推論其知識能力的指標。

當然，知識能力也分成許多種類。依據知識能力的不同類型，採用不同行為表現來評定該知識能力，是一種特別有效的作法。心理學家通常把知識歸類成兩大基本類型：描述性知識（declarative knowledge）和程序性知識（procedural knowledge）。其中，描述性知識通常被看成是訊息（information），而程序性知識又可以分成概念（concepts）、規則（rules）和複雜技能（complex skills）等類型。表 8-4 所示，即為我們用來評定每種知識類型的行為表現摘要表。

■ 表 8-4　用來評定各類知識能力的行為表現

類別	目標範例	用來評定知識能力的行為表現指標
訊息	記住科學實驗的目的	要求學生說明他們所知道的事
概念	辨認句子中的動詞	要求學生分辨出前述事例中，何者是概念，何者不是概念的例子
規則	使用網際網路搜尋某家企業的地址和電話	提供學生一個有關聯但未曾舉出的例子，然後要求學生去應用它
複雜技能	寫一篇解說性論文	要求學生運用該項複雜技能去解決前一個待解的問題

　　檔案的有效使用，不僅止於可以評量知識而已，更是屬於教學整合的一部分。檔案中的每一個評量要素，都可以看成是一系列的實作評量。因此，實作評量的設計方式，就可以拿來作為設計檔案之用。一般說來，實作評量的基本設計步驟，可以分成下列三項：

1. 確立所要評量的知識能力。
2. 確立所要觀察的行為表現。
3. 確立該行為表現的計分程序。

　　就檔案和實作評量來說，教學目標必須以它所能代表的知識能力來檢驗。而知識能力的本質必須能夠引導學生的行為表現，以便用來評量學生所擁有的知識。所以，放入檔案內的所有作品，即代表所有行為表現指標的結果，同時，每項作品都應該有一種相對應的計分程序可搭配使用，例如：檢核表、評定量尺，或其他任何計分規準等，都是常用的計分程序。

　　圖 8-2 即為寫作檔案中，用來評定解說性論文的檢核表。該檢核表通常出現在學生繳交作品的首頁裡，伴隨著作品一起繳交。由於解說性論文是一種複雜技能的運用，它通常會要求學生針對某個主題提出問題解答，在本例中即為寫出一篇解說性論文，因此，學生必須展現他們在論文寫作的靈活性與熟練性。在所有複雜技能的評量中，就像圖 8-2 所示，計分標準所期待的行為特質必須出現在論文裡，或出現在學生可能產出的任何作

品中。就像實作評量一樣，檔案也可以用來評定學生所有的訊息、概念、規則和複雜技能等方面的知識能力。

姓名：＿＿＿＿＿＿＿＿＿＿＿＿＿＿＿＿　日期：＿＿＿＿＿＿＿＿＿＿

本文的名稱：＿＿＿＿＿＿＿＿＿＿＿＿＿＿＿＿＿＿＿＿＿＿＿＿＿＿

＿＿＿＿＿＿＿＿＿＿＿＿＿＿＿＿＿＿＿＿＿＿＿＿＿＿＿＿＿＿＿＿

解說性論文寫作

	自己評量	教師評量
論述重點集中在主題上嗎？⋯⋯⋯⋯⋯⋯⋯	是 或 否	是 或 否
文章組織合乎邏輯嗎？⋯⋯⋯⋯⋯⋯⋯⋯⋯	是 或 否	是 或 否
使用佐證論點或舉例說明嗎？⋯⋯⋯⋯⋯	是 或 否	是 或 否
段落分明，句子表達完整嗎？⋯⋯⋯⋯⋯	是 或 否	是 或 否
句子具有主詞與動詞的一致性嗎？⋯⋯⋯	是 或 否	是 或 否
所使用的字義表達適當嗎？⋯⋯⋯⋯⋯⋯	是 或 否	是 或 否
每個單字都書寫正確嗎？⋯⋯⋯⋯⋯⋯⋯	是 或 否	是 或 否

我最喜歡這篇文章的哪一個部分？＿＿＿＿＿＿＿＿＿＿＿＿＿＿＿

＿＿＿＿＿＿＿＿＿＿＿＿＿＿＿＿＿＿＿＿＿＿＿＿＿＿＿＿＿＿＿＿

當在寫這一篇文章時，我最大的困難處在哪裡？＿＿＿＿＿＿＿＿＿

＿＿＿＿＿＿＿＿＿＿＿＿＿＿＿＿＿＿＿＿＿＿＿＿＿＿＿＿＿＿＿＿

老師對我這篇文章優點的評語是？＿＿＿＿＿＿＿＿＿＿＿＿＿＿＿

＿＿＿＿＿＿＿＿＿＿＿＿＿＿＿＿＿＿＿＿＿＿＿＿＿＿＿＿＿＿＿＿

＿＿＿＿＿＿＿＿＿＿＿＿＿＿＿＿＿＿＿＿＿＿＿＿＿＿＿＿＿＿＿＿

老師對我這篇文章值得加強地方的評語是？＿＿＿＿＿＿＿＿＿＿＿

＿＿＿＿＿＿＿＿＿＿＿＿＿＿＿＿＿＿＿＿＿＿＿＿＿＿＿＿＿＿＿＿

● 圖 8-2　解說性論文寫作的檢核表

肆 主動讓學生參與評量過程

　　檔案評量的最大優點之一，便是讓學生有參與評量的機會。從檔案內容的挑選到自我反省思考的自我評鑑結果等，都有學生參與的影子，並且以此作為設計檔案的主要方式之一。

　　如圖 8-2 所示，該檢核表中有一處是供學生實施自我評量的地方。就像實施實作評量一樣，事前即告知學生評分的規準，讓該規準來引導學生的學習，並允許學生自己評量自己的作品。讓學生自我評量的最大問題，就在於有些學生實在抓不到評量自己作品的重點何在；然而，到了學期末，這種評分規準仍然可以引導學生的學習，甚至學習表現較優的學生可以指導學習表現欠佳的學生，而達到教學相長、互惠雙贏的局面。

　　學生可以許多種方式參與檔案評量的工作，如圖 8-2 所示，在解說性論文寫作檔案的首頁裡，有個地方是供學生指出自己的優點和寫作時所遭遇到的困難所在。當教師和學生一起決定好作品的優點以及後續待改進之處的方向後，即可利用該檢核表將教師的評語記錄下來。

　　當學生在挑選值得放入檔案內的作品時，即可主動參與檔案評量的工作。雖然，挑選放入檔案之作品的標準，是由教師決定或由教師與學生兩者共同決定，但是，適用該項標準者卻是學生。另外，由於學生擁有該檔案，且它又長期放在教室裡，隨時都可以準備好被評量，因此，主動讓學生參與評量的工作，也方便鼓勵學生與其他同學分享自己的檔案。

　　當學生把補充意見加入檔案時，學生即在主動參與評量。他們可以使用註解方式，補充說明他們是如何產生該項作品的過程。例如，學生可以描述他們發展閱讀檔案的主要構想，或者說明如何形成科學實驗假設和結果的過程。註解的使用，雖然可以擴大檔案的使用範圍，但多半只局限在作品而非過程的評量上；當評量的重點是放在學生如何產生該項作品的過程上時，該項局限確實是一種很大的限制。註解可以寫在該篇文章邊緣的空白處，以作為文章主體的一部分，或者像參考書目一樣附加在後。當然，就像其他自陳式報告一樣，學生（特別是年齡較長的學生）也有可能表達

出符合教師希望聆聽的想法，不過，這樣的註解內容品質，通常都會隨著學生的不同而有很大的個別差異存在。

圖 8-3 即為一種讓學生參與檔案評量的方式。這些評定量表是針對學生每天履行良好行為的適當性來進行評分的；其中，該評定量表中的某項特定行為，甚至也可以天天變化。在使用時，教師和學生可以一起決定明天主要的學習活動內容，同時，教師也可以同意或不同意學生的評分結果。

伍 採行有效評閱檔案的方法

實施檔案評量最不便的地方，就是評閱檔案和更新學生記錄所花費的時間相當可觀。特別是在高中和國中階段，實施檔案評量更是如此；這是由於班級人數較多，並且科目和評量活動也較複雜的緣故。舉例來說，當教學進度臨時有改變或調整時，往往需要每位學生多花一點時間重新準備或做調整，同時，教師也必須多花時間一一和學生再次評閱檔案。當然，這樣的改變並不是對所有科目都如此，也不是針對所有的學生和教師都如此。一般來說，檔案評量的特色之一，即是它是一種勞力與時間密集的工作，因此，若有可能的話，下列各種足以改進評閱檔案效率的方法，都值得嘗試和使用。

首先，心裡先預想如何以有效的方式來規劃和評閱檔案工作。例如，在每一件檔案的首頁裡放置具體陳述的目標，以便引導評閱工作的進行。如果所有的檔案內容並非在某一次評閱工作中出現的話，那麼，應該指示學生先將需要被評閱的作品移到最前面，以方便教師進行評閱。或者，請學生暫時將即將被評審的作品，移到另一個名為「即將評閱」的資料夾裡存放。同時，應該將如圖 8-2 所列的檢核表或其他評分工具，分別插放在每一件作品的前面，以方便該作品被評分。另外，其餘相類似的作品也應該放在一起，同時接受評審，如此才能獲得公平一致的對待。

其次，一份成功的檔案計畫，可以提高評閱檔案的效率。當學生無法達成預期標準時，除非學生的失敗微小到可以忽略的程度，與學生安排另一次的評閱機會是有必要的。通常，檔案內的作品品質愈高，在評閱時，

姓名：＿＿＿＿＿＿＿＿＿＿＿＿＿　日期：＿＿＿＿＿＿＿＿＿

今天，我最需要改進的是什麼？＿＿＿＿＿＿＿＿＿＿＿＿

＿＿＿＿＿＿＿＿＿＿＿＿＿＿＿＿＿＿＿＿＿＿＿＿＿＿＿＿＿

＿＿＿＿＿＿＿＿＿＿＿＿＿＿＿＿＿＿＿＿＿＿＿＿＿＿＿＿＿

我今天做到的事

	總是	有時	從不	教師同意
1. 遵守規定而不需要被提醒。	☺	☺	☹	是 或 否
今天最佳的行為範例是？				
2. 當有需要幫忙時，會開口求助。	☺	☺	☹	是 或 否
今天最佳的行為範例是？				
3. 今日事，今日畢。	☺	☺	☹	是 或 否
今天最佳的行為範例是？				
4. 對別人友善一點。	☺	☺	☹	是 或 否
今天最佳的行為範例是？				

今天我最引以為傲的優良事蹟為：＿＿＿＿＿＿＿＿＿＿

＿＿＿＿＿＿＿＿＿＿＿＿＿＿＿＿＿＿＿＿＿＿＿＿＿＿＿＿＿

＿＿＿＿＿＿＿＿＿＿＿＿＿＿＿＿＿＿＿＿＿＿＿＿＿＿＿＿＿

明天最值得我去改進的是什麼？＿＿＿＿＿＿＿＿＿＿＿＿

＿＿＿＿＿＿＿＿＿＿＿＿＿＿＿＿＿＿＿＿＿＿＿＿＿＿＿＿＿

＿＿＿＿＿＿＿＿＿＿＿＿＿＿＿＿＿＿＿＿＿＿＿＿＿＿＿＿＿

● 圖 8-3　良好行為的評定量表

　　所需花費的時間便較少，因此，任何足以增進檔案作品品質的措施，都可以用來顯著提高評閱工作的效率。例如，任何可以明顯展示良好作品的說明，以及可以促進清楚表達對學生期望的各種技巧，都可以充當範例；事先向學生說明一份結構清楚明確的檢核表或評定量尺的計分內容為何，並且再次口頭強調優良作品的重要性和價值性，都將有助於提高評閱工作的效率。此外，另一種提升作品品質的可行方法，即是以學習表現較優的學生來帶領學習表現欠佳的學生，幫助他們事先過目一遍檔案的內容，以增進其檔案作品的品質。

　　　另一種可以減少評分時間的可行策略，便是設法減少檔案所欲評量的目標數目。檔案幾乎可以用來評量所有包括認知技能在內的知識能力，包括訊息、概念和規則的技能等，雖然使用傳統的寫作測驗方式也可以進行評量，但這些測驗卻非導向學生實際表現行為的真實評量。但有一點值得注意，那就是沒有一種測驗是直接在測量知識的，所有的測量，充其量也只是用來表明學生知識能力的一種指標而已。如果檔案是在直接測量學校所教的知識能力的話，那麼，我們就不會關心可被觀察到的行為表現指標是否可以推論到未被觀察到的行為表現了。然而，我們仍然十分關心檔案評量、實作評量，以及其他教育測量的推論力問題，藉著部分使用傳統的寫作評量方式、部分使用檔案評量或實作評量方式，我們必定可以評量到較複雜的技能或其他技能，因而可以促進整體評量效率的提升。

　　　最後，如果教師的資訊能力許可且學校設備亦足夠的話，也可以考慮大量藉助數位器材（如：掃描器、光碟燒錄器、數位相機、數位攝影機、數位錄音機等）來發展檔案作品，並且建置數位化檔案（e-portfolios）系統，透過諸如網路看板（WebBoard）、電子論壇或其他商業化電腦軟體等網路資源的服務，協助教師在電腦中維護與管理檔案，以增進檔案評量的效能。通常，檔案可以單一專案而非單一學生的方式來建立，亦即所有學生都放在一個檔案裡，但他們的作品都與該檔案中的某一項專案連結。每件專案可以存放並維護數件作品，所有的檔案（包括教師的評閱記錄檔）資料都可以向全班學生開放。而有關個別學生的評分訊息，教師則以電子郵件或面對面接觸方式，直接傳達給每一位學生知道。

陸 使用多次觀察來提高信度

　　檔案評量也和教室內的其他評量方式一樣，通常都缺乏正式建立評分的信度係數。雖然要求所有教師都這麼做有點不太切合實際，但是教師卻可以遵循兩項過程來提高檔案評量觀察的一致性：(1)提前聲明，包括仔細說明被用來評量的學生作品範本的特性是什麼，這一點聲明可以針對每項目標發展出一種計分程序，通常都是設計一份檢核表、評定量尺，或某種評分規準；(2)應用這些計分程序，針對學生作品範本進行多次的觀察、判斷和評分。

　　教師可以採行多種方法來增加對學生檔案作品的觀察次數，例如，教師可以要求學生提供更多作品範本或繳交不同種類的作品，以顯示其對某個教學目標的精熟性。以閱讀檔案為例，教師可以要求學生撰寫心得報告，以展現他們知道某篇文章的作者所要表達的意思；不僅是短篇故事可以如此要求，連同報紙上的文章或一首詩也都可以如此要求。而在科學檔案中，教師可以要求學生收集汙染對各種動植物所產生影響的多篇新聞報導，以展現他們明瞭汙染對有機體傷害的嚴重性。此外，我們也可以決定採用每一位學生作品都必須經由一位以上的教師來進行評量的政策，以提高學生作品被觀察的次數；而這個多增加的人手，可以是另一位教師或甚至是另一位學生。

　　基本上，每一種技術都可以用來增進觀察的次數，只要妥善運用，也就可以增進檔案評分之間的一致性程度。使用多種技術來改進評分之間的一致性，遠比僅使用一種技術來得好。然而，最好的一種技術，應該是針對學生在多種作品樣本上的表現好壞，作為判斷的基礎；並且，使用多種樣本來進行判斷，也可以改進觀察結果類推到其他情境的程度。通常在觀察次數增加之後，一致性的問題都可以獲得解決；針對一群學生的作品進行判斷的結果，通常也會比僅針對單一學生作品的判斷結果來得可靠。即使單一學生作品的判斷信度相當低，但是當把班級成就當作一個整體來判斷時，檔案卻可以提供較為可靠的判斷結果。

柒 分享檔案以溝通學生成就

　　檔案評量的特色之一，便是學生可以與他人（可能是教師、家長、同儕，或其他關心教育改革的人士）分享自己的檔案，以讓他人明瞭自己的學習成就。因此，分享檔案便成為促進學生學習成效與溝通教育理念的管道之一。

　　教師除了定期與學生評閱檔案之外，學生檔案也可以針對家長、其他老師、同學、學校行政人員或教育行政官員開放，以提供一個更為有效、更為有用的溝通參考架構，促使大家一起來關心學生的學習成長和進退步情形。外界除了可以藉此檔案瞭解學生的學習狀況之外，學生本身更可以透過檔案而進一步改善自己的學習表現，以期更能夠達成教學目標。

　　由於學生檔案的內容包羅萬象，外界不容易於短時間內、或僅憑一次評閱的功夫，即一窺學生學習成就的究竟，因此，「分享檔案」便提供學生訓練如何表達自己能力與技術的機會。溝通表達的能力是一項很重要的教學目標，更是未來能否勝任工作職場的一項重要能力指標。當學生在展示或分享自己的檔案作品時，他是否能夠清楚、明白地表達自己的想法和看法，是需要平時即予以訓練的，而分享檔案正可以提供這項訓練機會，促進學生溝通表達能力的發展，以便提早做好求職就業的準備。

　　最後，藉由檔案的分享，教育主管當局與其他關心教育改革的人士才可以趁此機會得知教學目標的達成狀況，並獲知教育改革的可能方向為何，以便繼續擬定可行、穩定的教育改革目標。

　　透過上述步驟的實施成果，檔案評量可以是一種確保達成教學目標、促進學生反省思考、擴大學生民主參與，以及達成複雜技能評量的有效策略之一，頗值得各級學校教師們（特別是初任教師們）的採用和推廣。

第四節　數位化檔案評量在升學上的應用

　　檔案評量是一種兼具評量理念與十分理想化的實作評量方式之一。一般而言，在有限的班級人數下，無論是用在學習成果或教學成效的評估上，均是可行的，且可以獲得相當理想、有效的評量結果，也是用來評定素養能力的理想方法。但是，檔案評量若要應用到大規模人數的升學情境時，雖不是不可能，卻需要許多配套措施的協助，方能如實落實此理想化的評量方法。這些配套措施，包括學習成果或作品收集的明確指引、評分規準的明確訂定、評分人員的訓練、校務研究資料的串接與分析等。

　　本書第七章第五節談到素養導向的評量，曾提及素養導向評量若要在未來的升學中應用的話，可能必須採用「綜合型實作評量」方式來進行，也就是結合紙筆測驗、各種單一的實作評量策略、口試評量、概念圖評量、動態評量、精熟學習評量甚至檔案評量等方法，所建立起來的一種綜合型評量方式。因為，單一評量工具或評量策略的使用，已無法滿足 108 課綱下培養一位具有素養導向全人學生的教育目標需求。因此，在 108 課綱引領下，未來的大學升學方式除了實施「素養導向命題」的紙筆測驗（即學科能力測驗、分科測驗等考試）外，還包括能夠展現學生多方面實力或潛能的「綜合學習表現」評量，其中即包括要求學生上傳高中三年之「學習歷程檔案」紀錄（包含修課紀錄、課程學習成果與多元表現等資料），以作為大學招生選才的主要參考依據之一。

　　根據前幾節關於檔案評量的內涵、類型、特色與實施方法所述，當今需要高中學生收集與上傳的「學習歷程檔案」資料，都是經過數位化處理過的數位化檔案資料，因此才方便上傳到教育部國教署建置的「高級中等教育階段學生學習歷程資料庫」。表 8-5 所呈現的項目內容資料，即是大學甄選入學委員會（2021）要求學生上傳的學習歷程檔案內容，包括：基本資料、修課記錄、課程學習成果、多元表現及學習歷程自述。基本上，這些內容均與前幾節所述檔案評量所擬收集的學習內容與結果資料無異，一般即是包含：背景資料、過程記錄、反省證據與評鑑資料等四大類。

■ 表 8-5　學習歷程檔案所擬收集與呈現的學習內容資料

項次	審查資料項目	審查資料項目內容
1	基本資料	1. 個人資料表
2	修課記錄	2. 高中（職）在校成績證明
3	課程學習成果	3. 成果作品 4. 小論文（短文）
4	多元表現	5. 競賽成果（或特殊表現）證明 6. 社團參與證明 7. 學生幹部證明 8. 大學入學考試中心高中英語聽力測驗證明 9. 英語能力檢定證明 10. 證照證明 11. 社會服務證明 12. 數理能力檢定證明 13. 學習心得
5	學習歷程自述	14. 自傳（學生自述） 15. 讀書計畫（含申請動機）
6	其他	16. 學習檔案 17.（校系自行輸入限 10 字） 18. 體驗資歷（體驗學習報告及雙週誌）

　　為了能夠公平、公正評審這些學習歷程檔案資料，各大學科系必須事先針對該科系的招生目標與需求考量，預先擬定所謂的「評分規準」或「評量尺規」（scoring rubrics），以作為申請入學學生所上傳學習歷程檔案資料的評分依據。各大學科系擬定好「評分規準」或「評量尺規」後，便可以針對每位學生的學習歷程檔案資料，逐項評估學生所達成的等級（如分成：傑出、優、佳、普通四級），並予以適當分數的評定（如對應的給分級距分別為：90 分以上、80～89 分、70～79 分、69 分以下），以構成各分項成績及各分項成績加總後的總分成績。如果每份學習歷程檔案資料是經由多名評審委員各自獨立評分，然後再加總平均的話，這樣的作法與評

定結果，通常亦能提高數位化檔案評量的信度和效度。各大學科系評分後，再根據自己的招生目標與需求考量，擇優錄取預定的學生員額。為了減少正取學生因故沒有註冊報到，各大學科系亦可增列若干備取名額。表 8-6 所示，即為國立暨南國際大學教育學院學士班所擬定的評量尺規範例（陳啟東，2021），各大學科系可以參考此範例自行擬定自己的「評分規準」或「評量尺規」。

除了「評分規準」或「評量尺規」的擬定外，各大學科系的招生委員會還需要舉辦「招生委員訓練」，以謀求各評審委員的評分標準能有基本共識，評分能夠趨於公平、客觀、一致且有效。招生委員訓練的程序，可以仿照口試評量及寫作評量舉辦前的評分委員訓練方式進行，針對上述擬定的評分規準項目及給分原則進行訓練，主要目的是在謀求建立一個評分標準的共識，以方便評分作業的順利進行，並減少評分者間的評分誤差產生，增進評分者間信度與效度的提升。

在 108 課綱的引領下，素養導向命題的紙筆測驗（即學科能力測驗）及綜合學習表現（即學習歷程檔案）評量，將成為未來申請入學大學的主要管道之一。只要行之有年，各大學及其各科系，可以系統化地收集學生在大學四年的生活及學習表現記錄（包含選課記錄及成績表現、社團參與、住宿經驗、休閒活動、競賽表現記錄、證照考取記錄、實習、打工或海內外志工服務等），並與當初根據評分規準所錄取結果的學習歷程檔案資料串接起來，則各大學的校務研究辦公室（office of institutional research, OIR）或校務研究中心（institutional research center, IRC）即可據以分析當初評定錄取的哪些項目最能預測學生未來四年的大學學習表現，進而找出最佳的預測變項與預測模型，作為未來學校招生選才的實證參考證據，以充分發揮校務研究協助大學招生的功能，讓各大學更能招收到適才適所的潛在學生（Howard, McLaughlin, & Knight, 2012）。

■ 表 8-6　國立暨南國際大學教育學院學士班評量尺規

評分類別	評分細項	評分占比	傑出（90分以上）	優（80～89分）	佳（70～79分）	普通（69分以下）
對教育、人文與跨領域的興趣	修課記錄多元表現學習歷程自述（自傳）	25%	在高中所修課程或參與之活動兼顧對教育、人文、跨領域等主題有統整性的探究和反思成果	1.在高中曾選修兩門以上與教育、人文、跨領域等主題相關的課程 2.參與兩次以上與教育、人文或跨領域等主題相關活動	1.在高中曾選修一門與教育、人文、跨領域等主題相關的課程 2.參與一次與教育、人文或跨領域等主題相關活動	在高中所修課程或參與之活動與教育、人文、跨領域等主題並無相關
主動探索、瞭解的動機或創意思考能力	多元表現學習歷程自述（自傳）	25%	1.能展現出論證寫作的探究或創造歷程 2.在相關領域已有小論文、創造發明或專題研究等成果產出	1.曾探索多項自己關心的主題 2.嘗試以創造、發明或創新之途徑處理或解決自己關心的問題	曾試圖去瞭解一個自己關心的主題	未提供具體事蹟與證明
服務理念與熱忱	多元表現學習歷程自述（自傳）其他（競賽證明）	25%	1.在擔任班級或社團幹部期間，使團隊或個人獲得獎勵的服務績效或成果 2.積極參與校內外志願服務，能提出相關學習經驗反思成果	1.擔任班級或社團幹部，有具體優良服務績效或成果 2.參與校內外志願服務，能提出相關學習經驗的心得報告	1.曾擔任班級或社團幹部，無具體服務績效或成果 2.曾參與校內外志願服務，無具體服務績效或成果	未提供具體事蹟與證明

（接下表）

■ 表 8-6　國立暨南國際大學教育學院學士班評量尺規（續）

評分類別	評分細項	評分占比	傑出（90 分以上）	優（80～89 分）	佳（70～79 分）	普通（69 分以下）
溝通與合作能力	多元表現學習歷程自述（自傳）其他（競賽及外語能力證明）	25%	有具體證據說明同時符合下列兩項質量指標： 1. 國文領域學習成績達校排前 10% 2. 積極參與辦理校外或跨校活動，有具體活動成果 3. 積極參與校內外競賽，使團隊獲得區域性比賽一次以上的獎勵 4. 與同儕共同合作，能提出於課程學習成果或多元學習成果相關學習經驗反思成果	有具體證據說明同時符合下列兩項質量指標： 1. 國文領域學習成績達校排前 25% 2. 參與辦理校內活動，有具體活動成果 3. 參與校內外競賽，使團隊獲得全校性比賽一次以上獎勵 4. 與同儕共同合作，能提出於課程學習成果或多元學習成果相關學習經驗的心得報告	有具體證據說明同時符合下列兩項質量指標： 1. 國文領域學習成績達校排前 50% 2. 曾參與辦理校內外活動，無具體活動成果 3. 曾參與校內外競賽，無具體競賽成果 4. 曾與同儕共同合作，然於課程學習或多元表現無具體成果展現	1. 國文領域學習成績未達校排前 50% 2. 未提供具體事蹟與證明
總　　分						
特殊註記	1. 如當年有特殊專長或弱勢族群及偏鄉離島的學生，可提請系招生委員會討論後，決議從優錄取。 2. 特殊專長係指在上述評分類別單一或多個面向有卓越表現的優秀學生。					
備　　註	評委總分差距如達 11 分以上，須請學系審查委員重新討論評分。					

試題分析

　　試題分析在整個測驗編製過程中，扮演著相當重要的角色，它不僅能夠提供客觀的試題特徵指標，供測驗使用者參考，以作為評鑑測驗良窳、驗證測驗效度和增進命題技巧，還可協助教師作為改進教學和診斷學生學習困難所在，以作為補救教學之依據。因此，每位教師除了學會如何自編成就測驗外，也應該明瞭如何進行試題分析。

第一節　試題分析的重要性與內涵

　　在教師自編成就測驗過程中，如何判定教師所編製出來的測驗試題一定是品質優良的試題？這個問題可以由下列兩個方面來著手回答。

1. 針對試題內容進行品質分析

　　品質分析（qualitative analysis）可由試題內容審查、有效命題原則及教學目標等評鑑工作來進行，教師只要遵照本書第三章第一節「參、試題與測驗審查」中「一、邏輯的審查」所述概念來進行，即可達成品質分析目的，確保優良試題的品質。一般而言，在正常教學情境下，教師透過試題的邏輯審查，即可確保試題具有教學內容的代表性，即能測量到它所要測量的教學目標，亦即確保試題都具有一定的內容效度。

2. 針對試題的統計特徵進行量化分析

　　量化分析（quantitative analysis）的目的，主要在分析每道試題所具備的三大統計特徵，即：難度、鑑別度和誘答力，這些特徵即是本章所要討

論的重點。

　　經由上述兩類不同的分析工作，教師可以得知試題品質的良窳，不僅有助於提高日後編製同類測驗的經驗，更能作為改進編製測驗技術的參考；這種探知試題品質好壞的分析技術，便是所謂的「試題分析」。經過試題分析之後，教師除了可以得知自編成就測驗的品質好壞之外，也可以在一定的選擇標準參考下，挑選具有優良特徵和特質的試題，累積彙編成教師個人適用的題庫，供未來編擬新測驗（尤其是複本測驗）之基準，以作為評量工具之用。

壹　試題分析的功用

　　誠如上述，試題分析目的即在透過客觀的量化分析，找出每個試題所具有的統計特徵為何，以幫助教師明瞭自編成就測驗試題的特性，方便作為建立題庫之基礎，供作他日之用。因此，試題在經過量化分析之後，可以幫助教師回答下列問題：
　　1. 試題是否具有預期的測量功能？
　　2. 試題是否具有適當的難度？
　　3. 試題是否具有良好的鑑別度？
　　4. 試題選項（指選擇題型而言）是否具有誘答力？

　　教師如能獲得上述四個問題的答案，則將有助於篩選優良試題以供日後編輯新測驗使用。綜合所述，試題分析具有下列幾項功能，茲分述如下。

一、作為改進學生學習的參考

　　在施測之後，每位學生有權利知道他的得分以及他在每道試題上作答結果的正誤。教師可以利用試題分析後對試題特徵的瞭解，來和學生做逐題的討論和解釋原因，以期能夠澄清學生的錯誤概念和迷思想法、更正因不良學習習慣與應試技巧不當所造成的疏忽、激發改進下次測驗表現的動機，以及矯正不當的學習方法和習慣。

二、作為實施補救教學的依據

根據試題分析結果，教師可以明瞭學生答題的分布情形，並且從中看出學生共同感覺學習困難的地方，然後針對這些困難所在設計有效的校正策略，對症下藥，實施補救教學或其他矯正措施。

三、作為修改課程建議的憑據

試題分析可以幫助教師評鑑學習成果與課程內容是否適合所教的學生。例如，在測量某些教學單元的試題上，如果學生時常重複發生錯誤，或發生的錯誤遍及所有的學校及學生時，那就表示這些試題已反應出某些教材可能不適合學生的學習，此時便需要建議修改課程、調整教材內容的順序、改採其他版本的複本教材，或採取其他更有效的教學策略和教學方法。

四、增進教師編製測驗的經驗

試題分析可幫助教師明瞭某些試題的難度是否過度困難或過度容易、鑑別度是否過高或過低、有無提供答案線索、誘答選項是否有效，或題意的表達是否清楚等訊息。這些訊息可作為教師修訂或刪改試題的參考依據，提供教師寶貴的命題經驗，增進日後編製新測驗的命題技巧。

五、增進測驗題庫運用的效能

題庫並不只是一堆試題的集合體，它必須是經過試題分析後，保留下來具有優良試題特徵的試題所組合而成。因此，試題分析可以協助教師篩選出優良試題，作為題庫的基本試題；行之有年後，教師便擁有自己任教科目的題庫。日後，當需要編製新測驗來向學生施測時，教師只要根據教學評量目標及雙向細目表，便可從題庫中隨機抽取符合要求的試題，輕鬆、即時、有系統地組成新測驗卷，這不僅可以省下重編一份新測驗的時間、人力和物力的花費，更可以增進測驗運用的效能，達成量身訂做的測量目的。

貳　試題分析的內涵

　　一般來說，隨著未來測驗分數解釋方式的用途不同，試題分析還可以分成常模參照測驗與效標參照測驗兩種不同方式。但不論是哪一種方式的試題分析，其內涵都是在以量化分析方法呈現每道試題所具有的先天特徵：難度、鑑別度和選項誘答力（如果是選擇題型試題），這些試題的統計特徵將在底下幾節裡詳細說明。當今，進行試題分析的作法，都是仰賴統計軟體程式的運用，本書所附的 Tester for Windows 程式即是一例，將在附錄中再作詳細的使用說明。

第二節　常模參照測驗的試題分析

　　常模參照測驗的試題分析方法，常在標準化成就測驗裡使用，因而比較受到重視，故成為當前建置大型測驗情境、發展題庫與實施總結性評量的主流試題分析方法。

壹　試題分析的步驟

　　在施測完畢後，即可將學生的作答反應資料輸入電腦建檔，以便進行試題分析。雖然本書所附 Tester for Windows 程式是根據本節所述分析程序來設計的，可以幫助使用者迅速、便捷地進行試題分析及列印分析結果的報表，但是，站在教學的觀點上，筆者認為讀者還是有必要瞭解試題分析的每一個詳細過程，特別是當手邊沒有電腦程式可茲使用時，讀者也可以根據下列步驟，進行人工化的手算試題分析。

　　常模參照測驗的試題分析步驟，共有下列七項：

1. 將學生的原始作答反應資料，逐題比對每一題的標準答案後，答對以「1」來表示，答錯以「0」來表示，將其轉換成二元計分的反應組型

及其加總後的原始得分。

2. 根據學生原始得分之高低，依序由高往低排列學生的二元化反應組型及其原始得分。

3. 從原始得分最高的學生往下數，選取總人數 25%（約四分之一）到 33%（約三分之一）以內的學生數，當成是高分組學生；並由原始得分最低的學生往上數，選取總人數 25% 到 33% 以內的學生數，當成是低分組學生。其實，到底要選取多少百分比的學生，可由教師自行決定，只要能夠將學生總人數區分成三段，以區別出高、中、低三種不同程度的學生，並且每段約略以獲得整數值人數為判斷原則即可。例如，本書所附 Tester for Windows 程式，即採內建方式自動決定高低分組學生數的選取標準：當 N（總人數）≥ 40 時，自動選取總人數的四分之一，當 $N < 40$ 時，則會自動選取總人數的三分之一（如表 9-1 所示）。

■ 表 9-1　高分組與低分組人數的決定

05	1111111111	10	高分組（前 1/4 到 1/3）
15	1111111111	10	
22	1111111111	10	
⋮			
28	0000101000	2	低分組（後 1/4 到 1/3）
11	0100000000	1	
35	0010000000	1	

註：表中右側的數字及文字註記僅供說明用，將不會顯示在 Tester for Windows 程式的結果檔中。

4. 分別計算高分組和低分組學生在每一道試題上的答對人數及其百分比值，並分別以下列公式來表示：

$$P_{iH} = \frac{R_{iH}}{N_{iH}} \qquad i = 1, 2, ..., n \quad 為高分組在第 i 個試題上的答對率（公式 9-1）$$

$$P_{iL} = \frac{R_{iL}}{N_{iL}} \qquad i = 1, 2, ..., n \quad 為低分組在第 i 個試題上的答對率（公式 9-2）$$

　　其中，R_{iH} 和 R_{iL} 分別表示高分組和低分組學生在第 i 個試題上的答對人數，N_{iH} 和 N_{iL} 分別表示高分組和低分組學生的總人數，P_{iH} 和 P_{iL} 則分別表示高分組和低分組學生在第 i 個試題上的答對人數百分比值（即答對率）。

　　5. 接著，代入下列公式計算出每道試題的難度指標（以 P_i 來表示）：

$$P_i = \frac{P_{iH} + P_{iL}}{2} \qquad i = 1, 2, ..., n \qquad\qquad （公式 9-3）$$

　　亦即，每道試題的難度指標即以「高低分組的試題答對率之平均數」來表示。

　　6. 接著，另代入下列公式計算出每道試題的鑑別度指標（以 D_i 來表示）：

$$D_i = P_{iH} - P_{iL} \qquad i = 1, 2, ..., n \qquad\qquad （公式 9-4）$$

　　亦即，每道試題的鑑別度指標即以「高低分組的試題答對率之差」來表示。

　　7. 如果是使用選擇題的話，則接著進一步檢視每道試題中每個選項的選答人數，以分析每道試題中錯誤選項的誘答力。

貳　難度指標的分析

　　可用來表示每道試題難易程度的指標，有兩種不同的表示方法：答對率法和范氏試題分析表法。其中，答對率法是最簡單、最實用的一種方法。

一、答對率法

　　答對率法（number correct ratio）即在計算全體學生中答對每道試題的人數占總人數的百分比值。這個百分比值即被用來作為「試題難度指標」（item difficulty index）的代表。其計算公式如下：

$$P_i = \frac{R_i}{N} \times 100\% \qquad （公式 9\text{-}5）$$

　　其中，P_i 為第 i 個試題的難度指標（即答對率），R_i 為答對第 i 個試題的人數，N 為總人數。例如，假設共有 100 名學生回答某個試題，其中有 80 人答對，則該試題的難度指標即為：

$$P_i = \frac{80}{100} \times 100\% = .80 （或 80\%）$$

亦即表示共有 80% 的學生答對該試題。

　　這種答對率指標雖然很簡單，但是卻無法同時顯示試題的區別功能。亦即，答對率指標相同的試題會被視為難度相同的試題，但其中是由高分組學生答對較多呢？抑是由低分組學生答對較多呢？這卻無法單由答對率指標顯示出來。此外，由於我們也可以分別算出高分組和低分組學生在每道試題上的答對率（即 P_{iH} 和 P_{iL}），且在試題分析時，通常都是難度指標與鑑別度指標一起計算，所以，我們通常會選取高、低分組兩個極端族群的學生為對象，再以公式 9-3 來計算每道試題的難度指標，而不是單純使用上述的試題答對率指標：

$$P_i = \frac{P_{iH} + P_{iL}}{2} \quad i = 1, 2, ..., n \qquad （公式 9\text{-}3）$$

　　公式 9-3 即表示：每道試題的難度指標是以高分組和低分組學生的答

對率之平均數來表示。一般而言，P 值（即難度指標）愈大（或愈高），即表示該試題愈容易，愈多數的學生答對該試題；P 值愈小（或愈低），即表示該試題愈困難，愈少數的學生答對該試題；而 P 值愈接近 .50 時，則表示該試題是難易適中，答對和答錯的學生人數大約各占一半。當試題的困難程度大到所有高分組與低分組學生都答錯時，此時的難度指標值為 0；而當試題的簡單程度到達所有高分組與低分組學生都答對時，此時的難度指標值為 1。因此，難度指標的值域介於 0 到 1 之間：其值愈接近 0，即表示試題愈困難，答對人數愈少；其值愈接近 1，即表示試題愈簡單，答對人數愈多。這種「數值愈大，其涵義是愈簡單；數值愈小，其涵義是愈困難」的難度指標概念，正好與常理上我們對數字解讀的理解相反，讀者必須特別留意。

　　採用答對率法表示的試題難度指標，是一種屬於次序量尺（ordinal scale）的指標，它所指出的訊息是試題難度的等級順序或相對的困難程度而已，並無法進行四則運算，亦即數值間差異的涵義無法直接進行有意義的比較。例如，若有三道試題的答對率（即難度指標）依序為 .90、.50 和 .10，只能表示第一題最簡單、第二題難易適中，第三題較困難而已。但是，這種難度指標表示法，並無法說明各試題難度間差異大小的涵義；例如，第一題和第二題間的難度差值，其涵義並不等於第二題與第三題間的難度差值。有鑑於這種表示方法的缺失，才會有另一種表示難度指標的方法誕生，此即使用范氏試題分析表法的原因所在。

二、范氏試題分析表法

　　答對率法所建立的難度指標，由於單位不相等，只能用來表示試題難易的相對位置，無法指出各難度間差異大小的數學涵義，這是由於該類指標具有次序量尺特性的緣故。為了彌補這項缺失，我們可以假設每道試題所要測量的潛在特質或能力是呈常態分配的，然後將該試題的難度指標，按照常態分配表所分布的機率大小，轉換成具有相等單位的等距量尺（interval scale）指標。經過轉換後的指標間，便可以直接比較其數值

的數學涵義。

　　由於使用常態分配機率來表示難度指標值，常會碰到負數和小數的情形，這對中小學教師和一般未受過統計學訓練的讀者而言，有時很難加以釐清和解釋其意義。因此，美國教育測驗服務社（Educational Testing Service, ETS）便建議以線性轉換過的分數，來表示試題難度指標值。其轉換公式如下：

$$\Delta = 13 + 4Z \qquad\qquad （公式 9\text{-}6）$$

　　其中，Δ（delta）代表試題難度指標，Z 為標準化常態分配量尺上的標準分數，13 代表轉換公式的平均數，4 代表轉換公式的標準差。

　　由於常用的標準分數通常只取介於 ± 3 之間的數值，因此，可以得知：

$p = .9987$ 時 $Z = -3$　故　$\Delta = 13 + 4(-3) = 1$
$p = .9772$ 時 $Z = -2$　故　$\Delta = 13 + 4(-2) = 5$
$p = .8413$ 時 $Z = -1$　故　$\Delta = 13 + 4(-1) = 9$
$p = .5000$ 時 $Z = 0$　　故　$\Delta = 13 + 4(0) = 13$
$p = .1587$ 時 $Z = +1$　故　$\Delta = 13 + 4(+1) = 17$
$p = .0228$ 時 $Z = +2$　故　$\Delta = 13 + 4(+2) = 21$
$p = .0013$ 時 $Z = +3$　故　$\Delta = 13 + 4(+3) = 25$

　　由此可見，常用的 Δ 值的值域介於 1 到 25 之間，平均難度指標值為 13。Δ 值愈大，表示試題愈困難；Δ 值愈小，表示試題愈容易。事實上，Δ 值的計算若從常態機率表轉換而來的話，會很繁瑣，已有學者（Fan, 1952）將 p 值、Z 值和 Δ 值之間的轉換製作成表，稱作「范氏試題分析表」（Fan's item analysis table），使用者可以直接從該表上查得適當的 Δ 值。不過，本書所附 Tester for Windows 程式已經可以提供自動換算呈現 Δ 值的功能，讀者不必再親自計算或查表轉換，在使用上更加方便許多。

 鑑別度指標的分析

　　鑑別度指標的涵義，係指試題具有區別學生能力高低的功能。如果試題鑑別度指標很高，則表示它明確區分答對與答錯（即高分組傾向答對，低分組傾向答錯）學生的辨別功能很強；反之，如果試題無法區分答對與答錯之學生（例如：全部答對或全部答錯）時，則該試題的鑑別度指標一定很低。通常，測驗專家或測驗編製者都會有個共同期望，那就是希望所編製的試題都是有用的試題，亦即，在其他條件相等的情況下（例如：沒有猜題、同樣的測驗情境等），儘量讓有能力、會作答的學生答對，而沒有能力、不會作答的學生答錯，試題所具有的這種區分功能，便稱作「試題鑑別度」。一道編製良好的測驗試題，應該具有較高的鑑別度指標值。

　　試題鑑別度指標（item discrimination index）的分析方法，大約可以歸納成兩類：一為內部一致性（internal consistency）分析法，另一為外在效度（external validity）分析法。前者是以探討個別試題得分和整個測驗總分之間的一致性為主，目的在求測驗的內部一致性變得最大；後者是以分析學生在試題上的作答反應與在效標上的表現，兩者之間的關係為主，目的在求試題反應與測驗的外在效度變得最大。茲分別說明如下。

一、內部一致性分析法

　　一般在進行試題分析時，為了方便起見，往往以測驗本身的總分作為分析的依據。例如，在教師自編成就測驗中，由於很難同時找到一個適當的外在效標，因此只能以學生在該自編測驗上的總分來分析。此種分析的結果，旨在求得內部一致性的量數，而不是外在的效度。因此，此種分析可以改進內容效度（content validity）及建構效度（construct validity），但無法增進效標關聯效度（criterion-related validity）。

　　內部一致性的分析，旨在瞭解各個試題的功能是否與整份測驗的功能相一致。當我們以測驗總分來代表學生的成就高低時，我們多半期望高能

力學生在每道試題上的答對率，應該是比低能力學生在每道試題上的答對率還大。如果每道試題真的具有如此特性，而與我們對測驗總分的期望相符時，即可說該試題很明顯具有區別高低能力學生的功能，這功能即是以試題鑑別度指標來表示。因此，在試題鑑別度指標的計算上，係採用公式9-4 來表示：

$$D_i = P_{iH} - P_{iL} \qquad i = 1, 2, ..., n \qquad \text{（公式 9-4）}$$

其中，D_i 表示第 i 個試題的鑑別度指標，P_{iH} 和 P_{iL} 分別表示高、低分組在第 i 個試題上的答對率。

試題鑑別度指標的值域，介於 -1.00 到 $+1.00$ 之間。當試題太容易時，全部高分組和低分組學生都答對，此時，這兩組的答對率都是 1，其間的差值將等於 0；反之，當試題人困難時，全部高分組和低分組學生都答錯，此時，這兩組的答對率都是 0，其間的差值亦等於 0。由此可見，極端容易和極端困難的試題，都不具有良好的鑑別度指標。

另一種極端是，當某個試題只讓全部高分組學生都答對，其答對率為 1，而讓全部低分組學生都答錯，其答對率為 0，此時，它們之間的差值為 1。此外，還有一種極端情況是，當某個試題只讓全部低分組學生都答對，其答對率為 1，反而使全部高分組學生都答錯，其答對率為 0，這時，它們之間的差值為 -1。由此可見，鑑別度為 1 的試題，反映出教學很成功，讓高分組的學生全部答對，而讓低分組學生全部答錯；反之，鑑別度為 -1 的試題，則反映出一種極不尋常的狀況，它讓低分組的學生全部答對，而讓高分組的學生全部答錯，亦即表示教學非常失敗，相信這種情況絕不是任何一位教師所樂意見到的。因此，負的鑑別度指標代表該試題具有反向的區別功能，它不是教師所期望的教學成果，所以在試題分析之後，若有發現此類指標者，應予以淘汰。其餘情況，鑑別度指標值愈高者，即表示該試題的鑑別度愈大，區別高低分組學生答對試題的功能愈好；而鑑別度指標值愈低者，即表示該試題的鑑別度愈小，區別高低分組學生答對試題的功能愈差。通常，在一般正常教學下施測後的試題分析中，出現負值的

鑑別度指標情況並不常見。因此,在實際應用上,學者們多半建議只使用正值的鑑別度指標,而捨棄負值的鑑別度指標。亦即,在試題分析後,若獲得負值鑑別度的試題,則一律刪除不用。

　　除了上述分析鑑別度指標的方法外,亦可採用二系列相關(biserial correlation)和點二系列相關(point-biserial correlation)來分析。這種分析方法是依據學生在某個試題作答結果的對或錯,與其測驗總分之間求相關係數而得,並以此相關係數值來表示該試題的鑑別度指標。這種指標和上述公式的分析結果之間,具有高度的相關。有關這兩種相關係數的計算方法,請參考後述的外在效度分析法或相關的心理與教育統計學書籍(如:余民寧,2012)。不過,本書所附 Tester for Windows 程式現在已經自動提供此指標的計算,讀者不必再親自查閱公式,可以省卻許多計算時間。

二、外在效度分析法

　　學生在每道試題上的作答反應,與其在效標上的表現之間所具有的相關情形,也可以作為一種試題鑑別度指標。由於每道試題都是以答對或答錯來表示,並登錄資料,因此,外在效度分析旨在探索一個「二分變項」(dichotomous variable)(即試題分成答對或答錯)與一個「連續變項」(continuous variable)(即外在效標,通常為連續變項)間的關係。在某些人為的情境下,效標也可以二分法來表示,例如:分成及格與不及格、錄取與不錄取等。因此,一個連續變項的效標,可以因人為的需要或分析的方便,而將其轉換成二分變項。例如,教師在編製國文成就測驗時,可以使用校內的國文科學期成績作為外在效標,而將其分成高、低分兩組,並分別計算每道試題與效標間之關係,以作為每道試題的鑑別度指標。茲將幾種比較常使用的分析方法說明如下。

(一)點二系列相關法

　　這種方法適用於試題為二分變項(如:答對以 1 表示,答錯以 0 表示),而效標是屬於連續變項(如:0 分到 100 分不等)的情況。其計算

公式可以表示如下：

$$r_{pb} = \left(\frac{\overline{X_p} - \overline{X_q}}{S_t}\right) \cdot \sqrt{pq} \qquad\qquad （公式 9-7）$$

其中，r_{pb} 為點二系列相關係數，$\overline{X_p}$ 為答對學生在效標上的平均得分，$\overline{X_q}$ 為答錯學生在效標上的平均得分，p 為答對率，q 為答錯率（即 $q = 1 - p$），S_t 則為全部學生在效標上得分的標準差。

由表 9-2 例子可知，某道試題和效標之間的點二系列相關係數值為 .46，亦即表示該試題的鑑別度指標值為 .46。點二系列相關係數值愈高，代表某試題的作用與測驗總分的作用之間愈一致，其鑑別功能愈強；反之，即代表某試題的作用與測驗總分的作用之間愈不一致，其鑑別功能愈弱。

■ 表 9-2　以點二系列相關係數作為試題鑑別度指標之計算實例

學生	對或錯	效標得分	計算過程：
1	1	65	$\Sigma X = 640$　　　　$\Sigma X^2 = 42150$
2	1	70	$p = \dfrac{6}{10} = 0.6$　　$q = 1 - p = 0.4$
3	0	50	
4	0	50	$\overline{X_p} = \dfrac{(65 + 70 + 80 + 70 + 60 + 65)}{6} = 68.33$
5	1	80	$\overline{X_q} = \dfrac{(50 + 50 + 50 + 80)}{4} = 57.50$
6	0	50	
7	1	70	
8	0	80	$S_t = \sqrt{\dfrac{42150 - \dfrac{(640)(640)}{10}}{10 - 1}} = 11.50$
9	1	60	
10	1	65	$r_{pb} = \left(\dfrac{68.33 - 57.50}{11.50}\right) \cdot \sqrt{(0.6)(0.4)} = 0.46$

（二）二系列相關法

此法適用於下列情況：假設學生在試題上的作答反應表現是呈常態分配，但為了某些理由，強以人為方式將其分成答對與答錯兩種情形。其計

算公式可以表示如下：

$$r_{bi} = \left(\frac{\overline{X_p} - \overline{X_q}}{S_t}\right) \cdot \left(\frac{pq}{y}\right)$$ 　　　　　　（公式 9-8）

其中，r_{bi} 為二系列相關係數，y 為常態分配下答對率（即 p 值）所在位置之曲線的高度。以表 9-2 之資料為例，其答對率為 .6，我們從常態曲線分配表上查得其相對的 y 高度值為 .3863。其餘各項符號的意義與公式 9-7 者相同。因此，將其代入公式 9-8，可以求得：

$$r_{bi} = \left(\frac{68.33 - 57.50}{11.50}\right) \cdot \left(\frac{(.6)(.4)}{.3863}\right) = .59$$

亦即，該試題與效標之間的二系列相關係數值為 .59，代表該試題的鑑別度指標為 .59。

（三）ϕ 相關法

ϕ 相關（phi correlation）法適用於試題與效標均是二分變項的情況。以表 9-2 中的資料為例，假設我們將 60 分訂為及格分數，則這十名學生的效標得分便可分成兩類：一為 60 分以上的「升級」者，另一為 60 分以下的「留級」者。因此，表 9-2 中的資料可以重新歸類成下列的 2×2 列聯表：

	答　錯	答　對	
升級	1 （A）	6 （B）	7 （A＋B）
留級	3 （C）	0 （D）	3 （C＋D）
	4 （A＋C）	6 （B＋D）	

我們可以將上述列聯表中的資料，代入下列的 ϕ 相關計算公式：

$$\phi = \frac{BC - AD}{\sqrt{(A+B)(C+D)(A+C)(B+D)}} \qquad （公式 9-9）$$

$$= \frac{(6 \times 3) - (1 \times 0)}{\sqrt{7 \times 3 \times 4 \times 6}}$$

$$= .80$$

由此可知，該試題與效標之間的 ϕ 相關係數值為 .80，亦即，該試題之鑑別度指標為 .80。

由上述三種不同方法所求得的相關係數值皆不相同（分別為 .46、.59 和 .80），但在解釋時，其值愈接近 1 者，即表示其鑑別度指標值愈高，該試題的鑑別功能愈好。雖然，經由上述三種方法所求得的係數值不盡相同，但經過統計考驗後，其結論將會是一致的。不過，所使用的樣本數若是太少，即使求得的相關係數再高，也將不具有任何實質上的意義。使用上述三種方法計算鑑別度指標時，必須注意這一點限制。由於可以用來計算試題外在效度的方法不下數十種，各種方法基於各自基本假設與計算方法之不同考量，所求得的數值亦當有所差異。因此，在挑選試題的外在效度分析法時，應以計算是否方便為其主要的考量因素。

三、內部一致性分析與外在效度分析之比較

不論在方法和步驟上，內部一致性分析與外在效度分析各有其異同點存在，但由於分析目的的依據不同，計算結果所代表的意義便有很大差異，甚至完全不同涵義。因此，在進行試題分析時，教師必須考慮自編成就測驗的未來使用目的，以及充分瞭解上述兩類分析的性質，才能做出適當的選擇，達到試題分析的目的。

就測驗的未來使用目的而言，如果教師自編成就測驗的使用目的只是想瞭解每道試題在整份測驗中的相對好壞（如：貢獻量高低或重要性如何）

的話，則使用內部一致性分析或點二系列相關係數（其中，以測驗總分為效標分數）分析法會比較適當。若使用測驗的目的是想瞭解學生未來在外在效標上的可能表現（如：想瞭解其預測結果），則最好是使用外在效度分析法（其中，效標分數必須來自教師自編成就測驗以外的某項標準，而不可以使用測驗總分當作自身的效標分數），如此才不致於降低測驗在未來使用中的效度。

由此可見，一般而言，所謂的試題鑑別度指標，所指的意思僅表示個別試題的作用與整份測驗的作用是否一致而已（即內部一致性分析），而與試題效度的大小無關（即並非外在效度分析法），除非整份測驗的效度先被肯定，否則，個別的試題鑑別度指標不可以被當成具有試題效度的意義來解釋。

總之，我們在進行試題分析前，要考慮測驗的性質和目的，以及各種指標計算方法的方便性，再決定選擇適當的分析方法。然而，在班級教學的使用情境下，教師不一定能夠輕易拿到外在效標，因此，使用內部一致性分析法會比較方便、可行；但是，教師若能同時收集到外在效標（如：學生在標準化成就測驗上的得分）的話，則使用外在效度分析法，亦是建立試題鑑別度指標的可行方法。

肆　選項誘答力的分析

客觀測驗（如：選擇題、是非題）之所以要進行選項誘答力分析（distraction analysis），乃因為藉此分析，可以進一步提供判斷試題編製良窳與診斷學生作答反應組型之依據。因此，經過試題的選項誘答力分析，選擇型試題的測驗便更能夠發揮診斷與判斷的警示作用，充分協助教師改進編製試題的技巧與初步瞭解學生的答題情形，以作為調整或改變教學策略的依據（Haladyna, 1994）。

選擇型試題之所以有別於其他類型試題，乃因為它除了提供一個正確選項供選擇外，還提供三至四個不正確選項，以用來吸引或迷惑那些知識不夠完整或僅具有部分知識的學生去選擇，進而發揮選擇題特有之「誘答」

功用，增加試題的鑑別功能。換句話說，當學生的知識不夠完整、無法做出正確的選擇和判斷時，他唯一可以做的就只有隨機猜題（randomly guess），而一個具有良好誘答功用的不正確選項，卻能夠吸引這類學生去選它，所以，促使該道選擇題的每個選項被挑選的機率趨近相等。因此，選擇型試題的編製應強調不正確選項的編擬或撰寫技巧，一個不正確選項是否能夠發揮誘答作用，是決定一道選擇型試題良窳的關鍵因素。除了試題分析之外，針對選項誘答力進行分析，亦可以提供使用者判斷一道選擇型試題好壞的參考。

　　要分析選擇題的不正確選項是否具有誘答功能，只要分析高、低分組學生在每道試題選項上選答的次數分配，再加以理性判斷即可。在此，根據下列兩個判斷原則，即可提供試題選項的誘答力分析：

1. 在不正確選項上的選答率，低分組學生不可以為零。亦即，每一個不正確選項至少要有一位以上的低分組學生選擇它。
2. 在不正確選項上的選答率，低分組學生不可以低於高分組學生。亦即，就任何一個不正確選項的選答，低分組學生人數總是應該比高分組學生人數還多。

　　根據學生在每道試題的各個選項上選答率的判斷結果，若發現有違反上述兩個參考原則之一者，即表示該試題的某個不正確選項缺乏誘答功能，必須加以修改、潤飾，或甚至是刪除，以確保選擇型試題的基本功用。

　　選項誘答力分析可以讓教師明瞭哪一個不正確選項是否具有良好的誘答力。就一個良好的選擇題而言，其中的不正確選項應該具有良好的誘答力，誘使那些學習不完全或具有部分知識的學生去選擇它，以充分發揮「多選一」的辨識功能。如果某個不正確選項不具有誘答力的話，則相對地，學生盲目猜對該試題的機會便會提高，如此一來，學生在測驗上的得分即非代表他們真正的學習成果或習得的知識，因而喪失測驗的公平性與客觀性。因此，透過選項誘答力的分析，教師不僅可以累積改進命題技巧的經驗，更可以據此作為進行補救或改進教學的參考。

伍　試題分析結果解釋的注意事項

　　試題分析雖然可以獲得實證分析的數據，快速幫助讀者確認試題品質的好壞，但在解讀試題分析的各項指標涵義時，讀者宜參考下列注意事項，才不會過度延伸解釋，而造成誤解或誤用這些指標的憾事發生。這些注意事項如下（Miller et al., 2009）。

一、試題鑑別度指標的高低並不隱含試題效度的大小

　　由於我們在進行試題分析時，多半是使用內部一致性分析法，以每位學生的測驗總分為基礎，再根據測驗總分，由高往低依序排列後，只挑選上（即高成就組）、下（即低成就組）各四分之一或三分之一的人數來計算指標而已。這樣的指標，只可以顯示個別試題的作用是否與整份測驗的作用一致而已（即內部一致性分析），而與試題效度的大小無關（即非外在效度分析法）。由於我們缺乏中間人數的資料，所挑選的人數並無法代表全體受試者，所以，試題鑑別度指標無法指出中間人數的測驗總分是否也能反映出試題所要測量的目標（亦即是效度）。因此，整體來看，除非測驗總分能被證實是一種理想的外在效度證據，否則，試題鑑別度指標的高低並不能直接被解釋為試題效度的高低。

二、具低鑑別度指標的試題並不表示就是不良試題

　　低鑑別度試題無法明確區分高、低能力組學生表現的現象，可能是由於試題本身的問題（如：題意模糊不清、有暗示答案線索存在，或任何違反試題命題原則的事發生）或其他技術性的問題所造成的結果。如果都不是上述的原因，且該試題也是在測量重要學習目標的話，則無論該試題的鑑別度指標高低，都應該被保留下來，供作後續使用。鑑別度指標很容易受到評量目標比重分配不均的影響。當組成一份試卷的目標種類不同，且教學強調的重點亦不相同時，學生的測驗總分便隱含不同比重的組合方式，

致使不同試題會因為學生的精熟度不同，而產生得分分布不均的現象。因此，很容易就產生測量同一目標的試題具有高鑑別度，但測量不同目標的試題鑑別度則可能偏低的現象。此外，試題鑑別度指標亦受試題難度的影響很大，當試題極度困難和極度簡單時，此時的試題鑑別度指標值都會偏低。就如效標參照測驗的試題一樣，由於命題範圍狹小、試題命題趨向簡單，且學生精熟程度較高，因此，難度指標值偏高，鑑別度指標值偏低。只要該試題仍然能夠測量到所欲的學習目標的話，則該試題通常也會被保留下來，否則，一份編製良好的成就測驗將會缺少用來顯示它具有理想效度的普遍試題。

三、根據小樣本所做的試題分析結果，其結論都是暫時的

使用內部一致性分析法所建立的試題分析指標——難度和鑑別度，都是一種樣本依賴的指標，不是一種固定不變的統計特質。這些指標的建立，很容易因為受試者樣本不同，就獲得不一樣的結果。受試者樣本的能力分布、教育背景，和所接受的教學型態，都會影響到這些試題分析指標值的大小。尤其是當拿來作為指標分析用的樣本數太少時，所獲得的試題分析指標更是屬於暫時性的，它們隨時都會改變。因此，如同效標參照測驗的試題分析一樣，只要確立試題是否能夠測量到所欲的教學目標即可，無須太過看重試題難度和鑑別度指標的高低。未來，在大規模測驗情境下使用標準化成就測驗工具時，其預試工作便需要審慎考量使用常態分配下的大樣本資料，如此才能獲得一個比較穩定、客觀、可靠的試題分析結果。

上述說明旨在提醒讀者注意，須審慎解釋試題分析結果，才不會誤解試題分析指標的涵義，也才能正確判斷一道試題品質的良窳。

第三節 效標參照測驗的試題分析

基本上，效標參照測驗所使用的試題和教材內容特質的難易程度有關。

如果教材內容特質容易，則試題就容易；如果教材內容特質困難，則試題就困難，教師沒有必要刻意去調整試題的難易度。但一般說來，效標參照測驗所使用的試題通常會比常模參照測驗所使用者容易些，這是因為教師多半期望大多數學生在測驗上都有良好表現，獲得好成績，以顯示其教學成效的結果。在這種情況下，教師若仍沿用常模參照測驗的試題分析方法，則高分組與低分組學生在試題上的答對率，都將會接近於 1.00，因此使得每道試題的難度指標值趨近於 1，而鑑別度指標值趨近於 0。由此可見，效標參照測驗所使用的試題分析方法，應該與常模參照測驗所使用的方法不同，方能避免試題分析產生無法解釋的結果。基於此，不少鼓吹在學校內使用效標參照測驗以改進教學的學者，如 Berk（1980, 1984）和 Popham（1978）等人，便另行設計新方法，用來分析效標參照測驗的試題。

 ## 壹　難度指標的分析

　　一般說來，效標參照測驗的難度指標分析是沒有必要進行的，這是因為它的測驗目的不同於常模參照測驗所致。即使前述常模參照測驗的難度指標分析方法可用於分析效標參照測驗的試題難度指標，但在解釋上仍有所不同，這一點讀者必須特別注意。

　　在常模參照測驗中，測驗目的是在區分學生成就的高低，因此，教師所期望的最佳難度指標是以接近 .50 左右（亦即是難易適中）為最理想，此時的試題最能夠區別學生能力的高低，並且具有最大的試題鑑別度指標值。但是，在效標參照測驗中，測驗目的是在檢驗學生是否已達到教學預設的精熟程度，因此，教師所期望的是學生都能夠在教學之後精熟所有的教學內容；也就是說，學生在試題上的作答表現，應該都是接近百分之百全對，亦即答對率均接近於 1。因此，當教學有效時，多數試題的難度指標都會很高（亦即達到精熟標準的通過率很大），在這種情形下，難度指標所反映的現象是教學品質好壞的成分多過於試題品質好壞的成分。所以，教學品質和學習教材的優劣，才是影響效標參照測驗難度指標的最直接因素。

　　從理論上來說，效標參照測驗試題的難度指標，應和教學前預先設定的通過標準（passing standard）（即精熟標準）一致。例如，假如以 80% 的試題答對率或通過分數為精熟標準時，則理想的難度指標值應訂為 .80 左右。教師可以不必參考常模參照測驗的試題選擇標準，專門挑選難易適中（即通過率約為 .50 左右）的試題，而是應該依據教材內容和實際教學情況，作為判斷精熟標準達成程度或難度指標即可。

鑑別度指標的分析

　　效標參照測驗的試題分析，主要是在探討一個有系統的教學中，測驗結果是否能反映出教學的成效。亦即，在教學後，學生在測驗上的表現是否能夠比他在教學前的表現還要好？因此，教學前與教學後的表現差異，可以當成是教學效能（instructional effectiveness）的一項指標，這項指標便稱作「教學敏感度指標」（instructional sensitivity index），它可以作為效標參照測驗的鑑別度指標之一。

　　通常，效標參照測驗的鑑別度指標分析要比難度指標分析來得重要。因為，教學品質的好壞影響難度指標值的大小甚鉅，並且，學生在教學前後的表現差異，正是判斷教學是否具有效能的一項指標。因此，由鑑別度指標的分析結果，便可以確定教學和試題是否都具有效能。教師若想要分析效標參照測驗的鑑別度特徵，可以根據下列三種不同設計方法來進行：(1)根據在教學前與教學後的同一組學生之測驗結果；(2)根據接受教學與未接受教學的兩組學生之測驗結果；(3)根據已達精熟標準與未達精熟標準的兩組學生之測驗結果。這三種分析的基本概念都是一致的，所使用的計算公式也差不多，都是在比較兩組學生在試題上的答對率之差異。茲分別說明如下。

一、教學前與教學後之比較

　　為了瞭解教學效果的好壞，教師可以在教學前和教學後，分別給學生實施同一份自編成就測驗，然後依據教學前和教學後在試題的答對率或難

度指標值的變化，來推論得知該試題是否具有有效性。教學敏感度指標有很多種，比較常用的便是教學前後的差異指標（pre-to-post difference index, PPDI）（Kryspin & Feldhusen, 1974），它可以用來評鑑試題品質的好壞，其計算公式可以表示如下：

$$PPDI = P_{post} - P_{pre}$$ （公式 9-10）

其中，*PPDI* 為教學前後差異指標，P_{post} 和 P_{pre} 分別為教學後和教學前的試題答對率或難度指標。表 9-3 資料所示，便是五道試題的假想結果，茲分析如下。

■ 表 9-3　教學前後的差異指標分析

試題	教學後難度指標 P_{post}	教學前難度指標 P_{pre}	教學前後差異指標 *PPDI*
1	1.00	0.00	1.00
2	0.80	0.80	0.00
3	0.15	0.15	0.00
4	0.00	1.00	−1.00
5	0.60	0.10	0.50

第 1 題：由正的 *PPDI* 值可以看出，這是理想的效標參照測驗試題。在教學前，所有學生均答錯；但在教學後，所有學生均答對。這說明試題與教學都是有效的，也是教師最期望看到的測驗結果。

第 2 題：由 *PPDI* 值為 0 且難度指標值偏高可以看出，這個試題過度簡單，學生的表現受教學的影響不大，無法測量出教學的效果。由於所有學生在教學前、後的試題答對率均相同，這顯示該試題沒有區別教學效果好壞的能力，試題與教學本身可能都不是很恰當。

第 3 題：由 *PPDI* 值為 0 且難度指標值偏低可以看出，這個試題過度困難，學生的表現受教學的影響亦不大，因此無法測量出教學的效果。由於所有學生在教學前、後的試題答對率均相同，顯示該試題亦不具有區別教學效果好壞的能力，這可能也是由於教學或命題不當所致。

第 4 題：由負的 *PPDI* 值可以看出，這個試題相當不好。因為在教學前，學生全部答對，顯示該試題太容易；而在教學後，學生卻全部答錯，這顯示教學本身有問題——「把會的教成不會」。這個例子是個極端的負例，它在實際教學情境中應該不會出現，若有的話，即表示教學有錯誤或教學具有負效果，教師應極力反省檢討教學的內容。

第 5 題：由正的 *PPDI* 值可以看出，它是一個在正常教學下應該如此的常態試題。因為在教學前，只有少數學生答對（可能因為他們原本的程度即很好），而在教學後，則有較多學生都會答對（即多數學生的學習有進步），這顯示教學與試題均屬有效。

由此可見，教學前後差異指標的值域是介於 -1.00 到 +1.00 之間；在正常的教學情境下，教學前後差異指標值大約是介於 .10 到 .60 之間。教學前後差異指標愈接近 0，即表示該試題的鑑別度指標愈低，愈不能反映出預期的教學效果，代表該試題品質愈差；若教學前後差異指標愈接近 1，則表示該試題的鑑別度指標愈高，對教學效果的敏感度愈大，代表該試題的品質愈佳。至於負值的教學前後差異指標，即表示該試題是個反向作用題，反映出教學效果是有問題的，代表該試題品質極度不良，應予以淘汰或刪除。因此，鑑別度指標在效標參照測驗中，又稱作「教學效果敏感度」（sensitivity to instructional effect）指標。

然而，使用上述這項指標時，有幾個缺點必須同時考量：(1)它必須施測兩次，才能進行指標的計算；(2)當試題編製不良或教學沒有效果時，都有可能產生低的指標值；(3)通常，後測受前測的影響很大，它是教學本身與前測兩者之間的交互作用結果（interaction effect）。如果不考慮這些限制，教學前後差異指標可以提供效標參照測驗一項很好的試題效能評鑑指標——那些對教學效果不敏感的試題，不值得用來作為效標參照測驗的試題。

二、接受教學組與未接受教學組的比較

　　另一種設計方法,可以避免前測影響後測的結果,但卻需要找尋在各方面條件(如:智力、學業成績等)均相當的兩組學生為受試者,其中一組接受教學(instructed group),而另一組未接受教學(uninstructed group),然後分別計算他們在試題答對率或難度指標值之間的差異,並且以這項差異值作為效標參照測驗試題的鑑別度指標。其計算公式可以表示如下:

$$D = P_i - P_u \qquad\qquad （公式 9-11）$$

　　其中,D 為鑑別度指標,P_i 和 P_u 分別為接受教學組與未接受教學組學生在試題上的答對率。

三、精熟組與非精熟組的比較

　　另一種方式,則是由教師事先決定好「通過標準」,然後才開始實施效標參照測驗。如果學生的測驗得分高於「通過標準」,則被視為已達精熟學習(mastery);如果學生的測驗得分低於「通過標準」,則被視為未達精熟學習(nonmastery)。常用的「通過標準」,大多數是以得到 80% 或 90% 以上的分數或試題答對率作為達到精熟學習的標準。依照此標準,教師可以將學生的學習類型分為精熟與非精熟兩組,並且進一步計算這兩組學生在每道試題上的答對率或難度指標值之間的差異,並且以此差異值作為效標參照測驗試題的鑑別度指標。其計算公式可以表示如下:

$$D = P_m - P_n \qquad\qquad （公式 9-12）$$

　　其中,D 為鑑別度指標,P_m 和 P_n 分別為精熟組與非精熟組學生在試題上的答對率。

參 選項的誘答力分析

如同常模參照測驗的選擇題一樣,效標參照測驗的選擇題也必須進行每個試題選項的誘答力分析,以便瞭解試題編製的好壞。從理論上而言,不正確選項如果編製得當,必能吸引未具備足夠知識的學生(亦即學習未達精熟者)去選答,而發揮出選擇題「多選一」的區辨功能。因此,我們只要分析每個不正確選項被哪些答錯學生選答的次數,便能夠判斷出不正確選項是否充分發揮應有的誘答功能。

在進行選項誘答力分析時,最好是以教學前、未接受教學組,或非精熟組學生的測驗結果作為低分組的資料,因為在教學後、接受教學組,或精熟組學生的測驗結果,大多數學生均會答對,因此,他們的測驗結果可以被視為高分組的資料。而分析判斷選項是否具有誘答力的原則,正如同常模參照測驗一般:(1)在不正確選項上的選答率,低分組學生不可以為零;(2)在不正確選項上的選答率,低分組學生不可以低於高分組學生。如果有某些選項都沒有人選,或出現違反上述兩個判斷原則者,即表示這些選項不具有誘答功用,必須加以修改、潤飾,或甚至是重擬。

第四節 試題評鑑與篩選

試題經過分析之後,教師便可以依據每個試題的特徵指標——難度指標、鑑別度指標,以及選項誘答力,來進行篩選試題工作,進而把優良試題保留下來,不良試題加以修改或刪除,以確保自編成就測驗的內容品質。教師如果能夠從每次定期考察(如:平時考、段考或期末考)的自編測驗裡,在施測完畢後即進行試題分析,並且根據本節所討論的考量方法來篩選試題,行之有年,便可以將這些優良試題集結成冊,成為自己專屬的「題庫」。如果是全校性的試題分析及篩選試題活動,更可以建立起全校所屬的專用「題庫」。建立「題庫」的目的,不僅可以節省未來編製測驗時所

耗費的大批人力、物力及財力資源，更能在未來的測驗發展與編製中，扮演著自動化與電腦化的先驅角色。

壹　難度指標與鑑別度指標之間的關係

　　從統計學觀點來看，試題的難度指標與鑑別度指標之間，具有很密切的關係（Ebel, 1967）。當教師自編成就測驗的試題偏難時（如：試題難度值皆小於 .25），大多數學生的得分都集中在低分區域，亦即，整個測驗得分的分配曲線是呈現正偏態分配，此時，無法區別能力較低學生的作答差異情形。而當試題偏簡單時（如：試題難度值皆大於 .80），大多數學生的得分都集中在高分的區域，亦即，整個測驗得分的分配曲線是呈現負偏態分配，此時，也無法區別能力較高學生的作答差異情形。所以，試題的難度指標與鑑別度指標之間的關係，可以從圖 9-1 中清楚看出，其關係大致是呈現菱形的分布。亦即，當難度指標值趨向兩極端（即 $P = 0.00$ 或 $P = 1.00$）時，鑑別度指標值亦將趨近於 0；但當難度指標值愈接近 .50 時，此時鑑別度指標值將可能達到最大（即 $D = +1.00$ 或 $D = -1.00$）。由於我們曾討論過，負的鑑別度指標值一般是捨棄不用的，所以只使用正的鑑別度指標值部分，亦即圖 9-1 的上半部。由此可見，若要使試題品質保持在某種水準以上，則挑選試題時，盡可能挑選難度指標值接近 .50（亦即難易適中）的試題為宜。

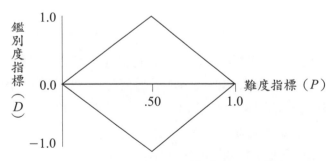

● 圖 9-1　難度指標與鑑別度指標之間的關係

由上述討論可知，若要使試題鑑別度指標達到最大，則必須選取難易適中的試題來組合測驗。由難易適中試題所組成的測驗卷，將使學生的測驗得分分配趨近於常態分配，也唯有在這種常態分配下，測驗才能達到區別各種不同能力水準的功用。因此，一般作為常模參照測驗使用的試題，其平均難度指標通常屬於難易適中，而鑑別度指標通常會較高；反之，作為效標參照測驗用的試題，由於所涵蓋課程內容範圍較窄，試題多半較容易（亦即難度指標值較高），因此鑑別度指標會較低。此時，只要試題仍具有教學內容的代表性，仍然可以作為組成測驗的基本元素，並非一定要具有高鑑別度指標的試題才行。這點差異，是由於這兩種測驗用途不同所致，並非哪一類測驗試題就是比較好或比較適當。

基本上，古典測驗理論所使用的難度指標與鑑別度指標，都是一種樣本依賴的指標，亦即，試題分析結果會隨著受試者樣本的不同，而獲得不同的分析結果。例如，同一份測驗拿給高能力組學生施測，與拿給低能力組學生施測，所得結果的指標值均不會一樣；前者可能獲得一批難度指標值高、且鑑別度指標值低的試題特徵（顯示該試題對高能力學生而言太簡單，沒有鑑別力），而後者可能獲得一批難度指標值低、但鑑別度指標值也低的試題特徵（顯示該試題對低能力學生而言太困難，且沒有鑑別力）。因此，試題分析的結果只是獲得一個暫時性的統計特徵指標，它們並不是固定不變的特質。此外，像學生人數多寡、教育背景、能力水準及教學型態等因素，也都有可能影響試題分析的結果。這些限制，讀者也必須特別注意。

挑選優良試題的標準

由上述討論可知，要挑選所謂的優良試題，必須視不同的測驗使用目的而定，不能一概等同論之。但是，不論是何種測驗使用目的，挑選優良試題的作法，仍然有其共通的標準，那就是：(1)依據測驗用途來挑。作為常模參照測驗使用的試題，多半是挑選難易適中的試題，而作為效標參照測驗使用的試題，則需要挑選具有教學內容代表性的試題；(2)依據試題效

度來挑。亦即,所挑選的試題必須要能夠測量到其所要測量的能力目標;
(3)依據試題品質來挑。亦即,挑選鑑別度指標較高或教學敏感度指標較大
的試題,因為這些指標正好能反映出教學的成效,適合作為一種判斷的標
準。簡單地說,這些挑選標準的最終目標,都是在確保組成題庫的每一道
試題均為優良試題。

　　至此,經過試題分析之後,教師都已經知道試題鑑別度指標所代表的
意義是試題品質的優劣。然而,評鑑試題品質的優劣,卻是一種主觀的價
值判斷,並沒有一致的標準。若要根據試題品質優劣的判斷結果,作為挑
選優良試題的參考標準的話,則常會因為測驗編製目的和使用性質而異。
因此,一個比較常用的建議挑選標準,即是「先挑出鑑別度指標較高的試
題,然後,再從中挑選出難度指標較為適中的試題」(郭生玉,1990,271
頁),這項建議即可作為教師在選題時的參考。

　　一般而言,作為常模參照測驗使用的試題鑑別度指標值是愈高愈好,
但一般可接受的最低標準至少為 .25 以上,低於此標準者,即可視為鑑別
度不佳或品質不良的試題(Noll, Scannell, & Craig, 1979, p. 210)。美國的
測驗學者 Ebel 和 Frisbie(1991)即曾提出一套鑑別度的判斷標準(參見表
9-4),值得教師們參考。教師可以根據這個判斷標準及考量測驗目的,從
分析後的試題中,先挑出具有良好鑑別度的試題,這些試題多半是具有較
高品質的試題,以儲備作為未來的題庫試題之用。

■ 表 9-4　鑑別度的評鑑標準

鑑別度指標	試題評鑑結果
.40 以上	非常優良
.30 至 .39	優良,但可能需要修改
.20 至 .29	尚可,但需作局部修改
.19 以下	劣,需要刪除或修改

　　至於難度指標方面，很多測驗專家都建議挑選難易適中（即難度指標值接近 .50）的試題為最恰當，因為試題在難易適中時，其鑑別度指標值可以達到最大。不過，要從符合上述鑑別度挑選條件的試題中，再找出所有試題難度值都接近 .50 者，實際上是有困難的。因此，有些學者便主張以 .40 到 .70 之間的難度指標值範圍作為選擇標準（Ahmanan & Glock, 1981, p. 163）；而有的學者，則主張以 .40 到 .80 之間的難度指標值範圍作為選擇題的挑選標準，並以 .55 到 .85 之間的難度指標值範圍作為是非題的挑選標準（Chase, 1978, p. 140）。但平均而言，整份題庫內的試題平均難度指標值，還是以接近於 .50 作為共同的挑選原則。換句話說，題庫內每新增一道偏困難的試題，就必須新增另一道偏簡單的試題，如此才能平衡題庫內試題的平均難度指標值，使之都能趨近於 .50。

　　當然，在進行優良試題的挑選時，雖然可以根據試題分析結果作為挑選優良試題的參考，但卻不可以此作為唯一的依據。挑選優良的試題，還是需要參考雙向細目表的詳細說明，以及兼顧教學評量的目標，選出具有課程內容代表性（即內容效度）的試題，才算是真正的優良試題。由此可見，挑選優良試題的最好方法，便是兼顧試題分析的實證資料和邏輯分析的結果。有時候，使用邏輯分析的判斷方式（以確保試題具有內容效度）反而比使用單純的試題分析結果（或統計數據）更為重要（Nitko, 1983, 2001）。

試題評鑑舉隅

　　在討論完挑選優良試題的標準後，本節以假想的 10 道試題分析後之指標為例，說明試題評鑑結果，以及試題挑選的改進方法。

　　表 9-5 所示，為某一班級學生在 10 個假想試題上之答對率資料。根據本章所述的試題分析程序，把該班學生分成高、低兩組，其在每一試題上的答對率資料如表所示，說明試題分析後評鑑試題的結果如下。

■ 表 9-5　試題評鑑的實例

試題	高分組 答對率	低分組 答對率	難度指標	鑑別度指標	評鑑結果
1	.80	.40	.60	.40	保留
2	.60	.20	.40	.40	保留
3	.15	.25	.20	−.10	刪除
4	.50	.10	.30	.40	修改或保留
5	.90	.50	.70	.40	保留
6	.70	.30	.50	.40	保留
7	.70	.60	.65	.10	修改
8	.55	.45	.50	.10	修改
9	.95	.25	.60	.70	保留
10	.25	.15	.20	.10	修改或刪除

　　若以鑑別度指標大於 .25 以上，難度指標介於 .40 到 .80 之間作為挑選的標準的話，則表 9-5 的 10 個試題中，第 1 題、第 2 題、第 5 題、第 6 題和第 9 題，均可以被保留作為優良的測驗試題；而第 7 題、第 8 題、第 10 題則因鑑別度指標太低，宜建議修改後再分析；其中第 10 題較為困難，應該更大幅度修改，甚至刪除；而第 3 題是反向作用試題，無論如何，都應予以刪除；第 4 題的鑑別度指標雖然達到可以接受的標準，但由於其難度指標偏低，建議予以大幅修改，或必要時予以保留。根據上述試題評鑑結果，做成決定，一如表 9-5 最右欄所示。這些經過評鑑結果所保留下來的試題，都是優良測驗試題，都有資格放入題庫，作為題庫內的基本試題。

肆　試題改進舉隅

　　試題分析所得的各項資料，不但可以作為選擇優良試題的參考，更可以進一步作為改進試題品質的依據。下列各種例題均是預試中因難度指標

值過高（如：大於 .80）或過低（如：小於 .40）、鑑別度指標值太低（如：小於 .25）或選項沒有發揮誘答力，而被評鑑為需要修改或刪除的試題。經由試題分析所得的說明，不僅可以作為教師修改試題時的參考，更可以指出教學宜改進之處，這也就是試題分析的功用所在。

■ 表 9-6　修改前的地理科試題範例

地理科試題：下列哪一個城市是美國的首都？
　　　　　　(1) 東京
　　　　　　(2) 倫敦
　　　　　　(3) 台北
　　　　　　(4) 華盛頓

組　別	選　　　項					鑑別度	難度
	1	2	3	4*	未答	D	P
高分組	.0	.0	.0	1.0	.0	.08	.96
低分組	.02	.04	.02	.92	.0		

註：* 表示正確選項或答案。

假設高、低分組學生各有五十人，則本題難度指標偏高（$P = .96$），且鑑別度指標偏低（$D = .08$），評鑑結果為「刪除」。我們可以從試題的選項誘答力分析資料得知，此題純屬記憶性試題。題幹和正確選項之命題並沒有任何缺點存在，但不正確選項之誘答力太小，導致連低分組學生憑常識或猜測，也都能大部分答對此一試題。由於此類試題常出現在隨堂考試等效標參照測驗裡，試題難度指標原本就會偏高，因此，專家建議只要修改命題方式即可，讓不正確選項具有與正確答案的似真性或合理性（不像本題，三個不正確選項都與題幹及正確選項間沒有直接或間接的關聯），以提高選項誘答力，強化良好的試題特徵。

■ 表 9-7　修改後的地理科試題範例

地理科試題：下列哪一個城市是美國的首都？
　　　　　(1) 洛杉磯
　　　　　(2) 芝加哥
　　　　　(3) 紐約
　　　　　(4) 華盛頓

組　別	選　項					鑑別度	難度
	1	2	3	4*	未答	D	P
高分組	.06	.04	.10	.80	.0	.50	.55
低分組	.22	.20	.28	.30	.0		

註：* 表示正確選項或答案。

　　上題經過修改後，顯示難度指標已趨於適中（$P = .55$），其鑑別度指標也已大大提高（$D = .50$），不正確選項也都發揮應有的誘答功能。由此可見，經過修改後，本試題更能區別出高、低學習成就的學生。

■ 表 9-8　修改前的歷史科試題範例

歷史科試題：中國的首都是下列哪一個城市？
　　　　　(1) 台北
　　　　　(2) 南京
　　　　　(3) 北京
　　　　　(4) 上海

組　別	選　項					鑑別度	難度
	1	2*	3	4	未答	D	P
高分組	.28	.40	.28	.04	.0	.10	.35
低分組	.30	.30	.30	.10	.0		

註：* 表示正確選項或答案。

上題的難度指標偏低（$P = .35$），且鑑別度指標也偏低（$D = .10$），評鑑結果為「刪除」。但是從選項的誘答力分析可知，前三個選項不論是對高分組或低分組學生而言，都幾乎具有同等的吸引力，這令人懷疑是否試題的題意不清楚、或有多個正確答案選項、或學生作答粗心等原因造成鑑別度指標與難度指標值均偏低。若仔細審視選項之命題方式，實無缺失之處，因此可以斷定原因一定是來自題幹。本試題之題意，正與時事之意義曖昧不明，況且此處所指之「中國」，到底是指「中華民國」（台灣）之中國，抑是「中華人民共和國」（大陸）之中國？抑或指什麼朝代的中國？並無進一步說明清楚之處，所以導致學生感覺模稜兩可，亂選個選項作為答案。針對本試題，由於選項之命題並無缺失，因此，只要釐清本試題的題意，便可臻至良好試題的特徵，而不一定非要刪除本試題不可。

■ 表 9-9　**修改後的歷史科試題範例**

歷史科試題：根據憲法，中華民國定都於何處？
(1) 台北
(2) 南京
(3) 北京
(4) 上海

組　　別	選　　　　項					鑑別度	難度
	1	2*	3	4	未答	D	P
高分組	.10	.80	.08	.02	.0	.48	.56
低分組	.36	.32	.22	.10	.0		

註：* 表示正確選項或答案。

經過修改後，題意已釐清，難度指標趨於適中（$P = .56$），鑑別度指標也提高很多（$D = .48$）。原本高分組學生迷惑於曖昧不明的題意者，也已趨向選擇正確選項；而不正確選項依然對低分組學生產生誘答力，不受修正試題與否之影響，顯示他們缺乏知識以致答錯。

■ 表 9-10　修改前的數學科試題範例

數學科試題：5 公尺立方與 5 立方公尺相差多少立方公尺？
　　　　　　(1) 20
　　　　　　(2) 100
　　　　　　(3) 120
　　　　　　(4) 0

組　　別	選　　　項					鑑別度	難度
	1	2	3*	4	未答	D	P
高分組	.40	.0	.0	.60	.0	−.10	.05
低分組	.30	.30	.10	.30	.0		

註：* 表示正確選項或答案。

　　上題難度指標偏低（$P = .05$），且鑑別度指標為負值（$D = −.10$），評鑑結果為「刪除」。但是從選項的誘答力分析可知，第一和第四個選項對高分組學生而言，比對低分組學生還要具有誘答力，這顯示本試題是一個反向作用題，令人懷疑是否教學上有問題。或許這是一個課外題，教師還沒有教過，所以全部學生都不會，而以猜題方式作答？或許是學生的概念不清楚所致？因此，才會造成難度指標值偏低，且鑑別度指標值為負值的情況。若仔細審視題幹與選項之命題方式，實無缺失之處，因此可以斷定原因一定是來自教學本身。本試題之中心概念：「公尺立方」與「立方公尺」兩者，由於尚未教學過，學生只知道「公尺平方」與「平方公尺」兩者。所以，學生只能根據已知的知識來作答，造成高分組學生選答第一選項，而不知題意者，則選答第四選項。由於本試題屬於較為困難的試題，所以低分組學生傾向隨機猜題，終於造成低分組答對人數多於高分組答對人數的現象。總之，經過試題分析顯示，本試題無論在題幹與選項的命題上均無缺失，但由於超過教材範圍，所以不適宜作為某年級程度的學生施測試題。改進之道為：參照雙向細目表來命題，避免試題不具有教學內容的代表性。

■ 表 9-11　修改前的英文科試題範例

英文科試題：選出下列畫線字母的發音與「wrong」中的「o」發音相同者。
(1) office
(2) second
(3) not
(4) home

組　別	選　　項					鑑別度	難度
	1*	2	3	4	未答	D	P
高分組	.40	.0	.10	.50	.0	.20	.30
低分組	.20	.50	.20	.10	.0		

註：* 表示正確選項或答案。

　　上題的難度指標偏低（$P = .30$），且鑑別度指標亦低（$D = .20$），評鑑結果為「修改」。但是從選項的誘答力分析可知，第二和第三個選項具有適當的誘答力，但第四個選項卻只對高分組學生具有誘答力，這顯示高分組學生在學習發音上，對於發 [ɔ] 的音（類似ㄡ的短音）與發 [o] 的音（類似ㄡ的長音）之間，仍有許多不太能夠分辨清楚的地方，因此，才會造成第一與第四個選項間的隨機猜測。所以，經過試題分析後，教師宜加強對發音的訓練與分辨，如此才能改善高分組學生的作答情形。建議本試題不必修改，但教師宜針對試題分析結果所顯示的意義，尋求補救措施或再加強教學。

■ 表 9-12　修改前的國文科試題範例

國文科試題：「山不在高，有仙則名，水不在深，有龍則靈。」
　　　　　　這段話旨在強調什麼的重要性？
　　　　　　(1) 品德才幹
　　　　　　(2) 住屋鄰居
　　　　　　(3) 居家環境
　　　　　　(4) 地理風水

組　別	選　　項					鑑別度	難度
	1*	2	3	4	未答	D	P
高分組	.90	.0	.10	.0	.0	.40	.70
低分組	.50	.0	.50	.10	.0		

註：* 表示正確選項或答案。

　　上題的難度指標（$P = .70$）及鑑別度指標（$D = .40$）均屬適當，故評鑑結果為「保留」。但是從選項的誘答力分析可知，第二和第四個選項對高或低分組學生而言都不具有誘答力，因此，本題雖為「選擇題」，但卻因為喪失選項誘答作用而淪為「是非題」，造成低分組學生以隨機猜題方式作答。所以，儘管本試題被評鑑為「保留」，本試題仍然應該針對第二和第四個選項進行局部修改，以增進不正確選項的誘答力，發揮選擇題「多選一」的鑑別功能。例如可將第二和第四個選項改成「怡情養性」與「安居樂業」，或其他與題幹原意有所關聯、但不是正確答案的選項。

■ 表 9-13　修改前的公民科試題範例

公民科試題：在目前講求男女平等的時代中，所謂「夫婦有別」指的
是？
(1) 女性一定要主內，男性一定要主外
(2) 女性表現要溫柔，男性表現要堅強
(3) 男性比女性地位崇高，所以女性要順從男性
(4) 男女的生理結構不同，應該互相幫忙、尊重

組　別	選　項					鑑別度	難度
	1	2	3	4*	未答	D	P
高分組	.10	.0	.0	.90	.0	.00	.90
低分組	.10	.0	.0	.90	.0		

註：* 表示正確選項或答案。

　　上題的難度指標偏高（$P = .90$），且鑑別度指標為零（$D = .00$），
故評鑑結果為「刪除」。從選項的誘答力分析可知，第二和第三個選項對
高或低分組學生而言都不具有誘答力，並且高、低分組學生的作答組型都
一致，顯示本試題相當簡單且沒有鑑別力，在效標參照測驗中常被使用作
為基本試題。因此，本題雖為「選擇題」，卻因喪失選項誘答作用而淪為
「是非題」。應該針對所有的不正確選項進行修改，使其涵義與正確選項
較為一致，以增進不正確選項的誘答力，發揮選擇題「多選一」的鑑別功
能。此外，本試題若用作效標參照測驗使用，則可以不必刪除，只要修改
就可以；若是用作常模參照測驗使用，則最好是刪除，因為它幾乎不具有
鑑別力，而且試題又過度簡單，試題品質極為不良。

■ 表 9-14　修改前的理化科試題範例

理化科試題：有兩個燈泡，A 燈泡標示 110V、40W，B 燈泡標示 110V、60W，
當把兩個燈泡串聯後接上 110V 電源，則何者較亮？
(1) A
(2) B
(3) 一樣亮
(4) 無法比較

組　別	選　　　　項					鑑別度	難度
	1*	2	3	4	未答	D	P
高分組	.50	.20	.30	.0	.0	.30	.35
低分組	.20	.60	.20	.0	.0		

註：* 表示正確選項或答案。

　　上題的難度指標偏低（$P = .35$），鑑別度指標尚可（$D = .30$），故評鑑結果為「修改」。從選項的誘答力分析可知，第四個選項是不具有誘答力的，應該予以修改。第三個選項對高分組學生而言，比對低分組學生還具有誘答力，顯示本試題中對「串聯」一詞的概念，無論高或低分組學生都有很多人是搞不清楚的。因此，經過試題分析後，教師宜把握關鍵概念，再度釐清此一概念與「並聯」之間的差別，以澄清學生的學習困難或障礙。至於第四個不具有誘答力的錯誤選項，其措辭若改為「視情況而定」，則可提高一些誘答作用。

信度

　　信度是測驗的兩大特徵之一，一份優良的測驗（不論是教育測驗或心理測驗）莫不具有較高的信度值。因此，為了使教師自編成就測驗也具有優良教育測驗的特徵，成為一份公正、客觀且優良的教學評量工具，信度的分析是必要的步驟。也唯有經過如此的測驗分析，教師才能知道自編成就測驗是否具有使用價值。

第一節　信度的理論

　　信度的理論基礎，源自古典測驗理論的學說，即是以真實分數模式為主，除了有七個基本假設外，並延伸推論出十八種結論，成為整個理論學說的核心。茲分別討論說明如下，以作為研究信度的學理基礎。

壹　真實分數模式的假設

　　根據古典測驗理論對測驗分數所持的假設，即認為每個人在測驗上的實得分數（observed score）是由兩個部分所構成：一為「真實分數」（true score），另一為「誤差分數」（error score）。它們之間的關係，可以使用下列數學公式來表示：

$$\chi = t + e \qquad\qquad （公式 10\text{-}1）$$

　　其中，χ 為實得分數，t 為真實分數，e 為誤差分數。實得分數即是指學生在某份測驗上作答結果的實際得分，這種得分也稱作測量分數（measured score）或觀察值（observed value），它是一種可以直接測量到、觀察到或數量化的變項分數。然而，測驗所真正關心的對象，是學生在作答時的真正能力或潛在特質部分（即真實分數部分），但是，該部分卻是一種無法直接觀察到、測量到的潛在變項（latent variable）成分，需要使用數學模式來估計或推理才能得知。另外，單獨由一份測驗所測得的學生得分，往往因為該測驗的編製並非絕對完美，而多少含有局部測量誤差或該測驗所無法測得的部分存在，因此使得實得分數並非完全代表學生真正的作答能力或潛在特質部分。所以，測驗所無法真正測得的部分就統稱為誤差分數，它與真實分數合併構成所謂的實得分數。

　　根據這個真實分數模式的基本假設，及其推論而得的十八種結論，我們可以得知：真實分數代表測量結果中真實不變的部分，由於它是一種觀察不到的潛在特質，因此無法直接測量到，而需要仰賴由實得分數來加以推估；亦即，真實分數是指由同一批學生在標準測驗情境下，接受同一批測驗（或複本測驗）多次（理論上是無窮多次）所得測驗分數的平均數估計而得。而單獨一次測量結果，由實得分數中扣掉真實分數後，所剩下的部分即為誤差分數。誤差分數是指測量誤差，由於它是隨機產生的，因此，經過多次測量後的平均誤差，會因為正值與負值誤差的相互抵消而變成零。

　　一般來說，測量誤差的種類，大致可以分成兩類：系統誤差（systematic error）和非系統誤差（unsystematic error）。非系統誤差是以隨機、沒有規則和不可預測的方式，在不同情境中，隨時影響不同學生的測驗得分。它的主要來源包括學生的身心狀況（如：動機、情緒、態度、意願等）、施測情境（如：噪音、溫度、照明等）和測驗試題（如：試題編擬、抽樣、計分與解釋）等因素，都會影響學生在教師自編成就測驗上的表現；由這些非系統因素所造成的測量誤差，即稱為「隨機誤差」（random error）。而系統誤差的來源，主要有學生的學習、訓練、遺忘與生長等，它是指一種以固定、一致的方式影響測驗分數高低的測量誤差，其在不同情境中，對不同學生的影響都是一致的。由這種系統因素所造成的測量誤差，

即稱為「偏誤」（biased error）。

真實分數與誤差分數兩者，構成全部的實得分數。古典測驗理論假設這兩部分之間是沒有任何關聯存在的，亦即，這兩部分是呈現消長的關係，若其中一部分增加，則另一部分就會減少；反之亦然。因此，在一份優良測驗所測得的實得分數中，教師們莫不希望測量誤差愈小愈好，如此，他們所真正要測量的特質部分——真實分數，才能由實得分數顯示出來。換句話說，誤差分數若愈小，則真實分數便愈大，實得分數便愈接近真實分數，則該測驗分數的精確性或可靠性便愈大，此時，所測量到的結果便愈值得信賴。

信度的數學定義

從古典測驗理論的基本假設可知，若將公式 10-1 的等號兩端各求其變異數，則學生的實得分數之變異數，將等於其真實分數的變異數和誤差分數的變異數之和。這種數學關係，可以公式表示其推理過程如下：

$S_x^2 = S_{t+e}^2$　　　　　　　　　（將公式 10-1 的等號兩端各取變異數）

$S_x^2 = S_t^2 + S_e^2 + 2S_{te}$　　　　（等號兩端各取變異數後之結果）

$\because \rho_{te} = 0$　　　　　　　　　（根據古典測驗理論的基本假設之一）

$\therefore \rho_{te} = \dfrac{S_{te}}{S_t S_e} = 0 \Rightarrow S_{te} = 0$（根據假設推理得知共變數亦為零）

$\therefore S_x^2 = S_t^2 + S_e^2$　　　　　　　　　　　　　　　（公式 10-2）

其中，S_x^2 為實得分數的變異數，S_t^2 為真實分數的變異數，而 S_e^2 則為誤差分數的變異數。

緊接著，若將公式 10-2 的等號兩邊，各除以實得分數的變異數，即可分別獲得真實分數與誤差分數的變異數占實得分數變異數的百分比值。其結果可以表示如下：

$$\frac{S_x^2}{S_x^2} = \frac{S_t^2}{S_x^2} + \frac{S_e^2}{S_x^2}$$　　　　　　　　　　（公式 10-3）

　　依據古典測驗理論的說法，信度即被定義為真實分數的變異數占實得分數的變異數之百分比值。亦即，在實得分數的變異數中，真實分數的變異數所占的比率，即是所謂的「信度係數」（reliability coefficient）。信度係數可以下列公式來表示：

$$r_{xx'} = r_{xt}^2 = \frac{S_t^2}{S_x^2}$$　　　　　　　　　　（公式 10-4）

或

$$r_{xx'} = \frac{S_x^2}{S_x^2} - \frac{S_e^2}{S_x^2} = 1 - \frac{S_e^2}{S_x^2}$$　　　　　　　　　　（公式 10-5）

　　由上述公式所使用的符號 $r_{xx'}$ 可知，它是指兩份複本測驗之間的相關係數；它也可以表示成 r_{xt}^2，意指以真實分數預測實得分數的決定係數（即相關係數的平方）。反之，誤差分數的變異數占實得分數的變異數之百分比值，即為測量誤差的部分：

$$\frac{S_e^2}{S_x^2} = 1 - r_{xx'}$$　　　　　　　　　　（公式 10-6）

由此可知，公式 10-3 可以表示成：

$$1 = （信度）+（誤差）$$　　　　　　　　　　（公式 10-7）

　　這個公式便是最基本的測量模式（measurement model）概念，我們將於後文再使用到它。

　　由上述定義可知，信度的涵義即是指經由多次複本測驗測量所得結果間的一致性或穩定性（stability）（Anastasi, 1988），或估計測量誤差有多少，以反映出真實量數程度的一種指標（Gulliksen, 1987）。當測驗分數中測量誤差所占的比率降低時，則真實特質部分所占的比率就相對提高，如此，信度係數值就提高；而當測量誤差所占的比率增加時，則真實特質部分所占的比率便相對降低，於是，信度係數值便降低。當測驗完全沒有信度時（即以 0 表示），測驗分數中所測量到的成分都是誤差分數；而當測驗具有完全信度時（即以 1 表示），則測驗分數所反映者，正是所要測量的真實特質全部。但是，這兩種極端情況，在一般的施測情境下通常是不會出現的。在一般的施測情況下，常見的信度係數值多半介於 0 到 1 之間，並且是愈接近於 1，表示信度係數值愈大，而愈接近於 0，表示信度係數值愈小。一般而言，一份優良的教育測驗至少應該具有 .80 以上的信度係數值，才比較具有使用的價值（Carmines & Zeller, 1979）。

第二節　常模參照測驗的信度分析

　　根據定義，信度的定義固然是指真實分數的變異數占實得分數之變異數的百分比值，但是由於真實分數是未知的，它必須由實得分數中去推估才能得知，因此，信度係數值的大小，也必須透過估計的程序才能得知。由於解釋測驗分數的參照對象不同，本節先行討論常模參照測驗下的信度分析方法，下一節再討論效標參照測驗下的信度分析方法。

壹　信度的種類及其估計方法

　　估計信度的方法有許多種，每一種都在說明測量誤差的不同來源。但是，它們都有個共同的意義，那就是：信度愈高，即表示誤差愈小；反之，信度愈低，即表示誤差愈大。

　　一般說來，在常模參照測驗下，最常被學者專家們採用及討論的信度

估計方法共可分成四類，分別是：(1)再測方法（test-retest method）；(2)複本方法（parallel-forms method）；(3)內部一致性方法（internal-consistency method）；(4)評分者方法（scorer method）（Carmines & Zeller, 1979; Dick & Hagerty, 1971; Feldt & Brennan, 1989; Gronlund, 1993; Kaplan & Saccuzzo, 1993）。茲扼要說明這些估計方法的意義與用途如下。

一、再測信度

所謂再測方法，即是指以同一份測驗於不同時間對同一批學生前後重複測量兩次，並根據這兩次測驗得分的結果，求出兩次得分之間的相關係數〔通常都是以皮爾森積差相關（Pearson product-moment correlation）來表示〕，該係數即稱作「再測信度係數」（test-retest reliability coefficient），或簡稱「再測信度」。

再測信度有個基本假設，那就是假設某測驗所要測量的潛在特質，於短期間內不會隨著時間的消逝而改變。因此，再測信度的用途，即在估計測驗結果經過一段期間後是否仍然維持穩定、一致的特性，故又稱作「穩定係數」（coefficient of stability）。它的測量誤差來源，主要是來自不同時間下測量所造成的誤差。

然而，人類有些潛在特質是會隨著時間而改變的，因此，再測信度的高低與兩次測量時間的間隔長短有密切關係。一般而言，時間間隔愈長，可能由於學生的身心成長變化、遺忘，或施測情境改變等因素，而使信度降低；反之，時間間隔愈短，則可能由於學生的練習與記憶、或施測情境不變等因素，而使信度提高。究竟這兩次測量間的時間間隔應該要多久才算恰當？一般說來，在大多數的情況下，以間隔一至兩週的時間最為恰當。不過，還得參考其他條件來決定，如：測驗結果的用途、測驗種類、學生的年齡等因素，並沒有一個固定不變的決定標準。在教育上，由於動作技能方面的潛在特質，比較不容易於短期間內隨時間改變，這類測驗比較不受再測的影響，所以比較適合使用再測信度；另一方面，由於認知和情意方面的潛在特質很容易於短期間內隨時間改變，這兩類的測驗受到再測的

影響很大，所以，使用再測信度便比較不適合。

二、複本信度

所謂的複本測驗或平行測驗（alternate forms, equivalent forms 或 parallel forms test），是指兩份在試題格式、題數、難度、指導語說明、施測時限與例題舉隅等方面都相當，並且都用來測量相同潛在特質或能力，但試題內容卻不相同的測驗。這種測驗通常是根據雙向細目表，於同一時間內分別獨立編製而成。因此，我們可以將複本測驗中的試題，看成是從試題母群體（如：題庫）中抽樣而得的樣本試題，所以同一份測驗可以有好幾份複本。

將兩份複本測驗拿給同一批學生施測，再依據施測後所得的兩個測驗分數，求其相關係數，此相關係數即稱作「複本信度係數」（parallel-forms reliability coefficient），或簡稱「複本信度」。複本信度愈高，即表示兩份測驗所測量到相同潛在特質或能力的程度愈高，所使用的樣本試題愈具有所要測量內容範圍的代表性。複本信度的測量誤差來源，主要是來自試題抽樣所產生的誤差。

實施兩份複本測驗，有兩種方式：一種是在同一個時間內連續施測，另一種則是間隔一段時間再行施測。前者所得到的複本信度，主要可以反映出測驗內容因為抽樣決定代表性試題所造成的誤差有多少（即試題的抽樣誤差），但無法反映出學生本身狀況在施測期間因為產生變化所造成的誤差（即時間的抽樣誤差），這種複本信度又稱為「等值係數」（coefficient of equivalence）；而由後者所得到的複本信度，不僅反映出測驗內容的抽樣誤差，並且也反映出學生本身狀況改變的時間抽樣誤差，這種同時兼顧試題抽樣與時間抽樣誤差的信度，即稱作「穩定且等值係數」（coefficient of stability and equivalence）。由於它是使用複本測驗的再測方法（test-retest method with equivalent forms），因此是估計測驗信度最嚴謹的良好方法之一（Gronlund, 1993）。

三、內部一致性信度

　　上述兩種信度的估計方法，都有一個共同的限制，那就是必須進行兩次施測或使用兩份測驗。這不僅增加測驗編製的負擔，更容易造成學生的合作意願低落、動機減低、疲勞增加和不勝厭煩等現象，而直接或間接影響到施測的結果。因此，為簡化這種施測方式，且又能兼顧正確估計信度，於是有測驗學者提出只根據一次測驗結果就來估計信度的作法，這種方法所計算出來的信度係數，即稱作「內部一致性信度係數」（internal consistency reliability coefficient），或簡稱「內部一致性信度」。屬於這類信度的估計方法有許多種，在此僅介紹最常用的三種：(1)折半方法（split-half method）；(2)K-R方法（Kuder-Richardson method）；(3) α 係數（coefficient alpha）。

（一）折半方法

　　所謂折半方法，即是利用單獨一次測驗結果，以隨機方式將其分成兩半，再求出這兩半測驗結果之間的相關係數，這種相關係數即稱為「折半相關」（split-half correlation）。在理論上，折半相關和同時間連續施測所得的複本信度是一樣的，無法反映出學生個人因測驗時間不同而產生的改變，只不過它僅憑一次測驗結果來求出兩半測驗分數之間的相關而已，所以，這種折半相關又稱為「折半信度係數」（split-half reliability coefficient）或簡稱「折半信度」。通常，折半信度愈高，表示兩半測驗的內容愈一致或愈相等，亦即，測驗內容的抽樣愈適當。而折半信度的測量誤差，主要是來自因隨機抽樣試題以決定測驗內容時所造成的抽樣誤差。

　　估計折半信度的方法不是很難，比較困難的是如何將測驗分成相等的兩半？分成兩半的方法有很多，其中，最常用的有兩種：一種是以隨機方式將試題分為兩半，另一種是以奇偶對半方法將試題分為兩半。至於哪一種方法較好，至今尚無一個標準的參考原則。不過，當試題依據難度高低順序排列時，採用奇偶對半方法將可使兩半測驗的試題在難度上維持相等，經積差相關法的計算，即可求得學生在這兩半測驗分數之間的相關係數。

由於這種方法比較簡便易行，因此廣受測驗專家們的普遍使用。

　　然而，折半信度其實只是使用半份測驗的信度而已，它會低估原來試題長度的測驗信度。因此，為了能夠估計原有試題長度測驗的信度，我們必須使用由 Spearman（1910）和 Brown（1910）兩位學者所提出的斯布校正公式（Spearman-Brown formula），將折半信度加以還原估計。斯布校正公式可以表示如下：

$$r_{xx'} = \frac{g \cdot r_h}{1 + (g - 1)r_h}$$ （公式 10-8）

　　其中，$r_{xx'}$ 為完整測驗的估計信度，r_h 為折半信度，g 為原本半份測驗擬予增加或縮短題數的倍數。

　　上述公式只是個通式，亦即，斯布校正公式原本是用來校正估計測驗試題加長或縮短時，對信度大小所產生影響之用。例如，將一個原本有 20 道試題的測驗增加至 40 題，其 g 即等於 2；如果減少至 10 題，則 g 便等於 0.5。因為折半信度僅是計算一半測驗長度的相關係數而已，若要估計整份測驗試題原本該有的信度係數，則測驗長度要加倍，亦即上述公式中的 g 值等於 2。所以，公式 10-8 可以簡化成：

$$r_{xx'} = \frac{2r_h}{1 + r_h}$$ （公式 10-9）

　　但是，斯布校正公式有個基本假設，那就是兩半測驗的變異數必須相等（即變異數同質性假設必須被滿足）。若違反這個假設，就會導致高估測驗的信度（Cronbach, 1951），其所估計出來的信度係數值將會比其他內部一致性方法所估計出的信度係數值還高。因此，為了避免這種嚴謹的假設無法在現實測驗情境中被滿足，於是有佛氏（Flanagan, 1937）另外提出一種校正公式，此公式不需要兩半測驗必須符合變異數同質性的假設：

$$r_{xx'} = 2\left(1 - \frac{S_o^2 + S_e^2}{S_x^2}\right)$$ （公式 10-10）

其中，$r_{xx'}$ 為完整測驗的估計信度，S_o^2 為奇數題分數的變異數，S_e^2 為偶數題分數的變異數，S_x^2 為測驗總分的變異數。

當兩半測驗的變異數一致時（即 $S_o^2 = S_e^2$），公式 10-9 和公式 10-10 所估計出的信度係數將完全相同；而當兩半測驗的變異數不一致時，公式 10-10 所得的信度係數會比公式 10-9 所得的信度係數較低（Hopkins et al., 1998）。

另一種用來估計折半信度的方法，則為盧氏（Rulon, 1939）所創的校正公式，它是修正公式 10-10 而來，但算法卻較為簡便。其公式可以表示如下：

$$r_{xx'} = 1 - \frac{S_d^2}{S_x^2}　\text{（公式 10-11）}$$

其中，$r_{xx'}$ 為完整測驗的估計信度，S_d^2 為兩半測驗分數之差的變異數，S_x^2 為測驗總分的變異數。

上述三種校正折半信度的算法，其計算公式的意義均符合上述信度理論的說明，亦即，都是在計算真實分數變異數占實得分數變異數之比率。若以實際資料來計算時，它們的結果也會相同。

（二）K-R 方法

另一種用來估計內部一致性信度係數的方法，特別適用於二元化計分（dichotomously scoring）資料下的試題者，為庫－李（Kuder & Richardson, 1937）兩位學者所創的「K-R 方法」。K-R 方法主要是依據學生對所有試題的作答反應，分析其試題之間的一致性（inter-item consistency），以確定測驗中的試題是否都測量到相同特質的一種信度估計方法。因此，K-R 方法對於所要分析的測驗試題有幾個基本假設：(1)試題的計分是使用「對或錯」的二元化計分方式；(2)試題不受作答速度的影響；(3)試題都是同質的，亦即都測量到一個相同的因素。符合這些假設所估計出來的信度，將和折半信度相當接近。

　　K-R 方法的測量誤差，主要是來自測驗內容的抽樣誤差，尤其是受到抽樣內容的同質性（homogeneity）或異質性（heterogeneity）程度的影響很大。一般而言，當測驗中的每個試題都測量到相同能力或潛在特質時（即為內容同質性高的測驗），即表示試題的測量功能間一致性愈高，信度將會愈大；反之，當測驗中所有試題都測量到兩種以上的能力或潛在特質時（即為內容異質性高的測驗），即表示試題的測量功能間愈不一致，信度將會愈小（Anastasi, 1988）。

　　應用 K-R 方法來估計測驗的信度，最常用的有兩種主要公式，即編號 20（KR_{20}）和編號 21（KR_{21}）的公式。其公式分別說明如下：

$$KR_{20} = \frac{n}{n-1}\left(1 - \frac{\sum\limits_{i=1}^{n} p_i q_i}{S_x^2}\right)$$ 　　　　　（公式 10-12）

　　其中，KR_{20} 為測驗的信度，n 為測驗的題數，p_i 為每一試題的答對率，q_i 為每一試題的答錯率，並且 $q_i = 1-p_i$，而 $\sum\limits_{i=1}^{n} p_i q_i$ 為個別試題的變異數之總和，S_x^2 為測驗總分的變異數。

　　根據 KR_{20} 公式的定義可知，$\sum\limits_{i=1}^{n} p_i q_i$ 即代表個別試題的變異數總和，因此，我們可以做成下列的推估：

1. 當 $S_x^2 = \sum\limits_{i=1}^{n} p_i q_i$ 時（即測驗總分的變異數等於個別試題的變異數總和），公式 10-12 便等於 0，此即表示若要獲得一個非零的信度估計值，則個別試題的變異數總和必須小於測驗總分的變異數，而這種情況唯有在大多數試題都測量到相同能力或潛在特質時，才會發生。

2. 當 $S_x^2 > \sum\limits_{i=1}^{n} p_i q_i$ 時，此即表示試題間具有共變數存在，而共變數只有在試題之間具有相互關聯時才會發生，因此，共變數愈大，即表示 $\sum\limits_{i=1}^{n} p_i q_i$ 項的值愈小，試題都能測量到共同的能力或潛在特質，所以，測驗信度的估計值愈大。

3. 當 $\sum\limits_{i=1}^{n} p_i q_i = 0$ 時，公式 10-12 便等於 1，此即表示所有的試題均完全測量到共同的能力或潛在特質，完全沒有測量誤差存在。

公式 10-12 右邊的 $\frac{n}{n-1}$，是一個校正題數多寡的校正項，對於測驗長度較長（即試題數目較多）者的信度估計校正較小，而對測驗長度較短（即試題數目較少）者的信度估計校正較大。本書所附的 Tester for Windows 程式，即是提供計算 KR_{20} 信度係數的功能。

由於使用 KR_{20} 公式時，需要計算 $\sum\limits_{i=1}^{n} p_i q_i$ 項，以確定全部試題的變異數總和。當試題數目很大時，計算將會很費時費事，因此，當教師自編成就測驗中各個試題的難度值均相當或平均難度值傾向難易適中時（亦即 $P\sim$ .50），此時，各個試題的變異數將趨近相等，我們便可以使用另一個較為簡化的公式，即 KR_{21} 公式，來取代原本計算較為繁瑣的 KR_{20} 公式。KR_{21} 的公式可以表示如下：

$$KR_{21} = \frac{n}{n-1}\left[1 - \frac{\overline{X}(n-\overline{X})}{nS_x^2} \right]$$ （公式 10-13）

其中，KR_{21} 為測驗的信度，n 為測驗的題數，$\overline{X}$ 為測驗分數的平均數，S_x^2 為測驗總分的變異數。

當測驗中所有試題難度指標都一樣，或平均難度接近 .50 時，根據 KR_{20} 公式或 KR_{21} 公式所估計出來的信度係數值都將會相等。但是，當測驗中所有試題難度指標值極不相同時，由這兩個公式所估計出來的信度係數值將會差距頗大；通常，KR_{21} 公式所估計出的信度係數值會比 KR_{20} 公式所估計出的信度係數值較小（Cronbach, 1990）。

（三）α 係數

上述 K-R 信度係數僅適用於「對或錯」等二元化計分的測驗資料上，對於不是使用二元化計分的測驗資料，則無法適用。但在教育測驗中，尚有許多測驗的計分是屬於多元化計分的方式，尤其是測驗學者常用「李克

特氏五點評定量尺」（Likert's five-point rating scale）來評量屬於情意方面的潛在特質或能力，亦即該等評量工具常使用選答「總是如此」者給 5 分、選答「經常如此」者 4 分、選答「偶爾如此」者 3 分、選答「很少如此」者 2 分、選答「從不如此」者 1 分的方式來進行計分，因此上述 K-R 信度係數的估計公式便無法適用；此時，唯有使用 Cronbach（1951）所發明的 α 係數才行。α 係數的計算公式，可以表示如下：

$$\alpha = \frac{n}{n-1}\left(1 - \frac{\sum\limits_{i=1}^{n} S_i^2}{S_x^2}\right)$$ （公式 10-14）

其中，α 為測驗的信度係數，n 為測驗的題數，S_i^2 為每一試題得分的變異數，S_x^2 為測驗總分的變異數。

其實，α 係數公式是由 KR_{20} 公式發展而來的，它只是將 KR_{20} 公式中的 $p_i q_i$ 值（即個別試題的變異數）改成 S_i^2 而已，由於二元化計分只是多元化計分法的一種特例，因此，α 係數可以說是信度係數估計的一個通式（general form）。當測驗試題呈現同質性時，α 係數與 KR_{20} 公式所估計出的信度係數，將接近於折半方法所估計出的信度係數；但是，當試題呈現異質性時，α 係數與 KR_{20} 公式所估計出的信度係數，就會低於折半方法所估計出的信度係數。因此，α 係數和 KR_{20} 公式時常被稱為信度係數估計的下限值（lower bound）（Novick & Lewis, 1967）。事實上，這兩種信度係數值等於所有可能的折半方法所估計出信度係數值的平均數（Hopkins et al., 1998; Kaplan & Saccuzzo, 1993）。α 係數的測量誤差和 K-R 方法的測量誤差一樣，主要是來自測驗內容的抽樣誤差，尤其是抽樣內容的異質性誤差。

上述斯布校正公式的使用，必須假設兩半測驗的變異數是相等的才行。但是，當這兩半測驗的變異數不相等時，除了可以使用佛氏校正公式來取代外，也可以使用 α 係數來取代。此時，α 係數的計算公式為：

$$\alpha = \frac{2\left[S_x^2 - (S_o^2 + S_e^2)\right]}{S_x^2}$$ （公式 10-15）

其實，上述的 α 係數公式與佛氏公式是一樣的，但是，它可以不受兩半測驗的變異數必須是相等的假設限制。當兩半測驗的變異數相等時，使用斯布校正公式和使用 α 係數公式都會得到一個相同的結果。但是，在其他特殊情境下，這兩種估計程序卻都會低估真正的信度係數值，對此問題感興趣的讀者可以參見 Allen 和 Yen（2001）一書的說明。

由於 α 係數和 KR_{20} 係數都是所有信度係數估計值的下限，所以，當 α 係數和 KR_{20} 係數值頗高時，即表示真正的信度係數值比它還高；相反地，當 α 係數和 KR_{20} 係數值較低時，則無法提供有關該測驗任何有意義的訊息，此時，我們便無法判斷該測驗是否仍然可靠。

四、評分者信度

上述所討論的信度係數估計方法，都是適用於客觀測驗的評分方式，它不會受到評分者主觀判斷的影響。但是，當教師自編成就測驗是屬於主觀測驗（如：論文題）時，或者是教學評量採用觀察法、判斷法或評定量表法時，評分結果難免受到評分者的主觀判斷與意見的影響，而導致有評分者誤差的存在。此時，採用評分者信度以估計數名評分者之間評分結果的一致性，以供測驗使用者參考，才是一種比較公平、正確的作法。

比較常用的評分者信度有下列兩類：(1)評分者間（inter-rater）的評分者信度，如：等級相關係數與和諧係數；(2)評分者內（intra-rater）的評分者信度，如：同質性信度係數。它們都是用來表示評分結果是否為一致的指標。茲分別敘述如下。

（一）評分者間的評分者信度：等級相關係數與和諧係數

當使用主觀測驗時，教師可從測驗中抽取一些樣本試題，再單獨由兩名（或多名）評分者針對每一試題加以評分，然後根據所評定的結果分數來求相關係數，此相關係數即為「評分者信度係數」（scorer reliability co-efficient）。評分者間信度係數愈高，即表示評分者之間的評分結果愈一致；反之，若評分者間信度係數愈低，則表示評分者之間的評分結果愈不

一致，其中所包含的評分者誤差愈大。

　　當評分者只有兩名時，評分者間信度係數可以使用 Spearman 的等級相關係數（rank correlation coefficient）來計算如下：

$$\rho = 1 - \frac{6\Sigma d^2}{N(N^2 - 1)}$$ 　　　　　（公式 10-16）

　　其中，ρ 為評分者間信度係數，d 為評定等第之差，N 為被評定者的人數。如果評分者不是以等第評分，而是以連續性的分數評分時，則可以改採通用的皮爾森積差相關法來求評分者間信度係數。

　　若評分者不只兩名時，則宜改採 Kendall（1970）的和諧係數（coefficient of concordance）來求其評分者間信度係數。其公式可以表示如下：

$$W = \frac{\Sigma R_i^2 - \frac{(\Sigma R_i)^2}{N}}{\frac{1}{12}k^2(N^3 - N)}$$ 　　　　　（公式 10-17）

　　其中，W 為和諧係數，R_i 為每位被評定者之評定等第的總和分數，k 為評分者人數，N 為被評定者人數。

　　茲舉表 10-1 的資料，說明評分者間的信度係數之計算過程如下。

　　由表 10-1 上半部資料分析可知，這兩名評分者（即 X 和 Y）對十名學生作品的評分結果，原本是使用百分制分數來評定，經轉換成等第分數後，我們便可利用 Spearman 的等級相關係數來計算該筆資料的評分者間信度係數，在此即為 .78，表示這兩名評分者對該批學生作品的評定結果相當一致。而由表 10-1 下半部資料分析可知，當評分者超過三名（含）以上時，我們僅能以 Kendall 的和諧係數來計算這些評分者間的信度係數，由這八名評分者對十名學生作品的評分結果，以等第分數評定後，計算出其評分者間信度係數為 .80，表示這八名評分者對該批學生作品的評定結果亦是相當一致。

■ 表 10-1　等級相關係數與和諧係數的計算過程

(一) 兩位評分者時							
學生	評分結果		等第分數				(1)等級相關係數
作品	X	Y	X	Y	d	d^2	
甲	90	85	2	3	-1	1	$\rho = 1 - \dfrac{6\Sigma d^2}{N(N^2-1)}$
乙	60	50	7	9	-2	4	
丙	80	95	4	1	3	9	$= 1 - \dfrac{6(36)}{10(10^2-1)}$
丁	65	80	6	4	2	4	
戊	50	70	9	6	3	9	$= .78$
己	95	90	1	2	-1	1	
庚	55	55	8	8	0	0	
辛	85	75	3	5	-2	4	
壬	30	30	10	10	0	0	
癸	75	60	5	7	-2	4	
			$N = 10$		$\Sigma d^2 = 36$		

(二) 三位（含）以上評分者時											
評分者	學生作品（$N = 10$）										(2)和諧係數
（$k = 8$）	甲	乙	丙	丁	戊	己	庚	辛	壬	癸	
A	3	9	8	1	6	2	10	4	5	7	$W = \dfrac{\Sigma R_i^2 - \dfrac{(\Sigma R_i)^2}{N}}{\dfrac{1}{12}k^2(N^3-N)}$
B	7	9	6	2	4	3	10	1	8	5	
C	3	10	7	1	6	4	9	2	5	8	
D	4	9	10	1	5	3	7	2	6	8	
E	5	9	7	2	4	3	6	1	8	10	
F	5	6	7	2	4	1	8	3	9	10	$= \dfrac{23560 - \dfrac{(440)^2}{10}}{\dfrac{1}{12}(8)^2(10^3-10)}$
G	4	10	5	1	6	2	7	3	8	9	
H	3	10	5	1	9	4	8	2	7	6	
R_i	34	72	55	11	44	22	65	18	56	63	$= .80$
$\Sigma R_i = 34 + \cdots + 63 = 440$											
$\Sigma R_i^2 = 34^2 + \cdots + 63^2 = 23560$											

（二）評分者內的評分者信度：同質性信度係數

　　另一種適用於次序性評定量尺（ordinal rating scale）資料（如：李克氏五點評定量尺）的評分者內信度係數估計方法，為 Aiken（1980, 1985）所創，稱為「同質性信度係數」（coefficient of homogeneity）。其公式可以表示如下：

$$S_{.j} = \sum_{i=1}^{k-1} \sum_{i=i'+1}^{k} |r_{ij} - r_{i'j}| \qquad i = 1, ..., k \qquad （公式 10-18）$$

$$H_j = 1 - \frac{4S_{.j}}{(c-1)(k^2-m)} \qquad j = 1, ..., N \qquad （公式 10-19）$$

　　其中，r_{ij} 為評分者 i 在被評定者 j 上之評定等第分數；k 為評分者人數；m 為虛擬變項，當 k 為偶數時，其值為 0，當 k 為奇數時，其值為 1；c 為評定等第數目（如：使用五點量尺時，c 即為 5）；N 為被評者人數；H_j 為第 j 個被評者的同質性信度係數。

　　公式 10-18 所使用的同質性信度係數有兩種用途，一為適用於評分者內，另一為適用於被評定者內。當它適用於被評定者內（如公式 10-18 所示）時，即表示該被評定者被 k 名評分者評定結果為一致的程度；若適用於評分者內時，則公式 10-18 中的 k 應被 N 取代，即表示某名評分者評定 N 位被評定者結果為一致的程度。因此，每位被評定者都有其各別的同質性信度係數，評分者亦然。若想得知全部被評定者被評為一致的程度時，則可以將公式 10-19 的各別同質性信度係數加總起來，再除以其總個數 N，以平均數來表示，並作為解釋整份測驗評分者內信度係數的依據。有關這方面的詳細討論和應用，有興趣的讀者可以參考筆者的兩篇論文（余民寧，1993a，1993b）：

$$\overline{H} = \frac{\sum_{j=1}^{N} H_j}{N} \qquad （公式 10-20）$$

茲以表 10-2 的資料為例，說明這五名學生的美術作品各別被評定為一致的同質性信度係數，以及全部作品被評定為一致的同質性信度係數之計算過程。

■ 表 10-2　同質性信度係數的計算過程

評分者	學生作品				
	甲	乙	丙	丁	戊
A	4	1	3	5	2
B	4	2	3	5	1
C	5	1	3	4	2
$S_{.j}$	2	2	0	2	2

$$S_{.1} = |4 - 4| + |4 - 5| + |4 - 5| = 2$$
$$S_{.2} = |1 - 2| + |1 - 1| + |2 - 1| = 2$$
$$S_{.3} = |3 - 3| + |3 - 3| + |3 - 3| = 0$$
$$S_{.4} = |5 - 5| + |5 - 4| + |5 - 4| = 2$$
$$S_{.5} = |2 - 1| + |2 - 2| + |1 - 2| = 2$$
$$H_1 = 1 - \frac{4(2)}{(5-1)(9-1)} = .75$$
$$H_2 = H_4 = H_5 = H_1 = .75$$
$$H_3 = 1 - \frac{4(0)}{(5-1)(9-1)} = 1.0$$
$$\overline{H} = \frac{(.75) + (.75) + 1.0 + (.75) + (.75)}{5} = .80$$

由表 10-2 資料分析可知，這五名學生作品的評分者內信度係數分別為 .75、.75、1.0、.75 和 .75，表示每件作品被不同評分者評定的結果相當一致，而整體作品被評定為一致的程度亦相當高，其評分者內信度係數為 .80。

貳　各種信度的測量誤差

綜合上述說明，不同種類的信度係數都是在說明不同測量誤差的來源。能夠確認這些誤差來源，並且設法降低它們或避免它們的產生，都可以提

高測驗的信度係數。表 10-3 所示，即為歸納前述各種信度係數的誤差來源摘要表。

■ 表 10-3 各種信度係數及其誤差來源摘要表

信度類型	信度的涵義	主要的誤差來源
1. 再測信度	同一份測驗的兩次測量結果之間的相關係數	時間抽樣
2. 複本信度	兩份複本測驗之間的測量結果的相關係數	時間抽樣與內容抽樣
3. 內部一致性信度	同一測驗之測量結果內各試題之間的相關係數	內容抽樣與內容異質
(1)折半信度	測驗試題分成兩半，這兩半之間的相關係數	內容抽樣
(2)KR_{20} 公式與 KR_{21} 公式	試題之間的同質性或反應一致性程度的關聯性指標	內容抽樣與內容異質
(3)α 係數	試題之間的同質性或反應一致性程度的關聯性指標	內容抽樣與內容異質
4. 評分者信度	各評分者間或各評分者內之評分結果的相關係數	評分者誤差

信度係數的定義，是指真實分數的變異數占實得分數的變異數之百分比值。但從迴歸分析的觀點來看，這個定義相當於以真實分數預測實得分數的迴歸方程式之決定係數（coefficient of determination），它的意思即是說：在實得分數的變異數中，有多少百分比的變異數是可以被真實分數的變異數所解釋得到。信度係數（reliability coefficient）的數學符號表示為 $r_{xx'}$ 或 r_{xt}^2，因此，它的平方根為 r_{xt}，特稱作「信度指標」（index of reliability），即用來表示實得分數與真實分數之間的相關係數，以有別於信度係數的涵義。它們之間的數學關係，可以表示如下：

$$r^2_{xt} = r_{xx'} \qquad\qquad （公式 10-21）$$

在使用上，我們應該根據信度係數的大小，作為挑選一份適用的教育測驗之依據，而不是根據信度指標的大小來作為挑選教育測驗的參考，雖然後者的數值比前者的數值較大。並且，在呈現教育測驗分析結果的報告資料時，研究者所陳列報告的數據應該是信度係數值，而不是信度指標值，以免誤導閱讀者的認知。

第三節　效標參照測驗的信度分析

在效標參照測驗中，決定學生的學習是否達到教師預先設定的精熟標準，是一件很重要的事。在這個標準下，多數學生的學習將可以達到某種滿意的精熟水準，因此，學生在測驗上得分的變異數將會變得很小，甚至幾乎等於零。但在這種情況下，上述適用於常模參照測驗的信度係數估計方法，便不再適合用來估計效標參照測驗的信度係數，我們必須尋找新的估計方法才行。

既然，在效標參照測驗中，學生的測驗分數是用來作為決定（或判斷）精熟或非精熟的一項重要依據，因此，「決定」是否正確，遠比分數「估計」是否精確，還要重要。當然，不可否認的，效標參照測驗也重視測驗分數的估計精確性問題，亦即是期望測驗分數的測量誤差是愈小愈好。為了估計決定的正確性，我們可以採用下列方法來分析測驗的信度係數。

壹　百分比一致性指標

百分比一致性（percent agreement, PA）指標，係指分析前後兩次分類決定結果是否為一致的一種統計方法，並以百分比值之和來表示。當分類的決定愈一致時，即表示所採用的分類標準（即效標）很適當，所使用的

效標參照測驗具有較高的信度係數；反之則否。所以，一份具有較高信度係數的效標參照測驗，必須要能夠達到正確、一致地分類出精熟與非精熟者才行。

茲舉例說明這種信度係數分析方法如下。假設針對一百名學生實施國文科成就測驗甲、乙兩個複本測驗，或僅使用同一份測驗，但分成前後兩次（如：學期初和學期末）施測，每次並決定以「答對 80% 的試題數」作為精熟標準，這些學生的測驗結果如圖 10-1 資料所示。其中，有六十人在兩個複本測驗或兩次測驗上均達到精熟；有二十人兩次均未達到精熟；其餘則各在一份測驗上達到精熟，而在另一份測驗上未達到精熟。

測驗甲（或前測）

		精熟	非精熟	
測驗乙 （或後測）	精熟	60 A	5 B	65（A＋B）
	非精熟	15 C	20 D	35（C＋D）
		75 （A＋C）	25 （B＋D）	100 （N）

$$PA = \frac{A}{N} + \frac{D}{N} \qquad\qquad （公式 10-22）$$

$$= \frac{60}{100} + \frac{20}{100} = \frac{80}{100} = .80$$

● 圖 10-1　百分比一致性法的計算例子

由上述例子可見，根據學生在兩份測驗上分類結果均為一致的標準（即在第一份測驗上達到精熟者，也在第二份測驗上達到精熟；而在第一份測驗上未達到精熟者，也在第二份測驗上未達到精熟），求得其分類一致的百分比值之和（即 PA）為 .80，此即表示分類決定的一致性是 80%，亦就是該國文科成就測驗的信度係數為 .80。

貳　κ 係數

另一種用來表示評分者間評分結果的一致性指標，也被視為是一種評分者信度指標者，即為 Cohen 所提出的 κ 係數（Kappa coefficient of agreement）（Cohen, 1960）。κ 係數與上述百分比一致性指標一樣，都是適用於類別變項或名義變項需要做歸類評定時，評分者間歸類或評定為一致的一種統計指標。但是，這些指標的估計精確性，受用來決定精熟標準的分類抉擇點及學生團體的能力分配影響很大。

精確地說，κ 係數是指評分者實際上評定為一致的次數百分比，與評分者在理論上評定為一致的最大可能次數百分比（經校正誤差後）的比率。κ 係數的計算公式可以表示如下：

$$\kappa = \frac{P_A - P_c}{1 - P_c} \qquad （公式 10\text{-}23）$$

其中，P_A 為前述的百分比一致性指標，P_c 為評分者在理論上可能評定為一致的百分比期望值，其計算公式可以表示如下：

$$P_c = \left(\frac{A+B}{N} \times \frac{A+C}{N}\right) + \left(\frac{C+D}{N} \times \frac{B+D}{N}\right) \qquad （公式 10\text{-}24）$$

根據圖 10-1 的資料，我們可以求得：

$$P_c = \left(\frac{65}{100} \times \frac{75}{100}\right) + \left(\frac{35}{100} \times \frac{25}{100}\right) = .58$$

$$\kappa = \frac{.80 - .58}{1 - .58} = .52$$

$P_c = .58$ 的意義是指在這個團體中,被評分者可能評定為一致的百分比期望值,它在整個 κ 係數計算公式中,被當成是一種理論上的校正項,經過校正後,κ 係數才算排除受團體組成份子能力分配的預期影響,而單獨貢獻 52% 的分類一致性。同樣地,κ 係數值愈大,即表示該測驗的信度係數愈高;反之則否。

第四節　影響信度的因素及其補救措施

　　古典測驗理論所使用的統計指標(如:難度、鑑別度、信度、效度等),都有一個共同的缺點,那就是這些指標均是樣本依賴的指標,亦即依據使用樣本特質(如:能力分配)的不同,就會獲致不同的指標值,很難有個固定、正確而又客觀的標準指標值。因此,一些與樣本特質和試題特質有關的因素,都可能會影響到測驗信度的高低。教師在自編成就測驗和解釋信度係數的涵義時,便需要考慮到這些因素的存在,或者採取一些必要措施,以避免編製出信度係數偏低的測驗,或極力去挽救低信度的測驗。

　　在影響信度的諸多因素中,這些因素都是交互作用地發揮影響力,很少是單獨構成影響者。此外,當遇到低信度的測驗時,該如何進行補救?本節亦提供一些補救措施的建議,以降低或防止低信度所產生的不良影響。茲扼要說明如下。

影響信度的因素

　　影響測驗信度係數值高低的因素有許多,下列幾種是常見的因素,也是測驗編製者可以掌控的因素。明瞭這些影響因素的內涵,在消極面上,有助於測驗編製者避免編製出或使用低信度的測驗;在積極面上,則有助於測驗編製者增進編製出高信度測驗的技巧,甚至知道如何補救和克服低信度的測驗情境。

一、試題題數多寡

　　首先，測驗的試題題數多寡，是影響測驗信度高低的一個主要因素。在前述討論折半信度時，從斯布校正公式（見公式 10-8）中即可以看出這個現象。例如，將一份原本具有 10 道試題、信度為 .50 的測驗，增加一些複本試題後，使之成為 20 道、30 道和 40 道試題的測驗，則這些新增長度的測驗信度，可以根據斯布公式計算而得：

長度增加 2 倍：　　　$r_{xx'} = \dfrac{2\,(.50)}{1 + (2 - 1)\,(.50)} = .67$

長度增加 3 倍：　　　$r_{xx'} = \dfrac{3\,(.50)}{1 + (3 - 1)\,(.50)} = .75$

長度增加 4 倍：　　　$r_{xx'} = \dfrac{4\,(.50)}{1 + (4 - 1)\,(.50)} = .80$

　　由此可知，測驗加長後，信度係數會隨著增加；同理可以推知，測驗縮短後，信度係數也會隨著降低。可見，信度係數的高低與測驗題數多寡有密切關係。一般而言，測驗愈長，其信度係數愈高；測驗愈短，其信度係數愈低。因為當測驗愈長時，其試題的抽樣組合愈容易涵蓋所有具代表性的教材內容，測驗得分就愈不容易受到猜測因素的影響，測驗分數愈能夠反映出所要測量特質的真正差異，所以測驗分數愈可靠，信度係數也就愈高。反之，當測驗較短時，其試題內容比較不容易具有教材內容的代表性，測驗得分較容易受到猜測因素的影響，較不能夠反映出所要測量特質的真正差異，所以測驗分數較不可靠，信度係數也就較低。

　　雖然信度係數會隨著測驗的長短而有所增減，但是有一點必須特別提醒和注意的，那就是所擬增減的試題，必須是與原來試題為同質的複本試題才行。盲目增減非同質的試題，並不一定保證會提高或降低該測驗的信度係數，有時反而得到相反的結果。

二、樣本能力分配

其次，若從相關係數的計算公式來看，受試者樣本的能力分配也是影響信度係數值大小的一個重要因素。一般而言，教育測驗的功用都是在測量受試學生的某種能力或潛在特質，因此，受試學生在某種教育測驗上的能力分配情形（即變異程度），將會決定此相關係數的大小，同時亦會影響信度係數值的大小。在其他條件相等的情況下，參與該次測驗的受試者能力分配的變異數愈大者（即個別差異大或異質性高的受試者團體），所計算出來的信度係數值愈高；反之，參與該次測驗的受試者能力分配的變異數愈小者（即個別差異小或同質性高的受試者團體），所計算出來的信度係數值便愈低。

例如，以研究所碩士班研究生為受試團體，據以求得之智力與學業成績的相關係數，會比依據小學生為受試團體所求得的智力與學業成績間之相關係數還低。原因即是，前者為一個同質性較高的局限樣本（restricted sample）團體（即個別差異較小），智力均集中在高分區一個很小的分布範圍，變異程度很小，所以求出的相關係數值自然較小；但後者是一個異質性較高的常態樣本團體（即個別差異較大），智力包括上、中、下各層次程度的學生都有，變異程度很大，所以求出的相關係數值自然較大。基於這項理由，相關係數的大小端視學生能力分配的變異程度而定。相關係數高，即表示測驗的信度（如：再測信度、複本信度、折半信度等，都是使用相關係數作為測驗的信度係數）亦較高；相關係數低，即表示測驗的信度亦較低。

三、試題難易程度

再其次，測驗試題的難度指標也會影響信度係數的大小。我們在第九章的討論就已經知道：極度困難或極度簡單的測驗試題，都很容易使大多數學生答對或答錯。因此，當這兩種極端情形出現時，大多數學生的測驗得分都會集中在高分（即負偏態分配）或低分（即正偏態分配）的區域，

造成受試樣本的測驗分數分布的變異程度變小，因而在這種情況下所計算出的信度係數值，自然會偏低。

　　由於信度係數的大小與測驗得分的變異程度有關，因此，當使用難易適中的測驗試題時，學生答對和答錯者的測驗得分，會比較趨近於常態分配。此時的測驗得分分布範圍最廣，變異程度達到最大，因而所計算出的信度係數值自然會較高。由此可知，一般作為評量學生是否達到精熟標準用的效標參照測驗，由於其試題難度指標值偏高（即試題比較簡單），所以它的信度係數值應該會比作為評量學生學習成就用的常模參照測驗的信度係數值較低，因為後者的試題難度指標值較適當（即試題比較難易適中）。

四、計分的客觀性

　　當教師使用論文題或各種五點量尺方法進行評定學生認知或情意方面的成就時，由於受到評分者主觀判斷的影響，不但不同的評分者之間會有很大的評分差異（即評分者間誤差），即使是同一評分者在不同情境下的評分結果，也會有很大的差異（即評分者內誤差）。這種評分者誤差自然會影響到測驗信度係數的計算。因此，一份測驗作答結果的計分方式是否客觀，將會影響信度係數的大小。計分方式愈主觀者，由於評分者誤差較大，故信度係數值較低；反之，計分方式愈客觀者（如：使用是非題、選擇題或配合題等計分方式），由於不受評分者主觀判斷的影響，因此，這種測驗計分方式的信度係數較高。所以，若要選用信度係數值較高的測驗作為評量工具時，則以使用計分方式較客觀的測驗（如：是非題、選擇題或配合題等）較佳。

五、信度估計方法

　　信度係數的大小與所選用估計信度係數方法之間，有著密不可分的關係，並且信度係數的估計也須視試題間相關係數的大小而定。由表 10-3 的說明顯示，我們所選用的信度係數估計方法不同，就有各種不同的測量誤

差來源及不同大小的誤差估計值產生。同時，各試題間的相互關聯性大小
（即反映出各試題的測量功能是否一致）亦會影響信度係數的大小，尤其
是以使用內部一致性信度係數時為然。因此，在選用測驗及解釋其信度資
料時，應該考量該測驗所採用的信度係數估計方法、信度適用的情境、試
題間的關聯性，以及測量誤差的可能來源等因素，方不致於造成濫用或誤
用測驗的情事發生。

信度偏低時的補救措施

信度分析是建立在所有試題均測量相同能力或潛在特質的假設上，然
而，有許多因素會影響到信度係數值的大小。教師若發現自編成就測驗在
實際應用場合中的信度係數值不太高時，此即表示該自編測驗中有部分試
題可能不是測量到相同的能力或潛在特質。因此，信度係數的估計也須視
試題間相關係數的大小而定。

為了確定所有的試題是否都測量到相同的能力或潛在特質，教師或研
究者可以進行下列兩種分析方法。

1. 因素分析

當測驗具有單向度因素（unidimensionality）時，測驗分數最具有可信
度，該單因素所能解釋測驗分數的變異數總量最多，此時，若某道試題的
因素負荷量（factor loading）不是落在該單因素上，則可以考慮將該試題刪
除。

2. 鑑別度分析

此時，教師可以求出個別試題和測驗總分之間的相關係數（即點二系
列相關係數）。此相關係數即表示該試題的鑑別度指標，反映出試題與測
驗的作用是否為同一方向，亦即，該試題是否與該測驗均測量到相同的一
種能力或潛在特質。當鑑別度指標偏低或甚至是呈現負值時，即表示該試
題所測量到的能力或潛在特質，很可能與其他試題所測量者不相同，此時，
測驗中若含有該試題在內，將會降低該測驗的整體信度係數值，因此最好

是將該試題刪除。

目前，社會科學界常使用的統計套裝軟體程式SPSS，內含有一個程式計算模組，稱作「RELIABILITY」，可以提供使用者進行上述的信度分析（尤其是 α 係數的分析）和鑑別度指標分析。使用者若能配合因素分析一起使用，當能更進一步瞭解整個信度分析過程的始末。為了幫助讀者便利分析信度係數，本書所附之 Tester for Windows 程式，亦有提供類似 SPSS 中RELIABILITY 模組程式的分析功能，讀者請參見本書附錄的範例說明。

身為教師或測驗使用者，當然以編製和挑選高信度係數的測驗為優先考量。但萬一所挑選的測驗信度不高，或教師自編成就測驗的信度係數值偏低時，則下列兩種方法可以進行補救。

一、增加複本試題或刪除不良試題

雖然增加測驗的題數可以提高測驗的信度，但是卻需要考慮學生是否會因此而增加作答的疲勞程度、是否有作答的時間限制，以及教師是否有能力編寫品質一樣優良的複本試題等因素。至於新增加的試題，則必須和原測驗試題的品質一樣（即複本試題），否則對信度係數值的提升毫無幫助。通常，從題庫中抽取所需要增加的複本試題，是一個比較可行的作法。

那麼，也許有人不禁要問：「增加多少題複本試題才夠？」這個問題的答案，端視教師對所擬使用測驗的信度係數值要求程度多高而定。從斯布校正公式中，我們可以導出一個計算適當題數的公式如下：

$$N = \frac{r_d(1 - r_o)}{r_o(1 - r_d)}$$
（公式 10-25）

其中，N 表示在期望的信度係數值下，必須具有目前測驗長度的倍數，r_d 表示所期望的理想信度係數值，r_o 表示目前測驗的信度係數值。例如，某教師期望能夠編製出信度係數值為 .80 以上的測驗，已知她目前自編 10 題測驗的信度係數值為 .50，則她必須增加多少題複本試題才夠達到她的理想目標？從公式 10-25 的計算可知，我們需要：

$$N = \frac{.80\,(1-.50)}{.50\,(1-.80)} = 4\;(倍)$$

適當題數：$4 \times 10 = 40$（題）

亦即，該教師必須從 10 題的測驗增加到成為 40 題的測驗，才能達到她理想的測驗信度係數值 .80；也就是說，該教師必須另外增加 30 題複本試題才行。當然，增加試題必然會增加測驗編製的成本、時間、人力及物力的支出，同時也會增加學生作答的時間。增加學生作答時因為「疲勞」所產生的測量誤差，這些因素也都必須考慮清楚後，再做最後的決定。如果每位教師或教師所任教的學校，都已建立題庫的話，則隨時要求新增加多少題複本試題，都不是一件很困難的事。

二、校正相關係數的萎縮

低信度對於應用一份測驗時，確實是個大問題，因為它會降低測量間獲得顯著相關的機率，使得測驗分數變得絲毫沒有用處。這種情況，我們稱之為該潛在關係被測量誤差給降低或給萎縮了。

幸好，古典測驗理論中有方法可以校正這種相關係數的萎縮現象。在使用校正公式前，我們只要有兩個測驗的信度係數即可。這個校正相關係數萎縮（correction for attenuation）的公式可以表示如下：

$$\hat{r}_{12} = \frac{r_{12}}{\sqrt{r_{11'}\, r_{22'}}} \qquad\qquad （公式 10\text{-}26）$$

其中，$\hat{r}_{12}$ 是經校正萎縮後的測驗 1 和測驗 2 之間的真正相關，r_{12} 是測驗 1 和測驗 2 之間的相關係數，而 $r_{11'}$ 和 $r_{22'}$ 則分別是測驗 1 和測驗 2 的信度係數。

舉例來說，假設某教師忽略了受試學生能力分配的變異程度會影響相

關係數或信度係數大小的事實，而僅使用某種局限樣本（如：研究生）當受試者，結果發現這些樣本的智力與學業成績間的相關為 .30，且未達統計學上的顯著水準（$\alpha = .05$）。若該教師同時已知用來測量智力的智力測驗信度係數為 .80，而用來測量學業成績的某學科成就測驗信度係數亦為 .80，則這些樣本的智力與學業成績之間的真正相關係數應該是多少？若要回答這個問題，我們便可以使用校正相關係數萎縮的公式來計算出真正的相關係數如下：

$$\hat{r}_{12} = \frac{.30}{\sqrt{(.80)(.80)}} = .375 \qquad \hat{r}_{12} = \frac{.30}{\sqrt{(.50)(.50)}} = .60$$

換句話說，經過校正後，這些受試樣本的智力與學業成績之間真正的相關係數是 .375，比原本的相關係數 .30 大一些，這是由於這兩份測驗的信度係數值較高（都是.80）的緣故。由此可見，當我們使用測驗來作為某種潛在特質的測量工具時，由於所使用的測驗工具都具有誤差存在，因此，該工具的信度都不是完全信度。在這種情況下，我們使用這些工具的測量分數作為計算相關係數的依據時，這樣的相關係數多半會具有萎縮的現象，此時，我們務必進行校正，否則我們所獲得的研究結果，都有低估相關係數的可能存在。由上述例子可知，當測驗的信度係數較高時，所測量的結果不僅是愈可靠，就連校正相關係數所增加的部分也會愈少；但是，若使用的測驗信度係數不高時，則校正相關係數所增加的部分就很可觀。由上述右側例子中的計算可知，若智力與學業成績的信度係數均只為 .50 時，則校正後的相關係數會變為 .60，顯著增加數值，即為一明證。

有鑑於此，筆者有個建議：「對於低信度的測驗工具最好是不要使用，若不慎使用了，則務必進行事後的相關係數萎縮校正，才能獲取接近真實測量下的真正相關係數值。」

效度

　　效度是測驗的兩大特徵之一，一份優良的測驗（不論是教育測驗或心理測驗）莫不具有較高的效度值。因此，為了使教師自編成就測驗也具有優良教育測驗的特徵，成為一份公正、客觀且優良的教學評量工具，效度的分析是必要的步驟。也唯有經過如此的測驗分析，教師才能知道自編成就測驗是否具有使用價值。

第一節　效度的理論

　　效度的理論基礎，亦是源自古典測驗理論的學說，即是以真實分數模式為主，除了有七個基本假設外，並延伸推論出十八種結論，成為整個理論學說的核心。茲分別討論說明如下，以作為研究效度的學理基礎。

壹　效度的定義

　　效度，顧名思義是指測驗分數的有效程度，亦即是測驗能夠提供適切資料以做成決策的程度（Thorndike, Cunningham, Thorndike, & Hagen, 1991）；其實，也就是指測驗分數能夠代表它所要測量之能力或潛在特質的程度，或測驗能夠達到其編製目的的程度。測驗分數必然與所要測量之能力或潛在特質之間，具有某種程度的關係（即共同變異部分）。所以，從統計學中的變異數分解原理來探討，即可瞭解效度與整個測驗分數之間的存在關係。

　　根據統計學中因素分析的假設及其對變異數分解所持的看法可知，一個測驗分數的變異數可以分割成三個部分：(1)共同因素的變異數（common factor variance）：即該測驗與外在效標之間共同分享或相互關聯的變異部分；(2)獨特的變異數（specific variance）：即該測驗單獨存在，而不與外在效標之間共同分享或相互關聯的變異部分；(3)誤差的變異數（error variance）：即該測驗測量不到或解釋不到能力或潛在特質的誤差變異部分。它們之間的關係，可以下列的數學公式來表示：

$$S_x^2 = S_{co}^2 + S_{sp}^2 + S_e^2 \qquad\qquad （公式 11-1）$$

　　其中，S_x^2 為測驗分數的變異數，S_{co}^2 為共同因素的變異數，S_{sp}^2 為獨特的變異數，S_e^2 為誤差的變異數。

　　上述公式 11-1 的等號兩邊，若各除以變異數（S_x^2），即可獲得三部分變異來源在變異數中所占的比率值，其結果可以表示如下：

$$\frac{S_x^2}{S_x^2} = \frac{S_{co}^2}{S_x^2} + \frac{S_{sp}^2}{S_x^2} + \frac{S_e^2}{S_x^2} \qquad\qquad （公式 11-2）$$

　　其中，共同因素的變異數 S_{co}^2 占變異數 S_x^2 的比率，即定義為「效度」，並以符號 r_v 來表示；相反地，效度亦可以 1 減去獨特變異數比率和誤差變異數比率之和來表示，亦即：

$$r_v = \frac{S_{co}^2}{S_x^2} = \frac{S_x^2}{S_x^2} - \frac{S_{sp}^2}{S_x^2} - \frac{S_e^2}{S_x^2}$$
$$= 1 - \frac{S_{sp}^2}{S_x^2} - \frac{S_e^2}{S_x^2} \qquad\qquad （公式 11-3）$$

　　由此可見，效度即是指某個測驗和其他測驗（通常是指外在效標）所共同分享之變異數部分占該測驗變異數的比率值；換句話說，即是指兩個（或兩個以上）測驗所共同擁有的部分。而獨特因素的部分，即是指某測

驗本身所單獨具有，不與其他測驗所分享的部分。有關這兩個概念及其與測驗分數變異數之間的關係，讀者可以參考「多變量分析」（multivariate analysis）統計學專書（如：Hair, Black, Babin, & Anderson, 2019; Tatsuoka, 1988）中有關因素分析部分的補充說明。

貳 效度與信度之間的關係

　　從上述對效度的定義來看，例如教師自編一份國語文成就測驗，它的用途當然是要測量國語文能力，如果測量結果顯示國語文程度良好的學生，在該國語文成就測驗上得分也高；而國語文程度不好的學生，在該國語文成就測驗上得分也低──此即表示該國語文成就測驗具有良好的效度，能夠測量到該自編測驗所要測量的潛在特質（即國語文能力）。反之，則表示該國語文成就測驗不具有效度，無法有效測量到該自編測驗所要測量的潛在特質。

　　根據公式 11-3 所示可知，效度係數的值域也是介於 0 與 1 之間，與信度係數的值域涵義相同。當完全效度存在時，即表示測驗分數能夠完全代表它所要測量的潛在特質，此時，測驗分數內不含任何獨特的和誤差的部分；當完全沒有效度存在時，此時的測驗分數只包含獨特的和誤差的部分，即表示測驗分數完全無法代表所要測量的潛在特質部分。通常，這兩種極端例子都不會出現在真實的教育測驗情境裡。一般情形下，效度係數都是介於 0 與 1 之間，並且，數值愈接近於 1，即表示測驗愈能夠測量到它所要測量的潛在特質或能力，該測驗分數愈正確；反之，數值愈接近於 0，即表示測驗愈不能夠測量到它所要測量的潛在特質或能力，該測驗分數愈不正確。當然，一份優良教育測驗的效度係數應該是愈高愈好，如果能夠像信度一樣高於 .80 以上的要求（Carmines & Zeller, 1979）時，則顯示該測驗更具有應用價值。

　　由公式 11-3 對效度的定義，以及公式 10-4 和 10-5 對信度的定義可知，效度和信度之間似乎存在著某種關聯性。確實如此，效度等於信度減去獨特變異數比率後所剩下的部分，亦即：

$$r_v = \frac{S_{co}^2}{S_x^2} = \frac{S_x^2}{S_x^2} - \frac{S_{sp}^2}{S_x^2} - \frac{S_e^2}{S_x^2}$$

$$= \frac{S_t^2}{S_x^2} - \frac{S_{sp}^2}{S_x^2}$$

$$= r_{xx'} - \frac{S_{sp}^2}{S_x^2} \qquad\qquad （公式 11\text{-}4）$$

由上述公式可知，信度是由共同變異數的比率與獨特變異數的比率所構成之和，亦即等於真實分數變異數的比率。它們之間的關係可以表示如下：

$$r_{xx'} = \frac{S_t^2}{S_x^2} = \frac{S_{co}^2}{S_x^2} + \frac{S_{sp}^2}{S_x^2} \qquad\qquad （公式 11\text{-}5）$$

即　信度＝（效度）＋（獨特性）　　　　　　　　（公式 11-6）

由此可見，效度包含於信度之內，信度所涵蓋的範圍比效度所涵蓋的範圍還大。為了讓讀者加深印象，筆者嘗試將信度與效度兩者之間的關係，以變異數分割圖解方式，補充說明前述幾個公式的內涵如下。

由圖 11-1 所示可知，共同因素的變異數（即 S_{co}^2）占整體實得分數變異數（即 S_x^2）之百分比值，即為所定義的「效度」部分；而真實分數的變異數（即 S_t^2）占整體實得分數變異數之百分比值，即為所定義的「信度」部分。因此，在其他條件相等之下，一個測驗的信度係數總是大於或等於其效度係數。根據相關係數萎縮的校正公式（見公式 10-26）可以推論得知，效度係數不會大於信度係數的平方根（即信度指標）：

$$r_v \leq \sqrt{r_{xx'}} \qquad\qquad （公式 11\text{-}7）$$

例如，一份教師自編成就測驗的信度係數假若是 .81，則該測驗的效度係數值絕不會大於 .90（即 .81 的平方根）。

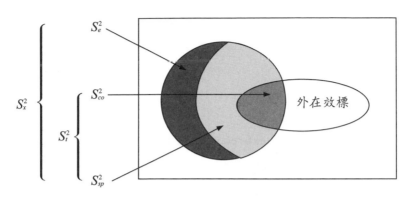

● 圖 11-1　信度與效度之間的關係

　　由公式 11-5 和 11-6 可以得知「信度包含效度」的數學關係，因此可以這麼說：「信度是效度的必要條件，但非充分條件。」一個測驗要具有效度之前，必須先具有信度，因為當測驗分數本身都不可靠時，更不用談它的正確性。不過，有信度的測驗卻未必具有效度。也就是說，有信度不能保證有效度；但是，效度卻可以保證某種程度的信度。國內測驗學者簡茂發（1978）即認為，信度與效度之間的關係可以合理推論為：「信度低，效度一定低，但信度高，效度不一定高；效度高，信度一定高，但效度低，信度不一定低。」郭生玉（1990）則更進一步舉例說明，認為效度需要測驗分數的一致性和正確性，但信度僅需要測驗分數的一致性即可。這些學者的補充說明與看法，可說是效度與信度之間關係的最佳詮釋。

第二節　效度的分類

　　同樣一份測驗，常常因為使用目的不同，就必須呈現或建立不同的效度資料。因此，既然要建立測驗效度資料，就必須考慮它是否適合其原來的使用目的，再據以採用不同方法收集各種效度資料證據。根據 1999 年由美國教育研究學會（American Education Research Association, AERA）、美國心理學會（American Psychological Association, APA）和國家教育測量委

員會（National Council on Measurement in Education, NCME）等三個教育專
業團體所組成的聯席委員會，出版一本有關測驗編製與使用方面的規範標
準：《教育與心理測驗標準》（*Standards for educational and psychological
testing*），其中針對測驗使用目的不同，規定在推論和解釋測驗分數時，
應該報告三種不同的測驗效度，它們分別是：

1. **與內容有關聯的（content-related）效度**：即確定學生的表現與測驗內
   容的代表性樣本之間具有關聯性。例如，給學生做一份國語文成就測
   驗，即可確定學生目前是否具有國語文成就水準。要達成這種測驗目
   的，測驗所要建立的即是「內容效度」（content validity）。

2. **與效標有關聯的（criterion-related）效度**：即預測學生未來的表現或
   估計學生目前在某些效標表現上的未知狀況。例如，給高中生做一份
   學業性向測驗，即可預測他們在未來上大學後的學業成績表現；或給
   學生做一份考試焦慮測驗，依據測驗分數的高低，便可估計學生在考
   試情境中可能的真實反應情況。要達成這種測驗目的，測驗所要建立
   的便是「效標關聯效度」（criterion-related validity）。

3. **與理論建構有關聯的（construct-related）效度**：即推論學生是否具有
   某些理論上特質的程度。例如，給學生做一份空間推理測驗，即可用
   來推論學生的機械性向。要達成這種測驗目的，測驗所要建立的便是
   「建構效度」（construct validity）。

　　根據上述三種分類，聯席委員會建議將效度分為三種類型，即：內容
效度、效標關聯效度和建構效度。茲分別討論這三種效度的涵義與用途如
下。

內容效度

一、涵義

　　內容效度（或說是「與內容有關聯的效度」）是指抽樣的測驗試題樣

本內容是否具有教學目標與教材代表性或適當性程度的一種指標。例如，教師給學生做一份國語文成就測驗，若該測驗的試題涵蓋國語文教學所要達成的各項教學目標及教材的重要內容，則我們便說該測驗具有國語文的內容效度。一般而言，測驗試題若能涵蓋所有的教學目標和教材內容，並且是根據雙向細目表來命題，且具有充分的代表性，即能夠確立該測驗具有適當的內容效度。因此，教學目標與教材內容是確立內容效度的兩個重要面向。

過去，有許多學者專家認為內容效度無法用一個精確的數量來表示其大小，其實，這是錯誤的觀念。建立內容效度的方法，至少可以分成兩方面來說明。

1. 邏輯的分析方法

這項作法即是邀請學科或測驗專家，針對測驗編製的藍圖——雙向細目表，仔細判斷這份測驗試題是否與教材內容所涵蓋的範圍及教學目標相符。如果測驗試題是用來測量教材內容和測量預期行為改變的代表性樣本，且不受其他無關因素（如：閱讀能力、指導語不清楚等）影響的話，則雙向細目表中的題數應該可以反映出每項教材主題與教學目標的相對重要性。如果判斷結果顯示真是如此，即表示該測驗具有良好的內容效度；反之則否。由於這種分析方式是屬於邏輯分析與理性判斷，故又稱為「理性效度或邏輯效度」（rational or logical validity）。

2. 實證的分析方法

除了採用專家判斷之外，有些學者（如：Mehrens & Lehmann, 1991）即建議以內容信度取代內容效度，以獲取內容效度量化分析的實證指標。筆者 （余民寧，1993a）為了能夠更客觀地表示內容效度起見，建議採用Aiken（1980，1985）的內容效度係數的計算公式，如下：

$$V_j = \frac{S_j}{N(c-1)} \qquad j = 1, ... , n \qquad \text{（公式 11-8）}$$

$$S_j = \sum_{i=1}^{N} d_{ij} \qquad i = 1, \dots, N \qquad\qquad （公式 11-9）$$

其中，S_j 表示 N 名專家在 c 個評定等級之評定量尺上對試題 j 之評分的離差分數之總和，V_j 則表示第 j 個試題之內容效度係數，d_{ij} 是專家 i 在試題 j 之評分與最小評分之差的絕對值，而整份測驗的內容效度係數為：

$$\overline{V} = \frac{\sum_{j=1}^{n} V_j}{n} \qquad\qquad （公式 11-10）$$

即是每道試題之內容效度係數的平均數。這種量化後的內容效度係數，其值域將介於 0 到 1 之間，且數值愈大即表示內容效度愈高。此種建議（余民寧，1993a）不僅解決過去學者認為內容效度沒有數量的表示方法等難題，並且提供一個可進行顯著性考驗的機率參照表，供使用者檢定其所編製之測驗是否具有顯著意義的內容效度。關於考驗方法，有興趣的讀者可以參閱筆者（余民寧，1993a）的詳細說明。

二、用途

從上述的討論可知，內容效度最適合用於教育測驗（尤其是成就測驗）的情境中，但對心理測驗（如：性向與人格測驗）來說則較不適合。在教育測驗中，尤其是效標參照測驗，因為測驗分數是依據測驗內容及外在效標來加以解釋，因此，內容效度最能夠反映出該測驗是否可以測量到所要測量的特質內容。

另一常和內容效度產生混淆的效度概念，即是所謂的「表面效度」（face validity）。表面效度係指測驗給人的第一個印象「好像」（looks like）是在測量某種特質的指標，而不是指測驗事實上能測量到什麼樣的能力或潛在特質。表面效度的存在，有時可以激勵學生認真作答，表現接受測驗的合作意願，因為它「看起來」像是在測量某種能力或潛在特質，比

較容易吸引人注意。但是，表面效度並不是真正的內容效度，它不可以被用來代替客觀的內容效度，因此，我們不可以認為只要改進表面效度，就可以增進內容效度的看法是正確的。一般而言，一份具有適當內容效度的教育測驗，通常也會具有良好的表面效度；然而，光是具有表面效度的教育測驗，卻不一定會具有良好的內容效度。

效標關聯效度

一、涵義

效標關聯效度是指以證實分析方法研究測驗分數與外在效標之間關聯性的一種指標，又稱為「實證效度或統計效度」（empirical or statistical validity）。一般而言，在建立效標關聯效度時，所遭遇到最困難的事情，即是適當的外在效標取得不易。所謂的外在效標（external criterion），即是指測驗所要預測的某些行為或表現標準。通常，在學校情境中，被選用作為外在效標的變項，一般都符合適切性、可靠性、客觀性及可用性等特徵的要求，例如：(1)學業成就；(2)特殊訓練表現；(3)實際工作表現；(4)評定成績；(5)現存可用的測驗等（Anastasi, 1988），都是學校教師常使用的外在效標。如果測驗分數和外在效標之間的相關愈高，即表示效標關聯效度愈高；反之則否。效標關聯效度愈高，則測驗分數愈能夠有效解釋及預測外在效標行為。

依據外在效標取得的時間不同及測驗使用目的不同，效標關聯效度又可以分成兩類。茲分別說明如下：

1. 同時效度

指測驗分數與外在效標的取得約在同一時間內連續完成，計算這兩種資料之間的相關係數，即代表該測驗的同時效度（concurrent validity）。這種效度目的，旨在利用測驗分數估計個人在外在效標方面的目前實際表現情況。如果同時效度適當的話，即表示該測驗分數可以用來預估學生在效

標上的目前實際表現情形。

2. 預測效度

　　指測驗分數與外在效標的取得相隔一段時間，測驗分數的取得在先，而外在效標的取得在實施測驗一段時間之後。計算這兩種資料之間的相關係數，即代表該測驗的預測效度（predictive validity）。這種效度目的，旨在利用測驗分數預測個人在外在效標方面的未來表現情況。如果預測效度適當的話，即表示該測驗分數可以用來預測學生未來在效標上的學習成就（或表現情形）。

二、用途

　　在聯席委員會所出版的《教育與心理測驗標準》一書中，對使用和解釋效標關聯效度時，特別提出以下數項建議供測驗使用者參考。

（一）留意效標關聯效度產生變化的原因

　　效標關聯效度背後的邏輯，是假設測驗與外在效標之間的相關，在測驗被使用時仍然有效。在大多數的情況下，這種假設可以獲得支持，但在某些情況下，這種相關仍然有可能會發生改變。例如，施測情境、施測對象或外在效標的選取發生改變時，都可能會影響這個相關。因此，當外在因素發生改變，進而影響效標關聯效度時，我們就必須審慎思考是否還繼續使用它，或做其他的調整。

（二）留意外在效標的涵義

　　只有在外在效標是「有效又可靠」（valid and reliable）的情況下，效標關聯效度才具有真正的意義。如果教師企圖拿自編成就測驗與其他無關或不知道效度大小的測驗建立效標關聯效度，所得的結果很可能都不具有任何意義。就應用研究的觀點而言，唯有使用能夠與自編測驗產生關聯的外在效標，才會具有意義。

（三）留意受試者母群體

　　效度的推論是建立在同一個母群體上，當受試者母群體不相同時，應當小心觸犯推論錯誤的可能性。當建立測驗效度所使用的樣本不具有推論母群體的代表性時，最好是放棄使用這種測驗，因為推論可能無效。

（四）留意適當的樣本大小

　　樣本太小容易造成假象的效度值，間接影響效度推論的正確性。一個良好的效度研究，應該提供有關交叉驗證（cross validation）的證據。交叉驗證是一種用來檢證測驗未來預測另一群受試者樣本的外在效標有多正確的評量方法；換句話說，原本效度研究是用來評量測驗與外在效標之間的相關，而交叉驗證則是用來檢查該相關在另一群受試者樣本上的適用性。一般而言，原本研究所使用的樣本愈大，經過交叉驗證後的效度愈適用。

（五）留意外在效標與預測變項之間的不同用法

　　外在效標是指外在的預期行為標準，它與用來預測未來行為變化的變項（即預測變項）不同，兩者不可以混淆顛倒使用；亦即不可以拿預測變項作為外在效標的預測結果。同時以預測變項來預測外在效標時，預測效度很容易受到團體分數局限範圍（restricted range）的影響，因此，在建立預測效度時，應該盡量使用異質性較高的受試者團體，因為他們的能力分配變異程度較大，所獲得的相關係數或預測效度值，會比較具有統計學上的顯著意義。

（六）留意效度推論的證據

　　在某個情境下所獲得效標關聯效度的證據，並不一定能夠推論到其他類似的情境上，因為各式各樣的情境無法在任何一次的測驗中都保持相同，因此每次推論時，都需要找尋新證據。所謂的「推論力」（generalizability），即是指在某個情境中所獲得的發現，能夠推論或應用到其他情境裡的證據。它不是一件「判斷」的事情，而是一項實證研究的課題。除非我

們能夠保證效度研究中所獲得的發現不是一種特殊情境下的產物，否則，當應用測驗於新的情境時，我們都需要重新尋找支持使用該測驗的新效度證據。

（七）留意不同的預測效果

針對不同的受試者團體，測驗的預測效果會不盡相同，這是有可能的。因此，為了確保測驗的適當使用，應該針對不同的受試者團體，分開來建立不同的效標關聯效度，才是正途。

建構效度

一、涵義

早在 1950 年以前，社會科學家只有考慮內容效度和效標關聯效度兩者，後來發現，一些較為抽象的心理學或社會學特徵（如：智力、愛情、好奇心、利他行為、情緒智商 EQ 等），根本找不到「有效又可靠的」外在效標。因此，逐漸有學者開始關心起這些較為抽象的特徵到底具有什麼意義？這個問題即是建構效度所關心者。

所謂的建構（construct），顧名思義，即是指心理學或社會學上的一種理論構想或特質，它本身是觀察不到、並且也無法直接測量到，但卻被學術理論假設是存在的，以便能夠用來解釋和預測個人或團體的行為表現。因此，建構效度即是指測驗能夠測量到理論上（通常是心理學或社會學）的建構或特質的程度（Anastasi, 1988）；亦即，根據心理學或社會學的理論建構，對測驗分數能否達成它的測驗目的所作的分析和解釋，即為「建構效度」。

通常，建構效度的建立都是經過一定的步驟和過程來完成的，並且都已經被視為是一個發展測驗工具的標準化程序（Gronlund, 1993; Hopkins et al., 1998）。這些步驟和過程可以說明如下：

1. 先針對理論建構進行分析，以發展出一套評量工具和策略。亦即，先提出有關理論建構的說明，並據此設計評量用的試題。
2. 提出可以考證該理論建構是否存在的預測或假設說明。
3. 收集資料，從事實證分析，以驗證上述的預測或假設是否屬實。亦即採用各種方法收集實際的資料，考驗第二步驟所提出的預測或假設的正確性。
4. 收集其他型態的輔助證據，淘汰與理論建構相反的試題，或是修正理論，並重複第二和第三步驟，直到上述的預測或假設得到驗證，測驗的建構效度獲得支持為止。否則，即表示該效度有問題或是該理論建構有問題，或者兩者皆是。此時，必須重複上述步驟，直到理論建構被驗證或決定放棄驗證工作為止。

由上述可知，建構效度的建立過程，其實即是一種教育研究的過程，它要求研究者必須先提出理論構想、形成假設、收集資料去驗證、反覆修正及檢討建構過程，直到理論建構獲得令人滿意的驗證結果為止。因此，逐漸有更多新測驗工具的研發工作，愈來愈重視建構效度的建立，以期獲得理論與實務資料適配（goodness-of-fit between model and data）之驗證效果（Bollen, 1989; Marsh, Balla, & McDonald, 1988; Mulaik et al., 1989）。

二、驗證方法

建構效度的建立是根據理論建構而來，因此，理論所假設的各種原理原則和學說，都必須經過驗證，才能確立建構效度是否成立。其實，建構效度所涵蓋的範圍，包括內容效度和效標關聯效度兩者，所以，所有有關內容效度和效標關聯效度的建立方法和結果，都可以用來作為分析建構效度的基本證據。一般而言，可以用來驗證教育測驗的建構效度方法有許多種，本節僅討論以下幾種比較重要者。

（一）內部一致性分析法

這種方法有點類似效標關聯效度的分析方法，但是，卻以測驗本身的

總分作為「內在效標」，以分析個別試題與總分之間的相關係數。這類方法可以採用下列兩種方法來進行：

1. 相關分析法

即計算每道試題的二元化得分和該測驗總分之間的點二系列相關係數，凡相關係數經考驗後達到統計學上的顯著水準者，該試題即可被保留下來；否則，即被刪除淘汰。

此外，在某些情況下，測驗總分的計算，是由一些分測驗的個別得分所加總而成的。在編製這樣的測驗時，如果分測驗得分和總測驗得分之間的相關係數太低的話，即表示該分測驗與總測驗的作用不是一致的，應予以刪除，而僅保留具有較高相關係數的分測驗，這樣才能表示該總測驗具有良好的內部一致性。

2. 團體對照法

即依據學生的測驗總分高低，將學生分成高分組與低分組兩組，然後比較這兩組學生在每道試題上作答結果答對率之間的差異。經過統計考驗後，如果顯示高分組的答對率顯著地高於低分組的答對率的話，即表示該試題具有較高的內部一致性；否則，即表示該試題是無效的，應該予以刪除或修改。

（二）外在效標分析法

這種方法即是採用效標關聯效度的分析方法，來作為驗證建構效度的方法。不過，是先經過理論建構的分析後，找出適當的「外在效標」，才能作為分析資料的依據。這類方法也可以採用上述兩種方法來進行：

1. 相關分析法

如果教師透過理論建構的分析，可以收集到一個或多個被外界一致公認的適當「外在效標」，例如：某份類似教師自編成就測驗的標準化成就測驗分數（如：國中教育會考測驗、高中學科能力測驗等）、學生在校的學業成績、學生的行為表現評定結果等，並且根據理論建構提出該自編成

就測驗與此外在效標之間具有高或低相關的假設預測,接著,先進行自編成就測驗的施測,再收集外在效標的資料,並求出這兩者之間的相關係數,再經統計分析考驗後,若真的獲得如假設般的預測結果,此即表示效標關聯的建構效度獲得驗證。這種相關分析法的結果,即是提供考驗建構效度的最佳證據。

2. 團體對照法

這種方法與前述建立試題鑑別度的理論假設相同,亦即一份具有良好效度的測驗,應該也具有區別不同族群特性的能力。從心理學或社會學的理論觀點來看,學生在教師自編成就測驗上的表現,即常因為學生團體特性的不同而不同,或因為實驗控制得宜,而使實驗處理前後的表現有明顯差異。例如,我們可以根據學習理論來預測,在成就測驗上,受過正規學校教育的學生得分應該高於未受過正規學校教育者的得分、實驗教學後的成績應該優於實驗教學前的成績、已經達到精熟的學生得分應該高於尚未達到精熟的學生得分。如果我們從這兩種不同特性族群或兩組不同變異程度實驗操縱對象的分析結果發現,事實現象真的如學習理論所預測者,則這些發現即可作為支持建構效度的證據。

(三)因素分析法

因素分析是目前研究建構效度最常使用的實證方法之一。它的主要目的,是用來確定心理學上或社會學上的潛在特質,藉著共同因素的發現,進一步確定這些潛在特質(或因素)是由哪些有效的測量試題所構成。

根據因素分析的結果,我們可以從一堆試題中抽出少數幾個共同因素(common factors),用以反應或代表這堆試題的共同結構,並且從中獲得每道試題和每個共同因素之間的相關係數,該相關係數即稱作「因素負荷量」(factor loading),用以代表試題測量共同因素的重要性指標。之後,再根據每道試題在所有共同因素上的因素負荷量之平方和〔稱作「共同性」(communality)〕,用以代表每道試題的變異數中被所有共同因素解釋得到的百分比值。若再用總變異數(1.00)減去共同性,即得到獨特因素

（specific factor）和誤差因素（error factor）所造成的變異數。之後，再針對這些共同因素進行命名和解釋，如果它們符合事前所提出的理論建構，此即提供驗證建構效度存在的最佳證據。

　　有關因素分析的詳細過程，有興趣的讀者可以參閱「多變量分析」的統計學專書（如：Hair et al., 2019; Tatsuoka, 1988）。不過，近年來，由於計量方法學與電腦軟硬體設備的同步發展與更新，學者已逐漸採用所謂的「驗證性因素分析」（confirmatory factor analysis），以取代傳統的「探索性因素分析」（exploratory factor analysis）作法，作為驗證測驗效度的新方法。並且，這種驗證性因素分析的方法，已被收錄成為「線性結構關係模式」（linear structure relationship model, LISREL）、「結構方程式模型」（structural equation modeling, SEM）、「潛在變項模式」（latent variable models）或「共變數結構分析」（covariance structure analysis）的方法學之一，逐漸受到社會科學界學者專家們的青睞，並且有逐漸成為建構效度的標準作法趨勢。

　　圖 11-2 所示（余民寧、劉育如、李仁豪，2008），即為驗證性因素分析方法應用到建立建構效度的例子。欲針對此因果模式驗證理論進一步瞭解的讀者，筆者建議可以參閱拙著（余民寧，2006a）的導論性教科書及其範例說明。

（四）多特質－多方法分析

　　多特質－多方法分析（multitrait-multimethod approach）是傳統上研究測驗建構效度的一種理想方法，由兩位測驗學者（Campbell & Fiske, 1959）所提出。他們認為一份測驗要具有良好的建構效度，必須要滿足下列兩種條件：

1. 聚斂效度
　　即一份測驗分數要能夠和其他測量相同理論建構或潛在特質的測驗分數之間具有高度相關。例如，教師自編國語文成就測驗和在校國語文學科競賽成績之間具有高相關，這種相關即是聚斂效度（convergent validity）。

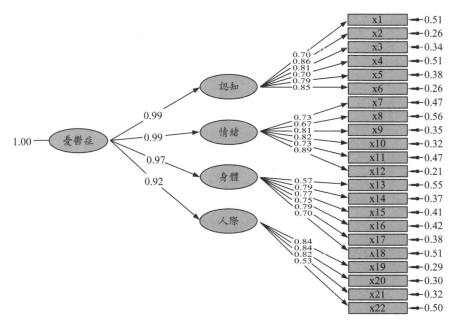

Chi-Square = 597.60，df = 205，P-value = 0.00000，RMSEA = 0.068

● 圖 11-2　驗證性因素分析應用到建構效度的例子

2. 區別效度

　　即一份測驗分數也要能夠和其他測量不同理論建構或潛在特質的測驗分數之間具有低度相關。例如，教師自編國語文成就測驗和空間推理測驗分數之間具有低相關或甚至沒有相關，這種相關即是區別效度（discriminant validity）。

　　要使用多特質－多方法分析測驗的建構效度，其前提是：必須要具有兩種以上的測量方法，以及兩種以上的潛在特質等待被測量，並且，這些潛在特質必須是同一類的，但所用的測量方法必須是不相同的。例如，採用兩種測量方法，如：教師自編成就測驗的方法（一）和教師的觀察方法（二），共同測量學生的三項學習成就（即潛在特質）：字彙常識（A）、

口語表達（B）和寫作能力（C）。經過統計分析結果，這些測量方法與潛在特質之間的相關係數矩陣如表 11-1 所示。表中包含下列四種不同內涵的相關資料：

　(1) 使用相同方法測量相同成就特質：（.75，.80，.90，.70，.75，.85）
　(2) 使用相同方法測量不同成就特質：（.40，.30，.30，.35，.25，.20）
　(3) 使用不同方法測量相同成就特質：（.60，.65，.70）
　(4) 使用不同方法測量不同成就特質：（.30，.20，.25，.10，.10，.10）

■ 表 11-1　多特質－多方法分析矩陣

方法	特質	方法一			方法二		
		A_1	B_1	C_1	A_2	B_2	C_2
方	A_1	(.75)					
法	B_1	.40	(.80)				
一	C_1	.30	.30	(.90)			
方	A_2	.60	.25	.10	(.70)		
法	B_2	.30	.65	.10	.35	(.75)	
二	C_2	.20	.10	.70	.25	.20	(.85)

註：（ ）中的數字為信度係數，□中的數字為聚斂效度，其餘的數字為區別效度。

　　如果某份測驗具有良好建構效度，則使用相同方法測量相同特質〔即上述(1)的信度係數值〕與使用不同方法測量相同特質〔即上述(3)的聚斂效度值〕所得的相關係數值，應該會比使用相同方法測量不同特質與使用不同方法測量不同特質〔即(2)和(4)〕所得的相關係數值（即區別效度）還高。由表 11-1 資料所示，我們可以確知這兩種效度間的差別，並且也符合理論期望的要求。因此，這個證據可以支持教師的自編成就測驗具有建構效度存在的假設。可惜，由於尋找測量相同特質但不同測量方法的確不容易，因而這種考驗建構效度的方法，尚未獲得普遍應用。雖然近年來，已有學者使用結構方程式模型（即 SEM）來驗證或取代這種多特質－多方法

分析,但這種建立建構效度的作法仍然受限於實際資料取得不易,而未能受到應有的重視。對這種以因果模型來驗證建構效度作法感興趣的讀者,筆者建議可以參閱拙著(余民寧,2006a)的導論性教科書及其範例說明。

第三節 影響效度的因素及其補救措施

在教育測驗的編製與使用過程中,有許多因素可能會影響到測驗的效度,其中有些因素比較明顯且容易控制,有些則不然。讀者如果能明瞭這些影響效度的因素,盡力加以避免或控制其發生,在遇到測驗效度偏低時,亦謀求改進之道或其他補救措施,當可降低或避免低測驗效度所造成的不良影響,並且可以作為編製測驗或選用測驗的參考。

 ### 影響效度的因素

影響測驗效度的因素大致可以歸納成下列五大類,茲分述如下:

一、測驗編製過程是否得當

教師在編製一份成就測驗時,若未能遵照雙向細目表的詳細說明來編擬試題,則編製過程中所發生的任何缺點,都會直接影響到試題所要測量的功能,因而降低測驗的效度。其中,與直接影響測驗試題品質好壞比較有關聯的重要過程因素,計有下列幾項:

1. 試題不具有所要測量之潛在特質的代表性。
2. 測驗指導語不夠清楚、明確。
3. 測驗缺乏信度。
4. 試題難度不適當(如:太困難或太容易)。
5. 題意含糊不清。
6. 試題含有暗示答案的線索。
7. 試題的排列不當。

8. 正確答案呈現有規則的排列。

9. 試題數量過少。

10. 計分主觀或評分錯誤。

這些因素都會造成測驗試題品質不良，直接或間接造成測驗效度降低。因此，教師宜特別小心這些過程因素，嚴格遵守雙向細目表及各類試題題型命題原則的規定，確實審慎地編製，才能創造出一份高品質、高效度的成就測驗。

二、施測程序與情境是否良好

測驗實施的程序和施測情境是否適當，對測驗效度的建立也有很大影響。例如，在實施測驗的過程中，未遵守測驗指導語的說明、作答時限控管不當、給予學生太多額外的協助或特權、施測中過多的干擾和中斷、座次安排不當造成偷看或作弊，或是在學校重點節慶日子（如：校慶、運動會）的前後進行施測工作等，都會降低測驗的效度。此外，進行施測的當時，其物理情境是否良好（例如：燈光、溫度、通風、安靜或氣氛等），也都直接或間接對效度造成重大影響。因此，教師及其他測驗使用者應該特別注意這些細節，避免不當的舉動造成對測驗效度的不良影響。一個明確遵照測驗指導語進行施測的程序，以及一個照明良好、溫度適中、通風涼爽、安靜不吵雜，且作答桌面平坦的施測環境，會是一種最理想的條件，在這種環境下的施測結果，最能確保測驗的效度。

三、受試者的身心反應因素

除了測驗編製過程、施測程序及情境因素會影響學生在測驗上的表現或反應外，學生個人在接受測驗時的身心狀態，也是影響效度的重要因素之一。例如：學生的作答動機、情緒、焦慮、健康狀態、合作意願、疲勞等生理或心理因素，都會限制或改變個人對測驗的反應好壞或作答組型結構，因而影響測驗的效度。此外，受試者作答的反應心向也是一種影響測

驗效度的因素。所謂反應心向,是一種功能固著的反應傾向,是指受試者依照某種習慣對測驗試題做一致性反應傾向的作答行為或反應型態。例如:「默許」(即不管測驗內容為何,一律回答「是」或「否」的心理反應傾向)、「社會期許」(即指受試者朝社會所期許或文化所認可的方向作答,而不是依據自己實際情況評量的一種反應傾向)、「好印象」(即指受試者朝如何使主測者或測驗分數解釋者留下最大印象的一種反應傾向)等,都是常見的受試者反應心向。另外,還有受試者的作答風格,例如:作答時重速度或重正確性、傾向猜測或傾向放棄等反應心向,也都是嚴重影響測驗效度的因素之一。一般說來,凡試題題數冗長、題目問法單調貧乏,或涉及個人敏感、隱私的話題,或與個人權益福祉相衝突的試題和施測情境,比較會引發受試者的反應心向,間接對測驗效度產生不良的影響。因此,教師在編製測驗及進行施測的過程中,宜避免引發這些常見的受試者反應心向,方能降低對測驗效度的不良影響。至於想深入瞭解其他會影響受試者作答因素的讀者,筆者建議可以參閱拙著(余民寧,2020)。

四、外在效標品質的良窳

如同效標關聯效度所討論的重點一樣,測驗分數與外在效標之間的相關,是影響效度的重要因素之一。外在效標如果挑選不當或其原本的品質就不良,很容易造成與測驗分數之間絲毫沒有關係,因而降低效標關聯效度;反之,外在效標如果挑選得當且品質優良,則其與測驗分數之間就容易有高相關存在,因而提高效標關聯效度。因此,外在效標必須具備測驗分數所要測量的重要潛在特質,才能提高效標關聯效度。

其次,外在效標本身的信度(即可靠性)也是影響效度的重要因素之一。從理論上而言,測驗分數與外在效標之間的最大相關(即效標關聯效度),不高於這兩者個別信度係數之乘積值的平方根(Kaplan & Saccuzzo, 1993, p. 153),這項關係可以表示如下:

$$r_{xy} \leq \sqrt{(r_{xx'})(r_{yy'})} \qquad \text{(公式 11-11)}$$

其中，r_{xy} 是測驗分數與外在效標之間的相關係數（即效標關聯效度），$r_{xx'}$ 是該測驗的信度係數，$r_{yy'}$ 是該外在效標的信度係數。

由此可見，當測驗分數的信度與外在效標的信度偏低時，則效標關聯效度值也會偏低。所以，當外在效標的品質不良時，效度也不會好到哪裡去。因此，在建立效標關聯效度資料時，應該要慎選外在效標，並且確定其具有較高的信度係數。

五、樣本能力分配的變異程度

計算信度和效度時，都常以相關係數來表示。就統計學的觀點而言，在其他條件相等之下，變項分數的分布範圍愈大，其相關係數值愈高；變項分數的分布範圍愈小，則相關係數值愈低。因此，受試者能力分配的變異程度與相關係數的大小之間，具有正向的關係存在。亦即，受試者能力分配的變異程度愈大（即異質性愈高），相關係數值便愈大；反之，受試者能力分配的變異程度愈小（即同質性愈高），則相關係數值便愈低。這就是為什麼根據研究生樣本所求得的學業性向測驗分數與學業成績之間的相關很低的原因，因為研究生樣本是一個同質性很高的樣本（即局限樣本），其能力分配的變異程度很小的緣故。

所以，如同影響信度係數的因素一樣，當建立效度係數的樣本能力分配的變異程度愈大時，效度係數值便愈高；反之，樣本能力分配的變異程度愈小時，效度係數值便愈低。因此，學生能力分配的變異程度大小，是影響效度係數值高低的因素之一。

此外，在效度係數的建立過程中，預先選擇（preselection）樣本的問題，常會干擾效度係數的建立和解釋。根據上述針對相關係數計算特性的說明，理想上要建立一個能夠預測工作表現或學習成就的效度係數，最好是採用一個未經選擇的團體樣本所獲得的測驗分數，才會比較具有效度推論的代表性。然而，研究者可能考量現實情境的限制，而無法如此做到，因為被篩選掉的低特質受試者團體，無法被納入效度建立過程的分析中，而被預先選擇出來作為建立效度的受試者團體，卻常因為它的同質性很高，

在測驗分數與外在效標分數的分布範圍很小，所以建立起來的效度係數值也就偏低。根據這種預先選擇樣本來建立效度係數的結果，最大的不良影響即是降低該效度係數值，造成許多測驗使用者因不瞭解計算效度係數背後的這項原因，誤以為該測驗缺乏具有參考價值的效度，而放棄使用它。事實上，為了實用的目的，若將某份測驗施測於所有的樣本時，便可以獲得比預期還高的效度係數值。即使在解釋效度係數的涵義時，測驗使用者也應該牢記這項事實。

貳 效度偏低時的補救措施

效度分析是建立在所有試題都具有所要測量或預測之潛在特質及行為表現的代表性假設上，因此，測驗分數本身便具有代表正確測量結果的涵義。當教師發現自編成就測驗的效度偏低時，此即表示該自編測驗是否仍具有正確測量或預測未來行為表現或潛在特質的能力，頗值得懷疑。因此，該如何謀求補救，便成為教師尋求改進與使用自編測驗的應變之道。

依據測驗使用目的不同，效度可以分成三類。因此，當教師遇到效度偏低時，也應該分別針對這三類不同的效度係數，尋求不同的補救途徑。

一、放棄不用或重新編擬試題

一般而言，教師若遵照雙向細目表進行編製測驗，通常都很容易維持一定程度以上的內容效度。但是，當進行前述內容效度的實證分析後，發現有若干試題的內容效度係數偏低時，最簡便的作法即是將其刪除；若此類不良試題太多時，便應該決定放棄整份測驗不用。

然而，刪除一些不良試題，卻會帶來降低測驗信度的危險，因此，權宜之計還是進行局部修改。針對若干內容效度係數偏低的試題，進行整題試題內容的重新編擬工作，修改之後，再請學科專家進行評審，經統計考驗而達到內容效度的合理要求條件者，方得予以保留下來，作為優良測驗試題之用。

　　當進行前述效標關聯效度及建構效度的分析，發現有若干試題的這類效度係數偏低時，便應該檢討：(1)是否外在效標選取不當；(2)是否理論建構不周全。如果是的話，則重新選取適當的外在效標，或修改理論建構；若不是的話，則問題可能是出在試題的內容品質上，此時，請參考本節的建議事項，針對試題進行局部修改或重新編擬的工作。

二、校正相關係數的萎縮

　　由於效度係數也是使用相關係數來表示，因此，它也面臨與信度係數一樣的問題，即效度係數也會被不可靠的測驗分數（即測量誤差較大）給萎縮，而造成效度係數降低的情形發生。因此，當遇到效度偏低的測驗時，應該進行相關係數萎縮的校正，以還原被萎縮的效度部分。

　　由公式 10-26 和 11-11 推論可知，若教師自編成就測驗的信度及外在效標的信度都很高時，計算而得的效度係數值也會比較精確，即使進行相關係數萎縮校正後，所增加的效度係數值部分也是很有限；但是，當教師自編成就測驗的信度及外在效標的信度都很低時，則經過相關係數萎縮校正後，則所增加的效度係數值部分將會非常可觀。因此，當教師自編成就測驗及外在效標都具有較高的測量誤差時，最好一定要進行相關係數萎縮的校正，以還原部分被萎縮的效度係數值。

　　有鑑於此，筆者亦要提出一個類似於遇到信度偏低時的補充建議：「對於效度偏低的測驗工具最好不要使用，若不慎使用了，則務必要進行事後的相關係數萎縮校正，才能獲取接近真實測量的效度係數值。」

學生問題表分析

當今國內教育問題最受人詬病者，乃是升學主義考試制度掛帥，及其衍生出來的學習適應與行為偏差的問題。這些問題不僅困擾著全國教師與學生，更讓教育研究學者與教育主管當局頭痛不已，莫不集思廣益，力求改進與解決之道，以期教育能夠回歸自然、正常，讓「教學領導考試」，而不是「考試領導教學」。

因此，本章賡續前三章的探討，進一步提出「學生問題表分析理論」（student-problem chart analysis theory），以期能夠協助教師做好試題分析、改進命題技巧，除此之外，亦能協助診斷學生的學習困難及各種學習類型所在，以幫助教師瞭解學生學習的個別差異，便利對症下藥，提出各種可能的補救教學或其他輔導措施，以提高學生的學習動機，增進學習的信心與興趣，進而提高學習成就，間接減少偏差行為的產生，降低日益嚴重的教育問題。

第一節　S-P 表分析概論

分析作答反應資料的重要性

過去，傳統的「試題分析」只分析每道試題的難度和鑑別度，而「測驗分析」也只分析整份測驗的信度和效度而已，並未針對學生的作答反應資料再予以細部分析，因此無法進一步利用測驗分析結果來幫助教師改進

教學效能，亦無助於診斷學生的學習困難所在，無法給予即時補救，白白錯失許多寶貴機會和訊息，誠屬可惜。如果我們能夠針對學生施測後的作答反應資料，再予以細部分析，從中找尋出進一步可用訊息，則測驗分析的功能除了完成測驗特徵（即信度與效度）的分析外，還可以作為教師改進命題、評量、教學與輔導的工具，對於提升學校教育品質將有莫大的貢獻（Haladyna, 1994）。

其實，教師在進行試題分析（尤其是選擇題的選項誘答力分析）時，若仔細留意學生的作答反應資料，可能會發現有部分學生的答對總分是一樣、但是其作答反應組型（response pattern）卻各不相同的例子。在此，所謂的「作答反應組型」即是指學生在某份測驗卷上，針對每道試題作答結果的原始資料（不論答對或答錯）所組合而成的一個向量（vector）。這種「作答反應組型」不僅反映出學生的作答結果，亦同時反映出學生的思考模式；因此，作答反應組型不同，其所代表的意義就不相同。例如，假設以「1」代表答對，以「0」代表答錯，則下列四名學生在 10 道試題上的測驗總分雖然相同，但其所表示的意義卻十分不同：

作答反應組型 ▶▶

　　學生甲：〔1111100000〕，答對總題數：5 題，得分：5 分。
　　學生乙：〔0000011111〕，答對總題數：5 題，得分：5 分。
　　學生丙：〔1010101010〕，答對總題數：5 題，得分：5 分。
　　學生丁：〔0101010101〕，答對總題數：5 題，得分：5 分。

1. 假設前五題是用來測量加法的計算，而後五題是用來測量減法的計算，則學生甲的作答反應組型表示出「他只會加法的計算」，而學生乙的作答反應組型表示出「他只會減法的計算」。因此，總分雖然相同，但作答反應組型所表示的意義卻很明顯的不相同。

2. 假設奇數題是用來測量一位數加法和減法的計算，而偶數題是用來測量二位數加法和減法的計算，則學生丙的作答反應組型表示出「他只會一位數加法和減法的計算」，而學生丁的作答反應組型表示出「他

只會二位數加法和減法的計算」。因此，總分雖然相同，但作答反應組型所表示的意義卻很明顯的不相同。

3. 假設本測驗是依據試題的難度指標排列，前五題較簡單，後五題較困難，則學生甲的作答反應組型表示出「他只會簡單的試題，困難的試題都不會」，而學生乙的作答反應組型表示出「他只會困難的試題，簡單的試題都不會」。因此，總分雖然相同，但作答反應組型所表示的意義卻不一樣。

4. 假設本測驗的奇數題比較簡單，偶數題比較困難，且前五題是第一個單元教材的內容，後五題是第二個單元教材的內容，則學生丙的作答反應組型表示出「他傾向只會第一和第二單元教材中比較簡單的試題」，而學生丁的作答反應組型表示出「他傾向只會第一和第二單元教材中較困難的試題」。因此，總分雖然相同，但作答反應組型所表示的意義卻很明顯的不一樣。

5. 假設本測驗有作答時間的限制，且後五題比前五題簡單，則學生甲的作答反應組型表示出「他會作答較困難的試題，但因為時間不夠，所以後五題來不及作答，否則他的測驗分數應該會更高」，而學生乙的作答反應組型表示出「他跳過較困難的試題，而先作答較簡單的試題，但因為時間及能力的限制，所以他最後也只會作答較簡單的試題而已」。因此，總分雖然相同，但作答反應組型所表示的意義卻很明顯的不相同。

6. 以上述第三個假設來說，試題是依據難度指標排列，簡單的在前，困難的在後。由學生乙的作答反應組型可知「他只會困難的試題，簡單的試題都不會」，這項發現似乎有點違背常理，亦即，一般而言，困難的試題會作答，則簡單的試題更一定會作答，哪有學生只會困難的試題，而簡單的試題都不會？這項訊息反映出一件事——學生乙的作答反應組型是一種「不尋常或異常的反應組型」（unusual or aberrant response pattern），這種現象可能是由其他因素所造成，其中隱含許多教育意義，需要教師進一步去研究分析，才能找出可用的價值訊息來。

由上述分析可知，作答反應組型不同，即使總分相同，其背後所隱含的涵義亦不相同。如果教師將總分相同的學生視為都是學習程度或學習成就相同者，則很顯然的是有誤解之處；換句話說，僅憑測驗得分的多寡就判斷學生學習成就的高低，是一件多麼不明智的事。最好的辦法是，除了瞭解學生得分高低外，應該同時研究其作答反應組型背後的涵義，如果能夠從中找出蛛絲馬跡的有用訊息，則可以對學生提供有關其學習過程缺失、思考模式與學習類型等有價值的回饋，對教師提供有關命題良窳、評量好壞與教學得失等參考訊息，這對改進教學措施、提升教育品質，將有長足的貢獻。

貳　S-P 表分析的研究緣起

　　所謂的 S-P 表，係指英文 Student（即學生）的 S，以及 Problem（即問題）的 P 兩個字母的簡稱；全稱「S-P 表」乃指英文 student-problem score table 或 student-problem chart（即學生問題表）之意。S-P 表分析技術，是由日本學者佐藤隆博（Takahiro Sato）博士於 1970 年代所創（Sato, 1969, 1971），是一種將學生在試題上的作答反應資料予以「圖形化」分析的方法，其目的在獲得每位學生的學習診斷資料，以提供教師實施有效學習輔導之參考。有關佐藤隆博博士的生平，讀者請參閱表 12-1 的簡介（Sato, 1987）。

　　佐藤博士有鑑於上述總分相同、但反應組型不同的例子，於是在日本 NEC 電器公司電腦與通訊（Computer & Communication）研究所致力於 S-P 表的研究與發展，終於在 1982 年前後，陸續發表三本適用於日本小學、初中、高中的著名教科書《S-P表的實際應用》，並且受到各級學校教師的熱烈喜愛。目前，在佐藤博士的領導下，日本各級學校教師莫不熱烈從事 S-P 表分析的應用研究，成果十分豐碩。至今在日本的中、小學學校裡，S-P 表的使用不但頗受重視，並且十分廣為流行。

　　後來，日裔美國學者龍岡誠博士（Dr. Maurice M. Tatsuoka）於 1970 年代末回日本講學及研究，發現 S-P 表的使用與發展在日本頗為盛行，於是

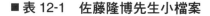

■ 表 12-1　佐藤隆博先生小檔案

佐藤隆博生於 1940 年，曾為日本 NEC 技術學院（Technical College）校長，以及 NEC 電器公司研究與發展部門的資深研究員（Research Fellow），他同時亦是日本慶應（Keio）大學科技（Science & Technology）學系的兼任教授，以及美國應用心理測量（*Applied Psychological Measurement*）學術性期刊的編輯委員。

佐藤博士 1973 年於日本慶應大學取得哲學博士學位，並於 1983 年榮獲日本政府所頒發的科技研究獎，以表彰他對發展 S-P 表分析方法和實際應用的成就與貢獻。

佐藤博士的研究興趣領域極廣，主要的領域有：教育測量、教育科技和應用資訊科技等。在這些領域中，他針對試題反應組型的分析（item response patterns）、試題分析、學習階層與教學工具網路的決定，和電腦輔助教學等方向，進行多年有系統的研究。

佐藤博士著有下列書籍（全部以日文出版）：

(1)*The construction and interpretation of S-P tables* （1975）

(2)*Data processing methods for instructional design and evaluation* （1980a）

(3)*Introduction to S-P curve theory analysis and evaluation* （1985）

(4)*Analysis of subject matter and student's structured learning using ISM method*

(5)*An introduction to educational information technology* （1987）

(6)*Fundamentals of educational information technology* （1989）

他亦是下列書籍的協同作者（全部以日文出版）：

(1)*CMI system*

(2)*Response analyzer: How to use and analyze student performance data*

他同時也是日本小學、初中、和高中三本著名教科書的主編，這些書名通稱為：*Practical uses of S-P chart*（Elementary, Junior high, and High school ed., 1982）（以日文出版），深受各級學校教師們的喜愛。

佐藤博士於 1963 年發明一套用來分析教室教學情境中學生反應的儀器，稱為學生反應分析器（student response analyzer）。他亦發展 SPEED 系統（S-P analysis based educational evaluation dynasty system）── 一種使用微電腦來幫助測驗計分及分析的電腦程式，以及課程編輯系統（courseware authoring system）（稱作 LESSONWRITER ）── ISM 教學目標圖分析系統，和測驗試題庫資料庫系統。

回國後，撰文介紹日本心理計量學界的最新發展概況，極力推崇電子與電機科技工程師介入教育測量問題的研究，充分發揮科際整合的研究成果（Tatsuoka, 1979）；並於 1980 年，邀請佐藤博士至美國講學及研究。佐藤博士曾先後在美國伊利諾州州立大學（香檳校區）（University of Illinois at Urbana-Champaign）、南加州州立大學（University of Southern California）、加州州立大學（洛杉磯分校）（University of California at Los Angeles）、密西根州立大學（Michigan State University）、教育測驗服務社（ETS）等大學及學術研究機構演講，介紹 S-P 表的理論與應用，並獲得美國伊利諾州州教育局（Illinois State Board of Education）的重視，先後為該州州內小學、初中、高中等各級學校教師舉辦數場 S-P 表分析研習會，受到當時伊利諾州中、小學教師們的喜愛使用。S-P 表的理論與應用，才逐漸在美國許多州受到重視與推廣開來。

　　1984 年，美國教育研究學會（AERA）曾以「S-P 表分析理論與應用之現況」為主題，舉行學術盛會，深獲與會學者專家們的熱烈討論。於是，美國學術界也紛紛投入龐大人力進行這方面的研究與推廣工作，尤其以伊利諾州州立大學（香檳校區）教育心理學系數位學者（如：Delwyn L. Harnisch, Robert L. Linn, Kikumi K. Tatsuoka, Maurice M. Tatsuoka 等）的倡導研究，也曾先後發表 S-P 表的修正指標（Harnisch, 1983; Harnisch & Linn, 1981; Tatsuoka, 1984a; Tatsuoka & Linn, 1983），以及結合試題反應理論所發展出的「規則空間」（rule space）（Tatsuoka, 1983, 1984b, 1985, 1986, 1987; Tatsuoka & Tatsuoka, 1982, 1983, 1987, 1988）等用來診斷學生錯誤概念（misconception）的分析技術。由此可見，美國學術界對 S-P 表分析的研究，已遠超過佐藤博士當初所發展的 S-P 表分析理論與技術，並正式邁入及成為當代測驗理論的研究主流之一。近年來，尤其與認知心理學的結合，已有逐漸延伸發展成為「認知診斷評量」（cognitively diagnostic assessment, CDA）新興學門的趨勢（余民寧，1995；Nichols, 1994; Nichols, Chipman, & Brennan, 1995; Tatsuoka, 2009），這也都是源自佐藤博士對 S-P 表分析研究的貢獻。

　　至於國內對 S-P 表分析的研究，首由彰化師範大學的陳騰祥教授

（1986，1988）於民國72年赴日本進修後，引進介紹到國內。後由政治大學呂秋文教授（1987）、臺灣師範大學何英奇教授（1989）、饒達欽教授（1988）、臺北護理專校陳漢瑛教授（1991）等人的推廣應用研究，現在已在國內逐漸發展，受到重視。臺灣省教育廳及臺北市教師研習中心等機構，也先後舉辦多場學術研討會，亦有不少有關 S-P 表的論文發表（何景國，1992；翁上錦，1993）。至今，國內亦有多份電腦軟體程式發展出來（如：何英奇，1989；何景國，1992；陳騰祥，1988等）。當然，本書為配合教師自編成就測驗的試題與測驗分析，亦獨立發展一份電腦程式 Tester for Windows，目前已發展到 4.0 版（讀者可參見本書附錄的使用說明），對於推廣與落實 S-P 表分析的知識、技術與成效而言，當可貢獻棉薄之力。

S-P 表分析的理論概要

　　S-P 表所關心的課題是學生在測驗試題上的「作答反應組型」，嘗試以幾個指標化數據，作為診斷或判讀該反應組型是否為不尋常（unusual）或異常（aberrant）的一種測驗分析方法。這種分析測驗資料的方法，特別適用於以班級為單位的少數人資料的分析，尤其更適合用於形成性評量的測驗資料分析，是一種屬於不對母群體特性設定任何假設值的統計推論方法——非參數統計方法（nonparametric method）。S-P 表分析所使用的指標，計有下列幾種：差異係數（disparity coefficient）、同質性係數（homogeneity coefficient）、試題注意係數（item caution index）及學生注意係數（student caution index）等。因此，所謂的 S-P 表分析，即是在分析每位學生及每道試題的作答反應組型之注意係數，以及整份測驗的差異係數和同質性係數。這些指標都是用來協助教師診斷學生表現、測驗品質及教學成果的有效工具，以作為改進教學、命題與輔導學生之參考。

　　根據 Carver（1974）的看法，測驗有兩種向度，一為心理計量向度（psychometric dimension），另一為教育計量向度（edumetric dimension）。前者是參照常態分配理論，以測量出受試者個人的相對位置為主旨的測驗導向；後者則參照教育目標或目標領域，以測量出受試者的精熟

程度或學習內容為主旨的測驗導向。就學習分類而言，心理計量向度是著重個別間的差異（between-individual differences），而教育計量向度則是以個人內在的所學與發展（within-individual gain and growth）為重點。這兩種不同向度的測驗，在教育上不會互相排斥，反而是相輔相成。因此，古典測驗理論專為測量個別差異的相對位置或名次排列而生，其編製測驗的方法、測驗內部結構之設計理論、測驗的信度與效度分析等，都是以試題分析的統計理論為其主要的研究課題，亦即，古典測驗理論旨在從測驗資料中求出個別差異的測量值和試題分析的試題特徵值。至於被視為當代測驗理論之一的 S-P 表分析理論，其目的則在獲得學習診斷資料，企圖透過對學生作答反應組型的分析，求出其注意係數值的大小，以辨別異常的反應組型資料，並從中獲得有用的診斷訊息，提供教師作為改進教學及輔導策略之參考。

第二節　S-P 表的編製與涵義

壹　S-P 表的製作

本書所附 Tester for Windows 程式已將 S-P 表的製作自動化呈現，讀者可以略過本節所述。但是為了對製表過程感興趣的讀者，在此還是將整個製作過程簡述一遍（Sato, 1975, 1980b, 1985）：

假設教師從任教班級中收集到一筆 N 名學生在 n 個試題上的作答反應資料，經過評分（即答對者給 1，答錯者給 0）之後，得到一個未經任何處理的 $N \times n$ 階的原始得分矩陣資料，特稱作「S-P 原始資料表」，簡稱「S-P 原表」，如圖 12-1 中之（一）所示。

接下來，依照每位學生得分總分之高低，將學生的整個反應組型及其總分，由上（即總分最高者排在最上面）往下（即總分最低者排在最下面）依序排列。遇到有學生總分相同時，則按照各學生在未答對之各試題（即

對應於「0」之試題）所對應之答對學生人數之和的小大順序（即總和較小者排在較上端），由上往下排列，如圖 12-1 中之（二）所示。例如，座號為 1、6、13、14 的學生，其總分都是 5 分，但其個別未答對試題之人數和為：8 ＋ 9 ＋ 6 ＋ 7 ＋ 4 ＝ 34、11 ＋ 7 ＋ 10 ＋ 4 ＋ 8 ＝ 40、8 ＋ 6 ＋ 10 ＋ 8 ＋ 5 ＝ 37 及 6 ＋ 7 ＋ 4 ＋ 8 ＋ 5 ＝ 30，所以這四名學生的排列順序依次為：14、1、13、6；同理，座號為 2 和 10 號的學生，其總分都是 6 分，其個別未答對試題之人數和皆為 27，因此，哪一位學生（2 或 10 號）排在上面皆可。為了簡便起見，遇到答對得分相同的學生，亦可以依其學號或座號之小大順序排列之。

　　接著，依照每道試題答對學生人數之多寡，將試題的整個反應組型及其答對學生人數，由左（即答對人數最多之試題排在最左端）往右（即答對人數最少之試題排在最右端）依序排列，遇到有答對人數相同之試題時，則以各學生未答對試題之學生總分之和的小大順序（即總和較小者排在較左端），由左往右排列，如圖 12-1 中之（三）所示。例如，試題 1 和 9 兩題的答對人數均為 8 人，其個別未答對試題之學生總分之和分別為：5 ＋ 6 ＋ 3 ＋ 8 ＋ 6 ＋ 1 ＋ 5 ＝ 34 及 5 ＋ 2 ＋ 4 ＋ 1 ＋ 5 ＋ 5 ＋ 4 ＝ 26，所以這兩道試題的排列順序依次為：9、1。為了簡便起見，遇到答對人數相同的試題，亦可以依其試題題號之小大順序排列之。

　　最後，依據每位學生所得總分（即「1」的個數），從左端往右端數起，數出和其總分相同的試題個數，並在其右邊畫一條直線（即分界線）。如此，由高分往低分分別畫出與每位學生總分相對應的分界線來，並在這些分界線的下方以橫線連接起來，以形成一個階梯狀的曲線，該曲線即稱作「S 曲線」，如圖 12-1 中之（四）的粗體線所示。同樣的道理，再依據每道試題之答對學生人數（即「1」的個數），從上往下數起，數出和其答對學生人數相同的學生個數，並在其下邊畫一條橫線（即分界線），如此，由左端往右端分別畫出與每道試題之答對學生人數相對應的分界線來，並在這些分界線的右方以直線連接起來，以形成一個階梯狀的曲線，該曲線即稱作「P 曲線」，如圖 12-1 中之（四）的細體線所示。畫出 S 曲線和 P 曲線之後，該表即為完整的 S-P 表。

（一）學生座號

S　　P	試題號碼										總分
	1	2	3	4	5	6	7	8	9	10	
1	0	1	1	0	0	0	1	0	1	1	5
2	0	1	1	1	1	1	0	0	1	0	6
3	0	1	0	0	0	0	1	0	1	0	3
4	1	1	1	1	0	1	1	0	1	0	7
5	1	1	1	1	1	1	1	0	1	1	9
6	1	1	0	1	1	0	0	0	0	1	5
7	1	1	1	1	1	1	1	1	1	1	10
8	1	0	0	0	0	0	1	0	0	0	2
9	0	1	1	1	1	1	1	1	1	0	8
10	0	1	1	0	0	1	1	0	1	1	6
11	1	1	0	0	1	0	0	1	0	0	4
12	0	0	1	0	0	0	0	0	0	0	1
13	0	1	1	1	0	1	0	1	0	0	5
14	1	1	1	1	0	0	1	0	0	0	5
15	1	0	1	1	0	0	1	0	0	0	4
答對人數	8	12	11	9	6	7	10	4	8	5	80

（註：S-P 原表）

↓

（二）學生座號

S　　P	試題號碼										總分
	1	2	3	4	5	6	7	8	9	10	
7	1	1	1	1	1	1	1	1	1	1	10
5	1	1	1	1	1	1	1	0	1	1	9
9	0	1	1	1	1	1	1	1	1	0	8
4	1	1	1	1	0	1	1	0	1	0	7
10	0	1	1	0	0	1	1	0	1	1	6
2	0	1	1	1	1	1	0	0	1	0	6
14	1	1	1	1	0	0	1	0	0	0	5
1	0	1	1	0	0	0	1	0	1	1	5
13	0	1	1	1	0	1	0	1	0	0	5
6	1	1	0	1	1	0	0	0	0	1	5
15	1	0	1	1	0	0	1	0	0	0	4
11	1	1	0	0	1	0	0	1	0	0	4
3	0	1	0	0	0	0	1	0	1	0	3
8	1	0	0	0	0	0	1	0	0	0	2
12	0	0	1	0	0	0	0	0	0	0	1
答對人數	8	12	11	9	6	7	10	4	8	5	80

（註：將 S-P 原表按學生總分高低，由上往下依序排列）

↓　　　　　　　　　　　　　　　　　　　（接下圖）

● 圖 12-1　　S-P 表的製作範例

S\P		試題號碼										總分
		2	3	7	4	9	1	6	5	10	8	
（三）學生座號	7	1	1	1	1	1	1	1	1	1	1	10
	5	1	1	1	1	1	1	1	1	1	0	9
	9	1	1	1	1	1	0	1	1	0	1	8
	4	1	1	1	1	1	1	1	0	0	0	7
	10	1	1	1	0	1	0	1	0	1	0	6
	2	1	1	0	1	1	0	1	1	0	0	6
	14	1	1	1	1	0	1	0	0	0	0	5
	1	1	1	1	0	1	0	0	0	1	0	5
	13	1	1	0	1	0	0	1	0	0	0	5
	6	1	0	0	1	0	1	0	1	1	0	5
	15	0	1	1	1	0	1	0	0	0	0	4
	11	1	0	0	0	0	1	0	1	0	1	4
	3	1	0	1	0	1	0	0	0	0	0	3
	8	0	0	0	1	0	0	1	0	0	0	2
	12	0	1	0	0	0	0	0	0	0	0	1
答對人數		12	11	10	9	8	8	7	6	5	4	80

（註：再依上表，按試題答對人數多寡，由左往右依序排列）

↓

S\P		試題號碼										總分	
		2	3	7	4	9	1	6	5	10	8		
（四）學生座號	7	1	1	1	1	1	1	1	1	1	1	10	S 曲線
	5	1	1	1	1	1	1	1	1	1	0	9	
	9	1	1	1	1	1	0	1	1	0	1	8	
	4	1	1	1	1	1	1	1	0	0	0	7	P 曲線
	10	1	1	1	0	1	0	1	0	1	0	6	
	2	1	1	0	1	1	0	1	1	0	0	6	
	14	1	1	1	1	0	1	0	0	0	0	5	
	1	1	1	1	0	1	0	0	0	1	0	5	
	13	1	1	0	1	0	0	1	0	0	1	5	
	6	1	0	0	1	0	1	0	1	1	0	5	
	15	0	1	1	1	0	1	0	0	0	0	4	
	11	1	0	0	0	0	1	0	1	0	1	4	
	3	1	0	1	0	1	0	0	0	0	0	3	
	8	0	0	0	1	0	0	1	0	0	0	2	
	12	0	1	0	0	0	0	0	0	0	0	1	
答對人數		12	11	10	9	8	8	7	6	5	4	80	

〔註：再依上表，畫出 S 曲線（以粗體線表示）和 P 曲線（以細體線表示）〕

● 圖 12-1　S-P 表的製作範例（續）

貳 S-P 表的基本性質與涵義

由圖 12-1 之（四）來看，S 曲線是指學生得分的累加分布曲線，它是用來區別學生答對與答錯的分界線。在 S 曲線以左的部分（或區域），大多數的數值都是 1，代表在這區域範圍內的學生反應大多數是「答對」試題；而在 S 曲線以右的部分（或區域），大多數的數值都是 0，代表在這區域範圍內的學生反應大多數是「答錯」試題。相同的道理，P 曲線是指試題答對人數的累加分布曲線，它是用來區別試題答對與答錯人數的分界線。在 P 曲線以上的部分（或區域），大多數的數值都是 1，代表在這區域範圍內的學生反應大多數是「答對」試題；而在 P 曲線以下的部分（或區域），大多數的數值都是 0，代表在這區域範圍內的學生反應大多數是「答錯」試題。由此可見，排列愈是在 S-P 表的左上方者，即代表能力愈高學生在愈簡單試題上的作答結果，大多數是「被期望答對試題」，所以這個區域應該出現大多數的「1」；而排列愈是在 S-P 表的右下方者，即代表能力愈低學生在愈困難試題上的作答結果，大多數是「被期望答錯試題」，所以這個區域應該出現大多數的「0」。

就每一位學生而言，在 S 曲線左邊答錯（即「0」）的個數會等於其右邊答對（即「1」）的個數，亦即，答錯和答對的個數對 S 曲線而言，是呈現「對稱的」（symmetric）分布。就每一道試題而言，在 P 曲線上方答錯（即「0」）的個數會等於其下方答對（即「1」）的個數，亦即，答錯和答對的個數對 P 曲線而言，亦是呈現「對稱的」分布。這種對稱性分布的特性，可以幫助讀者檢查所繪製的 S 曲線和 P 曲線是否正確、有無畫錯位置和形狀，以降低因計算錯誤而導致推論不正確的狀況發生。

當 S 曲線以左或 P 曲線以上的部分出現全部為「1」，且 S 曲線以右或 P 曲線以下的部分出現全部為「0」時，這種情況稱為「完美量尺」（perfect scale）的反應組型（Guttman, 1944）。此時，S 曲線和 P 曲線會重疊在一起。但是，完美量尺的反應組型只存在於理論中，在實際的作答反應組型裡，多半不會出現這種完美的狀況。如果我們仔細去觀察各種如圖 12-1

之（四）所示的S-P表，我們將會發現：完美量尺的反應組型並不會出現，通常只會出現類似圖 12-1 之（四）所示的 S-P 表而已，亦即，出現不規則或未按理想狀況出現的「不尋常或異常的反應組型」。這種不尋常反應組型（即該得 1 的區域，卻有少數得 0 者；或該得 0 的區域，卻有少數得 1 者）的情況，如果太過離譜或嚴重的話，我們希望可用一種量化指標來加以表示，以顯示這種不尋常或異常的嚴重程度，並且提供教師診斷試題優劣與判斷學生學習成果的參考（呂秋文，1987；陳騰祥，1986，1988）。此種指標化的分析，即為 S-P 表分析的重點。

S-P 表的基本圖形

在觀察 S-P 表時，須先將 S 和 P 曲線描畫成平滑之曲線，然後，再從曲線之位置和形狀來加以判讀 S 和 P 曲線所代表的意義。在 S-P 表中，S 曲線以左的部分（即所有「1」和「0」的總個數）或 P 曲線以上的部分（即所有「1」和「0」的總個數），占整個 S-P 表面積的比例，即表示該次測驗的平均答對率。因此，凡 S 曲線位置愈靠近 S-P 表之右方者，或 P 曲線位置愈靠近 S-P 表之下方者，即表示平均答對率愈高。從 S 曲線之形狀與位置，可以看出學生的學習成就所達成的程度，亦可以看出學生得分（即達成目標程度）的分布情形。而從 P 曲線之形狀與位置，可以看出每道試題的答對學生人數（即試題答對率），即班級學生達成目標與未達成目標之程度，亦可以看出每道試題被學生答對程度（即試題難易）的分布情形。

常見的 S-P 表圖形，有下列幾種典型。

1. 標準化測驗的 S-P 曲線

一般而言，標準化測驗的結果，可以從 S 曲線和 P 曲線的位置，判斷出其平均答對率約為 50% 左右。若從 P 曲線的形狀來看，其試題的答對率約在 20% 至 80% 之間。S 曲線則呈現 S 形狀，可以看出中央部分的答對率約占 50% 的學生人數最多，而靠近滿分和零分的學生人數則相當少。這類曲線圖形如圖 12-2 之（一）所示。

2. 同質性一致的常模參照測驗的 S-P 曲線

這種曲線的平均答對率約為 50% 左右，但因 P 曲線呈現傾斜之直線分布，表示試題答對人數的分布由高到低呈現均勻分布，且 S 曲線亦呈現傾斜之直線分布，表示學生得分的分布由高到低呈現均勻分布。屬於這類模式的成就測驗，表示試題和學生均具有同質性，這對於用來區別學生間的學習成就差異，極為方便。這類曲線圖形如圖 12-2 之（二）所示。

3. 能力陡降分布測驗的 S-P 曲線

這類曲線可由圖 12-2 之（三）所示看出，其平均答對率約在 70% 至 75% 之間。從 P 曲線之形狀，可以看出少數試題的答對率有偏低的傾向；從 S 曲線之形狀，可以看出大多數學生的答對率均集中在平均分數附近，少部分學生的答對率有偏低的趨勢。

4. 編序教學後測驗的 S-P 曲線

這類曲線如圖 12-2 之（四）所示，從 S 曲線和 P 曲線的位置，可以看出其平均答對率約在 80% 左右，除了極少數學生的成績稍微偏低外，其餘均有相當良好的成績。

5. 試題呈現二極化分布測驗的 S-P 曲線

這類曲線如圖 12-2 之（五）所示，從 S 曲線和 P 曲線的位置，可以看出其平均答對率約在 60% 左右，但是 P 曲線的形狀特異，答對率高與答對率低的試題偏向兩極端，這種現象通常顯示命題不太理想。

6. 教學前測驗的 S-P 曲線

這類曲線如圖 12-2 之（六）所示，從 S 曲線和 P 曲線的位置，可以看出其平均答對率僅 25% 左右，但從 P 曲線的形狀可以看出，除了少數幾個試題外，每一個試題的答對學生人數均偏低；從 S 曲線的形狀可以看出，除了少數幾位學生外，其餘學生的答對率都偏低。

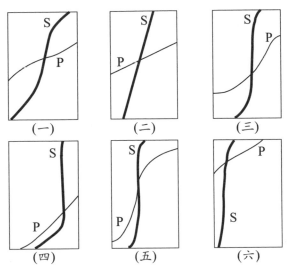

（註：S曲線以粗體線表示，P曲線以細體線表示）

● 圖 12-2　典型的 S 曲線和 P 曲線之圖形

第三節　差異係數的計算

　　一般而言，完美量尺的反應組型不會出現在實際的測驗情境中，不完美量尺的反應組型反而比較常見，亦即，在 S 曲線以左的部分有某些學生答錯（即得「0」分），而以右的部分有某些學生答對（即得「1」分），或者是在 P 曲線以上的部分有某些試題被學生答錯（即得「0」分），而以下的部分有某些試題被學生答對（即得「1」分）。因此，常見的不完美量尺的反應組型，會呈現 S 曲線和 P 曲線分開的狀態，亦即，這兩條曲線不會重疊在一起，其間必須要有適度的分離。分離程度太大或太小都不適宜，S 和 P 兩曲線分離程度的標準值，必須從經驗來加以判斷。一般說來，其標準值會隨著科目、測驗內容、測驗種類和測驗形式而有所不同。而測量 S 和 P 兩曲線的分離程度，可以使用一個量化指標，即「差異係數」，來表示其分離程度的大小。

　　差異係數是指實際測驗得到的S-P表中，S和P兩曲線之分離面積（即兩曲線間所圍成之部分），占隨機情況下之 S-P 曲線所圍成部分之面積期望值的比值，通常以 D* 符號來表示如下：

$$D^* = \frac{S(N, n, \bar{p})}{S_B(N, n, \bar{p})}$$　　　　　　　　　　　　（公式 12-1）

　　其中，$S(N, n, \bar{p})$ 表示在學生人數為 N、試題數為 n，且平均答對率為 $\bar{p}$ 的條件下，實際得到的 S-P 表中，S 和 P 兩曲線所包圍部分的面積；而 $S_B(N, n, \bar{p})$ 則表示在學生人數為 N、試題數為 n，且平均答對率為 $\bar{p}$ 的條件下，S 和 P 兩曲線皆呈現累加二項式分配（cumulative binomial distribution）曲線所包圍部分之面積。

　　由於上述公式計算繁瑣且費時，佐藤博士（Sato, 1975, 1980b, 1985）於是提出下列的近似公式來取代它：

$$D^* = \frac{C}{4Nn\bar{p}(1-\bar{p})D_B(M)}$$　　　　　　　　　（公式 12-2）

　　其中，C 是 S 曲線與 P 曲線所包圍之「1」和「0」的個數總和；$M = G\left[\sqrt{Nn} + 0.5\right]$ 是求取中括號內高斯整數值（亦即指將中括號內的數值，捨棄其小數值部分，僅保留整數值部分的意思）；$\bar{p} = \frac{\sum\limits_{i=1}^{N} X_i}{Nn}$（$X_i$ 為每位學生的得分）是平均答對率；N 是學生人數；n 是試題個數；$D_B(M)$ 的值可由上述計算出之 M 值代入表 12-2 中查得。

　　茲以圖 12-1（四）的資料為例，說明差異係數的計算如下：首先，算出 S 曲線與 P 曲線間之「1」和「0」的個數，共 28 個，且已知學生人數為 15 人（即 $N = 15$），試題個數是 10（$n = 10$），

$$\therefore \bar{p} = \frac{80}{15 \times 10} = 0.533$$　　（其中，80 是 15 名學生的得分總和）

■ 表 12-2　$D_B(M)$的查表值

M	$D_B(M)$	M	$D_B(M)$	M	$D_B(M)$	M	$D_B(M)$	M	$D_B(M)$
11	.278	29	.355	47	.384	65	.402	83	.413
12	.285	30	.358	48	.385	66	.403	84	.413
13	.291	31	.360	49	.386	67	.404	85	.414
14	.296	32	.362	50	.387	68	.404	86	.414
15	.302	33	.364	51	.388	69	.405	87	.415
16	.307	34	.366	52	.389	70	.405	88	.415
17	.312	35	.367	53	.390	71	.406	89	.416
18	.317	36	.369	54	.391	72	.407	90	.416
19	.321	37	.370	55	.392	73	.408	91	.417
20	.326	38	.372	56	.393	74	.408	92	.417
21	.330	39	.373	57	.394	75	.409	93	.418
22	.334	40	.375	58	.395	76	.409	94	.418
23	.337	41	.377	59	.396	77	.410	95	.419
24	.341	42	.378	60	.397	78	.410	96	.419
25	.344	43	.380	61	.398	79	.411	97	.419
26	.347	44	.381	62	.399	80	.411	98	.420
27	.350	45	.382	63	.400	81	.412	99	.420
28	.353	46	.383	64	.401	82	.412	100	.420

求 $M = G[\sqrt{15 \times 10} + 0.5] = 12$，再代入上表，查得相對應的 $D_B(M)$ 值為 0.285；最後，將上述各值代入公式（12-2）裡，得：

$$D^* = \frac{28}{4 \times 15 \times 10 \times 0.533 \times (1 - 0.533) \times 0.285} = 0.658$$

　　當實際測驗得到的 S-P 表呈現完美量尺的反應組型時，差異係數值會等於 0（即 $D^* = 0$）；當實際測驗得到的 S-P 表純粹是由隨機造成的反應組型時，差異係數會等於 1（即 $D^* = 1$）。所以，在一般正常的情況下，D^*值是介於 0 到 1 之間，表示 S 與 P 兩曲線間有某種程度的分離。

在大多數實際例子中，一般的常模參照測驗多半是用在測量綜合性能力特質時，D^*值都會比較高，此時，以$D^* = 0.5$ 左右為標準值；當$D^* > 0.6$ 時，則表示測驗含有相當多的異質因素在內，對學生的反應組型應予以注意，對試題應予檢討，甚至有修正試題或改進命題之必要。而如果是使用效標參照測驗或以練習為主的測驗時，因為練習次數、提示教材，以及達到精熟程度者均較多，試題群和學生群兩者均具有相當的同質性，所以，D^*值都會比較低，此時，以$D^* = 0.4$ 為標準值就可，若$D^* > 0.5$ 時，則表示測驗含有相當多的異質成分在內，即應予以注意，並加以檢討。

所以，根據上述標準值來進行判斷，上例中的差異係數為 0.658，已大於 0.6，表示該測驗內含有許多異質成分，應予以檢討試題或甚至大幅修正試題。

根據佐藤博士（Sato, 1980a）多年的研究經驗認為，S 曲線與 P 曲線之間若過大分離的話，則表示「可能有某些原因在作祟」，因此，需要進一步去調查或探究其原因。通常，造成 S 曲線與 P 曲線之間過大分離的原因，計有下列九項：

1. 教學不澈底、不夠清楚。
2. 學習目標和內容與測驗內容不符，或測驗編製的內容不具有教學內容的代表性。
3. 命題順序及試題間前後關係編排不當，或試題內容、表達方式與測驗指導語不當。
4. 教學時間與實施測驗時間相隔太久。
5. 學生練習次數不夠，學習未達精熟程度。
6. 中、低程度學生中尚有許多學習不穩定者。
7. 學生的學習動機或意願低落。
8. 學生的心理或生理產生急劇的變化。
9. 教師評分未連貫、評分標準不一、評分重點不明確，或甚至評分錯誤。

當在實際進行 S-P 表分析時，若不幸獲得一個較大的差異係數值，如果能夠針對上述原因，仔細探究檢討，當不難找出真正的原因所在。

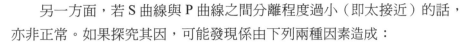

另一方面，若 S 曲線與 P 曲線之間分離程度過小（即太接近）的話，亦非正常。如果探究其因，可能發現係由下列兩種因素造成：

1. 學生的學習成就普遍低落，或測驗內容過於困難〔如：圖 12-2 之（六）所示〕。

2. 學生的學習成就明顯地分成兩組——高分組與低分組，其分數之分配呈現雙峰或 U 形分配〔如：圖 12-2 之（五）所示〕。

上述差異係數，可用來表示 S-P 表整體的非同質性程度指標，換句話說，$1 - D^*$ 即表示整體 S-P 表的同質性程度指標。$1 - D^*$ 與各試題相互之間具有比例的關係，它常與 Loevinger（1957）所提的同質性係數（coefficient of homogeneity）H 互用。同質性係數 H 的定義如下：

$$H = \frac{V_t - V_h}{V_m - V_h} \qquad \text{（公式 12-3）}$$

其中，V_t 表示實際所得 S-P 表的學生總分之變異數；V_m 表示假設實際所得 S-P 表的 P 曲線為固定（即各試題的正確答對率與實際 S-P 表相同）時，出現完美 S-P 表的學生總分之變異數；V_h 表示假設實際所得 S-P 表的 P 曲線為固定（即各試題間的相關係數為 0）時，出現最異質 S-P 表的學生總分之變異數。

當各試題之間的相關係數為 0 時，上述的 V_h 值則為：

$$V_h = \sum_{j=1}^{n} P_{.j}(1 - P_{.j}) \qquad \text{（公式 12-4）}$$

$P_{.j}$ 表示試題 j 的正確答對率。因此，可以將公式 12-3 展開如下：

$$H_p = \frac{\sigma^2_{(y_{i.})} - \sum_{j=1}^{n} P_{.j}(1 - P_{.j})}{\sigma^2_{c(y_{i.})} - \sum_{j=1}^{n} P_{.j}(1 - P_{.j})} \qquad \text{（公式 12-5）}$$

$$= \frac{\sigma^2_{(y_{i.})} - \sum\limits_{j=1}^{n} P_{.j}(1 - P_{.j})}{2\sum\limits_{j=1}^{n} jP_{.j} - \mu_{(y_{i.})}\,(1 + \mu_{(y_{i.})})} \qquad (\text{公式 12-6})$$

　　上述公式中的分子與分母是表示實際測得的共變數之和與最大可能共變數之和，亦即，上述公式可以表示如下：

$$H = \frac{實測共變數之和}{最大可能共變數之和} \qquad (\text{公式 12-7})$$

　　當各試題之間的相關係數為 0 時（亦即各試題反應模式為獨立時），其共變數之和為 0，因此，$H = 0$；當完美的 S-P 表出現時，$H = 1$。因此，佐藤博士特將 H 適用在 S-P 表時，改為 H_p，以表示 S-P 表的試題同質性係數之意。同理，將 S-P 表上關於學生的同質性係數改為 H_s，其公式的意義如下所示：

$$H_s = \frac{\sigma^2_{(y_{.j})} - \sum\limits_{i=1}^{N} P_{i.}(1 - P_{i.})}{\sigma^2_{c(y_{.j})} - \sum\limits_{i=1}^{N} P_{i.}(1 - P_{i.})} \qquad (\text{公式 12-8})$$

$$= \frac{\sigma^2_{(y_{.j})} - \sum\limits_{i=1}^{N} P_{i.}(1 - P_{i.})}{2\sum\limits_{i=1}^{N} iP_{i.} - \mu_{(y_{.j})}\,(1 + \mu_{(y_{.j})})} \qquad (\text{公式 12-9})$$

　　其中，$\sigma^2_{(y_{.j})}$ 表示對試題正確答對人數 $y_{.j}$ 的變異數；$P_{i.}$ 表示學生 i 的得分率（即 $= \frac{1}{n}\sum\limits_{j=1}^{n} y_{ij}$）；$\sigma^2_{c(y_{.j})}$ 表示實際測得 S-P 表之 S 曲線若是固定，並假設出現完美 S-P 表的正確答對人數 $y_{.j}$ 的變異數；$\mu_{(y_{.j})}$ 表示學生的平均得分。由上述可知，在 S-P 表求出 H_p 和 H_s 之後，即可瞭解試題群與學生群中何者較具同質性。

第四節　注意係數的計算

　　除了針對整份測驗使用差異係數外，S-P 表亦針對個別的學生和試題使用另一類係數：「注意係數」（caution index）。注意係數可以分成兩種：一種為學生注意係數（caution index for students, CS），另一種為試題注意係數（caution index for items or problems, CP）。不論種類為何，注意係數都是用來作為判斷學生或試題反應組型是否出現異常現象的一種指標。

　　由於在實際的測驗資料裡，S-P 表所分析的對象幾乎都是一種不完美的反應組型資料，亦即，它是呈現一種在 S 曲線左邊或 P 曲線上方有部分得「0」，而在 S 曲線右邊或 P 曲線下方有部分得「1」的反應組型資料，或者說是「不尋常的反應組型」或「異常的反應組型」。當這種不尋常的反應組型愈趨嚴重（即 S 曲線左邊或 P 曲線上方得「0」者，以及 S 曲線右邊或 P 曲線下方得「1」者愈多），或達某種明顯程度時，則表示該學生或試題的反應組型已達到顯著不尋常程度，我們即可以一種量化指標（即注意係數）來表示其嚴重性；若尚未達到明顯程度，則表示仍然可以接受該反應組型及其量化指標，認為它是受到作答誤差影響所致，但並不嚴重，還可以被接受。因此，所謂的注意係數，即是指 S-P 表資料中，實際反應組型與完美反應組型之間的差異，占完美反應組型之最大差異的一項比值（Sato, 1975）。它的數學涵義可以下列公式來表示：

$$注意係數 = \frac{[實際反應組型]與[完美反應組型]間的差異}{[完美反應組型]的最大差異} \quad （公式 12\text{-}10）$$

　　此處，所謂的最大差異，即是指在給定此組型之平均值時，最為自然之狀態（即最為不規則之狀態）的意思。這種定義方法係以 S-P 表之邊際次數〔即各個學生的合計得分（即總分）或各個試題之答對學生人數〕為基準變量來表示，因此，上述公式亦可以表示如下：

$$注意係數 = \dfrac{\begin{bmatrix} 完美反應組型與 \\ 基準變量之共變數 \end{bmatrix} - \begin{bmatrix} 實際反應組型與 \\ 基準變量之共變數 \end{bmatrix}}{\begin{bmatrix} 完美反應組型與 \\ 基準變量之共變數 \end{bmatrix} - \begin{bmatrix} 隨機反應組型與 \\ 基準變量之共變數 \end{bmatrix}} \quad （公式 12\text{-}11）$$

由於上述〔隨機反應組型與基準變量之共變數〕一項，在計算時會有差異產生，因此，以期望值來表示較為適當，而在這種情況下，其期望值為零。因此，上述公式又可以改寫如下：

$$注意係數 = 1 - \dfrac{實際反應組型與基準變量之共變數}{完美反應組型與基準變量之共變數} \quad （公式 12\text{-}12）$$

依此定義可以得知注意係數為非負值的量數（即大於等於 0）。當變量為完美反應組型時，注意係數等於 0；當變量為隨機反應組型時，注意係數將會接近於 1。而實際的反應組型之注意係數值，通常都是介於 0 與 1 之間，但是，注意係數值也可能有大於 1 之情形發生，此時，對於邊際之基準變量而言，其反應組型是呈現逆轉的現象，在 S-P 表中即為異常的反應組型。因此，注意係數值愈大，即表示反應組型愈為異常或不尋常的情況愈嚴重；反之，注意係數值愈小，則表示反應組型為不尋常的現象比較不嚴重，還在容許的作答誤差範圍內。

若以下列的作答原始資料表作為輔助瞭解的工具，則試題和學生的注意係數計算公式可以表示如下：

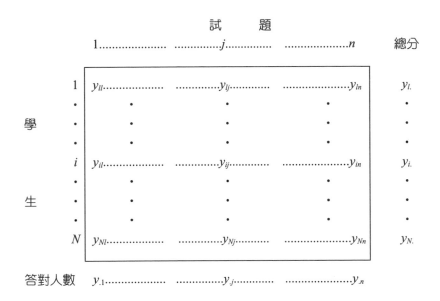

其中，y_i. 表示學生 i 的總分，而 $\mu = \dfrac{1}{N}\sum\limits_{i=1}^{N} y_i.$ 表示學生之平均得分；$y_{.j}$ 表示試題 j 的答對人數，而 $\mu' = \dfrac{1}{n}\sum\limits_{j=1}^{n} y_{.j}$ 表示試題之平均答對人數。

$$CP_j = 1 - \frac{\sum\limits_{i=1}^{N}(y_{ij})(y_i.) - (y_{.j})(\mu)}{\sum\limits_{i=1}^{y_{.j}} y_i. - (y_{.j})(\mu)} \qquad （公式 12-13）$$

$$= \frac{\sum\limits_{i=1}^{y_{.j}}(1 - y_{ij})(y_i.) - \sum\limits_{i=y_{.j}+1}^{N}(y_{ij})(y_i.)}{\sum\limits_{i=1}^{y_{.j}} y_i. - (y_{.j})(\mu)} \qquad （公式 12-14）$$

$$= \frac{\begin{bmatrix} 試題\ j\ 對應於\ P\ 曲線 \\ 上方答[0]的學生總分 \\ 之和 \end{bmatrix} - \begin{bmatrix} 試題\ j\ 對應於\ P\ 曲線 \\ 下方答[1]的學生總分 \\ 之和 \end{bmatrix}}{\begin{bmatrix} 試題\ j\ 在\ P\ 曲線 \\ 上方各學生總分 \\ 之和 \end{bmatrix} - \begin{bmatrix} 試題\ j\ 之 \\ 答對人數 \end{bmatrix} \times \begin{bmatrix} 學生之 \\ 平均得分 \end{bmatrix}} \qquad （公式 12-15）$$

$$CS_i = 1 - \frac{\sum\limits_{j=1}^{n} (y_{ij})(y_{.j}) - (y_{i.})(\mu')}{\sum\limits_{j=1}^{y_{i.}} y_{.j} - (y_{i.})(\mu')} \qquad （公式 12-16）$$

$$= \frac{\sum\limits_{j=1}^{y_{i.}} (1 - y_{ij})(y_{.j}) - \sum\limits_{j=y_{i.}+1}^{n} (y_{ij})(y_{.j})}{\sum\limits_{j=1}^{y_{i.}} y_{.j} - (y_{i.})(\mu')} \qquad （公式 12-17）$$

$$= \frac{\begin{bmatrix} 學生\ i\ 對應於\ S\ 曲線 \\ 左方答[0]的試題之答 \\ 對人數之和 \end{bmatrix} - \begin{bmatrix} 學生\ i\ 對應於\ S\ 曲線 \\ 右方答[1]的試題之答 \\ 對人數之和 \end{bmatrix}}{\begin{bmatrix} 學生\ i\ 在\ S\ 曲線 \\ 左方各試題之答 \\ 對人數之和 \end{bmatrix} - \begin{bmatrix} 學生\ i \\ 之總分 \end{bmatrix} \times \begin{bmatrix} 試題之平均 \\ 答對人數 \end{bmatrix}} \qquad （公式 12-18）$$

　　為了說明上述公式是如何計算的，茲舉圖 12-1 之（四）為例，實際計算說明如下。該圖中之學生座號為 7、5 及 4 的三位學生，其作答的反應組型稱為「完美反應組型」（即以 S 或 P 曲線為界，沒有 1 與 0 交互出現之反應組型；或該得 1 的區域，沒有 0 出現，以及該得 0 的區域，沒有 1 出現的反應組型），此時，他們的注意係數值為 0。其餘學生和試題的反應組型，都不是完美的反應組型，他們多少都含有一點不尋常的意味在裡頭，只是各有不同的嚴重程度而已。因此，他們的注意係數值不會等於 0。茲以座號為 1 和 9 的兩位學生，以及編號為 2 與 7 的兩道試題為例，說明其各別的注意係數值算法如下：

$$平均得分\ (\mu) = \frac{每位學生得分之總和}{學生人數} = \frac{\sum\limits_{i=1}^{N} y_{i.}}{N}$$

$$= \frac{10 + 9 + 8 + 7 + 6 \times 2 + 5 \times 4 + 4 \times 2 + 3 + 2 + 1}{15} = \frac{80}{15} = 5.30$$

$$\text{平均答對人數 } (\mu') = \frac{\text{每道試題答對人數之總和}}{\text{試題個數}} = \frac{\sum\limits_{j=1}^{n} y_j}{n}$$

$$= \frac{12 + 11 + 10 + 9 + 8 \times 2 + 7 + 6 + 5 + 4}{10} = \frac{80}{10} = 8.00$$

$$CS_9 = \frac{8 - 4}{(12 + 11 + 10 + 9 + 8 \times 2 + 7 + 6) - (8) \times (8.00)} = 0.571$$

$$CS_1 = \frac{9 - 5}{(12 + 11 + 10 + 9 + 8) - (5) \times (8.00)} = 0.400$$

$$CP_2 = \frac{4 - 3}{(10 + 9 + 8 + 7 + 6 \times 2 + 5 \times 4 + 4 \times 2) - (12) \times (5.30)} = 0.096$$

$$CP_7 = \frac{(6 + 5 \times 2) - (4 + 3 + 2)}{(10 + 9 + 8 + 7 + 6 \times 2 + 5 \times 4) - (10) \times (5.30)} = 0.538$$

　　一般而言，注意係數的值均為正值，其數值愈大，表示愈值得予以注意。也就是說，試題或學生的反應組型愈趨向不尋常，愈需要教師或研究者去注意它們。因此，根據在實際教育情境中大多數案例探討的應用心得，佐藤博士提出下列的判斷標準：

1. 當 $0 \le CP_j$（或 CS_i）$<.50$ 時，即表示該試題或學生的反應組型發生不尋常的情況並不嚴重，或還在容許的作答誤差範圍內，因此，不予任何標記，以示其正常程度。

2. 當 $.50 \le CP_j$（或 CS_i）$<.75$ 時，即表示該試題或學生的反應組型為不尋常的情況已達嚴重程度，應予注意，可以使用一個星號（即*）來標記。

3. 當 CP_j（或 CS_i）$\ge .75$ 以上時，即表示該試題或學生的反應組型為不尋常的情況已是非常嚴重程度，需要更加特別注意，可以使用兩個星號（即**）來標記。

　　凡是被標上應予注意或特別注意的試題，即表示該試題題意不清、含有異質成分，或試題編製不良，宜加以修改，或甚至是整題刪除；而被標上應予注意或特別注意的學生，即表示該學生具有很不尋常或異常的反應

組型，或其反應組型無法反映出其應有的潛在能力或特質，需要重測以再確認其反應組型或需要進行個別輔導。

　　上述判斷標準，只是經驗上所推薦之標準，尚有待學者賦予統計學的顯著考驗意義。0.50 之標準值，剛好是隨機反應組型下之注意係數值的一半。但在多因子的 S-P 表分析中（如：實施標準化成就測驗），一般而言，其差異係數 D*值均較大，所以其 CP 及 CS 值的判斷標準也應該放大，此時，其判斷標準為 *CP* 或 *CS*≧.60 時，即應予以注意檢討。

　　由上述的計算例子可知，第 2 個試題的注意係數為 0.096，表示該試題良好，不必注意，亦不需要任何修改；而第 7 個試題的注意係數為 0.538，表示該試題應予注意，需要檢討或作修改。座號為 1 號的學生注意係數為 0.400，表示該學生的反應組型良好，不必注意；而座號為 9 號的學生注意係數為 0.571，表示該學生的反應組型應予注意，它可能是不尋常的反應組型。其餘試題和學生的注意係數，也可以仿同本例計算出來，並加以判斷。

　　從教師自編成就測驗施測完畢，開始登錄學生的作答反應資料算起，經由資料轉換、排序、畫出 S 曲線和 P 曲線，進行試題分析以計算出難度、鑑別度和選項誘答力指標，以及再進行測驗分析以計算信度係數、效度係數、差異係數和注意係數等指標，如果全靠人工進行筆算或使用掌中型計算機來輔助計算的話，都相當費時、費事和費力，並且也容易發生計算結果錯誤和不精確等情事。因此，本書所附 Tester for Windows 程式，即是專為此計算目的而設計的，讀者只要瞭解本章及前幾章各種指標概念的涵義即可，至於計算問題，則可以完全仰賴 Tester for Windows 程式的輔助計算，而不必把精力花費在如何計算的學習上。Tester for Windows 程式可以提供相關的測驗分析訊息，供教師及研究者進一步檢討或改進命題與教學的技巧，增進學生的學習效果。

第五節　S-P 表的應用與未來發展

一般來說，參照 S-P 表中全體學生的作答反應組型，可以協助發現與此反應組型相異的個別學生或試題。當然，與全體學生的作答反應組型相異的個別學生或試題，並非一概都是不好的，只不過在同一位教師的一致教學指導下，很多場合也都會包含許多各式各樣的潛在問題，因此在作學習診斷時，有必要予以注意檢討。

依據佐藤博士多年的實驗結果認為，在 S-P 表中 S 曲線左方之「0」所代表的答錯試題情況，多半都是由於學生的反覆練習工作做得不夠充分、不細心所造成的錯誤、誤解題意，以及純粹的理解不夠徹底所致，因此，這些錯誤大多在經過教學指導之後，便立即可以改正過來。

但是在 S 曲線右方之「0」所代表的答錯試題情況，則是屬於連基本的理解都不會之情形，為完全隨便亂作答、連自己都不知道任何道理者。因此，S-P 表中 S 曲線左方與右方之「0」的意義有別，讀者應特別注意。

試題的診斷分析

根據 S-P 表分析的結果，我們可以據以作為診斷試題功能之用。其作法如下：以試題的注意係數當橫軸，而以答對試題的學生人數百分比（即答對率）當縱軸，根據每道試題的這兩項數據值，將每道試題標示在如圖 12-3 所示的座標圖裡。這個座標圖，即是試題診斷分析圖，我們將藉助它來說明如何利用測驗分析的訊息，幫助診斷試題的良窳。

圖 12-3 所示的意思是：整個試題診斷分析圖將試題的屬性分成四大類，各如圖 12-3 中所示的四個區域（即：A、A'、B 和 B'）及其所表示的涵義。如果我們根據 S-P 表的分析結果，將每道試題畫在此一診斷圖上，教師及研究者即可據以判斷每道試題編製品質屬性的良窳，並配合試題分析的結果，好好評鑑每道試題，並做出最好的評鑑抉擇。這四種試題類型

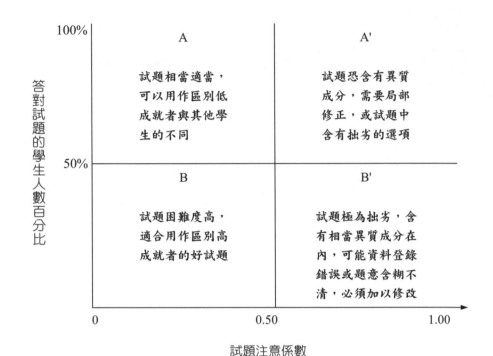

● 圖 12-3　試題診斷分析圖

及其屬性涵義，根據筆者三十年來的應用心得（尤其是當作常模參照測驗使用時），可以分別歸類說明如下。

1. 優良型試題

凡分析結果，試題特徵是落入 A 區者，即表示該試題是屬於相當適當，適合學生的測驗程度。一般說來，凡是在正常教學下，教師根據雙向細目表及各種命題原則所命出的試題，多半都會落入此區域，表示它是一道典型的、正常且良好的優良型試題，適合該批學生測量。

2. 異質型試題

凡分析結果，試題特徵是落入 A' 區者，即表示該試題含有異質成分在內，值得教師與研究者的注意。但由於其答對率尚高，試題尚無太大嚴重問題存在，頂多只需要稍作局部的修改即可。教師及研究者亦可以配合前

幾章所述的試題分析技巧、試題編製原則以及邏輯觀點來綜合判斷試題的好壞，以便找出試題編製不良的地方，進行修改，做到符合編製優良試題的要求水準。

3. 困難型試題

凡分析結果，試題特徵是落入 B 區者，即表示該試題是屬於高難度試題。此類試題是屬於答對人數百分比（即答對率）相對較低、但注意係數值亦小的試題，對於基本學力程度不足的學生而言，可能很難作答。但由於它不含異質成分或題意不清等試題編製不良的問題，故不必修改，僅只是屬於作答困難度較高的試題而已。

4. 拙劣型試題

凡分析結果，試題特徵是落入 B' 區者，即表示該試題是相當拙劣的試題。通常，這類試題的答對率偏低，且注意係數亦過大，表示它含有相當多的異質成分在內，它所測量到的特質很可能與其他試題不相同，或是試題題意含糊不清，或是違反命題的編製原則而造成試題題意含糊不清，教師及研究者應該特別予以注意，並且配合其他客觀指標或觀察事項，來加以檢討或大幅度修改，甚至是整道試題予以刪除不用或重新編擬。

圖 12-3 所示的試題診斷分析圖，可以提供教師及研究者自我診斷試題編製良窳的參考。但在判斷試題的良窳時，教師可以配合參考前幾章所述的試題編製原則與範例、試題分析結果（難度、鑑別度和選項誘答力分析等資料），再進行綜合性的研判，以期真正找出不良試題的原因所在，並加以改進或修正。如果發現問題是與教師的教學有關，則教師應該切實檢討改進自己的教學方法、教材、進度、評量方式或命題技巧，以期能夠編製出一份優良的成就測驗，作為收集學生學習進展訊息的有效評量工具。

根據筆者多年經驗，某試題的注意係數較大時，其試題分析結果的鑑別度指標不一定就大；相反地，試題分析結果鑑別度指標大的試題，其注意係數也不見得會較大。至於鑑別度指標適中的試題，反而其注意係數卻相當大的情形，亦有所見。因此，與其說僅憑鑑別度指標的大小來判斷試題是否適當，不如說是參照試題注意係數來加以研判，比較具有積極改進

命題、教學及學習輔導的參考價值和意義。一般而言，落入 A' 和 B' 區的試題，多半與下列常見的因素有關，因此才會造成命題有異質成分在內，引起學生容易答錯或答對，而產生極不尋常的反應組型：

1. 教學法與教材欠當。

2. 教師的教學態度欠佳。

3. 命題技巧欠當，如：

　(1) 命題的條件不清楚，以致於沒有正確答案可答。

　(2) 命題目標與教學目標不一致，試題不具有教材的代表性。

　(3) 評量的觀點與教學目標不一致，教學內容和命題內容欠整合。

　(4) 試題的提示欠當，有誤導作答之虞。

　(5) 出乎意料之外，出現有多種答案的試題。

　(6) 試題前後不獨立，有暗示答案的線索存在，或前後試題具有連鎖反應的關係。

　(7) 違反各試題類型的命題原則。

　　教師除了根據試題注意係數指標進行研判之外，尚應根據上述的可能原因，找出最適當的理由，進行修正試題或改進教學，如此，才能落實改進命題技巧的測驗分析工作。

 貳 學生的診斷分析

　　根據 S-P 表分析的結果，亦可據以作為診斷學生學習類型之用。我們可以仿照前述，以學生的注意係數當橫軸，以學生得分之百分比值當縱軸，再根據每名學生的這兩項數據值，將每名學生標示在如圖 12-4 所示的座標圖裡。這個座標圖，即是學生診斷分析圖，我們將藉助它來說明如何利用測驗分析的訊息，幫助診斷學生的學習狀況及學習類型。

　　圖 12-4 所示的意思是：整個學生診斷分析圖將學生的學習狀況分成六類，各如圖中所示的六個區域（即：A、A'、B、B'、C、C'）及其內涵所表示的涵義。這個學生診斷分析圖可以提供教師診斷個別學生的學習狀況，

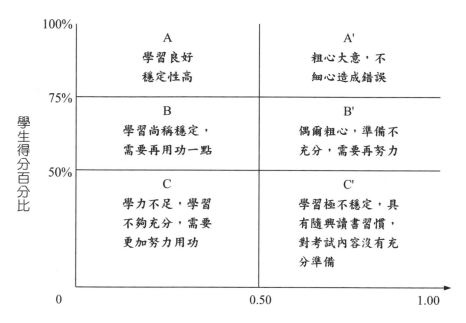

● 圖 12-4　學生診斷分析圖

明瞭他們的學習困難所在，以便作為個別輔導或進行補救教學的參考依據。
這六個區域的涵義，分別代表六種不同的學習類型，根據筆者三十年來的
應用心得，它們的特性可以分別說明如下：

1. 學習穩定型學生

　　凡分析結果，學生特徵落入 A 區者，即表示該學生的學習狀況十分良
好、穩定，亦多半是班上程度較好、學習成就較高、考試表現亦屬穩定、
正常的學生。這類型學生往往也是教師心目中的成績優良學生或一次學習
即能達到精熟程度的高材生代表人物。對於這類學生，教師只要予以持續
的鼓勵與陪伴，即可維持他們持續的穩定學習狀況。

2. 粗心大意型學生

　　凡分析結果，學生特徵落入 A' 區者，即表示該學生的學習狀況稍欠穩
定，雖然他們仍是班上程度較好的學生，但考試卻常因為粗心大意而造成

許多不經意的錯誤，值得教師或研究者的注意。這類型學生往往有搶當第一個交卷者的衝動和習慣，由於粗心是他們的重要特徵，因此教師很容易發現他們即使在很簡單的試題上，亦有可能不細心而答錯。對於這類學生，教師只要提醒他們有如此的毛病，並且叮嚀他們在作答後宜仔細檢查答案後才交卷，以矯正其不細心的習慣，便可促使他們的學習趨於穩定狀況。

3. 努力不足型學生

　　凡分析結果，學生特徵落入 B 區者，即表示該學生的學習狀況尚稱良好、穩定，只不過不像 A 區者表現那麼好，努力程度比較不足，需要再多用功一點。這類型學生多半是屬於班上中上程度的學生，由於他們的學習尚稱穩定，但可能因為努力用功不夠，而致考試成績不如 A 區學生理想。對於這類學生，教師只要提示方向，鼓勵其勤奮努力，便可激勵其學習成果有所進展。

4. 欠缺充分型學生

　　凡分析結果，學生特徵落入 B' 區者，即表示該學生的學習準備不夠充分，偶爾也會粗心犯錯，學習漸趨不穩定，努力也較不夠，值得教師或研究者的注意。這類型學生兼具偶爾粗心大意與努力用功不夠的特性，其作答反應組型逐漸呈現不尋常的情況，值得教師或研究者注意。對於這類學生，教師也許需要提醒他們仔細留意作答結果，仔細檢查後才交卷，以避免不必要的犯錯；同時，鼓勵他們多加努力用功，多花一點時間去準備考試，這些學生也可以逐漸達到穩定的學習狀況。

5. 學力不足型學生

　　凡分析結果，學生特徵落入 C 區者，即表示該學生的基本學力不足、學習不夠充分、努力用功程度亦不足，以致於跟不上其他同學而造成學習成就低落。這類型學生的基本問題，是在於他們過去並沒有奠定良好的學習基礎或背景知識，因此，在後續較高深課程的學習上，倍感吃力，需要加倍用功努力才能趕上其他同學。對於這類學生，教師或許需要給予他們更充分的時間去練習和準備，甚至需要花費更多時間去輔導或補救其不足

的基礎學識，或多給予一些補充教材的練習機會，這些學生的學習狀況才有逐漸改善的可能。否則，在一般趕進度的教學情境下，這類學生的學習機會多半會被犧牲掉，永遠成為班上學習成就偏低的一群人。

6. 學習異常型學生

凡分析結果，學生特徵落入 C' 區者，則表示該學生的學習極不穩定，具有隨興讀書習慣，對考試內容沒有充分準備，考試成績時好時壞，作答的反應組型奇特（可能有作弊、盲目猜題或隨便作答之嫌），需要教師或研究者特別予以注意。這類型學生具有隨興讀書習慣，完全看心情好壞來決定讀書與否，並且對考試也不太在乎，對考試內容不僅沒有充分準備，更有可能以作弊、盲目猜題或亂作答的反應方式來應付一場考試。對於這類學生，教師宜針對他們進行個別補救教學、讓他們再學習，甚至進行個別心理與學業輔導診斷後，再決定是否需要重新教學、補救不足的基本學力或接受更專業的輔導治療。這類學生的學習問題，多半是伴隨其他因素干擾所造成的，例如：家庭環境弱勢、經濟有困難、家裡沒有讀書環境、父母感情不睦、離婚或有家暴問題、單親或隔代教養家庭、有與異性朋友的交往困擾，甚至是生理遺傳或先天性缺陷問題等，在這些影響因素未能完全排除之前，教師對他們的學業輔導往往特別困難和費心，輔導成效也常常事倍功半。

教師在根據學生的注意係數進行學習診斷分析時，最好能夠配合平時對學生的觀察和記錄，來做綜合性的研判。一般而言，學生在試題上容易答錯的因素，常見的有下列幾個直接原因：

1. 學生原本具有的概念不正確。
2. 學生作答的心態不健全。
3. 學生對學習材料不夠精熟。
4. 學生作答有猜題的傾向。
5. 學生的學習態度不正確，只求應付考試，不思如何努力進步。

以及下列幾個間接原因：
1. 考試環境欠理想、太吵鬧，無法專心作答。

2. 家長的要求太嚴格，只求學生得高分。

3. 班級風氣太過於競爭成績的高下。

4. 學校過度重視學生的名次高下。

　　當教師發現學生屬於某種學習類型後，宜進行適當的輔導措施或補救教學，讓每位學生都能夠明瞭自己的學習狀況，進而改進自己的學習成就，才能充分發揮 S-P 表的診斷回饋功能。

 ## 試題編製與教學方法的檢討

　　在觀察學生的學習成就評量資料時，對於大多數學生答對之試題，固然需對其內容之適當性加以仔細探究，可是，對於答錯該試題之少數學生，也有必要進一步做學習診斷的工作。大凡對於大多數學生答錯之試題，在做個別學生的學習診斷之前，宜針對與此試題及其相關之學習內容的教學予以檢討，以便決定是否針對全班進行補救教學或再教學。

　　對於答對學生人數相同之試題，我們亦可以由其試題反應組型來判斷異常的情況。例如，在 S-P 表中 P 曲線上方出現許多「0」的試題，即表示有部分中、高能力的學生在該試題上意外地答錯，像這種異常情況，實在有必要加以檢討。當我們拿它與其他正常試題的反應組型做比較時，將會發現該試題必含有異常的成分在內，或因試題之說明與表達方式不夠明確、語意含糊不清，而致造成學生答錯該試題，或與此試題有關之內容教學不夠澈底，而致造成學生答錯該試題。因此，對於該異常試題及其相關學習內容之教學應有檢討之必要。

 ## S-P 表分析的特點與使用須知

　　最後，要提醒讀者一點，那就是明瞭 S-P 表分析具有下列五項使用特點（陳騰祥，1986；Sato, 1980a），將有助於對 S-P 表的正確使用：

1. 最適合用於形成性評量資料的分析與診斷。

2. 最適合用於現行班級人數約在 40 至 50 人,而試題數約在 20 至 30 題的評量資料之分析與診斷。

3. 最適合用於利用視覺模式而判斷的分析法。

4. 最適合僅具有初等統計學知識的教師使用。

5. 最適合用於瞭解學生的學習反應傾向。

同時,在使用 S-P 表時,亦應注意下列事項(陳騰祥,1986;Sato, 1980a),才可以避免誤用 S-P 表的情事發生:

1. S-P 表編製與分析的主要目的,在於獲取學習輔導有關的線索或訊息,以作為診斷之用。

2. S-P 表的分析資料不是絕對的,教師在應用 S-P 表分析結果進行判斷的同時,亦應參考其他資料,予以綜合的判斷和應用才行。

3. S-P 表的正確判讀,端賴對學生和試題均非常熟稔的任課教師才能勝任,其他教師則無能為力,除非他們也熟悉該班級學生和該批試題。因此,S-P 表對培養教師的教學能力,具有莫大的幫助。

4. 用在形成性評量資料之 S-P 表,不宜作為排定學生名次之用。

5. 不宜拘泥於注意係數的大小。所謂注意係數較大時,不外是提醒「還有其他問題,或是學生的反應組型較之於全體的反應組型有所差異,宜加以檢討」而已,數值本身並無法提供具體原因的說明。因此,教師仍應追根究底,方是根本解決之道。

6. 注意係數之值為 .50,猶如體溫計的 37℃,只是提醒要注意或檢討的信號而已。

7. 當試題數或學生數過少時,可以不必計算注意係數,即使計算出來,亦不宜使用,因為它們的誤差極大,不具有代表性和正確性。

8. 不同 S-P 表間的注意係數之比較,是沒有意義的。只有在同一個 S-P 表中之注意係數值,才具有比較的意義。

9. S 曲線與 P 曲線過於接近(即差異係數小),未必是一種好現象,亦應予以檢討。

伍 S-P 表的未來發展

　　學生問題表（即 S-P 表）中的注意係數所提供的診斷學習功能，已在好幾種學科研究領域和年級學生中獲得驗證。例如，呂秋文（1987）應用 S-P 表來分析國中二年級學生的數學科測驗，證實 S-P 表可以改進教學；何英奇（1989）發現 S-P 表分析具有學習診斷的功能，可以作為補救教學之依據，廣受國中生和中小學教師的喜愛；陳騰祥（1986，1988）為首位將 S-P 表介紹到國內的學者，亦有相同的發現；陳漢瑛（1991）發現精熟學習策略若能配合 S-P 表的分析，亦可以對藥專學生的藥理學科教學成效改進良多，值得參考應用。這些研究發現，都一致支持 S-P 表分析可以診斷學習，提升教學的成效。

　　總而言之，S-P 表分析的主要功能，與其說是學習不良原因的診斷，毋寧說是對學習適應不良學生及編製欠當試題的早期發現，較為貼切。因為，學習適應不良的原因錯綜複雜，若僅憑 S-P 表分析，就要予以正確的診斷，實在頗為困難。換句話說，學習適應不良的成因，必須從以下幾點綜合探討：(1)個人因素：如智力、認知型態、學習準備度、學習習慣、學習興趣、動機、情緒和個性等；(2)生理因素：如感覺、知覺的障礙、身體病弱、營養不良、語言障礙等；(3)家庭背景因素：如家庭社經地位、父母的教養方式、親子關係、手足關係等；(4)社會環境因素：如噪音、不當的遊樂場所、擁擠的空間等；(5)學校因素：如教育目標、師生關係、同儕關係、欠當的教材教法等。S-P 表分析在學習診斷的功能中，以針對學習適應不良的早期發現最為明顯，此外，對改進教學、增進命題技巧，與學習輔導而言，亦能發揮極為寶貴且實際的作用。

　　未來，針對 S-P 表分析的應用與研究，筆者認為可以朝下列幾個方向繼續發展：

1. S-P 表分析結果所發現的試題異質成分，到底包含哪些內涵，尚有繼續細部化深入研究的必要。
2. 推廣應用 S-P 表分析於各種學科的教學評量上，進而讓教師們主動利

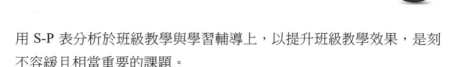

用 S-P 表分析於班級教學與學習輔導上，以提升班級教學效果，是刻不容緩且相當重要的課題。

3. S-P 表分析所使用的指標，尚欠缺統計學上的理論分配基礎，未來仍有朝建立理論基礎繼續發展的必要，以樹立 S-P 表分析成為一種嚴謹的理論學說。

4. S-P 表在教學與診斷上的應用，亦有必要持續進行研究，以建立一套能夠將教學與評量結合為一體的有效方法。

5. S-P 表分析結果應用於學習類型的診斷上，針對這些不同學習類型學生所具有的人格特質、知識結構、認知風格、認知學習策略與方法、學習習慣及行為態度，以及學習障礙等因素，目前尚欠缺進行細部化的深入研究，未來仍有朝這個方向進行應用研究的必要，以幫助教師更進一步瞭解學生的學習狀況，進而全面改善教學與學習的問題。

6. 結合 S-P 表分析技術與當代測驗理論（即試題反應理論）的方法，朝認知診斷測驗方面去繼續研究與發展，亦是未來值得開發的研究領域（Nichols, 1994; Nichols et al., 1995）。不過，此學術領域的發展與應用情形，已超出本書所談論古典測驗理論的範疇，在此無法繼續深入討論。對此領域感興趣的讀者，筆者建議宜先學習試題反應理論（參閱余民寧，2009）之後，才有機會再進一步窺視認知診斷測驗最新發展趨勢的可能。

CHAPTER
13
教育測驗與評量
的相關議題

「教師如何編製一份有效的成就測驗？」這固然是教師必備的知識技能之一，也是教師在教學歷程中必須面對的一項挑戰。編製一份有效的評量工具——成就測驗，才能使教學評量的工作進展順暢，使教師的教學和學生的學習都可以獲得改進與矯正的機會，如此一來，教學與評量配合，才能導正「考試領導教學」的不正常教育現象。

教師除了學會編製、分析與應用一份成就測驗外，還須於平時即養成多命題、多進行試題分析、多篩選保留優良試題彙集成題庫的習慣，當碰到考生考試作弊、生病請假或因故缺考而需要補考時，即可隨時從題庫中抽題組成一份複本測驗，以應付如此緊急的事故。

為了滿足實施精熟學習所需的大量試題，並且也促進教師的專業成長，本章擬從一個能夠長遠解決此一需求、且是重要的測驗發展課題談論起——如何建置一套教師教學專用的題庫，以供未來實施精熟學習教學模式時，可以隨時編製一份形成性評量專用的複本測驗，以滿足「量身訂做」的測驗需求。除此之外，隨著題庫建置之後，所衍生出來的電腦化（適性）測驗、測驗偏差、測驗倫理及標準設定等議題，也是本章所擬進行討論的重點。

第一節　題庫建置

　　面對許多教學單元的需求，教師往往需要大量且又不完全相同的試題來測量相同的教學目標。他們需要數目足夠且新穎的試題來應付教學前的預備性測驗、教學中供練習用的形成性測驗、單元複習測驗或診斷測驗，以及學期末的總結性測驗等所需。尤其是當教師教授許多班級學生同一門課時，為了保密及安全起見，往往需要數量相當足夠的試題來應付不同班級的測驗需求。此外，教師也可能為那些請假（如：病假、喪假或事假）無法出席考試的學生重新命題，或甚至為那些考試作弊學生實施重考，這時，都需要很多不同的試題才能應付這種情境的需要。因此，面對這種情境壓力，唯有發展題庫，才能降低教師在面對編製多份測驗上所需的時間、精力、體力和壓力的負擔，以增進實施測驗的方便性、經濟性、有效性與客觀性，並促進教師本職學能的專業成長。

　　題庫（item bank 或 item pool）具有下列改進測驗品質的潛能優勢，在可預期的將來，它對測驗編製者的重要性將與日俱增，同時對節省編製測驗所花的時間和金錢，亦將無可限量（Hambleton & Swaminathan, 1985）：

1. 可使測驗編製者（也許是學校教師或專業測驗機構的專家）隨心所欲地編製能夠符合各種目標的測驗。
2. 可使測驗編製者就題庫的範圍內，編製出每個目標都有適當題數測量之測驗。
3. 如果題庫能夠包含內容有效且命題技巧純熟的試題，則測驗品質通常會比個別測驗編製者自己編製的測驗品質還高。

　　嚴格說來，題庫是指根據雙向細目表命題，且經過施測與試題分析後，建立起試題特徵資料的一群試題，每道試題均按行為目標、教學內容，以及適合的年級層次等予以編碼，並且可用來組成評量各種教學成果的工具。Millman 和 Arter（1984）即認為，題庫便是一群使用方便的試題彙編；他

們的意思是說，可資應用於各種測驗場合的該群試題數量非常龐大，並且都是經過分析、編碼與結構分類處理後的試題，並且有逐漸走向電腦化的趨勢。

　　所以，未依一定程序編製而成的測驗、未經分析的試題特徵訊息，且未經系統編碼的市售題庫集或題庫本，僅是將一堆試題（或過去考過的考古題）彙整起來而已，並未能確知每道試題的可用性，因此，嚴格說來，它不能算是題庫，只能算是一種試題集而已。試題集的功能就不如題庫，它無法用來組成評量各種教學成果的工具，更無法配合電腦化適性測驗的發展，成為未來電腦化題庫測驗系統，以運用在測驗等化（test equating）分析、測驗編製、精熟測驗或診斷測驗（diagnostic testing）等基礎應用的研究上。

　　一般說來，大規模的題庫（如：適用於全國性專業人員或學術成就的會考題庫、公務人員高普考試的題庫等），不是學校教師個人或數人所能勝任的工作。它往往需要由專門機構或單位來負責，邀集一群學科專家、測驗專家、教師、行政人員、系統工程師、程式設計師，甚至學術專業團體、政府官員、地區教育委員會代表等的參與，且經過無數次的命題研商、開會討論、測試、分析、評論、修正、刪改、更新與維護等冗長過程，且投入龐大的研究經費始能完成。一旦完成題庫建置，又必須時時加以維修與更新，刪除過時、不適宜的試題，增加新的優良試題。因此，建立大規模的題庫，是一件耗資龐大又勞師動眾的艱巨工程，絕非個人所能勝任。

　　但是，建立一個學校或教師個別教室內適用的題庫，則無須如此浩大工程，只要經過下列步驟的嚴謹規劃與實施，相信建立一個以學校（或單一學科）為單位的專用題庫，當不致有太大困難。

　　首先，學校可以成立一個科目或多個科目的「題庫建立推動小組」，各組都由一位具有測驗編製知識、經驗與熱誠的教師擔任召集人，負責協調與指導工作的進行；接著，學校可透過諸如週三下午的在職進修時間，聘請專家蒞校指導及辦理諸如「測驗編製」的專題研習，讓每位教師均具有編製一份成就測驗的共同知識；再其次，學校行政人員亦需加入集體合作，或提供必要的行政支援；最後，若能邀請測驗或評量專家的協助，參

與諮詢的工作,則學校可以建置起一個屬於學校本位的測驗題庫。

 建立題庫的步驟

題庫的建置,是由一批人集體創作而完成的。因此,不管是由誰來領導,他的任務就是協調各位教師或行政人員一起工作,做好命題、試題分析與篩選試題的工作,以期建立一個優良的題庫。下列步驟及圖 13-1 所示的流程圖,便是建置一套題庫的基本過程(余民寧,2009,2010;許擇基、劉長萱,1992;Millman & Arter, 1984),茲說明如下。

一、確立雙向細目表

題庫類似一部有完整規劃的圖書文獻,它不是一堆雜亂無章的收藏品,任何人都不可以僅憑一些考古題或隨便編製一些新試題,就拼湊成一個題庫——像這種組織鬆散的程序,僅能產生一個由各種試題大雜燴組成的收藏品而已,其中,許多試題的個別功能都與整部題庫的目標絲毫沒有連繫。

因此,建立題庫的第一個步驟,就是先由「題庫建立推動小組」的教師們擬定一幅概述題庫各項明確規格的藍圖——雙向細目表。當然,一旦這個雙向細目表確立各個明細規格之後,教師們將會發現,他們所編製過的許多舊試題或考古題,以及編製技巧,實際上只要與該雙向細目表中各項規格相符合者,即可以編入題庫。這個雙向細目表正是由「教材內容」與「教學目標」兩個向度所構成,它不僅說明各個教材單元的結構層次,更賦予各項教學目標達到平衡的價值考量,因此,雙向細目表是試題命題的藍圖。題庫應該根據雙向細目表來命題,才可以兼顧課程教材與教學目標兩個方向,成為一套有價值的評量工具。

二、大量編擬試題

一旦雙向細目表確立之後,組內每一位教師都需要盡力貢獻為評量該雙向細目表內某一特定內容而設計若干試題。此時,適才分配貢獻試題是

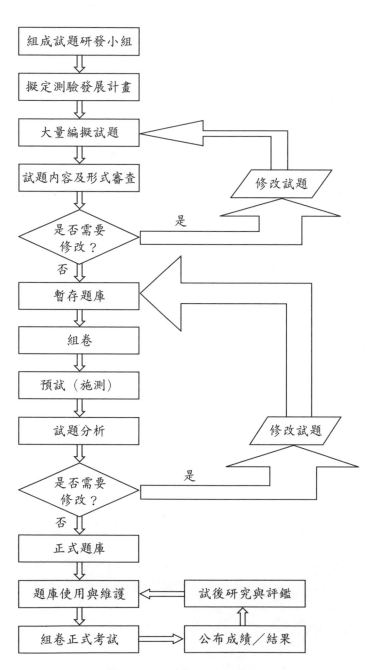

● 圖 13-1　題庫發展流程圖

最大的分工原則，亦即，每一位教師只要針對自己最擅長的特定教材內容範圍編擬試題，貢獻部分試題即可，再由小組合併各個教師所精通的試題組成題庫。例如，有些教師擅長評量高層次教育目標、有些教師精通認知層面的編題技巧，或有些教師富於編製兼具評量情意目標類的試題經驗等，如果能讓這些教師各發揮所長，合作編擬題庫所需的各類型試題，則遠比僅讓一位教師負責編擬所有類型試題為佳，所編擬出試題涵蓋的教材內容範圍亦比較周延。

三、修審試題及編碼建檔

編擬的試題，當然都必須遵照本書第四、五章所述的命題原則來進行，經由小組內兩位以上教師成員的仔細校閱、審定、討論、修正或刪除後，再經全組討論決定試題的存廢，始能定稿。務必使每道試題都按照雙向細目表的規畫來命題，並且避免模稜兩可、解題錯誤以及有技術性缺陷的試題出現在題庫中，以確保每道試題都具有教材內容和教學目標的代表性。

為了方便試題的未來使用與管理，每一道試題通過審定後，都要進行編碼（coding）的工作。編碼的功用，是為了方便歸檔與管理；每一道試題的編擬和撰寫，可以直接寫在一張 5×7 吋的試題檔案記錄卡上，或是直接鍵入資料庫系統（如：Microsoft Office Access）裡，圖 13-2 所示即是一個典型例子。題庫與圖書館一樣，都必須依靠編碼記錄，才能順利且方便地找到試題的存放位置。因此，編碼系統必須能夠方便教師的確認和使用，如此才能夠發揮類似圖書館目錄卡片的「按圖索驥」功能。

由於各種編碼系統取決於各種特定需要，因而在號碼定位方面，必然各不相同；儘管如此，為了考量未來題庫的管理將趨向電腦化起見，每道試題的編碼工作，宜盡可能包括各種層次（例如：科目、年級、冊別、單元、教學目標、行為目標、概念層次、試題題型、流水序號等）的內容屬性，以方便鍵入資料庫管理系統，作為建檔與爾後檢索試題之用。

在必要的時候，可以斟酌各校及各學科的實際需要，增加或刪減編碼的分類層級，但務必以每道試題都能透過唯一的編碼，很容易就找到它的

存放位置和屬性為原則。此外，在施測後，尚須把經過試題分析及測驗分析所得的試題各項特徵指標，如：答對率、難度指標、鑑別度指標、選項誘答力指標、注意係數、刪題後內部一致性 α（或 KR_{20}）信度係數、點二系列相關係數（內在效標）、效標關聯效度（外在效標），或同質性信度係數等統計資料，補充記錄在試題檔案記錄卡中，以方便爾後編輯試卷時使用，或作為施行電腦化測驗之關鍵字的檢索依據。

四、題庫使用及維修

　　當題庫中的試題確立之後，每道試題是否都是優良試題？其實我們並不曉得。因此，每道試題在被編製完成之後，至少都應該被使用一次（亦即被施測過一次）以上，並且在使用之後，都必須進行試題分析及測驗分析，以建立起每道試題的統計特徵指標，並將這些指標記錄在試題檔案記錄卡裡，作為試題的基本屬性資料，以方便未來的檢索使用。之後，應隨著各個目標的增加、修改或刪除，經常不斷地予以充實或更新題庫內容。

　　當教師希望自題庫中抽取部分有用試題，編製成一份或多份形成性（複本）測驗或總結性測驗時，只要根據評量的目的、測驗範圍，甚至是理想中的試題屬性（例如：難度指標介於 .40 到 .60 之間，鑑別度指標介於 .40 以上，屬難易適中且高品質的試題），從已編碼的題庫中挑選適合雙向細目表所需的試題來組成即可。挑選之後，教師可以按照行為目標、教材內容、難度水準或試題類型，將各試題加以排列，再列印或打字成卷，即可施測。施測後，教師應再將這些新試題進行試題分析，建立起新的試題特徵指標；同時，將施測的時間、受試者的年級、性別、人數多寡等統計資料，隨同新增的試題特徵指標，一起記錄在試題檔案記錄卡裡，作為修訂或更新後的基本資料。然後，再將這些試題重新歸檔，以備爾後再度使用。當教師發現所更新的試題特徵資料顯示試題已不合時宜，或因為時代變遷而產生內容不符所需、或題意及內涵已逐漸模糊或變成異質性時，教師都必須提到題庫建立推動小組進行討論，以做成是否局部修改、大幅修改、增加新試題，或甚至整題刪除的決定。

試題內容：		16 −(15 − 9)＝？ (1) 6　(2) 10　(3) − 8　(4) 1						
試題 編碼	I	II	III	IV	V	VI	VII	VIII
	2	2	2	4	1-3	2-3-1	1	00253

標準答案：	(2)					
修訂日期：	84 年 3 月 3 日					
施測對象：	年級：　二		性別：　男、女		人數：　400　人	
試題特徵：	答對率：.60	難度：.55		鑑別度：.50	注意係數：.35	
	同質性係數：.80	刪題後α信度：.65		點二系列相關：.70	效標關聯效度：.45	
組別／選項	(1)	(2)	(3)	(4)	未答	小計
高分組	.05	.80	.12	.03	.00	100
低分組	.15	.30	.50	.05	.00	100

（正面）

修訂日期：	年　　月　　日					
施測對象：	年級：		性別：		人數：　　　人	
試題特徵：	答對率：	難度：		鑑別度：	注意係數：	
	同質性係數：	刪題後α信度：		點二系列相關：	效標關聯效度：	
組別／選項	(1)	(2)	(3)	(4)	未答	小計
高分組						
低分組						

修訂日期：	年　　月　　日					
施測對象：	年級：		性別：		人數：　　　人	
試題特徵：	答對率：	難度：		鑑別度：	注意係數：	
	同質性係數：	刪題後α信度：		點二系列相關：	效標關聯效度：	
組別／選項	(1)	(2)	(3)	(4)	未答	小計
高分組						
低分組						

修訂日期：	年　　月　　日					
施測對象：	年級：		性別：		人數：　　　人	
試題特徵：	答對率：	難度：		鑑別度：	注意係數：	
	同質性係數：	刪題後α信度：		點二系列相關：	效標關聯效度：	
組別／選項	(1)	(2)	(3)	(4)	未答	小計
高分組						
低分組						

（反面）

● 圖 13-2　試題檔案記錄卡

　　總之，題庫一旦建立後，應視情境的變化，隨時予以充實或修正更新，如此，才能持續維繫一個有效的題庫，充分發揮題庫的功能，以節省後續編擬新試卷所需花費的時間和金錢。

　　由圖 13-2 所示的試題檔案記錄卡例子可知，該試題編碼所表示的涵義，即代表該試題是屬於數學科、二年級、下冊、第四單元、測量「應用」層次的認知目標、測量其中的第二大概念中的第三中概念的第一小概念、選擇題、流水編號為 253 號。因此，教師透過上述的編碼，便可以找到題庫中用來測量「$16 -（15 - 9）= ?$」的數學科試題。此外，在該試題編擬完成之後，至少應該被拿來施測過一次，再經過試題分析及測驗分析之後，將該試題的各項統計特徵指標數據，依序填回該試題檔案記錄卡中預留的適當空格裡，以作為未來編製新測驗卷時的檢索參考之用。

貳　有關題庫使用的一些議題

　　Millman 和 Arter（1984）建議，至少滿足下列條件之一的情況下，才需要著手建立題庫：

1. 現存測驗無法廣被接受，並且客觀環境要求編製屬於自己的測驗時。
2. 經常需要進行測驗時。
3. 需要多份複本測驗時。
4. 實施個別化適性測驗時。
5. 許多測驗使用者願意合作建立滿足自己所需的題庫時。
6. 已具備題庫系統，如：電腦設備和可用之電腦軟體時。

　　目前，不論是區域性聯合考試制度（如：地區性高中聯合招生考試、考試院的特種考試、專技人員考試等）或全國性聯合考試制度（如：高中入學的國中教育會考測驗、大學入學的學科能力測驗、考試院的高普考試、檢定考試等），都已至少滿足上述條件之一，到了可以進行建立題庫的地步。因此，可以預想得到，題庫建立正處於方興未艾之際，未來將受到各考試用人機構、學術研究單位和各級學校的重視。

除此之外，在建立題庫的同時，社會各界勢必會對題庫的功能及其相關話題產生質疑和興趣。下列幾項應當是常被提及，並且需要去面對的相關課題。

一、題庫應該包含多少試題？

基本上，題庫內的試題當然是愈多愈好，理論上可以達到無窮多道試題。但是有一些前提必須先滿足，那就是應該考慮即將加入題庫的試題，是否都具有內容效度和達成某種標準以上的統計特徵品質，以及考慮測驗的目的何在。

因此，Prosser（1974）建議每個概念至少要包含 10 道試題，每一單元課程內容至少要包含 50 題。Reckase（1981）則建議至少要有 100 至 200 個難度均勻分布、且具有合理鑑別度的試題，以便將來可以適用在電腦化適性測驗裡。另外，測驗的目的如果是在針對課程做整體性的評估，則可以不需要針對每項學習細節編製太多的試題；如果測驗的目的是在做學習診斷，則仍需要編製許多試題去測量諸多學習細節的部分。

二、題庫是否可以公開？

如果題庫可以公開，讓所有的任課教師都可以任意取用，則有人會擔心：「教師是否從此以後，就僅教題庫內容，而不教其他正常課程，因而使教學活動窄化、變質、扭曲？」這點憂慮想必是必然的現象。不過，有個觀點必須釐清：由於建立一個題庫（尤其是具有量尺化水準的題庫）並不是一件容易的事，它必須投入大量的人力、物力、時間和金錢，才能有所斬獲。因此，只要題庫夠大（理論上可以達到無窮多的試題），教學是否會因此而窄化、變質或扭曲的問題，倒可以不必擔心，原因在於教師無法做到只教題庫內容而不教正常的課程內容，因為前者勢必比後者花費更多的時間和精力，遠超過教師的可能教學負荷量。但是，如果題庫不夠大的話，則公開題庫勢必導致窄化教學活動，從而干擾到正常教學活動的實施。因此，是否要公開題庫，仍有待進一步商榷。不過，筆者還是堅持「不

公開的原則」會是一種比較專業的作法，除了一方面可以避免有心人士誤用或濫用題庫，同時也可以確保題庫安全、試題不外露，另一方面也可以節省經費，避免浪費辛苦編製而成的題庫，增加爾後多次編製及施測的成本與心力。因此，題庫還是以不公開為宜。但是，公開少數幾題樣本試題以作為範例說明，好讓教師及學生明瞭題庫的評量方式和重點，則是正確而且有必要的作法。

三、題庫是否安全？

　　題庫的建立，固然可以使日後的編製測驗更加容易，也可以使教學評量問題更輕鬆地獲得解決，但是題庫的重複使用，是否也會妨礙試題本身的安全性（如：出現雷同試題或考古題等）？這點問題也許在題庫較小時會有此顧慮，但在題庫夠大時則無此顧慮，也不須為此擔憂。

　　一般說來，在愈大型的考試規模下所建立起的題庫愈大，每一個基本概念至少都有 10 道以上的試題測量它，因此，從題庫中編擬新試卷的作法，不太可能出現重複試題或考古試題。當然，以學校為使用單位的題庫可能規模較小，在從題庫中抽題組成新試卷並使用多次後，有可能出現重複試題或考古試題。這時，只要記得隨時更新題庫內容，確保試題的內容效度和統計特徵的品質，不僅是保障題庫安全的一項措施，也是充分利用題庫的最佳作法。

■ 第二節　電腦化（適性）測驗

　　傳統上的測驗方式，都是以紙筆測驗為主，至今，它仍然是各式考試場合中的主要施測方式。但是，這種傳統測驗方式卻要求每位考生必須在一定時限內，盡力作答完所有的測驗試題，才能據以估計出考生的真正實力或潛在特質。這種考試方法不僅費時費力，並且容易造成低程度學生對試題感覺太困難而產生挫折、盲目猜題或作弊行為，以及容易造成高程度

學生對試題感覺太簡單而覺得考試很無聊、不具挑戰性或粗心大意等行為，以致在估計考生的真正實力或潛在特質上，均產生相當大的測量誤差和無效率性。幸好，拜電腦科技的進步與發展之賜，傳統測驗方式已經可以由電腦取代，逐漸形成電腦化測驗。隨著網際網路的興起，測驗不僅與電腦結合而已，更與網路科技結合，除了電腦化測驗已經成為事實之外，邁向網路線上測驗（on-line testing）的時代，更是未來測驗發展的趨勢。

電腦化測驗，顧名思義，是以電腦來輔助編輯試題、施測、計分、分析、報告結果與解釋的測驗方式，對傳統的紙筆測驗造成很大的衝擊和震撼；而線上測驗，更是能夠透過網路的雙向傳輸功能，達到無遠弗屆的隨選施測（testing on demand）地步。它們不僅能夠節省測驗編輯和施測時間，更能夠達到精確估計與報告考生真正實力或潛在特質的程度；因此，說它們是測驗發展的未來趨勢，也實不為過。

電腦化測驗又可以根據其背後所持測驗理論基礎的不同，分成適性與非適性兩類。非適性的電腦化測驗（computer-based testing, CBT），主要還是以古典測驗理論為依據，是一種將傳統紙筆測驗改成以電腦螢幕或網路為呈現介面，逐一或全部呈現試題的電腦輔助施測的方式，學生在作答時，只需使用鍵盤或滑鼠輸入即可，作答完畢即可立即知道自己的得分和作答情況。這種電腦化測驗通常都是以一頁（包含 5 到 10 題試題）一個螢幕的方式來呈現試題，並且不允許考生跳答尚未出現在螢幕畫面裡的試題，也不允許考生有空白未作答題即繳卷的情形發生，所有考生都接受相同題數、內容和作答時限的試題測驗。因此，嚴格說來，這種測驗其實只是將紙筆式書面呈現的測驗，改成以電腦螢幕呈現和鍵盤作答的測驗方式而已，測驗本身不具有量身訂做的「因材施測」功能，所以不具適性的本質。

從測驗理論來看，當測驗試題的難度能夠適合考生的能力程度時，這時測驗所測量到的考生能力最為精確。由此推論可知，任何一次施測結果，都無法針對所有考生提供最精確的能力估計值，因為傳統式的紙筆測驗無法在同一份測驗中提供滿足所有考生能力程度的試題需求。因此，最理想的施測情況即是：能夠針對每位考生不同的能力程度，提供適合個別情境需求的測驗試題。傳統的測驗方式無法做到，但它卻是另一種電腦化測驗

所要探討的課題。這種電腦化測驗即能夠針對不同能力程度及其不同作答速度的考生，提供適合其能力作答的適當難度試題，以謀求估計出具有最大精確性的考生能力值，達成量身訂做的「因材施測」最高理想境界；因此，這種能夠適應個別化需求的電腦化測驗，即稱作「電腦化適性測驗」（computerized adaptive testing, CAT）、「合身測驗」（tailored testing），或簡稱「適性測驗」（Lord, 1980）。

當今，適性測驗的新發展魅力，是在電腦科技和試題反應理論結合後，能夠提供測驗使用者諸多的彈性。昔日，Lord（1980）在適性測驗上所做的研究貢獻，已奠定今日適性測驗發展的基礎。今日，適性測驗的發展，均使用不同的分支（branching）策略，作為彈性呈現不同難度試題給不同能力程度的考生施測。雖然考生在作答第一道試題後，電腦會採用不同的分支策略呈現下一道試題給考生作答，但這些不同的分支策略都有個共同點──先從題庫中挑選 3 到 5 題不等的難易適中試題作為開始，讓每位考生都作答；在作答完畢之後，下一道應該呈現的試題，則是依據考生在前一道試題的作答結果來決定。在每一次選題的步驟中，電腦會根據考生在前一道試題的作答結果，自動從題庫中挑選一道最適合考生作答的試題。特別是，電腦會根據考生在已經呈現之試題上的作答結果，自動估計考生的能力估計值 θ，凡是能夠在 θ 值上產生最大訊息函數量（information function）的試題，便成為下一道被挑選進來呈現給考生施測的試題。在每次呈現試題給考生作答後，θ 值即會被重新估計一次，以便決定下一道該被挑選的試題為何。這個選題的過程會繼續下去，一直到事先預期施測的題數測完、達到可以容忍的最小能力估計誤差值，或題庫中已無適當的試題可以再呈現為止（Warm, 1978）。

實施適性測驗，除了具有節省測驗編輯和施測時間，以及精確估計考生真正實力或潛在特質的長處外，還具有下列幾項優點（余民寧，2009），因此，逐漸受到資訊學界、測驗學界和學校教師們的喜愛：

1. 加強測驗的安全性。
2. 依據需求來進行施測。
3. 不需使用試題紙與答案紙，符合環保要求。

4. 適合每位考生的作答速度。

5. 立即的計分和報告成績。

6. 降低某些考生的考試挫折感。

7. 加強施測的標準化過程。

8. 容易從題庫中找出並刪除不良的試題。

9. 對於試題類型的選擇更具彈性。

10. 減少監試的時間。

　　但是，要實施適性測驗，亦須有條件配合。過去，由於電腦設備昂貴且不普及，亦缺乏適當軟體程式和理論基礎的支持，因此，適性測驗的推廣十分不順利。近年來，由於電腦、網路等資通訊科技的進步一日千里，再加上軟硬體設備逐漸普及，成本也降低許多，以及已有適當的理論基礎（即試題反應理論）做支持，因此要推廣實施適性測驗，已是指日可待的事。然而，要推行適性測驗，還是需要至少下列條件的配合，才能夠實施成功：

1. 已建立好的題庫或電腦化題庫系統。

2. 待建立的電腦化測驗試題已經過校準或量尺化（calibration）。

3. 適當的心理計量學理論基礎（如：試題反應理論）。

4. 電腦及其周邊設備。

5. 適當的軟體程式。

6. 具使用適性測驗理論與實務經驗的人員。

　　要滿足這些條件，目前大致已不成問題。唯一的問題是：「何時著手進行？」因為在建立一套電腦化適性測驗系統的初期，勢必花費相當龐大的人力、物力、時間和金錢，開發者若未能獲得研究財力上的支持，或開發出來的系統不具商業化的價值，則在推廣活動上也勢必會遭受阻撓。所以，國內目前有關適性測驗的開發研究也僅止於起步階段，且絕大多數都是由公立學術研究機構提供財力支助，開發出來的成品也僅供學術研究使用，尚未推廣到學校、企業界或各級政府的考試。如果有一天，私人企業、各種基金會或各級政府研發單位願意投入相當的財力及人力於研發適性測

驗上，則筆者相信在開發及推廣適性測驗以達「因材施測」的公平、公正、客觀與效率的目標上，應該是指日可待的事。

由於適性測驗的發展，目前都是與試題反應理論一起結合發展，並且都是相提並論、相輔相成，這已遠超過本書所擬討論的程度。但對這項議題感到興趣的讀者，可以參考筆者專書（余民寧，2009）裡的專章簡介，或者是參考 van der Linden 和 Glas （2000）、Wainer 等人（2000）有系統的專書介紹。

第三節　測驗偏差

測驗的公平性（fairness）一直是教育界、心理測驗學界與社會大眾所關心的話題。一般而言，目前所使用的各種測驗，不論是教師自編成就測驗或是標準化成就測驗，都假設該測驗對所有應考的考生而言是公平的，因此，能力或潛在特質相同的考生，他們在同一份測驗上的得分機率也就應該相同或相近。然而事實上，有些測驗對某些族群團體而言，比較具有得高分的優勢，而對其他族群團體而言，則較為不利。這種現象，不禁讓人懷疑該測驗的基本假設——公平性。因此測驗公平性的話題逐漸引起學術界的重視和研究，於是，不具有公平性的測驗便被稱作「偏差的測驗」（biased test）；「測驗偏差」（test bias）便正式成為測驗學門的一個嚴肅課題，值得深入研究和探討。

「偏差」（bias）一詞在測驗中的說法相當分歧，至今仍尚未有統一的定義。但是，我們可以簡單地認為，如果能力相同、但來自不同群體的個人，在某份測驗上答對試題的機率不一樣，則這份測驗便可以說是具有偏差的測驗（Berk, 1982; Holland & Wainer, 1993; Jensen, 1980; Kaplan & Sac-cuzzo, 1993; Suen, 1990）。「測驗偏差」在心理與教育測驗中是一個偶發的現象，但卻是一個令測驗專家頭痛的問題。

測驗在編製過程、實施和解釋時，都有可能造成偏差。這是由於在大多數情況下，測驗編製者僅以多數族群（majority）團體為考慮對象，因

此，在編題時有可能會偏向以多數族群特有的文化、生活經驗、語言、風俗、習慣與特徵為預擬的假想對象，因而忽略其他族群的特色，造成不利於其他族群的受試結果。其次，有些測驗偏差是由抽樣過程產生的，例如：在修訂測驗的過程中，由於抽樣的樣本不具有代表性，因而造成對某些族群的能力或潛在特質之測量不利或不公平，間接使測驗產生偏差的推論和預測結果。此外，有些不同族群對測驗的反應，原本就存在有差異現象；這種差異使得測驗中的每道試題對不同族群考生而言，都發揮不同的測量功能，因此測驗結果所產生之差異便反映出試題本身具有不同的測量功能，這種現象即稱作「差異試題功能」（differential item functioning, DIF），它是目前研究測驗偏差問題較常使用的術語。

一般說來，比較常見的測驗偏差種類，計有下列幾項。

1. **文化、種族和語言的測驗偏差**。如果學生來自少數族群（minority）（如：美國的黑人、亞裔民族、墨裔移民；台灣的原住民、殘障人士或偏遠離島居民等）團體，則某些測驗對他們而言較為不利，他們的測驗分數可能會偏低。

2. **社經地位的測驗偏差**。如果學生來自較為貧窮、教育水平不高、社經地位較低的家庭，則某些測驗對他們而言較為不利，他們的測驗分數可能會較低。

3. **性別的測驗偏差**。不論是男性或女性，他們在某些測驗上都較為吃虧，所得的測驗分數可能會偏低。

4. **明星學校的測驗偏差**。如果學生是畢業自明星學校，則他們在某些測驗上較為有利；反之，則較為不利。

這些偏差現象會對那些較不利的少數族群學生，造成分數低落、施測不公、解釋不公或決策不公等不良影響，直接或間接傷害到測驗的預測效度及考試制度的公平性。因此，使用具有偏差的測驗所做成的任何決定（如：入學許可、應徵就業、候選人的挑選等），一直為人所詬病。

至於，測驗偏差會造成什麼不良的影響？Berk（1982）認為測驗偏差其實是效度的問題，也就是說，它的最大影響是預測效度的問題。我們可以從測驗的效標關聯效度和圖 13-3 的幾個圖示得知此問題。

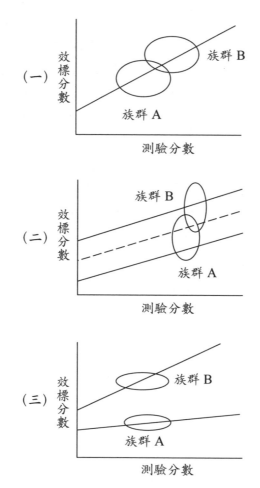

● 圖 13-3　測驗偏差的效標關聯效度範例

　　當我們拿某個測驗給兩個不同族群的受試者施測，如果該測驗是沒有偏差的，則這兩個族群的個別測驗分數對效標所作的迴歸分析，其預測線的斜率應該會是一致的，頂多其預測平均數和截距有所不同而已，而後兩者可以經由直線轉換來等化（equating）兩個族群受試者的測驗得分，如圖 13-3 之（一）和（二）所示。但是，當該測驗是有偏差時，則這兩條迴歸線的斜率並不會一致，且其預測平均數和截距也不會相同，此時，任由什麼方式，也無法進行等化這兩個不同族群受試者的測驗得分。所以，預測

效標的結果就會有所不同，且無法進行有意義的比較，如圖 13-3 之（三）所示。因此，由圖 13-3 所示可見，測驗偏差影響最大的是預測效度，它會使得根據偏差測驗所做成的任何決定，均偏向對某一族群有利，而對另一族群不利。

那麼，我們應該如何避免測驗偏差呢？基本上，如果測驗偏差的起因是來自受試族群本身的生物性或遺傳性劣勢因素所造成的話，則該問題是無法克服或解決的；但是，如果問題是來自社會及人為因素所造成的話，則該問題是可以克服和解決的。以下所述，即是一些可以運用的策略（Kaplan & Saccuzzo, 1993）。

 ## 針對不同族群使用不同測驗

就如圖 13-3 之（二）所示，如果我們決定以中間的虛線作為兩個不同族群的預測線的話，則可能造成低估族群 B，而高估族群 A 的現象；結果對任何一個族群而言，都是不公平，都會造成偏差。因此，如果我們能夠針對「偏差」所下的定義，各自對不同族群使用不同的測驗來施測，則測量結果才能進行有意義、客觀的比較，所據以做成的任何決定才能符合公平公正的要求。當然，這些針對不同族群所使用的不同測驗，必須是複本測驗才行。

 ## 發展不同的外在效標

效標關聯效度是指測驗得分與外在效標之間的相關係數。但是，用來評量學生潛能的測驗，我們又拿什麼外在效標來驗證它呢？大多數的測驗僅表示，它們在「預測學生在某些標準化測驗上可能表現得多好」方面，是一種有效的預測變項而已。換句話說，大多數的標準化測驗都是根據其他標準化測驗來建立和確定效標關聯效度的，而我們所使用的測驗又可能是其中的一種外在效標。例如，智力測驗可以用來預測學生在某種標準化成就測驗上的表現好壞，但是這個標準化成就測驗所測量的只是學習成就，

而不是先天的能力或智力；因此，少數族群與多數族群學生在此測驗分數上的差距，只是顯示出他們有無機會去學習，而不是有無能力去學習的事實而已。所以，為了公平、客觀起見，我們宜針對不同族群發展或建立不同的外在效標。例如，智力測驗雖然可以用來預測多數族群學生的標準化成就測驗分數或教師的評分，但對少數族群學生而言，智力測驗則可能不適合用來預測其標準化成就測驗分數。此時，以教師的評分作為預測學生學習成就的外在效標，可能會比較適合。

參　改進篩選的管道

由於受教育的機會不同、次級文化的不同，以及族群先天的遺傳或後天的環境原本就不同等因素，不同族群間存在有族群差異，恐怕是不爭的事實。例如，少數族群可能擅長語文方面的能力，而多數族群可能擅長數量方面的能力。如果我們能夠明瞭族群間差異的真正原因或因素，則在預測少數族群成功的預測變項上，將有相當大的改進和幫助空間存在。所以，在甄選人員入學、就業或給獎學金等選擇決策上，宜針對不同族群間的差異，挑選最有利該族群發展的因素或外在效標作為選擇的參考依據（如：少數族群加重語文部分的計分，而多數族群加重數量部分的計分等），如此才能兼顧公平與客觀兩項標準。

肆　改善社會環境

過去，諸如學術性向測驗（Scholastic Aptitude Test, SAT）、研究生入學測驗（Graduate Record Examination, GRE）、法學院入學測驗（Law School Admissions test, LSAT），甚至是智力測驗（即 IQ 測驗）等，通常被認為是性向測驗，亦即，它所測量到的潛在特質是與生俱來的，即使受試者被放置在不同環境下教養長大，也不太可能會改變此能力。但是，近代愈來愈多測驗專家卻開始相信，這些測驗所測量到的潛在特質，其實不是性向，而是成就；也就是說，若給學生適當的教養和訓練，則測驗分數

將是會產生改變的。例如,語文與數量兩種能力,即是透過經驗而學習得到的,即使學生的測驗分數偏低,也並不表示其學習能力已經到了無可救藥的地步,這些問題是可以被改善的,只要給予適當的教養環境即可。因此,若要改善少數族群的測驗公平性,不妨從改善他們所處的社會環境著手,給予適當、妥善的教育環境,以激發其學習潛能,增加被施測的經驗,才是改善其社會環境的重要方法。否則,光是責難測驗成績的不公平,或給予特殊加分處遇,都是於事無補的。

至於該如何診斷測驗偏差的課題,由於其十分具有理論性和技術性的純學術價值,而比較少含實用價值,因此,已遠超過本書所要探討的範圍。對此問題感興趣且打算深入探討的讀者,可以參閱 Berk(1982)、Holland 和 Wainer(1993),及 Jensen(1980)等專書的討論,本節不擬在此贅述。

第四節　測驗倫理

心理測驗學或心理計量學是心理學的一門支流,測驗的使用一直是心理學專家的事,鮮為一般民眾能加以置喙。然而,測驗發展至今,已有逐漸走向大眾化的趨勢,一般民眾已有大量機會接觸到各種測驗(包括教育測驗和心理測驗),甚至非屬測驗或心理學專家的一般學者、行政官員或民眾等(如:學科專家、學校教師、學生家長、教育委員會委員、教育主管當局的行政人員,甚至補習班的授課教師或行政人員等),也都有接觸、使用或運用測驗資料的機會。測驗的使用已日趨普及,如何防範測驗被誤用與濫用,以維護測驗使用的專業倫理道德,便成為一項廣受社會大眾矚目的課題。

根據美國心理學會的規定,心理學家必須遵守的倫理道德原則,其中幾條是與測驗使用的規定有關聯的(AERA, APA, & NCME, 1999)。筆者認為宜參考這些有關規定,提出所有測驗使用者都必須遵守之倫理規範的一般原則,才能引導測驗的正常使用。茲簡述這些原則如下(Kaplan & Saccuzzo, 1993):

 專業的原則

　　測驗使用者不論是教師、測驗專家,或是有機會接觸到測驗的其他相關人員,在使用測驗前,必須對該測驗的功能、目的、限制、使用方法、適用對象、計分方式與解釋等規定,有澈底瞭解與認知,此外尚須對教育測量或心理測量問題與技術、測驗的信度與效度分析、測量誤差來源的瞭解與解釋,以及標準化施測過程等,都有專業訓練的知識、豐富的使用經驗和公正客觀的運用心態,如此才能導引測驗的使用趨向正確的方向。

　　在測驗編製方面,教師或專業的測驗編製專家應該遵守專業精神,仔細考慮所有影響測驗編製的相關因素,遵照編擬試題的雙向細目表,審慎進行編擬試題。在試題未經預試、審查、實證分析之前,不得任意對外公開所編擬試題,以免影響學生的施測權益及考試的公正性。

 道德的原則

　　測驗使用者常以「人」作為施測的對象或受試者,施測後的資料,除了應該嚴格遵守與維護憲法與相關法令所賦予個人的基本人權外,尚須對測驗資料的保存、登錄、使用、報告、引述或引用,甚至出版等行為,進行永久保密的工作。除非獲得當事人的書面同意函(若未成年者,則由其家長或監護人同意),否則,測驗使用者不得有意或無意地將當事人的個人資料,於教學、著作、演講或研討會上對無關的第三者公開或陳述,以避免不正當地侵犯個人的隱私。若是因應學術討論與研究上的需要,非公開個案資料不可時,也應該盡力隱藏所有可能使當事人被認出的資料線索,以繼續維護當事人資料的隱密性,並且避免公布測驗或診斷結果,以免讓當事人有被「貼標籤」的感覺,從而使當事人蒙受精神與金錢上的損失。

　　另一方面,從受試者的立場而言,受試者「有權」要求個人資料應被保密和保障,以維護個人身心的安全和基本人權與隱私權。若測驗使用者不能保證做到上述的基本要求時,受試者亦「有權拒絕」接受施測,並且

應該受到法令的明文保障。

 倫理的原則

　　倫理的規範與上述專業和道德的規範，兩者息息相關，不可被嚴格地分割來看。但是，倫理規範比較關心的是：當測驗的安全性與受試者的福祉相衝突時，測驗使用者該怎麼辦？此時，測驗使用者還是應該以維護受試者的福祉為重，行有餘力時，再兼顧測驗本身的安全性。

　　此外，測驗編製者與出版者應該有義務於測驗指導語中，載明該測驗使用的一些注意事項、測驗特徵和使用須知。尤其是在使用測驗時，使用者應該自問兩個問題：「所使用的測驗是否具備測量的優良特徵？」及「使用該測驗可以達到測量目的嗎？」唯有在測驗編製者負起測驗編製不良及其指導語不適當的責任，以及測驗使用者明瞭不當使用測驗會對個人造成不良影響和損及人權的前提下，這種倫理責任和社會價值觀才有可能獲得維護和保障。

　　另一方面，測驗分數的解釋如果不當，亦很容易誤導測驗使用的正確性和客觀性。因此，測驗使用者向受試者解釋測驗分數時，尚應注意且遵守下列的一般原則：

1. 應針對該測驗所測量到的真正特質來進行解釋。
2. 應以一段信賴區間而非以特定數值來進行解釋。
3. 應以使用該測驗的特殊情境或場合為解釋依據。
4. 應考慮受試者當時的身心狀況及家庭背景因素。
5. 避免只給數字，尚應補充說明數字背後的意義。
6. 尚需輔以其他相關參考資料，作為解釋的佐證。
7. 應針對解釋事項做建議，切勿替受試者做決定。

 社會的原則

　　我們的社會是建立在保障和維護個人權利和自由的基礎上，因此，發

展或發行各種心理評估技術時，也必須考慮該項技術是否能被社會所接受，尤其是當它可能侵犯到個人的權益福祉時，更應該審慎為之。例如，電腦化測驗解釋（computerized test interpretation）服務是一項新的評估技術，它可以替代施測者進行施測、分析、診斷和做建議，甚至替受試者做決定；像這種非人性化的服務，雖然可能是未來測驗發展的一種趨勢，但它卻可能侵犯到個人的隱私權和福祉。因此，解決這種衝突的權宜之計，便是考量它的潛在危險和可能的利益孰大，唯有在增進可能的利益與降低可能的潛在危險情況下，這種新的專業化諮詢技術才有可能被社會所接納。

此外，過時的測驗是否仍然值得使用，也完全要看它能否被社會所接受而定。當有新知識誕生時，可能會顯示舊測驗的理論和基本假設不夠完美，此時舊測驗是否仍值得使用，必須看它能否繼續提供社會有用的訊息和價值而定。如果該測驗仍能提供有效的預測和解釋，則不管它的理論與假設是否已過時或落伍，該測驗仍有繼續使用的價值；反之則否。

最後，是否提供廣泛的測驗服務之可能性與方便性，也應該以社會能否接納為考量的重點。接受一次專業化的施測，其代價是昂貴的，因此，有無必要設立公立的專業施測機構，以提供市民更好的心理診斷與諮商的諮詢服務，也必須考慮到它是否會增加社會成本的負擔、侵犯到個人的隱私權，與危害測驗資料的安全性等因素。如果仔細評量得失權重後，發現它是有益公眾事務的，則便值得去推廣應用；如果答案是否定的，則仍然以社會整體的利益為重，不予採納使用。

第五節　標準設定

關於標準設定（standard setting）的問題，我國「國民小學及國民中學學生成績評量準則」即以法令方式，規定各級成績等第的通過標準為何。例如，在該法中的第9條規定：「領域學習課程之評量結果，應以優、甲、乙、丙、丁之等第，呈現各領域學習課程學生之全學期學習表現；其等第與分數之轉換如下：

一、優等：九十分以上。

二、甲等：八十分以上未滿九十分。

三、乙等：七十分以上未滿八十分。

四、丙等：六十分以上未滿七十分。

五、丁等：未滿六十分。」

第 12 條規定：「國民中小學學生修業期滿……為成績及格，由學校發給畢業證書；……。」換句話說，不同等第各有其不同標準的通過分數，這項標準的決定係由法令所規範，並適用於國民中小學所有學習領域之學習成果的評定。然而，這項標準真的可以橫跨不同學習領域而都適用嗎？可以橫跨不同年級學生而都適用嗎？它們是如何被決定出來的？其決策背後的理論依據為何？決策的機制為何？這些問題都是本節所要探討的課題。

近年來，由於我國連續參與幾個國際大型的測驗評比（如：TIMSS、PISA、PIRLS 等），該類測驗結果大致將考生在該類測驗上的表現結果區分成幾個不同等級，如：基礎以下（below basic）、基礎（basic）、精熟（proficient）、進階（advanced）等。此舉分類作法，引發國內大型測驗〔如：國家教育研究院建置的「臺灣學生學習成就評量資料庫」（Taiwan Assessment of Student Achievement, TASA）〕爭相仿效，並且，紛紛延伸出：「學生的學習成就表現要不要分級？」「這些各級表現標準又該如何設定？」「標準該怎麼設定，才會比較客觀、合理、公正、有效？」「學習表現要達到什麼標準才可被認可？」等等應用的研究問題（曾建銘、陳清溪，2009）。

談到表現標準的設定（setting performance standard），這是一個相當重大的測驗研究議題。既然要設定表現標準，這意味著，學習表現必須經由判斷，才能確定我們所要決定的等級或程度為何。但問題是：誰來進行判斷？判斷方法為何？如何描述判斷的標準？如何達成判斷的共識？如何確定標準是有效的？凡此種種問題，便是構成本節所欲討論的重點。由於標準設定的議題已經發展很久，所累積的參考文獻也已經到達汗牛充棟的地步，諸如：鄭明長、余民寧（1994）；謝進昌、余民寧（2005）；Berk（1996）；Cizek（1996a, 1996b, 2001）；Cizek 和 Bunch（2006）；Cizek、Bunch 和 Koons（2004）；Hambleton 和 Powell（1983）；Kane（1994, 1998）；Livingston 和 Zieky（1982）等，對於如何去設定一個有效、公正、客觀、合理的表現標準，均已提供鉅細靡遺的文獻評閱與方法建議。因此，在篇幅限制之下，本節僅止於歸納上述文獻的重點，並做個簡要的介紹；對此研究議題感興趣的讀者，還是需要直接閱讀上述眾多的文獻。

不論使用何種方法來設定表現標準，一個有效、公正、客觀與合理的表現標準，通常都需要滿足下列幾項要求：(1)設定方法的挑選；(2)設定委員的挑選與訓練；(3)設定過程中的活動順序；(4)效度檢核，及(5)將整個設定過程效度做成詳細的文件說明。下列所簡單描述的步驟，即是一般用來設定表現標準的典型步驟，但可以斟酌各種特殊情境需求，再增減一些步驟或措施。

選定一種標準設定方法

在測量理論的文獻裡，例如：Cizek（2001）；Cizek 和 Bunch（2006），已經陳列有許多種標準設定的方法。但是，到底要選擇哪一種方法較好，還需要進一步考慮一些因素，例如：(1)評量表現所使用的題型為何（例如：使用選擇題或使用實作評量來進行學習表現的評量）；(2)這個方法所需要的時間和資源為何（例如：該方法的進行，是需時三天還是三小時即可，要使用多少輔助資源及設備等）；(3)先前的工作經驗（例如：負責進行標準設定的單位或承辦人，事前是否曾使用過該方法），以及(4)效度證據是否存在（例如：該方法是否有效，如果拿得出證據來，該方法會更具有說服力）等。

因此，傳統上，常將標準設定方法分成兩大類：以測驗為中心的方法（test-centered methods）或以考生為中心的方法（examinee-centered methods）（Cizek, 1996b; Kane, 1998）。但近年來，由於新方法倍出，已經逐漸將此分類延伸成為四大類：(1)以測驗試題和評分規準作為評估的方法；(2)以考生或候選人本人作為評估的方法；(3)以候選人作品作為評估的方

法，以及(4)以標準設定委員對得分剖面評估作為評估的方法等（Hambleton, Jaeger, Plake, & Mills, 2000）。由於第一種類型與本書內容較有直接關係，因此，本節僅簡要說明第一種類型方法，其餘方法則由讀者直接評閱相關的文獻（如：Cizek, 2001; Cizek & Bunch, 2006; Hambleton & Pitoniak, 2006）。

茲說明第一類「以測驗試題和評分規準作為評估的方法」如下，這類標準設定方法大致可以再分成下列七類主要的作法。

1. Angoff 法

針對邊緣考生（borderline examinees）（即介於會通過或不通過之間的考生）在每一試題（通常都是使用單選題）上的作答表現，由標準設定委員會的委員逐一去估計他們會答對每一題的機率是多少，並以此答對率估計值加總後的平均值作為決定之通過標準。

2. 延伸 Angoff 的相關方法

此法與 Angoff 法雷同，但由標準設定委員會的委員逐一去評定在多元計分題（polytomous items）中，邊緣考生最有可能獲得的分數為何，並以此評定分數加總後的平均值作為決定之通過標準。

3. Ebel 法

標準設定委員會的委員根據試題的兩個向度（即難度和相關性）或者兩者的綜合，逐一去判斷邊緣考生會答對的題數之平均值，並以此平均值作為決定之通過標準。

4. Nedelsky 法

標準設定委員會的委員猜想邊緣考生可能刪除掉每一試題中最不可能是答案的誘答選項後的數目，再加 1（即加計正確答案選項），之後的倒數值，即作為邊緣考生在該題的最低通過率，並以此各題通過率加總後之平均值作為決定之通過標準。

5. Jaeger 法

標準設定委員會的委員根據每一位考生（不僅只是邊緣考生而已）在

每一試題上，可能答對或答錯進行逐一的評估判斷，並將這些判斷結果為答對題數的平均值作為決定之通過標準。

6. 書籤法（bookmark）及其他試題標記法（item mapping methods）

本方法需要先計算出每道試題的難度值，並根據難度值的大小依序排列，由標準設定委員會的委員討論後，先決定某一種可能的通過機率，並放置一張書籤在此通過率之處以示區隔。排列在此書籤之前的試題，邊緣考生應該都可以全部答對通過，該通過機率即作為決定之通過標準。

7. 直接共識法（direct consensus）

標準設定委員會的委員先將測驗中的試題分成幾個區塊，並逐一去評估每個區塊中，邊緣考生可能答對的題數為何。在形成共識之後，再將每個區塊經共識決定的答對題數加總之後的平均值作為決定之通過標準。

挑選並組成標準設定委員會

其次，便是挑選組成標準設定委員會的委員。這些委員多半是選自對表現標準嫻熟的專家，通常都是由學科專家（如：中小學的專科教師、大學的學科教授、課程研究專家等）、測驗與評量專家（如：心理計量學者、評量專家、測驗學者等），或實務界專家（如：具職場多年實務經驗的主管、職場工作傑出表現者、各種競賽得主等）所組成。這些專家組成標準設定委員會，開會決議如何設定某種通過標準或各級表現標準。

通常，標準設定委員會的組成成員，人數會從十人至三十人不等，並且也會兼顧組成背景的多樣性與平衡性（如：性別、年齡、族群、工作經驗、地理位置及其他重要因素）。其次，有時會考量設定不同標準的層級性需求，再分設幾組標準設定小組，分頭決定各層級標準，再由大會決定最後的全國性（或整體性）通過標準。如此一來，所需組成委員的人數勢必會倍增，或至少增加許多人數。

參 準備通過標準或表現水準描述語

至於各級通過標準或表現水準應該為何，通常都是由標準設定委員會事先開會決議其共同的表現水準描述語（performance level descriptions, PLD）。該表現水準的描述語，通常都是以考生在該等級表現時所需展現出來的知識、技術及能力特徵等術語，來加以界定和描述該等級的標準表現水平。例如，常見的表現水準描述語如下所示：

1. 基礎級：在基礎級水平的學生學習表現，顯示出學生能夠達到該年級之基礎先備知識與技能的部分熟練程度。
2. 精熟級：在精熟級水平的學生學習表現，顯示出學生已具備充實的學業表現。學生能展現學科相關的能力，包含該學科知識、能將該知識應用於真實情境的能力，以及能適當分析該學科知識的能力。
3. 進階級：在進階級水平的學生學習表現，顯示出學生具有超越精熟級水平以上，更具卓越的學習表現成果。

肆 訓練標準設定委員熟悉所選定的標準設定方法

接著，由具有標準設定經驗的學者專家帶領，針對全體標準設定委員會成員進行講習、示範、實作演練、客觀統計分析、討論與意見交流、回饋，以及形成共識等反覆過程，以訓練大家熟習該標準設定方法的使用，並確定各級表現水準描述語的撰寫與通過標準的決定。通常，標準設定委員會會經過兩到三回合的反覆過程，才能確定最後的通過標準，這還需要看所使用的是哪一種標準設定方法而定。

伍 收集試題評分資訊

再其次，由標準設定委員針對考生在測驗試題上的表現情形，進行獨立、公正的判斷。當然，這還需要考量到底是使用哪一種標準設定方法而

定。但通常，標準設定委員都會填寫在一張表格裡（如：評定量表），經過彙整，立即進行統計分析後，行政後勤人員會將統計分析的摘要結果提供給每位標準設定委員參考，以促進每位標準設定委員反省思考自己所設定標準的嚴苛寬鬆程度，再進而決定是否調整或修改自己所設定的標準。

陸　提供回饋並做成決議

上述收集的試題評分資訊，主要是提供回饋給每位標準設定委員，以作為修訂自己設定標準之參考，同時，經由標準設定委員之間的充分討論與交換意見，委員們通常會修訂自己的判斷誤差。經過幾次反覆的過程（通常是兩到三回合），標準設定委員會慢慢形成最後的共識，並且決定最後的各級表現水準描述語的撰寫。

柒　綜合各小組意見，決定各級表現標準

如果有分組決議各級表現標準的話，各小組需經第六步驟之決議後，將各組決議事項提請大會討論再決議，最後，才能形成大會的共識，並做成最後的各級表現水準描述語的撰寫和通過標準的決定。

捌　執行效度檢核工作

針對標準設定過程進行效度檢核，對建立一個公正、客觀、合理與有效的標準而言，是十分重要的一個步驟。負責訓練與指導標準設定委員會成員熟悉所選定標準設定方法之專家，可以針對整個標準設定過程，擬定一份問卷，詢問每位標準設定委員有關表現水準描述語、委員的訓練、判斷的時間、每項作業活動、標準的共識決議等項目的瞭解與滿意程度，並以五點評定量尺方式計分整個過程，以做成一份客觀的效度檢核證據報告。Cizek等人（2004）認為，在標準設定過程中由標準設定委員進行效度檢核工作，對確保整個標準設定過程獲致成功與效度而言，是一種很重要的內

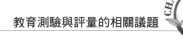

部查核工作。

 將整個過程效度證據文件化

　　最後一個步驟，即是將整個標準設定過程及其效度證據，彙集做成一份詳實的文件說明。標準設定委員會應該針對所決定的各級通過標準、設定的決斷點通過分數（cut-off scores）及其表現水準描述語等，其背後所持的學理基礎、程序步驟、決策機制與效度證據等資訊，彙集做成一份詳實的文件說明，以供有關當局、社會大眾或學者專家參考，並接受大家的公評與指教。

參考書目 Reference ●●●●●

中文部分

大學甄選入學委員會（2021）。**110 學年度大學「個人申請」入學招生簡章**。作者。

王文中、陳承德譯（2008）。**心理測驗**。臺北市：雙葉。

王俊斌編（2020）。**素養導向的教師專業發展：教育理念的探究與轉化**。臺北市：國立臺北教育大學。

毛連塭、陳麗華（1991）。**精熟學習法**。臺北市：心理。

朱錦鳳（2013）。**兒童在畫人測驗的投射評量**。臺北市：心理。

朱錦鳳（2014）。**心理測驗：理論與應用**（修訂版）。臺北市：雙葉。

何英奇（1989）。精熟學習策略配合微電腦化 S-P 表分析診斷對學生學習效果的實驗研究。**師大教育心理學報，22**，191-214。

何景國（1992）。**電腦化設計改進 S-P 圖的研究（含 S-P 圖表的原理及其電腦程式操作）**。臺北市：教師研習中心。

余民寧（1993a）。次序性資料的內容效度係數和同質性信度係數之計算。**測驗年刊，40**，199-214。

余民寧（1993b）。次序性評定資料的信度分析和因數分析。**教育與心理研究，16**，1-21。

余民寧（1993c）。測驗理論的發展趨勢。載於中國測驗學會主編：**心理測驗的發展與應用**（23-62 頁）。臺北市：心理。

余民寧（1995）。認知診斷測驗的發展趨勢。**教育研究，45**，14-22。

余民寧（1997）。**有意義的學習：概念構圖之研究**。臺北市：商鼎。

余民寧（2006a）。**潛在變項模式：SIMPLIS 的應用**。臺北市：高等教育。

余民寧（2006b）。精熟學習、診斷測驗與補救學習。**IRT 測驗與教學，2**，1-24。

余民寧（2009）。**試題反應理論（IRT）及其應用**。臺北市：心理。

余民寧（2010）。測驗建置流程及新概念。載於國家教育研究院籌備處主編：**測驗及評量專論文集——題庫建置與測驗編製**（第四章，80-99 頁）。臺北市：國家教育研究院籌備處。

余民寧（2012）。**心理與教育統計學**（增訂三版）。臺北市：三民。

余民寧（2013）。新數位時代下的學習新提案。**教育人力與專業發展，30**（5），3-11。

余民寧（2016）。學習評量與 SP 分析。**T&D 飛訊，217**，1-25。

余民寧（2020）。**量表編製與發展——Rasch 測量模型的應用**。新北市：心理。

余民寧、李昭鋆（2018）。補救教學中個別化教學對學生學習成效之影響分析。**教育科學研究期刊，63**（1），247-271。

余民寧、李敦仁、趙珮晴（2012）。正視馬太效應的影響：可變及不可變因素之分析。**教育學刊，39**，119-152。

余民寧、陳嘉成（1996）。概念構圖：另一種評量法。**政大學報，73**（上），161-200。

余民寧、陳嘉成、潘雅芳（1996）。概念構圖法在測驗教學上的應用。**測驗年刊，43**，195-212。

余民寧、劉育如、李仁豪（2008）。臺灣憂鬱症量表的實用決斷分數編製報告。**教育研究與發展期刊，4**（4），231-257。

余民寧、潘雅芳、林偉文（1996）。概念構圖法：合作學習抑個別學習。**教育與心理研究，19**，93-124。

吳璧純、詹志禹（2018）。從能力本位到素養導向教育的演進、 發展及反思。**教育研究與發展期刊，14**（2），35-64。

呂秋文（1987）。S-P 表注意係數在數學科教學上之應用研究。**政大學報，56**，61-92。

李坤崇（1999）。**多元化教學評量**。臺北市：心理。

李坤崇（2006）。**教學目標、能力指標與評量**。臺北市：高等教育。

李茂興譯（2002）。**教育測驗與評量**。臺北市：學富。

李源順、吳正新、林吟霞、李哲迪（2014）。**認識 PISA 與培養我們的素養**。臺北市：五南。

佘曉清、林煥祥（2017）。**PISA 2015 臺灣學生的表現**。新北市：心理。

周文欽、歐滄和、許擇基、盧欽銘、金樹人、范德鑫（1995）。**心理與教育測驗**。臺北市：心理。

孟瑛如（2019）。**學習障礙與補救教學：教師及家長實用手冊**（四版）。臺北市：五南。

岳修平、王郁青（2000）。電子化學習歷程檔案實施之態度研究。**教育與心理研究，31**（2），65-84。

林永豐（2018）。延續或斷裂？從能力到素養的課程改革意涵。**課程研究，13**（2），1-20。

林佩璇、李俊湖、詹惠雪（2018）。**差異化教學**。臺北市：心理。

林曉芳（2002）。**以 Hot Deck 插補法推估成就測驗之不完整作答反應**。臺北市：國立政治大學教育學系博士論文。

邱淵、王鋼、夏孝川、洪邦裕、龔偉民、李亞玲（1989）。**教學評量**。臺北市：五南。

邱皓政（2019）。**量化研究與統計分析：SPSS與R資料分析範例解析**（六版）。臺北市：五南。

柯華葳（2012）。素養是什麼？親子天下，第 25 期，2012-10-26。

洪儷瑜、張世彗、洪雅惠、孔淑萱、詹士宜、梁碧明、胡永崇、吳訓生譯（2016）。**學習障礙與其他障礙之學習困難**（二版）。臺北市：華騰文化。

胡永崇、詹士宜、洪雅惠、呂偉白、黃秋霞譯（2016）。**學習障礙與補救教學教材教法**。臺北市：華騰文化。

胡悅倫（2008）。結構化教師甄試口試之初步調查。**教育與心理研究，31**（1），65-96。

胡悅倫、余民寧（2009）。中學教師甄選口試題目圖像及其教育理念之研究。**教育與心理研究，32**（1），29-56。

胡悅倫、陳皎眉、洪光宗（2009）。國家考試口試之命題與評分。**國家菁英，5**（4），35-56。

翁上錦（1993）。**S-P 表分析理論在學習診斷上的應用**。臺灣省教育廳主辦：「中等學校學校教學與行政學術研討會」會議發表論文。

高雄市政府公教人力資源發展中心編（1998）。**多元教學評量**。作者。

國家教育研究院國際評比辦公室（2021）。**國際學生能力評量計畫 Programme for International Student Assessment（PISA）**。資料取自 https://tilssc.naer.edu.tw/pisa

張本聖、高振傑、胡淑娥、洪志美譯（2019）。**心理衡鑑大全**（三版）。臺北市：雙葉。

張春興、林清山（1984）。**教育心理學**（五版）。臺北市：東華。

張美玉（1995）。歷程檔案評量在建構教學之應用：一個科學的實徵研究。**教學科技與媒體，27**，31-46。

張基成、彭星瑞（2008）。網路化檔案評量於國中電腦課程之使用及其成效。**師大學報－科教類，53**（2），31-57。

張碧珠、呂潔樺、林芯汝、劉慧平、陳雲釵、賴筱嵐、蔡宛臻譯（2017）。**差異化班級學生評量**。臺北市：五南。

張碧珠、呂潔樺、林芯汝、劉慧平、陳雲釵、賴筱嵐、蔡宛臻譯（2018）。**差異化班級：回應所有學習者的需求**。臺北市：五南。

張碧珠、呂潔樺、賴筱嵐、蔡宛臻、黃晶莉譯（2014）。**能力混合班級的差異化教學**。臺北市：五南。

張麗麗（2002）。檔案評量信度與效度的分析——以國小寫作檔案為例。**教育與心理研究，25**（上），1-34。

教育部（2021a）。**108 課綱資訊網**。資料取自 https://12basic.edu.tw

教育部（2021b）。**十二年國民基本教育課程綱要總綱**。資料取自 https://www.naer.edu.tw/PageSyllabus? fid=52

莊明貞（1995）。在國小課程的改進與發展——真實性評量。**教師天地，79**，21-25。

許擇基、劉長萱（1992）。**試題作答理論簡介**。臺北市：中國行為科學社。

郭生玉（1990）。**心理與教育測驗**（五版）。臺北市：精華。

陳正昌、林曉芳（2020）。**R 統計軟體與多變量分析**。臺北市：五南。

陳正昌、賈俊平（2019）。**統計分析與 R**（二版）。臺北市：五南。

陳旭昇（2019）。**機率與統計推論：R 語言的應用**。臺北市：東華。

陳英豪、吳益裕（1991）。**測驗與評量**（修訂一版）。高雄市：復文。

陳啟東（2021）。大學招生專業化下高中學生學習歷程準備之對應。**教育研究月刊，329**，4-19。

陳淑麗、宣崇慧編（2014）。**帶好每一個學生：有效的補救教學**。臺北市：心理。

陳新豐（2021）。**R 語言：量表編製、統計分析與試題反應理論**（二版）。臺北市：五南。

陳漢瑛（1991）。精熟學習策略配合微電腦化 S-P 表分析試題與回饋對護專學生藥理學學習成效之實驗研究。**技術學刊，6**（2），99-107。

陳騰祥（1986）。S-P 表分析在學習診斷的應用及其實作感受之探究。**彰化師大輔導學報，9**，275-311。

陳騰祥（1988）。S-P 表分析理論及其在學習評鑑上教師命題技術改進態度的效用之探究。**彰化師大輔導學報，11**，1-69。

陸偉明、黃慧菁、董旭英、黃郁茹、曾明騰、高實玫、黃秋華（2020）。**補救教學：理論與應用**。新北市：心理。

陸雅青、劉同雪譯（2008）。**心理診斷與人格測驗手冊**。臺北市：心理。

曾建銘、陳清溪（2009）。2007 年臺灣學生學習成就評量結果之分析。**教育研究與發**

展期刊，**5**（4），1-38。

馮觀富（1986）。測驗編製的基本原理。載於台灣省國民教師研習會主編：**國民小學學習成就標準測驗編製研究**（1-33頁）。新北市：台灣省國民教師研習會。

黃光雄（1982）。**教學目標與評量**（二版）。高雄市：復文。

黃政昌（2008）。**心理評估：在諮商中的應用**。臺北市：雙葉。

黃德祥、洪福源、張高賓譯（2011）。**教育測驗與評量：教室應用與實務**。臺北市：心理。

葉重新（2010）。**心理與教育測驗**。臺北市：心理。

詹永名、王淑俐（2020）。**補救教學：關懷弱勢者教育**。臺北市：五南。

鄒慧英（1997）。實作型評量的品管議題——兼談檔案評量之應用。載於國立臺南師範學院主編：**教育測驗新近發展趨勢學術研討會論文集**（73-84頁）。臺南市：國立臺南師範學院測驗發展中心。

鄒慧英（2000）。國小寫作檔案評量應用之探討。**臺南師院初等教育學報**，**13**，141-181。

雷叔雲譯（2018）。**平靜的心，專注的大腦：禪修鍛鍊，如何改變身、心、大腦的科學與哲學**。臺北市：天下。

廖月娟譯（2009）。**異數：超凡與平凡的界線在哪裡？**。臺北市：時報。

甄曉蘭（2018）。**高級中等學校補救教學理念與實務：教師支援手冊**。臺北市：臺灣師大出版社。

臺灣 PISA 國家研究中心（2011）。**臺灣 PISA 2009 結果報告**。臺北市：心理。

臺灣 PISA 國家研究中心（2015）。**臺灣 PISA 2012 結果報告**。新北市：心理。

蔡金田、蔡政宗（2021）。**臺灣原住民重點國民中學補救教學理念與實證分析**。臺北市：元華文創。

蔡清田（2012）。**課程發展與設計的關鍵 DNA 核心素養**。臺北市：五南。

鄭明長、余民寧（1994）。各種通過分數設定方法之比較。**測驗年刊**，**41**，19-40。

謝名娟、程峻（2021）。**素養導向評量：理論與實務**。臺北市：元照。

謝進昌、余民寧（2005）。以最大測驗訊息量決定通過分數之研究。**測驗學刊**，**52**（2），149-176。

簡茂發（1978）。信度與效度。載於楊國樞主編：社會及行為科學研究法（上冊）（323-351頁）。臺北市：東華。

簡茂發、邱世明、王滿馨等譯（2010）。**測驗分數及其意義：分析與應用**。臺北市：

心理。

饒達欽（1988）。教學評鑑與學生問題圖表之分析研究。**師大工業教育學報，2**，129-164。

英文部分

Ahmanan, J. S., & Glock, M. D. (1981). *Evaluating student progress: Principles of tests and measurement* (6th ed.). Boston, MA: Allyn & Bacon.

Aiken, L. R. (1980). Content validity and reliability of single items or questionnaires. *Educational and Psychological Measurement, 40*, 955-959.

Aiken, L. R. (1982). Writing multiple-choice items to measure higher-order educational objectives. *Educational and Psychological Measurement, 42*, 803-806.

Aiken, L. R. (1985). Three coefficients for analyzing the reliability and validity of ratings. *Educational and Psychological Measurement, 45*, 131-142.

Aiken, L. R. (1988). *Psychological testing and assessment* (6th ed.). Boston, MA: Allyn & Bacon.

Airasian, P. W., & Madaus, G. F. (1972). Functional types of student evaluation. *Measurement and Evaluation in Guidance, 4*, 221-233.

Airasian, P. W., & Russell, M. K. (2008). *Classroom assessment: Concepts and applications* (6th ed.). New York: McGraw-Hill.

Allen, W. J., & Yen, W. M. (2001). *Introduction to measurement theory* (2nd ed.). Monterey, CA: Brooks/Cole.

American Education Research Association (AERA), American Psychological Association (APA), & National Council on Measurement in Education (NCME) (1999). *Standards for educational and psychological testing*. Washington, DC: American Education Research Association.

Anastasi, A. (1988). *Psychological testing* (6th ed.). New York: Macmillan.

Anderson, L. W., Krathwohl, D. R., Airasian, P. W., Cruikshank, K. A., Mayer, R. E., Pintrich, P. R., Raths, J., & Wittrock, M. C. (Eds.) (2001). *A taxonomy for learning, teaching, and assessing: A revision of Bloom's taxonomy of educational objectives*. New York: Addison Wesley Longman.

Arter, J. R., & Spandel, V. (1992). Using portfolios of student work in instruction and assessment. *Educational Measurement: Issues and Practice, 1*(1), 36-44.

Arter, J., Spandel, V., & Culham, R. (1995). *Portfolios for assessment and instruction*. ERIC Document Reproduction Service No. ED 388-890.

Aschbacher, P. R. (1991). Performance assessment: State activity, interest, and concerns. *Applied Measurement in Education, 4*(4), 275-288.

Ausubel, D. P. (1963). *The psychology of meaningful verbal learning*. New York: Grune & Stratton.

Ausubel, D. P. (1968). *Educational psychology: A cognitive view*. New York: Holt, Rinehart & Winston.

Baker, E. L., Linn, R., & Quellmalz, E. S. (1980). *Knowledge synthesis: Criterion-referenced measurement*. Los Angeles, CA: Center for the Study of Evaluation, University of California.

Bentler, P. M., & Dudgeon, P. (1996). Covariance structure analysis: Statistical practice, theory, and directions. *Annual Review of Psychology, 47*, 563-592.

Berk, R. A. (Ed.) (1980). *Criterion referenced measurement: The state of the art*. Baltimore, MD: Johns Hopkins University Press.

Berk, R. A. (Ed.) (1982). *Handbook of methods for detecting test bias*. Baltimore, MD: Johns Hopkins University Press.

Berk, R. A. (Ed.) (1984). *A guide to criterion referenced test construction*. Baltimore, MD: Johns Hopkins University Press.

Berk, R. A. (Ed.) (1986). *Performance assessment: Methods and applications*. Baltimore, MD: Johns Hopkins University Press.

Berk, R. A. (1996). Standard setting: The next generation (where few psychometricians have gone before!). *Applied Measurement in Education, 9*, 215-235.

Bloom, B. S. et al. (Eds.) (1956). *Taxonomy of educational objectives: Cognitive domain*. New York: David McKay.

Bloom, B. S., Madaus, G. T., & Hastings, J. T. (1981). *Evaluation to improve learning*. New York: McGraw-Hill.

Bock, R. D., & Wood, R. (1971). Test theory. *Annual Review of Psychology, 22*, 193-224.

Bollen, K. A. (1989). *Structural equations with latent variables*. New York: John Wiley & Sons.

Bollen, K. A. (2002). Latent variables in psychology and the social sciences. *Annual Review of Psychology, 53*, 605-634.

Bond, L. (1995). Unintended consequences of performance assessment: Issues of bias and fairness. *Educational Measurement: Issues and Practice, 14*(4), 21-24.

Bonifay, W. (2020). *Multidimensional item response theory*. Thousand Oaks, CA: Sage.

Borich, G. D. (1990). *Observation skills for effective teaching*. Columbus, OH: Charles E. Merrill.

Bracht, G. H., & Hopkins, K. D. (1968). Comparative validities of objective tests. *Research Paper No. 20*. Boulder: University of Colorado, Laboratory of Educational Research.

Breland, H. M. (1979). *Population validity and college entrance measures*. Princeton, NJ: College Board Publications.

Breland, H. M., & Gaynor, J. L. (1979). A comparison of direct and indirect assessments of writing skill. *Journal of Educational Measurement, 16*, 119-128.

Brennan, R. L. (Ed.) (2006). *Educational measurement* (4th ed.). Washington, DC: American Council on Education.

Brown, W. (1910). Some experimental results in the correlation of mental abilities. *British Journal of Psychology, 3*, 296-322.

Brown, A. L., & French, L. A. (1979). The zone of potential development: Implications for intelligence testing in the year 2000. *Intelligence, 3*(3), 255-271.

Browne, M. W. (2000). Psychometrics. *Journal of the American Statistical Association, 95* (450), 661-665.

Burke, K., Fogarty, R., & Belgrad, S. (1994). *The portfolio connection*. Palatine, IL: IRI/Skylight.

Burt, R. S., Kilduff, M., & Tasselli, S. (2013). Social network analysis: Foundations and frontiers on advantage. *Annual Review of Psychology, 64*, 527-547.

Caffrey, E., Fuchs, D., & Fuchs, L. S. (2008). The predictive validity of dynamic assessment: A review. *The Journal of Special Education, 41*, 254-270.

Campbell, D. T., & Fiske, D. W. (1959). Convergent and discriminant validation by the multitrait-multimethod matrix. *Psychological Bulletin, 56*, 81-105.

Campion, M. A., Palmer, D. K., & Campion, J. E. (1997). A review of structure in the selection interview. *Personnel Psychology, 50*, 655-702.

Campione, J. C., & Brown, A. L. (1987). Linking dynamic assessment with school achievement. In C. S. Lidz (Ed.), *Dynamic assessment: An interactional approach to evaluating learning potential* (pp. 82-115). New York: Guilford Press.

Carey, L. M. (1988). *Measuring and evaluating school learning.* Boston, MA: Allyn & Bacon.

Carmines, E. G., & Zeller, R. A. (1979). *Reliability and validity assessment.* Beverly Hills, CA: Sage.

Carroll, J. B. (1963). A model for school learning. *Teachers College Record, 64*, 723-733.

Carlson, J. S., & Wiedl, K. H. (1992). Principles of dynamic assessment: The application of a specific model. *Learning and Individual Differences, 4*(2), 153-166.

Carver, R. P. (1974). Two dimensions of tests: Psychometric and edumetric. *American Psychologist, 29*, 512-518.

Chang, C. C. (2001). A study on the evaluation and effectiveness analysis of web-based learning portfolio (WBLP). *British Journal of Educational Technology, 32*(4), 435-458.

Chang, C. C. (2008). Enhancing self-perceived effects using web-based portfolio assessment. *Computers in Human Behavior, 24*(3), 1753-1771.

Chang, C. C., & Tseng, K. H. (2009a). Using a web-based portfolio assessment system to elevate project-based learning performances. *Interactive Learning Environments, 16*(2), 25-37.

Chang, C. C., & Tseng, K. H. (2009b). Use and performances of web-based portfolio assessment. *British Journal of Educational Technology, 40*(2), 358-370.

Chase, C. I. (1978). *Measurement for educational evaluation* (2nd ed.). Reading, MA: Addison-Wesley.

Chase, C. I. (1979). The impact of achievement expectations and handwriting quality on scoring essay tests. *Journal of Educational Measurement, 16*, 39-42.

Chase, C. I. (1986). Essay test scoring: Interaction of relevant variables. *Journal of Educational Measurement, 23*, 33-41.

Chatterjee, S., & Hadi, A. S. (1988). *Sensitivity analysis in linear regression.* New York: John Wiley & Sons.

Cizek, G. J. (1996a). Standard-setting guidelines. *Educational Measurement: Issues and Practice, 15*(1), 13-21.

Cizek, G. J. (1996b). Setting passing scores. *Educational Measurement: Issues and Practice, 15*(2), 20-31.

Cizek, G. J. (Ed.) (2001). *Setting performance standards: Concepts, methods, and perspectives.*

Mahwah, NJ: Lawrence Erlbaum Associates.

Cizek, G. J., & Bunch, M. B. (2006). *Standard setting: A guide to establishing and evaluating performance standards on tests*. Thousand Oaks, CA: Sage.

Cizek, G. J., Bunch, M. B., & Koons, H. (2004). Setting performance standards: Contemporary methods. *Educational Measurement: Issues and Practice, 23*(4), 31-50.

Cohen, J. (1960). A coefficient of agreement for nominal scales. *Educational and Psychological Measurement, 20*, 37-46.

Cohen, J., & Cohen, P. (1983). *Applied multiple regression /correlation analysis for the behavioral sciences* (2nd ed.). Hillsdale, NJ: Lawrence Erlbaum Associates.

Cohen, R. J., Montague, P., Nathanson, L. S., & Swerdlik, M. E. (1988). *Psychological testing: An introduction to tests and measurement*. Mountain View, CA: Mayfield.

Collins, L. M. (2006). Analysis of longitudinal data: The integration of theoretical model, temporal design, and statistical model. *Annual Review of Psychology, 57*, 505-528.

Coombs, C. H., Milholland, J. E., & Womer, F. B. (1956). The assessment of partial knowledge. *Educational and Psychological Measurement, 16*, 13-37.

Crocker, L., & Algina, J. (1986). *Introduction to classical and modern test theory*. New York: Holt, Rinehart & Winston.

Crockett, T. (1998). *The portfolio journey: A creative guide to keeping student-managed portfolios in the classroom*. Englewood, CO: Teacher Ideas Press.

Cronbach, L. J. (1951). Coefficient alpha and the internal structure of tests. *Psychometrika, 16*, 297-334.

Cronbach, L. J. (1990). *Essentials of psychological testing* (5th ed.). New York: Harper & Row.

Cronbach, L. J., Gleser, G. C., Nanda, H., & Rajaratnam, N. (1972). *The dependability of behavioral measures: Theory of generalizability for scores and profiles*. New York: John Wiley & Sons.

Cudeck, R., & Harring, J. R. (2007). Analysis of nonlinear patterns of change with random coefficient models. *Annual Review of Psychology, 58*, 615-637.

Cureton, E. E. (1966). The correction for guessing. *Journal of Experimental Education, 4*, 44-47.

Darling-Hammond, L., Ancess, J., & Falk, B. (1995). *Authentic assessment in action: Studies of schools and students at work*. New York: Teachers College Press.

de Finetti, B. (1965). Methods for discriminating levels of partial knowledge concerning a test item. *British Journal of Mathematical and Statistical Psychology, 18*, 87-123.

de la Torre, J. (2009). DINA model and parameter estimation: A didactic. *Journal of Educational and Behavioral, 34*(1), 115-130.

Diamond, J., & Evans, W. (1973). The correction for guessing. *Review of Educational Research, 43*, 181-191.

Dick, W., & Hagerty, N. (1971). *Topics in measurement: Reliability and validity*. New York: McGraw-Hill.

Drasgow, F. (Ed.) (2015). *Automated test assembly*. New York: Routledge.

DuBois, P. H. (1970). *A history of psychological testing*. Boston, MA: Allyn & Bacon.

Ebel, R. L. (1967). The relation of item discrimination to test reliability. *Journal of Educational Measurement, 4*, 125-128.

Ebel, R. L., & Frisbie, D. A. (1991). *Essentials of educational measurement* (5th ed.). Englewood Cliffs, NJ: Prentice-Hall.

Embretson, S. E. (1991). A multidimensional latent trait model for measuring learning and change. *Psychometrika, 56*(3), 495-515.

Fan, C. T. (1952). *Item analysis table*. Princeton, NJ: Educational Testing Service.

Feuerstein, R., Rand, Y., & Hoffman, M. B. (1979). *The dynamic assessment of retarded performers: The learning potential assessment device, theory, instruments, and techniques*. Baltimore, MD: University Park Press.

Feuerstein, R., Rand, Y., Jensen, M. R., Kaniel, S., & Tzuriel, D. (1987). Prerequisites for assessment of learning potential: The LPAD model. In C. S. Lidz (Ed.), *Dynamic assessment: An interactional approach to evaluating learning potential* (pp. 35-51). New York: Guilford Press.

Feuerstein, R., Feuerstein, R. S., Falik, L., & Rand, Y. (2002). *The dynamic assessment of cognitive modifiability* (2nd ed.). Jerusalem, Israel: ICELP Publications.

Feldt, L. S., & Brennan, R. L. (1989). Reliability. In R. L. Linn (Ed.), *Educational measurement* (3rd ed.) (pp. 105-146). New York: Macmillan.

Flanagan, J. C. (1937). A proposed procedure for increasing the efficiency of objective tests. *Journal of Educational Psychology, 28*, 17-21.

Gardner, H. (1983). *Frames of mind: The theory of multiple intelligences*. New York: Basic

Books.

Gardner, H. (1993). *Multiple intelligences: The theory in practice*. New York: Basic Books.

Gatewood, R. D., Field, H. S., & Barrick, M. (2008). *Human resource selection* (6th ed.). Mason, Ohio: Thomson South-Western.

Geisinger, K. F. (1982). Marking systems. In H. E. Mitzel (Ed.), *Encyclopedia of educational research* (5th ed.) (pp. 1139-1145). New York: Free Press.

Glaser, R. (1962). Psychology and instructional technology. In R. Glaser (Ed.), *Training, research and education* (pp. 1-26). Pittsburgh: University of Pittsburgh Press.

Glaser, R. (1963). Instructional technology and the measurement of learning outcomes: Some questions. *American Psychologist, 18*, 519-521.

Goldsby, D., & Fazal, M. (2001). Now that your students have created web-based digital portfolios, how do you evaluate them? *Journal of Technology and Teacher Education, 9*(4), 607-616.

Goleman, D. (1995). *Emotional intelligence*. New York: Bantam Books.

Gosling, S. D., & Mason, W. (2015). Internet research in psychology. *Annual Review of Psychology, 66*, 877-902.

Graham, J. W. (2009). Missing data analysis: Making it work in the real world. *Annual Review of Psychology, 60*, 549-576.

Gronlund, N. E. (1993). *How to make achievement tests and assessments* (5th ed.). Boston: Allyn & Bacon.

Guion, R. M., & Ironson, G. H. (1983). Latent trait theory for organizational research. *Organizational Behavior and Human Performance, 31*, 54-87.

Gulliksen, H. (1987). *Theory of mental test*. Hillsdale, NJ: Lawrence Erlbaum Associates (Originally published in 1950 by New York: John Wiley & Sons).

Guttman, L. A. (1944). A basis for scaling qualitative data. *American Sociological Review, 9*, 179-190.

Haertel, E. H. (2006). Reliability. In R. L. Brennan (Ed.), *Educational measurement* (4th ed.) (pp. 65-110). Washington, DC: American Council on Education.

Hair, J. F., Black, W. C., Babin, B. J., & Anderson, R. E. (2019). *Multivariate data analysis* (8th ed.). United Kingdom: Cengage Learning EMEA.

Haladyna, T. M. (1974). Effects of different samples on item and test characteristics of criterion-referenced tests. *Journal of Educational Measurement, 11*, 93-100.

Haladyna, T. M. (1994). *Developing and validating multiple-choice test items*. Hillsdale, NJ: Lawrence Erlbaum Associates.

Haladyna, T. M., & Roid, G. H. (1981). The role of instructional sensitivity in the empirical review of criterion-referenced test items. *Journal of Educational Measurement, 18*, 39-53.

Hambleton, R. K. (Ed.) (1980). Contributions to criterion-referenced testing technology [Special issue]. *Applied Psychological Measurement, 4*(4), 421-581.

Hambleton, R. K. (1994). The rise and fall of criterion-referenced measurement? *Educational Measurement: Issues and Practice, 13*, 21-26.

Hambleton, R. K., Jaeger, R. M., Plake, B. S., & Mills, C. N. (2000). Setting performance standards on complex educational assessments. *Applied Psychological Measurement, 24*, 355-366.

Hambleton, R. K., & Pitoniak, M. J. (2006). Setting performance standards. In R. L. Brennan (Ed.), *Educational measurement* (4th ed.) (pp.433-470). Washington, DC: American Council on Education.

Hambleton, R. K., & Powell, S. (1983). A framework for viewing the process of standard-setting. *Evaluation and Health Profession, 6*, 3-24.

Hambleton, R. K., Roberts, D. M., & Traub, R. E. (1970). A comparison of the reliability and validity of two methods for assessing partial knowledge on a multiple-choice test. *Journal of Educational Measurement, 7*, 75-82.

Hambleton, R. K., & Swaminathan, H. (1985). *Item response theory: Principles and applications*. Boston, MA: Kluwer.

Hambleton, R. K., Swaminathan, H., Algina, J., & Coulson, D. B. (1978). Criterion-referenced testing and measurement: A review of technical issues and developments. *Review of Educational Research, 48*, 1-47.

Harnisch, D. L. (1983). Item response patterns: Applications for educational practice. *Journal of Educational Measurement, 20*, 191-206.

Harnisch, D. L., & Linn, R. L. (1981). Analysis of item response patterns: Questionable test data and dissimilar curriculum practices. *Journal of Educational Measurement, 18*, 133-146.

Harrow, A. J. (1972). *A taxonomy of the psychomotor domain*. New York: David McKay.

Hart, D. (1994). *Authentic assessment: A handbook for educators*. New York: Addison-Wesley.

Haywood, C. H., & Lidz, C. S. (2007). *Dynamic assessment in practice: Clinical and educational applications*. New York: Cambridge University Press.

Hills, J. R. (1981). *Measurement and evaluation in the classroom* (2nd ed.). Columbus, OH: Merrill.

Hoffman, L., & Walters, R. W. (2022). Catching up on multilevel modeling. *Annual Review of Psychology, 73*, 659-689.

Holland, P. W., & Wainer, H. (Eds.) (1993). *Differential item functioning*. Hillsdale, NJ: Lawrence Erlbaum Associates.

Hopkins, K. D., Stanley, J. C., & Hopkins, B. R. (1998). *Educational and psychological measurement and evaluation* (8th ed.). Englewood Cliffs, NJ: Prentice Hall.

Horst, P., & Stalnaker, J. (1986). Present at the birth. *Psychometrika, 51*, 3-6.

Howard, R. D., McLaughlin, G. W., & Knight, W. E. (2012). *The handbook of institutional research*. New York: John Wiley & Sons.

Jackson, R. A. (1955). Guessing and test performance. *Educational and Psychological Measurement, 15*, 74-79.

Jeltova, I., Birney, D., Fredine, N., Jarvin, L., Sternberg, R. J., & Grigorenko, E. L. (2007). Dynamic assessment as a process-oriented assessment in educational settings. *Advances in Speech Language Pathology, 9*(4), 273-285.

Jensen, A. R. (1980). *Bias in mental testing*. New York: The Free Press.

Johnason, R. L., Fisher, S., Willeke, M. J., & Mcdaniel II, F. (2003). Portfolio assessment in a collaborative program evaluation: The reliability and validity of a family literacy portfolio. *Evaluation and Program Planning, 26*(4), 367-377.

Jones, L. V., & Appelbaum, M. I. (1989). Psychometric methods. *Annual Review of Psychology, 40*, 23-43.

Joyce, B., & Weil, M. (1996). *Models of teaching* (5th ed.). Englewood Cliffs, NJ: Prentice-Hall.

Judd, C. M., McClelland, G. H., & Culhane, S. E. (1995). Data analysis: Continuing issues in the everyday analysis of psychological data. *Annual Review of Psychology, 46*, 433-465.

Judd, C. M., Westfall, J., & Kenny, D. A. (2017). Experiments with more than one random factor: Designs, analytic models, and statistical power. *Annual Review of Psychology, 68*, 601-625.

Kane, M. T. (1986). The role of reliability in criterion-referenced tests. *Journal of Educational Measurement, 23*, 221-224.

Kane, M. T. (1994). Validating the performance standards associated with passing scores. *Review of Educational Research, 64*, 425-461.

Kane, M. T. (1998). Choosing between examinee-centered and test-centered standard-setting methods. *Educational Assessment, 5*, 129-145.

Kane, M. T. (2006). Validation. In R. L. Brennan (Ed.), *Educational measurement* (4th ed.) (pp. 17-64). Washington, DC: American Council on Education.

Kaplan, R. M., & Saccuzzo, D. P. (1993). *Psychological testing: Principles, applications, and issues* (3rd ed.). Pacific Grove, CA: Brooks/Cole.

Keats, J. A. (1967). Test theory. *Annual Review of Psychology, 18*, 217-238.

Kendall, M. G. (1970). *Rank correlation methods* (4th ed.). London: Griffin.

Kimeldorf, M. (1994). *Creating portfolios: Four success in school, work, and life*. Minneapolis, MN: Free Spirit.

Klein, S. P., & Hart, F. M. (1968). The nature of essay grades in law school. *Research Bulletin 68-6*. Princeton, NJ: Educational Testing Service.

Kolen, M. J. (2006). Scaling and norming. In R. L. Brennan (Ed.), *Educational measurement* (4th ed.) (pp. 155-186). Washington, DC: American Council on Education.

Koretz, D., McCaffrey, D., Klein, S., Bell, R., & Stecher, B. (1992). *The reliability of scores from the 1992 Vermont portfolio assessment program: Interim report*. RAND Institute on Education and Training, National Center for Research on Evaluation, Standards, and Student Testing (ERIC Document Reproduction Service No. ED 355284).

Koretz, D., Stecher, B., Klein, S., & McCaffrey, D. (1994). The Vermont portfolio assessment program: Findings and implications. *Educational Measurement: Issues and Practice, 13* (3), 5-16.

Kozulin, A. (2011). Learning potential and cognitive modifiability. *Assessment in Education: Principles, Policy & Practice, 18*(2), 169-181.

Krathwohl, D. R., Bloom, B. S., & Masia, B. B. (1964). *Taxonomy of educational objectives: Affective domain*. New York: David McKay.

Krosnick, J. A. (1999). Survey research. *Annual Review of Psychology, 50*, 537-567.

Kryspin, W. J., & Feldhusen, J. T. (1974). *Developing classroom tests*. Minneapolis, Minn: Burgess.

Kubiszyn, T., & Borich, G. (2016). *Educational testing and measurement: Classroom application and practice* (11th ed.). New York: Wiley.

Kuder, G. F., & Richardson, M. W. (1937). The theory of the estimation of reliability. *Psychometrika, 2*, 151-160.

Lantolf, J. P. (2009). Dynamic assessment: The dialectic integration of instruction and assessment. *Language Teaching, 42*(3), 355-368.

Lantolf, J. P., & Poehner, M. E. (2010). Dynamic assessment in the classroom: Vygotskian praxis for second language development. *Language Teaching Research, 15*(1), 11-33.

LeMahieu, P. G., Gitomer, D. H., & Eresh, J. T. (1995). Portfolios in large-scale assessment: Difficult but not impossible. *Educational Measurement: Issues and Practice, 14(3)*, 11-28.

Lewis, C. (1986). Test theory and Psychometrika: The past twenty-five years. *Psychometrika, 51*, 11-22.

Lidz, C. S. (1991). *Practitioner's guide to dynamic assessment.* New York: Guilford Press.

Lindquist, E. F. (Ed.) (1951). *Educational measurement.* Washington, DC: American Council on Education.

Linn, R. L. (Ed.) (1989). *Educational measurement* (3rd ed.). Washington, DC: American Council on Education.

Linn, R. L. (1991). *Test misuse: Why is it so prevalent?* Contractor report prepared for the Office of Technology Assessment titled "Testing in American schools: Asking the right questions" (ERIC Document Reproduction Service No. ED340778).

Linn, R. L. (1994). Performance assessment: Policy promises and technical measurement standards. *Educational Researcher, 23*(9), 4-14.

Little, E. B. (1962). Overcorrection for guessing in multiple-choice test scoring. *Journal of Educational Research, 55*, 245-252.

Little, R. J. A., & Rubin, D. B. (1987). *Statistical analysis with missing data.* New York: John Wiley & Sons.

Livingston, S. A., & Zieky, M. J. (1982). *Passing scores: A manual for setting standards of performance on educational and occupational tests.* Princeton, NJ: Educational Testing Service.

Loevinger, J. (1957). Objective tests as instruments of psychological theory. *Psychological Re-*

ports, 3, 635-694.

Lord, F. M. (1964). The effect of random guessing on test validity. *Educational and Psychological Measurement, 24,* 745-747.

Lord, F. M. (1980). *Applications of item response theory to practical testing problems.* Hillsdale, NJ: Lawrence Erlbaum Associates.

Lord, F. M., & Novick, M. R. (1968). *Statistical theories of mental test scores.* Reading, MA: Addison-Wesley.

Lumsden, J. (1976). Test theory. *Annual Review of Psychology, 27,* 251-280.

Lyman, H. B. (1991). *Test scores and what they mean* (5th ed.). Englewood Cliffs, NJ: Prentice-Hall.

MacCallum, R. C., & Austin, J. T. (2000). Applications of structural equation modeling in psychological research. *Annual Review of Psychology, 51,* 201-226.

MacKinnon, D. P., Fairchild, A. J., & Fritz, M. S. (2007). Mediation analysis. *Annual Review of Psychology, 58,* 593-614.

Marchese, M. C., & Muchinsky, P. M. (1993). The validity of the employment interviews: A meta-analysis. *International Journal of Selection and Assessment, 1,* 18-26.

Markham, K. M., Mintzes, J. J., & Jones, M. G. (1994). The concept as a research and evaluation tool: Further evidence of validity. *Journal of Research in Science Teaching, 31,* 91-101.

Marsh, H. W., Balla, J. R., & McDonald, R. P. (1988). Goodness-of-fit indexes in confirmatory factor analysis: The effect of sample size. *Psychological Bulletin, 103,* 391-411.

Mason, E. J., & Bramble, W. J. (1978). *Understanding and conducting research: Applications in education and the behavioral sciences.* New York: McGraw-Hill.

Masters, G. N. (1982). A Rasch model for partial credit scoring. *Psychometrika, 47,* 149-174.

Maxwell, S. E., Kelley, K., & Rausch, J. R. (2008). Sample size planning for statistical power and accuracy in parameter estimation. *Annual Review of Psychology, 59,* 537-563.

Maydeu-Olivares, A., & McArdle, J. J. (Eds.) (2005). *Contemporary psychometrics: A Festschrift for Roderick P. McDonald.* Mahwah, NJ: Lawrence Erlbaum Associates.

McArdle, J. J. (2009). Latent variable modeling of differences and changes with longitudinal data. *Annual Review of Psychology, 60,* 577-605.

McDaniel, M. A., Whetzel, D. L., Schmidt, F. L., & Maurer, S. (1994). The validity of employment interviews: A comprehensive review and meta-analysis. *Journal of Applied Psychology, 79*, 599-616.

McDonald, R. P. (1999). *Test theory: A unified treatment*. Mahwah, NJ: Lawrence Erlbaum Associates.

McIntosh, A. R., & Mišić, B. (2013). Multivariate statistical analyses for neuroimaging data. *Annual Review of Psychology, 64*, 499-525.

Mehrens, W. A., & Lehmann, I. J. (1991). *Measurement and evaluation in education and psychology* (4th ed.). New York: Holt, Rinehart & Winston.

Messick, S. (1989). Validity. In R. L. Linn (Ed.), *Educational measurement* (3rd ed.) (pp. 13-103). New York: Macmillan.

Miller, M. D., Linn, R. L., & Gronlund, N. E. (2009). *Measurement and evaluation in teaching* (10th ed.). New York: Pearson.

Millman, J. (1974). Criterion-referenced measurement. In W. J. Popham (Ed.), *Evaluation in education: Current application*. Berkeley, CA: McCutchan.

Millman, J., & Arter, J. A. (1984). Issues in item banking. *Journal of Educational Measurement, 21*, 315-330.

Millman, J., Bishop, C. H., & Ebel, R. (1965). An analysis of test-wiseness. *Educational and Psychological Measurement, 25*, 707-727.

Moreira, M. (1979). Concept maps as tools for teaching. *Journal of College Science Teaching, 8*, 283-286.

Moreira, M. (1985). Concept mapping: An alternative strategy for evaluation. *Assessment and Evaluation in Higher Education, 10*, 159-168.

Moss, P. A., Beck, J. S., Edds, C., Matson, B., Muchmore, J., Steele, D., Taylor, C., & Herter, R. (1992). Portfolios, accountability, and an interpretive approach to validity. *Educational Measurement: Issues and Practice, 11*(3), 12-21.

Mulaik, S. A., James, L. R., Van Alstine, J., Bennett, N., Lind, S., & Stillwell, C. D. (1989). An evaluation of goodness-of-fit indices for structural equation models. *Psychological Bulletin, 105*, 430-445.

Mundell, S. B., & DeLario, K. (1994). *Practical portfolios: Reading, writing, math, and life skills*. Englewood, CO: Teacher Ideas Press.

Nichols, P. D. (1994). A framework for developing cognitively diagnostic assessment. *Review of Educational Research, 64*, 575-603.

Nichols, P. D., Chipman, S. F., & Brennan, R. L. (Eds.) (1995). *Cognitively diagnostic assessment*. Hillsdale, NJ: Lawrence Erlbaum Associates.

Nitko, A. J. (1983). *Educational tests and measurement*. New York: Harcourt Brace Jovanovich.

Nitko, A. J. (2001). *Educational assessment of students* (3rd ed.). Upper Saddle River, NJ: Prentice-Hall.

Noll, V. H., Scannell, D. P., & Craig, R. C. (1979). *Introduction to educational measurement* (4th ed.). Boston, MA: Houghton Mifflin.

Novak, J. D. (1990a). Concept maps and vee diagrams: Two metacognitive tools to facilitate meaningful learning. *Instructional Science, 19*, 29-52.

Novak, J. D. (1990b). Concept mapping : A useful tool for science education. *Journal of Research in Science Teaching, 27*, 937-949.

Novak, J. D. (1991). Clarify with concept maps. *The Science Teacher, 58*, 45-49.

Novak, J. D. (1993). Human constructivism: A unification of psychological and epistemological phenomena in meaningful making. *International Journal of Personal Construct Psychology, 6*, 167-193.

Novak, J. D. (1998). *Learning, creating, and using knowledge: Concept maps as facilitative tools in schools and corporations*. Mahwah, NJ: Lawrence Erlbaum Associates.

Novak, J. D., & Gowin, D. B. (1984). *Learning how to learn*. Cambridge, London: Cambridge University Press.

Novak, J. D., & Musonda, D. (1991). A twelve-year longitudinal study of science concept learning. *American Educational Research Journal, 28*, 117-153.

Novick, M., & Lewis, G. (1967). Coefficient alpha and the reliability of composite measurements. *Psychometrika, 32*, 1-13.

Nunnally, J. C. (1978). *Psychometric theory* (2nd ed.). New York: McGraw-Hill.

Nunnally, J. C., & Bernstein, I. H. (1994). *Psychometric theory* (3rd ed.). New York: McGraw-Hill.

Okebukola, P. A. (1992). Concept mapping with a cooperative learning flavor. *The American Biology Teacher, 54*, 218-221.

Okebukola, P. A., & Jegede, O. J. (1988). Cognitive preference and learning modes as determinants of meaningful learning through concept mapping. *Science Education, 72*, 489-500.

O'Neil, H. F. (Ed.) (1979). *Procedures for instructional systems development.* New York: Academic Press.

Oosterhof, A. (2001). *Classroom applications of educational measurement* (3rd ed.). Upper Saddle River, NJ: Prentice-Hall.

Osterlind, S. J. (1998). *Constructing test items: Multiple-choice, constructed-response, performance, and other formats* (2nd ed.). Boston, MA: Kluwer Academic Publishers.

Ory, J. C., & Ryan, K. E. (1993). *Tips for improving testing and grading.* Newbury Park, CA: Sage.

Paulson, F. L., Paulson, P. R., & Meyer, C. A. (1991). What makes a portfolio a portfolio? *Educational Leadership, 48*, 60-63.

Petersen, N. S., Kolen, M. J., & Hoover, H. D. (1989). Scaling, norming, and equating. In R. L. Linn (Ed.), *Educational measurement* (3rd ed.) (pp. 221-262). New York: Macmillan.

Podsakoff, P. M., MacKenzie, S. B., & Podsakoff, N. P. (2012). Sources of method bias in social science research and recommendations on how to control it. *Annual Review of Psychology, 63*, 539-569.

Popham, W. J. (1978). *Criterion-referenced measurement.* Englewood Cliffs, NJ: Prentice-Hall.

Popham, W. J. (1990). *Modern educational measurement: A practitioner's perspective* (2nd ed.). Englewood Cliffs, NJ: Prentice-Hall.

Popham, W. J. (1999). *Classroom assessment: What teachers need to know* (2nd ed.). Boston, MA: Allyn & Bacon.

Preacher, K. J. (2015). Advances in mediation analysis: A survey and synthesis of new developments. *Annual Review of Psychology, 66*, 825-852.

Priestly, M. (1982). *Performance assessment in education and training: Alternative techniques.* Englewood Cliffs, NJ: Educational Technology Publications.

Proietti, G. S., Matteucci, M., & Mignani, S. (2020). Automated test assembly for large-scale standardized assessments: Practical issues and possible solutions. *Psych, 2*(4), 315-337.

Prosser, F. (1974). Item banking. In G. Lippey (Ed.), *Computer-assisted test construction* (pp. 29-66). Englewood Cliffs, NJ: Educational Technology.

Rabe-Hesketh, S., Skrondal, A., & Pickles, A. (2004). Generalized multilevel structural equation modeling. *Psychometrika, 69*(2), 167-190.

Reckase, M. D. (1981). *Tailored testing, measurement problems and latent trait theory*. Paper presented at the annual meeting of the National Council for Measurement in Education, Los Angeles.

Reckase, M. D. (2009). *Multidimensional item response theory*. New York: Springer Verlag.

Roid, G. H., & Haladyna, T. M. (1982). *A technology for test-item writing*. Orlando, FL: Academic Press.

Rosenthal, R., & DiMatteo, M. R. (2001). Meta-analysis: Recent developments in quantitative methods for literature reviews. *Annual Review of Psychology, 52*, 59-82.

Roth, W. M. (1994). Student views of collaborative concept mapping: An emancipatory research project. *Science Education, 78*, 1-34.

Roth, W. M., & Roychoudhury, A. (1994). Science discourse through collaborative concept mapping: New perspectives for the science teacher. *International Journal of Science Education, 16*, 437-455.

Rovinelli, R. J., & Hambleton, R. K. (1977). On the use of content specialists in the assessment of criterion-referenced test item validity. *Dutch Journal for Educational Research, 2*, 49-60.

Rowley, G. L., & Traub, R. (1977). Formula scoring, number-right scoring, and test taking strategy. *Journal of Educational Measurement, 14*, 15-22.

Rulon, P. J. (1939). A simplified procedure for determining the reliability of a test by split halves. *Harvard Educational Review, 9*, 99-103.

Sapp, M. (1993). *Test anxiety: Applied research, assessment, and treatment interventions*. Lanham, MA: University Press of America.

Sato, T. (1969). *A method of analyzing data gathered by the Response Analyzer for diagnosis of student performance and the quality of instructional sequence*. Proceedings of IECE of Japan annual conference S12-1 (In Japanese).

Sato, T. (1971). Analysis of students' performance score data. In K. Hirata, & T. Sato (Eds.), *Response Analyzer* (pp. 79-96). Tokyo: Kyoiku-Kogakusha (In Japanese).

Sato, T. (1975). *The construction and interpretation of S-P tables*. Tokyo: Meiji Tosho (In Japanese).

Sato, T. (1980a). *Data analysis methods for instructional design and evaluation*. Tokyo: Meiji Tosho (In Japanese).

Sato, T. (1980b). The S-P chart and the caution index. *NEC Educational Information Bulletin*, 80-1.

Sato, T. (1982). *Practical uses of S-P Chart* [Elementary, Junior high, and High school ed.]. Tokyo: Meiji Tosho (In Japanese).

Sato, T. (1985). *Introduction to student-problem curve theory analysis and evaluation*. Tokyo: Meiji Tosho (In Japanese).

Sato, T. (1987). *An introduction to educational information technology*. Kawasaki, Kanagawa: NEC Culture Center, NEC Corporation (In Japanese) (English translation edited by Delwyn L. Harnisch & Michael L. Connell, 1990).

Sax, G. (1989). *Principles of educational and psychological measurement and evaluation* (3rd ed.). Belmont, CA: Wadsworth.

Schmid, R. F., & Telaro, G. (1990). Concept mapping as an instructional strategy for high school biology. *Journal of Educational Research, 84*, 78-85.

Shaffer, J. P. (1995). Multiple hypothesis testing. *Annual Review of Psychology, 46*, 561-584.

Siddaway, A. P., Wood, A. M., & Hedges, L. V. (2019). How to do a systematic review: A best practice guide for conducting and reporting narrative reviews, meta-analyses, and meta-syntheses. *Annual Review of Psychology, 70*, 747-770.

Silva, B. C., Bosancianu, C. M., & Littvay, L. (2020). *Multilevel structural equation modeling*. Thousand Oaks, CA: Sage.

Simonton, D. K. (2003). Qualitative and quantitative analyses of historical data. *Annual Review of Psychology, 54*, 617-640.

Simpson, E. J. (1972). *The classification of educational objectives in the psychomotor domain*. Washington, DC: Gryphon House.

Spandel, V. S. (1984). *Direct measures of writing skills: Issues and applications*. Portland, OR: Clearinghouse for Applied Performance Testing, Northwest Regional Educational Laboratory.

Spearman, C. (1910). Correlation calculated from faulty data. *British Journal of Psychology, 3*, 271-295.

Sternberg, R. J. (1985). *Beyond IQ: A triarchic theory of human intelligence*. New York: Cambridge University Press.

Sternberg, R. J. (1988). *The triarchic mind: A new theory of human intelligence*. New York: Viking Press.

Sternberg, R. J. (1990). *Metaphors of mind: Conceptions of the nature of intelligence*. New York: Cambridge University Press.

Sternberg, R. J. (1992). Ability tests, measurement, and markets. *Journal of Educational Psychology, 84*, 134-140.

Sternberg, R. J. (1995). *In search of the human mind*. Ft. Worth, TX: Harcourt Brace.

Sternberg, R. J. (1996). *Successful intelligence*. New York: Simon & Schuster.

Sternberg, R. J. (1997a). Educating intelligence: Infusing the triarchic theory into school instruction. In R. J. Sternberg, & E. L. Grigorenko (Eds.), *Intelligence, heredity, and environment* (pp. 343-362). New York: Cambridge University Press.

Sternberg, R. J. (1997b). Special issue on intelligence and lifetime learning. *American Psychologist, 52*(10), 1029-1139.

Sternberg, R. J., & Grigorenko, E. L. (2001). All testing is dynamic testing. *Issues in Education, 7*(2), 137-170.

Sternberg, R. J., & Grigorenko, E. L. (2002). *Dynamic testing: The nature and measurement of learning potential*. New York: Cambridge University Press.

Sternberg, R. J., & Wagner, R. K. (Eds.) (1986). *Practical intelligence: Nature and origins of competence in the everyday world*. New York: Cambridge University Press.

Stiggins, R. J. (1987). Design and development of performance assessments. *Educational Measurement: Issues and Practice, 6*(3), 33-42.

Stiggins, R. J. (1994). *Student-centered classroom assessment*. New York: Macmillan.

Stiggins, R. J., & Conklin, N. F. (1992). *In teacher's hands*. Albany, NY: State University of New York Press.

Suen, H. K. (1990). *Principles of test theories*. Hillsdale, NJ: Lawrence Erlbaum Associates.

Tatsuoka, K. K. (1983). Rule space: An approach for dealing with misconceptions based on item response theory. *Journal of Educational Measurement, 20*, 345-354.

Tatsuoka, K. K. (1984a). Caution indices based on item response theory. *Psychometrika, 49*, 95-110.

Tatsuoka, K. K. (1984b). Changes in error types over learning stages. *Journal of Educational Psychology, 76*, 120-129.

Tatsuoka, K. K. (1985). A probabilistic model for diagnosing misconceptions in the pattern

classification approach. *Journal of Educational Statistics, 12*, 55-73.

Tatsuoka, K. K. (1986). Diagnosing cognitive errors: Statistical pattern classification and recognition approach. *Behaviormetrika, 19*, 73-86.

Tatsuoka, K. K. (1987). Validation of cognitive sensitivity for item response curves. *Journal of Educational Measurement, 24*, 233-245.

Tatsuoka, K. K. (2009). *Cognitive assessment: An introduction to the rule space method.* New York: Routledge.

Tatsuoka, K. K., & Linn, R. L. (1983). Indices for detecting unusual patterns: Links between two general approaches and potential applications. *Applied Psychological Measurement, 7*, 81-96.

Tatsuoka, K. K., & Tatsuoka, M. M. (1982). Detection of aberrant response patterns. *Journal of Educational Statistics, 8*, 215-231.

Tatsuoka, K. K., & Tatsuoka, M. M. (1983). Spotting erroneous rules of operation by the individual consistency index. *Journal of Educational Measurement, 20*, 221-230.

Tatsuoka, K. K., & Tatsuoka, M. M. (1987). Bug distribution and pattern classification. *Psychometrika, 52*, 193-206.

Tatsuoka, M. M. (1979). Recent psychometric developments in Japan: Engineers tackle educational measurement problems. *Scientific Bulletin, 4*, 1-7. Department of the Navy Office of Naval Research, Tokyo.

Tatsuoka, M. M. (1988). *Multivariate analysis: Techniques for educational and psychological research* (2nd ed.). New York: Macmillan.

Tatsuoka, M. M., & Tatsuoka, K. K. (1988). Rule space. In S. Kotz, & N. L. Johnson (Eds.), *Encyclopedia of Statistical Sciences, 8*, 217-220. New York: John Wiley & Sons.

Thorndike, R. L. (Ed.) (1971). *Educational measurement* (2nd ed.). Washington, DC: American Council on Education.

Thorndike, R. M., Cunningham, G. K., Thorndike, R. L., & Hagen, E. P. (1991). *Measurement and evaluation in psychology and education* (5th ed.). New York: Macmillan.

Tierney, R. J., Carter, M. A., & Desai, L. E. (1991). *Portfolio assessment in the reading-writing classroom.* Norwood, MA: Christopher-Gordon.

Torgerson, W. F. (1961). Scaling and test theory. *Annual Review of Psychology, 12*, 251-280.

Traub, R. E., & Lam, Y. R. (1985). Latent structure and item sampling models for testing. *An-

nual Review of Psychology, 36, 19-48.

Tucker, L. R. (1963). Scaling and test theory. *Annual Review of Psychology, 14*, 351-364.

Valencia, S. (1990). A portfolio approach to classroom reading assessment: The whys, whats, and hows. *The Reading Teacher, 43*, 338-340.

Valencia, S., & Calfee, R. (1991). The development and analysis of literacy portfolios for student, classes, and teachers. *Applied Measurement in Education, 4*, 333-345.

van der Linden, W. J., & Glas, C. A. W. (Eds.) (2000). *Computerized adaptive testing: Theory and practice.* Dordrecht, The Netherlands: Kluwer Academic.

Wainer, H., & Braun, H. I. (Eds.) (1988). *Test validity.* Hillsdale, NJ: Lawrence Erlbaum Associates.

Wainer, H., & Velleman, P. F. (2001). Statistical graphics: Mapping the pathways of science. *Annual Review of Psychology, 52*, 305-335.

Wainer, H., Dorans, N. J., Eignor, D., Flaugher, R., Green, B. F., Mislevy, R. J., Steinberg, L., & Thissen, D. (Eds.) (2000). *Computerized adaptive testing: A primer* (2nd ed.). Hillsdale, NJ: Lawrence Erlbaum Associates.

Wallace, J. D., & Mintzes, J. J. (1990). The concept as a research tool: Exploring conceptual change in biology. *Journal of Research in Science Teaching, 27*, 1033-1052.

Wang, S. (2009). E-portfolios for integrated reflection. *Issues in Informing Science and Information Technology, 6*, 449-460.

Warm, T. A. (1978). *A primer of item response theory.* Springfield, VA: National Technical Information Services.

Weidemann, C. C. (1933). Written examination procedures. *Phi Delta Kappan, 16*, 78-83.

Weidemann, C. C. (1941). Review of essay test studies. *Journal of Higher Education, 12*, 4-41.

Weiss, D. J., & Davison, M. L. (1981). Test theory and methods. *Annual Review of Psychology, 32*, 629-658.

West, L. H. T., & Pines, A. L. (Eds.) (1985). *Cognitive structure and conceptual change.* New York: Academic Press.

Wolf, D. P. (1989). Portfolio assessment: Sampling student work. *Educational Leadership, 46*, 35-36.

Worthen, B. R., Borg, W. R., & White, K. R. (1993). *Measurement and evaluation in the schools.* New York: Longman.

Wright, B. D. (1977). Solving measurement problems with the Rasch model. *Journal of Educational Measurement, 14*, 97-166.

Wright, B. D., & Masters, G. N. (1982). *Rating scale analysis*. Chicago: MESA Press.

Yan, D., von Davier, A., & Lewis, C. (2016). *Computerized multistage testing: Theory and applications*. New York: Chapman and Hall/CRC.

Yu, M. N. (1991). The assessment of partial knowledge. *The Journal of National Chengchi University, 63*, 401-428.

Yu, M. N. (1993). A two-parameter partial credit model for the ordered-response data. *The Journal of National Chengchi University, 66*, 217-252.

Zaretskii, V. K. (2009). The zone of proximal development: What Vygotsky did not have time to write. *Journal of Russian & East European Psychology, 47*(6), 70-93.

附錄 Appendix •••••

Tester for Windows 程式 4.0 版使用範例說明

本附錄針對 Tester for Windows 程式 4.0 版的使用範例進行說明。

Tester for Windows 程式 4.0 版
使用說明

版權所有 © 2022 年，余民寧　特聘教授　國立政治大學教育學系。

 壹 使用說明

一、下載及安裝程式

　　請使用者連結到心理出版社官網 https://www.psy.com.tw/ 的下載區，下載預設的資料檔 example.txt（檔案密碼為 9786267178113），或根據底下的建檔程序說明，自行建立一個可分析的資料檔。

　　接著，使用者可連結至下列網址，下載並安裝 Tester for Windows 程式：

　　http://cat.nptu.edu.tw/tester/（如下圖）

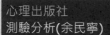

心理出版社
測驗分析(余民寧)

名稱:　測驗分析(余民寧)

版本:　4.0.0.0

發行者:　心理出版社

安裝

ClickOnce 和 .NET Framework 資源

　　使用者在第一次連結時,只要點選連結頁面的 安裝 鍵,即會自動下載並安裝(若遇到防毒軟體阻擋時,請暫時關閉防毒軟體,再繼續執行安裝),之後即會出現「測驗分析」的程式捷徑,如下圖。安裝後不會有安裝路徑或者是檔案名稱出現,但只有一個捷徑,安裝後即使沒有網路亦可以執行;若未來有更新程式時,只要執行時具有網路環境即會自動更新,並維持在最新程式的版本。由於程式設計所採用的相關資源緣故,提醒使用者記得使用 IE(或者是 Edge)等瀏覽器才會有 One-Click 的功能。

測驗分析(余民寧)

二、開啟程式

　　使用者只要點選「測驗分析」的程式捷徑,即可開啟本程式,如下圖。

測驗分析(余民寧)4.0.0.0(2022/2/11)

系統　　計算　　說明

三、選取欲分析的資料檔

（一）點選現成資料檔

如果所欲分析的資料檔已經建置完成，則使用者僅需點選功能表上的「計算」，然後再選取「分析資料」，並選取擬分析的資料檔名即可。

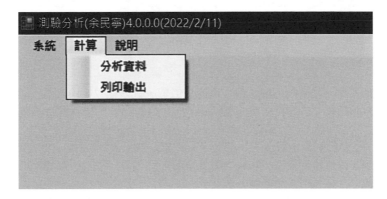

（二）建立新資料檔

如果所欲分析的資料檔還未建置，則使用者必須先建立該資料檔才行。茲以預設的資料檔 example.txt 為例說明，使用者先行利用文書處理軟體建立一個數值型資料檔，並取一個適當的檔名。步驟如下：

首先，使用者必須開啟任何一種可以產生文件檔格式（即 *.txt）的文書處理軟體（如：WORD、WordPad、NotePad、EndNote、PE2 或漢書等），以建立一個新的數值型資料檔案。

接著，按照下列程序採固定格式方式，開始輸入資料。

1. 第一列輸入資料控制列。其輸入格式的欄位及資料內容涵義說明如下。

欄位	資 料 內 容 說 明
1 至 3	試題數所占欄位數，第 1、2、3 個欄位分別代表百位數、十位數、個位數。
4	空白欄。
5	省略未答試題（omitted response）的代碼（請輸入一個非選項代碼的數字，如：5 或 9）。
6	空白欄。
7	未答完試題（not reached）的代碼（請輸入一個非選項代碼的數字，如：5 或 9）。
8	空白欄。
9 至 10	受試者身分代碼所占欄位數（預留二位數，代表第 9、10 欄位分別為十位數及個位數；若受試者身分代碼僅使用一位數時，則第 9 欄位須補 0）。
11	空白欄。
12	有無效標分數的代碼（請輸入英文字母：Y 或 N；其中，Y 表示「有效標分數」，N 表示「無效標分數」）。

註：Tester for Windows 程式會將省略未答與未答完試題資料，一律均視為「答錯」來處理。

2. 第二列輸入每一道試題的正確答案，共 k 題，k 為第一列所輸入的試題數。

3. 第三列輸入每一道試題的選項數，共 k 題。例如：三選一的試題即輸入 3，四選一的試題即輸入 4，五選一的試題即輸入 5。

4. 第四列輸入每一試題所歸屬某一份分測驗的代碼別，共 k 題。例如：在所建檔的資料中，若有分成幾個分測驗的話，則本列就必須根據每道試題所歸屬的分測驗別，依序從 0 的代碼開始輸入起。例如：假設有三個分測驗的試題在第二列中被輸入，則在本列中屬於第一份分測驗的試題都需輸入 0，屬於第二份分測驗的試題都需輸入 1，屬於第三份分測驗的試題都需輸入 2，依此類推。若所建檔的資料中只有一份總測驗而沒有其他分測驗的話，則在本列中的全部題數都輸入 0 即可。

5. 第五列起，開始輸入每位受試者的原始作答反應資料。輸入的格式如下：**先輸入每一位受試者的身分代碼**（可能是學號、座號或身分證字

號，最多只能輸入到如第一列第 9 至 10 欄位所界定的數量為止；若輸入的身分代碼比預留的欄位數少的話，則需從左邊對齊輸入起，並以空白欄位填滿到預留的欄位數止），**再輸入每一位受試者在每一道試題的原始作答反應資料**（必須輸入數值型的資料才行，亦即，全部以阿拉伯數字來輸入），**再空一欄位，最後才輸入每一位受試者的效標分數**（若第一列資料控制列的第 12 欄位是輸入「Y」的話才需輸入；若是第 12 欄位輸入「N」的話，則此處保留空白，不必輸入任何數值）。依據上述資料輸入次序的說明，繼續輸入每位受試者的資料，一直到所有受試者的資料被輸入完畢為止。

茲以本書所附範例檔 example.txt 為例，說明其資料輸入格式如下。

example.txt 範例中 40 名受試者的資料輸入格式

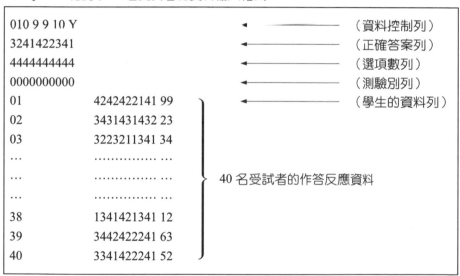

說明：(1)此即表示 example1.txt 中的試題數為十題。

(2)省略未答者以「9」來表示。

(3)未答完者以「9」來表示。

(4)保留前 10 個欄位供輸入每位受試者的身分代碼。

(5)有使用效標分數，並且從第 10（身分代碼欄位數）＋ 10（題數）＋ 1（空白欄位）個欄位起輸入。

(6)這十題試題的正確答案依序為：3241422341。

(7)每道試題皆是四個選項的選擇題。

(8)同一份總測驗，沒有分測驗，因此測驗別代碼均輸入 0。

(9)共有 40 名學生的作答反應資料。

在上述每位受試者的作答反應資料輸入完畢後，不論使用者是使用何種文書處理軟體來建立資料檔，最後，一定要將上述資料檔的內容存成是符合美國標準碼（ASCII）的純文字檔或文件檔（text file）格式才行，並給該檔案命名。命名時，主檔名限八個英文字母以內，副檔名限三個英文字母以內；凡是遇到純粹數值型資料的分析檔案，其副檔名建議使用 *.txt 來區別；執行結果的輸出檔案，建議使用 output.txt 來作為檔名；執行結果的成績檔案，建議使用 score.txt 來作為檔名；執行結果的 S-P 表檔案，則建議使用 sp.txt 來作為檔名。其中，* 號是萬用字元，代表使用者自行決定的主檔名。例如，上述範例資料檔取名為：example.txt，即是一例。

四、分析設定

請輸入分析檔案檔名（可以直接輸入或者點選「瀏覽」來選取檔案）（如：example.txt）、輸出檔案檔名（如：output.txt）、成績檔案檔名（如：score.txt）、S-P 表檔案檔名（如：sp.txt），輸入輸出檔（即輸出檔案、成績檔案及 S-P 表檔案）時，每個檔名輸入完成後，可按 TAB 鍵，程式會自動帶入與分析檔案相同的路徑。

　　資料輸入範例如下（點選「瀏覽」，選取 example.txt 檔案後，請按「開啟」）。

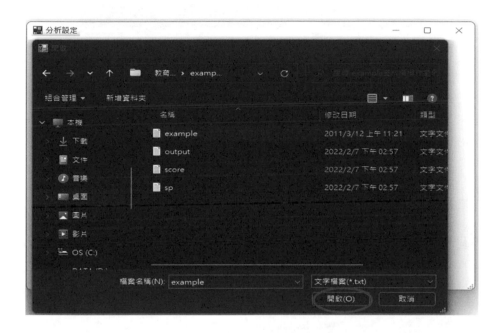

　　輸入輸出檔案檔名（請記得在每一種輸出檔案檔名輸入完後按 TAB 鍵），輸入完成後，請點選「開始分析」，以進行資料的正式分析與運算。

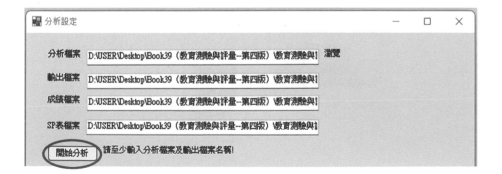

　　資料分析完成。當出現資料分析完成後，請關閉分析設定的視窗，並點選「計算」，以檢視輸出資料。

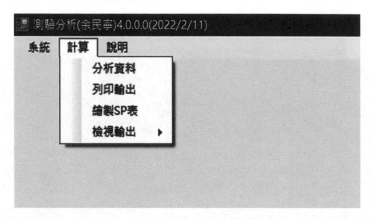

五、檢視輸出

　　點選「檢視輸出」，共有輸出檔案、成績檔案以及 S-P 表檔案等三種。請注意，若未完成完整的資料分析時，在「計算」這個功能表列下，並不會出現「繪製 S-P 表」及「檢視輸出」的選項。

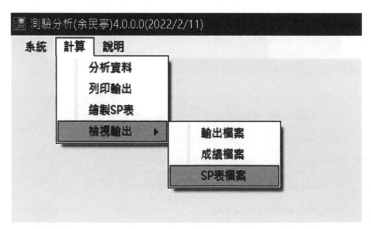

輸出檔案範例：

```
🔲 Fviewoutput

測驗分析結果如下(2022/2/11 上午 10:48:04)
*********************************************
*        TESTER For Windows 程式  4.0 版(.NET)      *
*                                                    *
*            余 民 寧    博士                        *
*          國立政治大學教育學系                      *
*                                                    *
*     ☆ 本程式需配合「教育測驗與評量」一書使用 ☆   *
*        書名    ：   教育測驗與評量                 *
*        出版者  ：   心理出版社                     *
*        出版日期：   民國111年                      *
*                                                    *
*            (* 版權所有，盜拷必究 *)                *
*                                                    *
*********************************************
---------------------------------------------
測驗分析結果    (2022/2/11 上午 10:48:04)
---------------------------------------------
題數:010
缺考代號:9
未答完代號:9
識別碼長度為:10
是否需要計算效標關聯效度:Y
正確答案:3241422341
考生人數:40
總和(Sum):268.00
平均數(Average):6.70
最小值(Minnum):1.00
最大值(Maxnum):10.00
中數(Median):7.50
全距(Range):9.00
變異數(Variance):6.06
標準差(SD):2.46
平均答對人數:26.80
試題數:10.00
效標關聯係數:0.2450
內部一致性係數:0.7412
估計標準誤:1.2523
差異係數:0.4968
---------------------------------------------
試題誘答力分析   人數40   高分組10   低分組10
---------------------------------------------
```

成績檔案範例：

```
🖼 Fviewsco
━━━━━━━━━━━━━━━━━━━━━━━━━━━━━━━━━━━━━━━━━━━━━━━━━━━━━━━━━━━━
受試者成績檔案結果如下(2022/2/11 上午 10:48:04)
━━━━━━━━━━━━━━━━━━━━━━━━━━━━━━━━━━━━━━━━━━━━━━━━━━━━━━━━━━━━
成績檔案內容
━━━━━━━━━━━━━━━━━━━━━━━━━━━━━━━━━━━━━━━━━━━━━━━━━━━━━━━━━━━━
編號      得分      答對率      注意指標    判定類別
━━━━━━━━━━━━━━━━━━━━━━━━━━━━━━━━━━━━━━━━━━━━━━━━━━━━━━━━━━━━
01         7       70.00%       0.47          B
02         3       30.00%       1.28**        C'
03         5       50.00%       1.29**        B'
04         6       60.00%       0.79          B
05        10      100.00%       0.00          A
06         6       60.00%       0.37          B
07         6       60.00%       1.20**        B'
08         9       90.00%       1.02**        A'
09         6       60.00%       0.29          B
10         7       70.00%       0.79          B
11         1       10.00%       0.24          C
12         7       70.00%       0.19          B
13         6       60.00%       0.79          B
14         8       80.00%       0.83          A
15        10      100.00%       0.00          A
16         5       50.00%       0.13          B
17         9       90.00%       0.23          A
18         8       80.00%       0.45          A
19         3       30.00%       0.10          C
20         8       80.00%       0.64          A
21         5       50.00%       0.83          B
22        10      100.00%       0.00          A
23        10      100.00%       0.00          A
24         7       70.00%       0.00          B
25         9       90.00%       0.23          A
26         3       30.00%       0.10          C
27         4       40.00%       0.39          C
28         2       20.00%       1.11**        C'
29         7       70.00%       0.51          B
30         6       60.00%       0.70          B
31         7       70.00%       0.19          B
32        10      100.00%       0.00          A
33         9       90.00%       0.34          A
34         9       90.00%       0.00          A
35         1       10.00%       0.37          C
36         9       90.00%       0.23          A
```

S-P 表檔案範例：

```
🖫 Fviewsp
學生問題反應表分析結果如下(2022/2/11 上午 10:48:04)
------------------------------------------------------
  40人    10題
------------------------------------------------------
 NO.   9  10   3   6   4   5   7   8   1   2
------------------------------------------------------
  23   1   1   1   1   1   1   1   1   1   1   10 100.00   0.00    A
   5   1   1   1   1   1   1   1   1   1   1   10 100.00   0.00    A
  32   1   1   1   1   1   1   1   1   1   1   10 100.00   0.00    A
  15   1   1   1   1   1   1   1   1   1   1   10 100.00   0.00    A
  22   1   1   1   1   1   1   1   1   1   1   10 100.00   0.00    A
   8   1   1   1   1   1   0   1   1   1   1    9  90.00   1.02**  A'
  17   1   1   1   1   1   1   1   0   1   1    9  90.00   0.23    A
  34   1   1   1   1   1   1   1   1   1   0    9  90.00   0.00    A
  36   1   1   1   1   1   1   1   1   0   1    9  90.00   0.23    A
  25   1   1   1   1   1   1   1   1   0   1    9  90.00   0.23    A
  33   1   1   1   1   1   1   1   0   1   1    9  90.00   0.34    A
  37   1   1   1   1   1   1   1   0   0   1    8  80.00   0.19    A
  40   1   1   1   1   1   1   1   0   1   0    8  80.00   0.06    A
  18   1   1   1   1   1   0   1   1   1   0    8  80.00   0.45    A
  20   1   1   1   1   0   1   1   1   0   1    8  80.00   0.64*   A'
  14   1   0   1   1   1   1   1   1   1   0    8  80.00   0.83**  A'
  29   1   1   0   1   1   1   1   1   0   0    7  70.00   0.51*   B'
  24   1   1   1   1   1   1   1   0   0   0    7  70.00   0.00    B
   1   1   1   1   1   0   1   1   0   0   1    7  70.00   0.47    B
  39   1   1   1   1   0   1   1   0   1   0    7  70.00   0.37    B
  38   1   1   1   1   1   1   0   1   0   0    7  70.00   0.14    B
  31   1   1   1   1   1   0   0   0   1   0    7  70.00   0.19    B
  10   1   1   1   0   0   1   1   1   1   0    7  70.00   0.79**  B'
  12   1   1   1   1   1   1   0   1   0   0    7  70.00   0.19    B
   4   1   1   1   0   1   0   0   0   1   1    6  60.00   0.79**  B'
  30   0   1   1   1   1   1   0   0   0   1    6  60.00   0.70*   B'
   6   1   0   1   1   1   1   0   0   0   0    6  60.00   0.37    B
  13   1   1   1   0   0   1   0   1   1   0    6  60.00   0.79**  B'
   7   1   0   1   1   0   0   0   1   1   1    6  60.00   1.20**  B'
   9   1   1   1   1   1   0   0   0   1   0    6  60.00   0.29    B
  21   1   0   0   1   1   0   1   1   0   0    5  50.00   0.83**  B'
  16   1   1   0   1   0   1   0   0   0   0    5  50.00   0.13    B
   3   1   1   0   0   0   0   0   1   1   1    5  50.00   1.29**  B'
  27   1   1   1   0   0   0   0   1   0   0    4  40.00   0.39    C
  19   1   1   0   1   0   0   0   0   0   0    3  30.00   0.10    C
  26   1   1   0   1   0   0   0   0   0   0    3  30.00   0.10    C
```

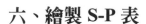

六、繪製 S-P 表

　　點選功能表上的「計算」，然後再選取「繪製 S-P 表」，可將 S-P 表的檔案自行在「儲存圖片」中命名存檔，亦可以在「繪製倍率」中輸入適當的數值（預設值為 1，輸入的數值愈大，即表示該圖放大愈多倍）來縮放 S-P 表，以利未來製作報告時，可以插入 S-P 表。

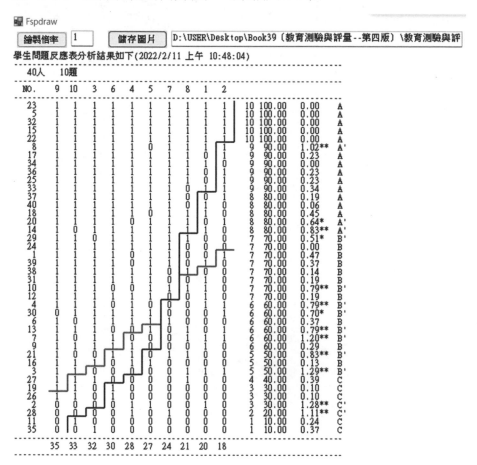

七、列印輸出

　　回到「計算」功能表列下，點選「列印輸出」選項。本程式提供「開啟輸出檔」（會自動存檔三種輸出結果的檔案）、「列印」及「預覽列印」等三項功能。

　　開啟輸出檔案（以 output.txt 為例）：

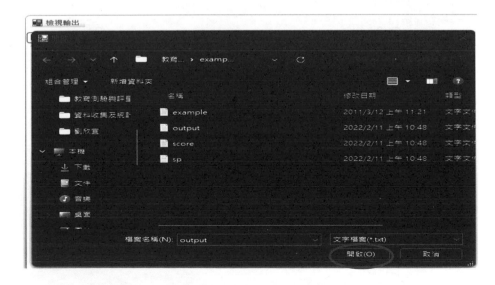

輸出檔案結果：

```
檢視輸出

[開啟輸出檔]  [列印]  [預覽列印]

測驗分析結果如下(2022/2/11 上午 10:48:04)
******************************************************
*            TESTER For Windows 程式  4.0 版(.NET)      *
*                                                      *
*                 余 民 寧   博士                       *
*              國立政治大學教育學系                      *
*                                                      *
*   ☆ 本程式需配合「教育測驗與評量」一書使用 ☆          *
*         書名    ：  教育測驗與評量                     *
*         出版者  ：  心理出版社                         *
*         出版日期 ：  民國111年                         *
*                                                      *
*           (* 版權所有，盜拷必究 *)                    *
*                                                      *
******************************************************
-------------------------------------------------------
測驗分析結果   (2022/2/11 上午 10:48:04)
-------------------------------------------------------
題數:010
缺考代號:9
未答完代號:9
識別碼長度為:10
是否需要計算效標關聯效度:Y
正確答案:3241422341
考生人數:40
總和(Sum):268.00
平均數(Average):6.70
最小值(Minnum):1.00
最大值(Maxnum):10.00
中數(Median):7.50
全距(Range):9.00
變異數(Variance):6.06
標準差(SD):2.46
平均答對人數:26.80
試題數:10.00
效標關聯係數:0.2450
內部一致性係數:0.7412
估計標準誤:1.2523
差異係數:0.4968
```

預覽列印：

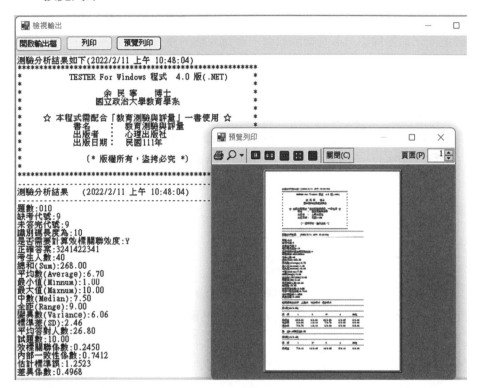

貳　範例報表解讀說明

　　茲以預設的資料檔 example.txt 為例，說明使用 Tester for Windows 程式 4.0 版分析後的三個報表檔（即 output.txt、score.txt 和 sp.txt）內容解讀如下。

一、基本數據

　　報表的前幾列數據，分別表示使用者所界定的總題數（本例為 10 題）、省略未答題的代碼（本例為 9）、未答完題的代碼（本例為 9）、身分代碼（即 ID）的長度（本例為 10 個欄位）、是否有效標分數代碼（本

例表示「有」效標分數）、正確答案（本例 10 題的答案分別為 3241422341）等。同時，本報表省略呈現每題的選項數（本例顯示均為四個選項）與測驗別（本例顯示只有一個總測驗，沒有其他分測驗）的代碼。

其次，則分別為本次分析結果的一些描述統計指標，例如：考生人數為 40 人、總和（Sum）為 268.00、平均每人得分（Average）為 6.70、最小值（Minimum）為 1.00、最大值（Maximum）為 10.00、中數（Median）為 7.50、全距（Range）為 9.00、變異數（Variance）為 6.06、標準差（SD）為 2.46、平均答對人數為 26.80、試題數（K）為 10.00 等。

此外，本次整體測驗結果的「效標關聯係數」為 .2450，「內部一致性係數」為 .7412，「估計標準誤」為 1.2523，且「差異係數」為 .4968。

二、試題分析

接著，即是每一道試題的試題誘答力分析結果。使用的總人數 40 人，高分組 10 人，低分組 10 人。茲以第一題為例說明如下：

本題有 20 人答對（答對率為 .50），正確答案出現在選項「3」，每一個選項均有人選，其答對人數及所占比率（即答對率）分別為 15（.38）、3（.08）、20（.50）、2（.05）（總和超過 100%是由於四捨五入進位誤差的緣故），沒有省略未答的其他人數；本題平均有一半的人（即通過率 50%）答對。本題的難度指標為 .45〔其數值等於高分組答對率（.70）與低分組答對率（.20）的平均數，表示稍微偏難〕、鑑別度指標為 .50〔其數值等於高分組答對率（.70）減去低分組答對率（.20）的差值，表示本題品質良好，具區別功能〕，除第四個選項缺乏誘答力（因為高低分組受試者都沒有人選）需作局部修改外，其餘錯誤選項（即選項 1 和 2）的誘答功能正常，無須作修正。至於其餘題目的試題分析結果，亦可參考第一題範例，逐一解釋之。

此外，報表亦將每題的答對人數、通過率、難度值、ETS 的 Delta 難度值、鑑別度值、Alpha 值、注意指標、判定類別、r-pb 值與效標關聯效度值等指標，依序呈現。

三、信度分析

　　在基本數據的描述統計指標裡，有一項關於「內部一致性係數」的數值，它即表示整份測驗的內部一致性信度係數值（在本例中即為 KR_{20} 係數，其數值為 .7412）。此外，在「試題分析結果表」報表裡，每道試題均有一項「Alpha」的數值，它即表示若把該試題刪除後，可使整份測驗的內部一致性信度係數值變成多少的數值。例如，第一題的「Alpha」的數值為 .75，即表示若將第一題刪除的話，整份測驗（只剩 9 題）的內部一致性信度係數將變成 .75。至於其餘試題的信度意義，解釋方式亦同於第一題。

　　由於「Alpha」的數值，可以顯示出每道試題的信度值高低及其測量的精確性，若本項指標高於整份測驗的「內部一致性係數」數值的話，即表示將該試題刪除的結果，是有益於整份測驗信度的提高，亦即該試題是比較不精確的測量題目，宜建議刪除；反之，若「Alpha」的數值低於整份測驗的「內部一致性係數」數值，即表示將該試題刪除的結果，反而會造成整份測驗信度的降低，亦即該試題是比較精確的測量題目，建議不宜刪除。因此，在測驗發展的過程中，若欲保留作為題庫內的題目，則應該是挑選那些「Alpha」值低於整份測驗「內部一致性係數」值的試題，或者是將「Alpha」值高於整份測驗「內部一致性係數」值的試題刪除才對。因為這些被保留下來的試題本身比較精確，它們的組成比較有益於整份測驗信度值的提升。

四、效度分析

　　在基本數據裡，有一項關於「效標關聯係數」的數值，它即表示根據使用者提供每一位受試者的外在效標分數，所計算出之整份測驗的效標關聯效度係數值（在本例中，其數值為 .2450）。此外，在「試題分析結果表」報表裡，每道試題均有一項「r-pb 與效標相關」的數值，它即表示每道試題與測驗總分之間的點二系列相關係數，以及每道試題與外在效標分數之間的點二系列相關係數。前一個指標可作為判斷該試題品質好壞的「鑑

別度指標」使用，而後一個指標則可作為判斷該試題與外在效標分數之間相關程度高低的「效標關聯效度」使用。例如，第一題的「r-pb」數值為 .43，即表示第一題與測驗總分之間的點二系列相關係數（即鑑別度指標）為 .43；第一題的「效標相關」數值為 .21，即表示第一題與外在效標分數之間的點二系列相關係數為 .21。至於其餘試題的鑑別度與效度意義，其解釋方式亦同於第一題。

由於報表中的「效標相關」欄數值，可以提供使用者判定哪一道試題與外在效標分數之間具有較高的關聯性，因此，在測驗發展過程中，若欲保留作為題庫內的題目，則應該是挑選那些「效標相關」值高於或等於整體「效標關聯係數」值的試題，或者是將「效標相關」值偏低的試題刪除才對。因為這些被保留下來的試題本身會比較具有測量的正確性，比較可以作為整份測驗預測未來外在效標分數的功能，對整份測驗的效度提升比較有貢獻。

五、S-P 表分析

在基本數據裡，有一項關於「差異係數」的數值，它即用來表示整體測驗結果的反應組型為不尋常的嚴重程度。在本例中，其數值為 .4968，顯示本次測驗結果呈現不尋常反應組型的情況尚不嚴重，接近正常施測結果的情況。

其次，在「成績檔案內容」報表裡，每位受試者各有一項「得分」（表示答對題數）、「答對率」（表示答對題數占全部總題數的百分比）、「注意指標」（表示反應組型為不尋常的嚴重程度）和「判定類別」（表示所歸屬的學習類型）的數值，它即表示每位受試者的作答資料分析結果。例如，編號為 01 號的受試者，他答對七題，答對率為 70%，注意係數為 .47，是屬於 B 型（即努力不足型）的受試者。至於其餘受試者的資料意義，其解釋方式亦同於編號為 01 號的受試者。

再其次，在「試題分析結果表」報表裡，每道試題除了「Alpha」和「效標相關」的訊息外，還有「答對」（表示答對本題的受試者人數）、

「通過率」（表示答對本題的受試者人數占受試者總人數的百分比）、「注意指標」（表示反應組型為不尋常的嚴重程度）和「類別」（表示被判定所歸屬的試題類型）的數值，它即表示每道試題的作答資料分析結果。例如，第一題試題的答對人數為 20 人，通過率為 50%，注意係數為 .45，是屬於 A 型（即優良試題型）的試題。至於其餘試題的資料意義，其解釋方式亦同於第一題的試題。

Memo

Memo

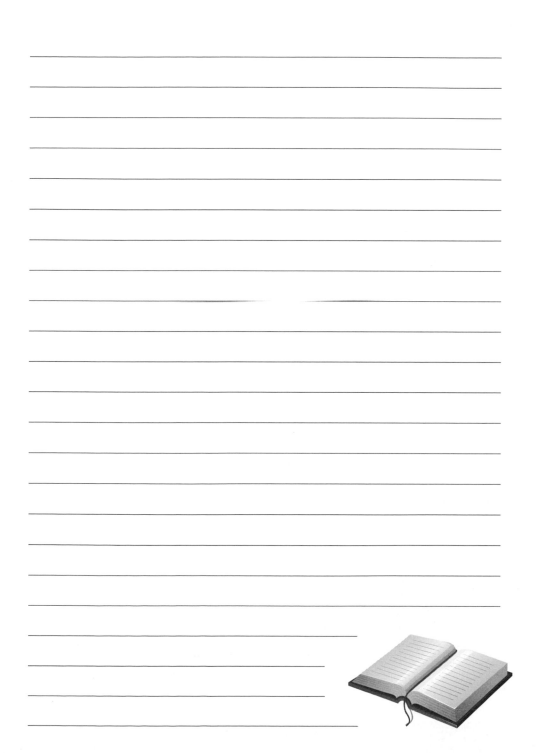

國家圖書館出版品預行編目（CIP）資料

教育測驗與評量：成就測驗與教學評量/余民寧著. -- 四版. --
新北市：心理出版社股份有限公司, 2022.09
　　面； 公分. --（教育研究系列；81046）
　　ISBN 978-626-7178-11-9（平裝）

1.CST: 教育測驗　　2.CST: 教育評量

521.3　　　　　　　　　　　　　　　　　111013384

教育研究系列 81046

教育測驗與評量：成就測驗與教學評量【第四版】

作　　者：余民寧
執行編輯：陳文玲
總 編 輯：林敬堯
發 行 人：洪有義
出 版 者：心理出版社股份有限公司
地　　址：231026 新北市新店區光明街 288 號 7 樓
電　　話：(02) 29150566
傳　　真：(02) 29152928
郵撥帳號：19293172　心理出版社股份有限公司
網　　址：https://www.psy.com.tw
電子信箱：psychoco@ms15.hinet.net
排 版 者：辰皓國際出版製作有限公司
印 刷 者：辰皓國際出版製作有限公司
初版一刷：1997 年 1 月
二版一刷：2002 年 10 月
三版一刷：2011 年 8 月
四版一刷：2022 年 9 月
四版二刷：2023 年 10 月
I S B N：978-626-7178-11-9
定　　價：新台幣 600 元